21世纪
高等院校法学系列精品教材

行政诉讼法学

（第三版）

主　编　马怀德
撰稿人（以姓氏笔画为序）
马怀德　王青斌　杨伟东
张　红　周兰领　高秦伟

中国人民大学出版社
·北京·

图书在版编目（CIP）数据

行政诉讼法学 / 马怀德主编. -- 3 版. -- 北京：中国人民大学出版社，2024. 11. --（21 世纪高等院校法学系列精品教材）. -- ISBN 978-7-300-33407-3

Ⅰ. D925. 301

中国国家版本馆 CIP 数据核字第 2024CQ1332 号

21 世纪高等院校法学系列精品教材

行政诉讼法学（第三版）

主　编　马怀德

Xingzheng Susong Faxue

出版发行	中国人民大学出版社		
社　　址	北京中关村大街 31 号	**邮政编码**	100080
电　　话	010－62511242（总编室）		010－62511770（质管部）
	010－82501766（邮购部）		010－62514148（门市部）
	010－62515195（发行公司）		010－62515275（盗版举报）
网　　址	http://www.crup.com.cn		
经　　销	新华书店		
印　　刷	北京密兴印刷有限公司	**版　　次**	2009 年 9 月第 1 版
开　　本	787 mm×1092 mm　1/16		2024 年 11 月第 3 版
印　　张	15 插页 1	**印　　次**	2024 年 11 月第 1 次印刷
字　　数	341 000	**定　　价**	45.00 元

主编简介

马怀德，男，1965年10月生，汉族，法学博士。中国政法大学校长、教授、博士研究生导师。兼任第十四届全国政协委员、教科文卫体委员会委员；北京市第十六届人民代表大会代表，北京市第十六届人民代表大会法制委员会副主任委员；中国法学会副会长，中国法学会行政法学研究会会长，中国纪检监察协会副会长；国务院学位委员会法学学科评议组和纪检监察学科评议组召集人；最高人民法院特邀咨询员，最高人民检察院专家咨询委员，国家统一法律职业资格考试协调委员会委员，住房和城乡建设部、民政部、财政部、农业农村部以及北京市、天津市、四川省、福建省人民政府专家咨询委员或法律顾问。我国首位行政诉讼法学博士。

研究领域为行政法及行政诉讼法，直接参与《国家赔偿法》《行政处罚法》《立法法》等上百部重要法律法规的起草、修订工作。出版学术专著或合著四十余部。获2004年首都劳动奖章和第四届“全国十大杰出青年法学家”称号。2016年入选中宣部文化名家暨“四个一批”人才及国家“万人计划”哲学社会科学领军人才。获CCTV 2017年度法治人物奖。享受国务院政府特殊津贴。

第三版修订说明

近些年来，在习近平法治思想的指导下，我国行政诉讼实践不断发展，行政诉讼理论研究持续深化。2017 年 6 月 27 日，第十二届全国人民代表大会常务委员会第二十八次会议通过了修改《行政诉讼法》的决定，其中增加了人民检察院提起行政公益诉讼制度。2018 年 2 月 8 日，《最高人民法院关于适用〈中华人民共和国行政诉讼法〉的解释》正式实施。这部司法解释是最高人民法院对修订后的《行政诉讼法》进行的全面解释，反映了行政诉讼实践的成果，对于推动行政审判工作的发展具有重要作用。同时，《行政处罚法》《行政复议法》《政府信息公开条例》等重要法律和行政法规得到了较大幅度的修改，对行政诉讼的制度实践和理论发展具有重要影响。为及时反映我国行政诉讼法学理论与实践取得的最新成果，适应法学教育发展和人才培养的需要，本教材编写组决定对《行政诉讼法学》（第二版）一书进行全面修订。

由于一些作者的单位、职务职称等信息发生了变动，本次修订将作者最新信息及分工列明如下：

马怀德（中国政法大学教授、博士研究生导师）：第一章；

高秦伟（中山大学教授、博士研究生导师）：第二章、第六章；

王青斌（中国政法大学教授、博士研究生导师）：第三章、第九章；

周兰领（国家金融监督管理总局山西监管局副局长、法学博士）：第四章、第五章；

杨伟东（中国政法大学教授、博士研究生导师）：第七章、第八章；

张　红（北京师范大学教授、博士研究生导师）：第一章、第十章、第十一章。

本次修订由主编马怀德，参编作者杨伟东，中国政法大学博士研究生张泽宇、薛毓完成。

本教材编写组

2024 年 10 月

编写说明

《行政诉讼法学》是为大学法学本科学生编写的教材。编写时，我们确定了以下几项目标和要求：

第一，内容全面，重点突出。力求科学、系统地阐释行政诉讼法这门课程应包含的基本知识，反映其相互联系及发展规律。本书系统介绍了我国行政诉讼的理论与制度，包括行政诉讼受案范围、管辖、参加人、行政诉讼证据、行政诉讼程序与审理规则、行政诉讼裁判、执行、涉外行政诉讼以及行政赔偿诉讼。本书重点讲解了行政诉讼区别于民事诉讼和刑事诉讼的原理和制度，目的在于揭示行政诉讼本身的特殊性，使学生通过学习，能够掌握行政诉讼法的精髓。

第二，理论性与实践性相结合。行政诉讼法学为应用法学，必须强调理论与实践紧密结合。我国行政法和行政诉讼法取得的一些新成果，大多是实践发展的总结和反映，而理论上的发展又会推动实践的进步。本书作者在编写过程中始终贯彻了这一原则。

第三，介绍性与启发性相结合。本书在介绍我国行政诉讼制度的同时，也注重对外国行政诉讼制度进行简单介绍，并能结合行政法学界的最新研究成果，对行政诉讼理论与制度进行颇有启发性的探讨；此外，还对我国行政诉讼法典的修改进行了前瞻性探讨，以引发学生的兴趣，同时引导学生对行政诉讼理论与制度进行深入思考。

本书各章写作分工如下：

马怀德（中国政法大学教授、博士研究生导师）：第一章；

高秦伟（中央财经大学教授、博士研究生导师）：第二章、第六章；

王青斌（中国政法大学教授、硕士研究生导师）：第三章、第九章；

周兰领（公安部道路交通安全研究中心研究员、法学博士）：第四章、第五章；

杨伟东（国家行政学院教授、博士研究生导师）：第七章、第八章；

张　红（北京师范大学副教授、硕士研究生导师）：第一章、第十章、第十一章。

马怀德

2009 年 6 月

目　录

第一章　行政诉讼法概述

行政诉讼是通过诉讼程序解决行政争议的制度，即公民、法人或者其他组织认为行政机关和法律、法规、规章授权的组织及其工作人员的行政行为侵犯其合法权益，向人民法院提起诉讼，由人民法院依法行使行政审判权解决行政争议的活动。行政诉讼与民事诉讼、刑事诉讼一并被称为我国的三大诉讼。

第一节　行政诉讼

正确理解行政诉讼的特征，应当把握行政审判权与行政权之间的关系结构以及行政审判权与诉讼当事人诉权之间的关系结构。行政诉讼与民事诉讼、刑事诉讼一并被称为我国的三大诉讼，共同构成了我国司法制度的有机整体。由于三大诉讼的任务、目的、诉讼性质、诉讼标的法律关系等不同，所以各类诉讼均有其自身的特点和特有的诉讼原则。此外，行政争议有时并非单独出现，而是与其他争议交织在一起，因而如何处理行政诉讼与民事诉讼、行政诉讼与刑事诉讼的关系，也是应当关注的问题。

一、行政诉讼的产生、概念和特征

（一）行政诉讼的产生

作为一种社会现象的纠纷必须符合以下三个条件：第一，纠纷的主体必须是具体且特定的行为主体；第二，纠纷形成的机制必须植根于实际生活中真正的利害关系的对立；第三，也是最为重要的，即双方当事人必须相互意识到对方的行为而实施一定的行为，如果当事人相互之间对对方的行为毫不在乎，那么任意地调整自己的行为不能叫作纠纷。因此纠纷的实质在于主体之间必须相互意识到对方的行为，而且纠纷的主体本身应该相互具有利害关系且这种利害关系必须是发生在现实生活中的。①

既然产生了对立，而且是围绕利害关系产生的对立，那么势必会造成既有关系的失衡，即秩序的失衡。从微观的角度而言，这种失衡是纠纷主体之间利益关系的失衡；从宏观的角度而言，则是社会整体利益关系局部发生了失衡。纠纷主体尽管相互意识到与对方的对立，但如果他们并没有寻求解决纠纷的途径，纠纷就失去了外化为社会性问题的条件，它仅仅在纠纷主体之间产生影响。只有当纠纷外化为需要动员主体以外的社会力量来解决的问题时，纠纷才进入了社会过程，成为影响社会秩序的纠纷。

---

① 此为日本东京大学教授六本佳平对纠纷实质的分析。刘荣军．程序保障的理论视角．北京：法律出版社，1999：4.

然而，从人类社会生活的历史来看，并非有了纠纷就能依靠各种机能各异的机制来处理，也并非有了解决纠纷的机制就有了诉讼机能。包括诉讼在内的社会纠纷解决机制是随着社会以及各个时代政治、经济以及文化的条件变化而逐渐发展起来的。在人类社会初期，社会规范的实施主要依靠社会成员全体的遵守，对于违反社会规范的行为，轻则通过教育的方式予以纠正，重则采取强制手段。而对于某一社会成员的行为是否违反了社会规范，则主要采取“神判”等方式来判断。若私人之间发生争执时全凭自力救济，则其结果为“强凌弱，众暴寡”，正当的权利有时无从被保护。到后来，私权之间的争议才有了国家权力的介入。早在公元前5世纪，罗马就已经制定了《十二铜表法》，当符合成文法规定的事件发生后，人们为实现法律所规定的效果而向法院提起诉讼。①

近代意义的诉讼制度是自法国1806年民事诉讼法典确立的。此后，以法国、德国为代表的大陆法系国家的法典编纂和法律制度的确立，为近代诉讼制度奠定了坚实的基础。虽然近现代社会为纠纷提供的解决机制呈现多元状态，但在众多的纠纷解决机制中，诉讼机制基于其公正性以及特有的国家强制力背景，在社会纠纷解决体系中占据了极为重要的地位。而民事诉讼作为“为保护私法上权利，请求国家司法机关确定其权利存在之法定程序”②，是诉讼体系中最早产生的，刑事诉讼、行政诉讼均从民事诉讼中脱胎而来。

行政诉讼制度是关于行政法律关系争议判断的裁判制度，其产生及构成与各国的历史背景、政治文化相关，因而反映出各国浓郁的国情色彩。

法国在大革命后基于其对三权分立原则的特殊理解，为防止行政权遭受司法权的干涉而设置了国家顾问会议（Conseil d’État），从而确立了由司法法院审理民事、刑事案件，行政法院审理行政案件的行政诉讼制度。到了19世纪前半叶，法国严格分立行政权与司法权的行政法原理，随着拿破仑的败退而逐渐传入德意志，瓦解了日耳曼法公私法不分的单一法系，德国境内学者曾为是否设置单独的行政法院而展开了长达半个世纪之久的论争。1863年巴登邦开始设置行政法院，最后各邦普遍设立了行政法院，奠定了二元裁判体系的开端。明治宪法时代的日本，设置了隶属于行政权的行政法院以管辖行政事件，而到了第二次世界大战以后，由于深受英美法思想的影响而废除了行政法院，采行一元裁判体制，一切法律上的争议均由司法法院管辖，但基于行政诉讼的特殊性质而颁布了《行政案件诉讼法》，行政案件的裁判适用不同于一般民事诉讼的程序。以英国和美国为代表的普通法系国家具有与大陆法系国家不同的特征。英国由于长期受日耳曼法的影响，不承认公私法的划分，行政案件不是由行政法院而是由普通法院管辖，且适用与民事诉讼相同的程序。英国的司法审查是指普通法院对于行政机关的决定、行政裁判所的裁决是否合法进行审查的活动，也是公民在其权利受到行政机关的违法行为侵害时，诉请法院裁判的一种救济方式。司法审查是普通法上的制度，不需要制定法的授权。

有学者认为：“行政裁判制度并非必然，法国的行政裁判制度则系因历史上诸情事

① ［日］中村英郎．新民事诉讼法讲义．陈刚，等译．北京：法律出版社，2001：19.

② 王甲乙，杨建华，郑健才．民事诉讼法新论．台北：三民书局，1981：1.

之竞合而生，非基于实际的理由而存留。”① 换言之，行政诉讼制度在其对于行政活动加以司法控制这一意义上而言，固然符合法治主义的要求，但就其产生而言，纯系基于历史的或政治上的因素。我们认为此论断虽有合理之处，但过于极端，忽视了人类理性在行政诉讼从民事诉讼中分化出来时所起的作用。行政诉讼脱离出民事诉讼的主要原因：其一是给予公民权利以特殊的保护。国家公权力在对社会事务实行管理的过程中，不可避免地会对公民权利造成损害或不利影响。由于法律地位的悬殊，公民在此情况下无法与强大的公权力相抗衡，所以在行政领域有给予公民权利特殊保护的必要。其二是公共利益之保障或公共秩序之维护。公民个人之间所发生的民事争议（私权争议）往往只涉及个体之间个别的权利义务，而公权力的行使则与公共利益有关，若仅依靠民事诉讼来达到维护公共利益的目的则显得有些力不从心。其三是诉讼经济。如果诉讼分化所带来的利益（如有利于合理地解决纠纷）高于因诉讼分化所带来的不利益，则有必要考虑诉讼的分化。此外，某些存在专门技术要求的行政领域所产生的争议也对裁判提出了较高的要求。

新中国成立之后的相当长时间内我国并不承认行政诉讼。最早授予行政相对人提起行政诉讼权利的法律是《中华人民共和国中外合资经营企业所得税法》。这两法律明确规定：外国组织、公民对我国税务机关的行政行为或者纳税决定不服的，可以到法院提起诉讼。此后，越来越多的法律法规作了类似的规定。1982 年《中华人民共和国民事诉讼法（试行）》第 3 条第 2 款规定，人民法院受理行政案件适用民事诉讼法的规定，从而为人民法院受理行政案件提供了程序机制。随着行政案件的日益增多，便有了制定专门的行政诉讼法的必要。1989 年 4 月，第七届全国人民代表大会第二次会议通过了《中华人民共和国行政诉讼法》，标志着我国行政诉讼制度的正式确立。2014 年 11 月，第十二届全国人大常委会第十一次会议通过了《关于修改〈中华人民共和国行政诉讼法〉的决定》。此次修正是对行政诉讼制度进行的一次重要改革，对于解决行政诉讼法实施以来出现的各种问题，对于推进依法行政，充分保障公民、法人和其他组织的合法权益，都将产生积极影响。2017 年 6 月，第十二届全国人大常委会第二十八次会议通过的《关于修改〈中华人民共和国民事诉讼法〉和〈中华人民共和国行政诉讼法〉的决定》，正式建立了我国行政公益诉讼制度。同时，为了实施行政诉讼法的相关规定，最高人民法院多次制定相关的司法解释，对《行政诉讼法》所涉及的实践问题作出规定。最新的系统性解释是于 2018 年 2 月 8 日开始实施的《最高人民法院关于适用〈中华人民共和国行政诉讼法〉的解释》（以下简称 2018 年《行诉法解释》）。②

（二）行政诉讼的概念和特征

在我国，行政诉讼是指公民、法人或者其他组织认为行政机关和法律、法规、规章

① 赖恒盈．从行政法之观点论行政诉讼与民事诉讼之机能：以日本法制为中心．台湾政治大学法律学研究所硕士论文．

② 在此前最高人民法院曾制定过的系统性司法解释有：1991 年最高人民法院《关于贯彻执行〈中华人民共和国行政诉讼法〉若干问题的意见（试行）》、2000 年《最高人民法院关于执行〈中华人民共和国行政诉讼法〉若干问题的解释》（以下简称 2000 年《若干问题的解释》）、2015 年《最高人民法院关于适用〈中华人民共和国行政诉讼法〉若干问题的解释》。

授权的组织及其工作人员的行政行为侵犯其合法权益，向人民法院提起诉讼，由人民法院依法行使行政审判权解决行政争议的活动。行政诉讼与民事诉讼、刑事诉讼一并被称为我国的三大诉讼。

行政诉讼作为诉讼的一种，一方面，与刑事诉讼、民事诉讼具有共通性，应当遵循诉讼的基本原则和规则；另一方面，行政诉讼的审理对象为行政争议，其既不同于民事争议，也不同于作为刑事诉讼审理对象的被告人是否有罪的问题，因此，行政诉讼又有其特殊性，应当遵循不同于刑事诉讼、民事诉讼的规则。

对行政诉讼的特征，我们可以从以下几个方面进行理解。

第一，行政诉讼是解决行政争议的制度。正是行政争议具有的不同于民事争议及刑事争议的特性使得行政诉讼要适用不同于民事诉讼和刑事诉讼的规则。如何认识行政争议遂成为建构行政诉讼制度的关键。实行“二元裁判体制”的大陆法系国家往往会对行政争议概念进行较多的探讨，因为行政争议与民事争议分由不同的法院或同一法院的不同审判庭按照各自的程序进行审理。德国将行政争议称为“公法上争议”，日本则将之称为“行政事件”①。行政主体在对外活动过程中的行为可以分为两类：一是行政主体运用公权力对社会事务进行管理的行为，二是行政主体所从事的民事行为。第一种情况下行政主体与相对人发生的争议属于行政争议，而在第二种情况下发生的争议则属于民事争议。行政争议是行政主体在行使公权力过程中与行政相对人之间发生的、依据公法可以解决的争议。判断某一争议是否为行政争议，应当综合考虑主体、公权力、权利义务的特殊性、法律依据、公共利益等多种因素。②

第二，行政诉讼当事人的地位具有特殊性。一方面，行政诉讼的原告恒定为作为行政管理相对人的公民、法人或者其他组织，行政诉讼的被告恒定为作为行政主体的行政机关和法律、法规、规章授权的组织。当行政机关与法律、法规、规章授权的组织不是行政主体，而是行政管理相对人时，其也可以成为行政诉讼原告。行政诉讼当事人的恒定是由行政管理活动的特点决定的：在我国，行政机关享有国家法律赋予的命令权、强制权等，行政机关完全可通过自身享有的这些权力迫使当事人服从行政命令、履行行政义务，行政机关无须通过向法院起诉的方式即可达到行政目标。作为行政管理相对人的公民、法人或者其他组织则不然，他们有义务服从行政管理，不得直接与行政机关相对抗。这是保障行政机关实施管理、行使权力、维护社会秩序和公共利益的重要前提。

第三，行政诉讼是由人民法院依法行使行政审判权以解决行政争议的活动。行政复议与行政诉讼均为行政相对人的法律救济途径。行政复议是指行政相对人认为行政主体的行政行为侵犯其合法权益，依法向行政复议机关提出复查该行政行为的申请，行政复议机关依照法定程序对被申请复议的行政行为的合法性和适当性进行审查并作出决定的一种法律制度。行政诉讼与行政复议的重要区别之一，就是行政诉讼由人民法院通过行使行政审判权解决行政争议，而行政复议则是在行政机关系统内部，由行政复议机关对

---

① 在这些国家和地区，“公法上争议”“行政事件”等均为法律用语。在中国，行政争议仅为一个法学理论中的概念，而不是一个法律用语，《行政诉讼法》中用的是“行政案件”。

② 马怀德主编．行政诉讼原理．北京：法律出版社，2003：13-20.

引起争议的行政行为进行审查并处理。行政诉讼是司法活动，遵循诉讼程序，而行政复议则是一种类似于司法活动的行政活动。

二、行政诉讼的基本结构

从民事诉讼制度中分化出来的行政诉讼制度，由于关涉对公民个人的特殊保护以及司法权对行政权的监督与制约而具有了独立存在的价值。只有理解了行政诉讼的基本结构才能真正懂得行政诉讼制度。行政诉讼的基本结构关系有两类：一类是行政审判权与行政权之间的关系，另一类是审判权与行政诉权之间的关系。

（一）基本结构关系之一：行政审判权与行政权之间的关系

权力分立与制约理论认为，最可靠的政府形式是立法、司法和行政三权分立的政府，即上述三权相互独立，并被分别委托给不同的人或群体的形式。仅有分权并不能防止暴政或权力的滥用，因为运用立法权、行政权及司法权的人均具有人性的弱点，所以任何一个国家机关的决定通常都要接受其他国家机关不同程度的监督和审查。这些监督方式可以分为事前、事中和事后的监督。司法机关对行政机关和立法机关的监督则是一种事后监督，它以其中立性和公正性而赢得了人们的承认。司法机关对立法机关的监督突出体现为违宪审查，而对行政机关的监督则体现为行政诉讼制度（英美国家称之为司法审查）。

行政诉讼作为一种控制行政权运行的制度，由法院通过对行政行为进行审查，从而使国家行政权力与其责任相符并保证其在法律范围内运行。由于“行政乃是为实现某个私人目的或公共目的而在具体情形中对权力的行使……如果该国的执行机构和行政机构在履行其职责时遵循正常程序，如果它们的活动受到那些对无限裁量权的行使设定了某些限制的规则的调整，又如果存在防止这些机构滥用权力的措施，那么我们便可以说这个国家有一个有效的行政法制度”。“我们很难想象，一个现行有效的行政法制度在未规定法院或某种其他公正机构及裁判庭对政府官员的行动至少做一种有限的审查的情况下，就能防阻政府官员任意滥用权力的现象。”①

“公正司法是维护社会公平正义的最后一道防线。”② 行政审判权作为司法权的组成部分，是由法定的国家机关站在中立的立场，根据诉讼当事人的请求并在双方当事人的参加下，依照诉讼程序（司法程序）审理、裁决行政纠纷的权力。行政审判权作为一种解决行政纠纷的权力，具有中立性、独立性和终局性，并受特殊程序的制约。③ 行政诉讼的特殊之处就在于诉讼程序的设计和诉讼过程的运作无不关涉行政权与审判权之间的关系，如何协调两者之间的关系是各国行政诉讼皆面临的问题。

行政诉讼中行政审判权与行政权的关系大体可以分为两个方面，即横向关系和纵向关系。横向关系集中体现在行政诉讼受案范围上，它是指法院受理行政争议案件的界限，即可以受理哪些案件、不能受理哪些案件，哪些行政活动应当由法院审查、哪些不

---

① ［美］E. 博登海默．法理学：法律哲学与法律方法．邓正来，译．北京：中国政法大学出版社，1999：367－368.

② 习近平．高举中国特色社会主义伟大旗帜 为全面建设社会主义现代化国家而团结奋斗．人民日报，2022－10－26.

③ 宋炉安．论行政审判权//罗豪才．行政法论丛：第1卷．北京：法律出版社，1998：342－354.

能被审查。对法院而言，受案范围是法院受理案件、解决争议的标准和依据。对行政机关来说，法院的受案范围意味着它的哪些行为会受到法院的审查和监督。对公民、法人和其他组织而言，行政诉讼的受案范围意味着他们可以对哪些行政行为提起行政诉讼，在哪些情况下他们的权益能够获得司法保护。因此，受案范围的宽窄直接反映了审判权对行政行为的监督力度。

纵向关系主要表现为在行政行为一旦被纳入行政诉讼的受案范围之后，法院如何对其进行审查、审查到何种程度的问题，即审查强度的问题。① 纵向关系方面主要涉及司法最终性、行政自主性与行政审判权之间的关系问题。行政诉讼制度的确立意味着行政主体所作出的行政行为并不具有最终的法律效力，只要它不属于法律规定应当由行政主体作出终局裁决的范围，就存在着行政相对人对此行政行为不满而诉诸法院的可能性。因此，绝大多数行政行为尚存在法院对其进行审查、对其合法与否再行判断并最终作出司法判断的可能。司法最终性的原则是法治的内在要求之一，人们坚信司法机关是保护人民权利的最后屏障。行政权必须接受制约，但行政权运行的实践又证明行政行为必须是高效的、权威的，这就牵涉行政自主性的问题。行政自主性要求在法律规定的范围内行政活动拥有自治的空间。行政自主性的产生源于“立法者的自我节制以免阻碍行政执行法律所必要之弹性与可能，盖立法者无法就各生活领域事项加以巨细靡遗的规定或保留作之后同意权或否决权，就此，若有必要，尚须针对不同立法类型加以观察，例如科技性管制标准之拿捏，虽行政部门有专业知识，但因事涉业者权益与人民生命、身体之保护，从而尚难谓行政保留领域于一般情形。总之，行政权之固有的领域范围之建构与具体化，留有许多特殊的结构特色或作用之相关条件的讨论”②。行政主体所拥有的自主性必然要求司法机关对其给予尊重，从而限制司法介入的程度。然而，司法最终性与行政自主性从本质上而言是不矛盾的。行政自主事项的存在并不能排除司法对行政机关的监督和审查，但是司法对行政自主事项不能进行完全的审查，必须给予其足够的尊重。

我国行政诉讼制度确立之后的三十多年中，行政权与司法权之间的冲突与协调、制度的更新与突破等因素均在行政诉讼领域中得到展现。对行政诉讼制度的完善与发展首先要求我们正确界定行政诉讼中审判权与行政权的关系，在此基础上才能正确认识与界定行政诉讼受案范围、行政诉讼原告资格以及行政诉讼中法院对行政行为审查的强度等问题。

（二）基本结构关系之二：行政审判权与行政诉权之间的关系

行政诉权是诉权的一种。③ 它除具备诉权的共性外，当然也具有自己的特殊品质。行政诉权是行政活动中的权利主体按照法律预设的程序、请求法院对有关行政纠纷作出公正裁判的程序权利。④ 公民享有行政诉权是现代社会公民权利扩展的结果，为保障公

---

① 杨伟东．行政行为司法审查强度研究：行政审判权纵向范围分析．北京：中国人民大学出版社，2003：3.

② 翁岳生主编．行政法．台北：三民书局，2000：288.

③ 有学者主张适用“公民诉讼权”的概念，认为公民诉讼权就是公民认为自己的合法权益受到侵犯时享有的，提起诉讼并要求国家司法机关予以保护和救济的权利，它不同于诉权，诉权仅限于民事诉讼领域。左卫民，朱桐辉．公民诉讼权：宪法与司法保障研究．法学，2001（4）.

④ 薛刚凌．行政诉权研究．北京：华文出版社，1999：17.

民的安全、自由等，对抗来自国家行政权力的侵害，公民的行政诉权在许多国家均得到承认。行政诉权作为公法上权利的一种，是一种典型的程序权利，其主要内容包括启动诉讼程序的权利、获得法院裁判的权利以及得到公正裁判的权利等。行政诉权的主体既包括作为行政行为利害关系人的公民、法人和其他组织，也包括行政主体。但是行政诉权对于不同的主体具有不同的意义。对于与行政行为具有利害关系的公民而言，行政诉权首先是对公民独立人格的肯定，公民获得了与行政主体直接对话的权利，同时也意味着对公民与行政主体之间的新型平等关系的塑造。在行政诉讼中公民拥有与行政主体相抗衡的权利，公民和行政主体作为平等法律主体均被要求在法律规定的范围内，按照一定的方式从事活动；行政主体在行政诉讼过程中不再是单纯的行政管理活动中拥有行政权、与行政相对人处于不平等地位的权力主体，它的行为有可能受到行政相对人及利害关系人的挑战，而若这种行为被法院认定为违法，其还必须承担相应的法律责任。更为重要的是，行政诉权是公民维护自身实体权益不受行政权力侵害的合法工具，这也是司法实践中对行政相对人及利害关系人而言最明显同时也是最重大的意义。行政诉权对于行政主体而言则具有不同的意义。行政主体行使行政诉权不是为了实现某种权利，而是为了运用证据规则和程序规则证明自己的行为合法，其实质是对行政法律秩序的维护。

行政诉讼制度的建立、行政审判权的行使，本身是为了保护公民的合法权益不受来自行政主体的非法侵犯，建立起以“权利对抗权力”的法律监督机制。法院主持诉讼活动的进行，原告和被告在法院的指挥下进行诉讼活动，一方面，行政诉权必然受到行政审判权的制约；另一方面，行政诉权是行政审判权存在的基础，行政诉权对行政审判权也具有制约作用，二者的关系可以概括为相互依存、相互制约。协调行政审判权与行政诉权的关系、保护行政诉权的行使是行政诉讼理论与实践的共同使命。

一方面，应当充实对行政诉权的保护。保障当事人的行政诉权不受行政审判权的贬损和压制，是完善行政诉讼制度的重要环节。诉权以及作为其具体表现形态的各种诉讼权利所涉及的事项，均属受当事人自身意志自主支配的自治领域，行政审判权不能干涉这一领域，必须充分保护其独立性和完整性，因此，行政审判权的行使应当以保障当事人行政诉权的充分实现为宗旨。在我国行政诉讼实践中，有的法院对符合起诉条件的案件不予受理，原因无外乎是怕影响同行政机关之间的关系或迫于某种压力而不敢受理；同时，原告方的撤诉率居高不下，而在高比率的撤诉中又包括了大量的非正常撤诉，这种情况正好说明了行政诉权的行使渠道不通，行政诉权得不到实现和保障。行政诉讼实践中还存在的一个相当严重的问题是行政案件的审判质量不高，主要体现为庭审方式不正确、审查标准模糊不清等。由于行政诉权包括得到法院公正裁决的权利，所以行政审判是否公正及审判质量的高低直接影响当事人行政诉权能否实现。

另一方面，应当发挥行政诉权制衡行政审判权的功能。国家设置行政审判权并交由人民法院行使的目的是保障当事人行政诉权的充分行使与实现。从这个意义上讲，行政诉权显然要优先于行政审判权。要真正实现行政诉权对行政审判权的制约就必须确立以下规则：诉讼标的由原告确定，行政诉讼的启动和运行均依赖行政诉权的行使，正确处理好当事人的处分权与法院诉讼指挥权之间的关系，等等。

三、行政诉讼与民事诉讼的关系

从其他国家和我国诉讼制度发展的历史来看，行政诉讼一般脱胎于民事诉讼。在我国《行政诉讼法》颁布实施前，人民法院就是按照1982年《民事诉讼法（试行）》的规定受理公民、法人或者其他组织对行政决定不服的案件。① 其他国家诉讼制度的发展过程也表明，行政诉讼独立于民事诉讼是现代法治理念形成与有限政府和责任政府观念确立的结果，是在民事诉讼制度发展到一定阶段后才产生的。

1. 行政诉讼与民事诉讼的区别

行政诉讼与民事诉讼存在明显的区别，主要表现在以下方面：第一，诉讼客体和诉讼目的不同。行政诉讼的客体是行政争议，其目的是审查行政行为的合法性，为公民、法人或者其他组织提供法律救济；而民事诉讼的客体是民事争议，其目的是解决民事纠纷，保障当事人民事权益的实现。第二，诉讼主体不同。行政诉讼主体具有恒定性，被告只能是行政主体，一般的公民、法人或者其他组织不能作行政诉讼的被告；民事诉讼中没有上述限制，被告既可以是公民、法人或其他组织，也可以是行政主体，行政主体在民事诉讼中，既可以作原告，也可以作被告。第三，当事人的诉讼权利义务不同。行政诉讼中，当事人双方的权利义务不完全对等，例如，被告行政主体对行政行为的合法性负有举证责任，而原告并不承担此项举证责任；而在民事诉讼中，双方当事人享有的诉讼权利和承担的诉讼义务完全对等，当事人都对自己的主张负有举证义务。第四，可否适用调解不同。行政诉讼中，被诉行政行为合法性审查部分不适用调解，只有在行政赔偿、补偿以及行政机关行使法律、法规规定的自由裁量权的案件中才可以调解；而在民事诉讼中，调解是一项重要原则，法院既可以调解的方式进行审理，也可以调解的方式结案。

2. 行政诉讼与民事诉讼的交织与处理②

实践中经常出现行政争议与民事争议相互交织的局面，对于这类案件如何处理，我国行政诉讼法上一直没有明确的规定。《民事诉讼法》第153条第1款第5项极为概括地规定，“本案必须以另一案的审理结果为依据，而另一案尚未审结的”，人民法院应当中止民事诉讼。最高人民法院于2000年《若干问题的解释》第61条规定：被告对平等主体之间民事争议所作的裁决违法，民事争议当事人要求人民法院一并解决相关民事争议的，人民法院可以一并审理。该司法解释条文简单，且仅规定了行政裁决可能违法情况下法院的合并审理，范围过窄，并且不具有可操作性。值得注意的是，2017年修正的《行政诉讼法》第61条第1款对民、行交叉案件的一并审理作了更进一步的规定：“在涉及行政许可、登记、征收、征用和行政机关对民事争议所作的裁决的行政诉讼中，当事人申请一并解决相关民事争议的，人民法院可以一并审理。”同时，该条第2款规定，“在行政诉讼中，人民法院认为行政案件的审理需以民事诉讼的裁判为依据的，可以裁

① 《民事诉讼法（试行）》（已失效）第3条第2款规定：“法律规定由人民法院审理的行政案件，适用本法规定。”

② 马怀德，张红．行政争议与民事争议的交织与处理．法商研究，2003（4）.

定中止行政诉讼”。可见，2017年《行政诉讼法》扩大了行政诉讼一并解决民事争议的适用范围，对有效解决社会纠纷意义重大。

行政争议与民事争议相关联的案件虽然外在表现上大致相同，但基本属性并不相同。有的实质上是民事争议案件，有的实质上却是行政争议案件；有的案件中行政争议与民事争议可以分开处理，而有的案件中二者却不能分开处理。行政争议和民事争议相关联的案件相当复杂，在设计处理程序时不可整齐划一、作简单化处理，而应当根据争议发生的先后、争议本身对于案件的重要性以及诉讼效率等多方面因素，对于不同的情况分别设计处理程序。第一种处理方式是行政诉讼与民事诉讼分别进行，但在审判过程及判决效力方面有先后之别；第二种处理方式是附带诉讼，即行政诉讼附带民事诉讼。

（1）行政诉讼与民事诉讼的先后关系。

行政诉讼与民事诉讼二者并没有确定的“先行后民”或“先民后行”的模式，二者之间的关系应当作个案处理。具体而言，确定行政诉讼与民事诉讼的先后关系时主要应当考虑以哪一个诉讼为前提。

第一，先行后民。在民事诉讼过程中，当民事争议的解决取决于某一行政行为的合法性时，行政争议即作为解决民事争议的前提性问题，行政争议的解决是解决民事争议的基础。例如：某甲持宅基地使用证在宅基地上欲修建房屋，某乙以政府已对争议之宅基地的权属纠纷作出使用权归其所有的处理决定为由，阻止某甲施工，并拆除已建之房，于是某甲提起民事诉讼，要求排除妨碍、赔偿损失。诉讼中双方各自提供宅基地使用证和政府作出的土地权属争议处理决定来证明其主张，法院不能径直予以取舍。按照土地管理法及相关司法解释之规定，涉及土地权属争议适用行政前置程序，必须由行政机关先行处理后方可提起行政诉讼，土地权属争议不属于民法调整范畴，却是处理排除妨碍诉求的先决条件，此时应中止民事诉讼，待权属之争处理后再恢复审理。

第二，先民后行。行政争议的处理结果须以民事诉讼的处理结果为前提时，实行先民后行：民事诉讼中可以审查行政行为的合法性，但不直接撤销或确认违法，已提起行政诉讼的，中止行政案件的审理，待民事争议判决后再恢复审理。

（2）行政诉讼附带民事诉讼。

《行政诉讼法》第61条第1款规定：“在涉及行政许可、登记、征收、征用和行政机关对民事争议所作的裁决的行政诉讼中，当事人申请一并解决相关民事争议的，人民法院可以一并审理。”这是我国行政诉讼附带民事诉讼的法律依据。行政诉讼附带民事诉讼是人民法院在审理行政案件的同时，对与引起该案件的行政争议相关的民事纠纷一并审理的诉讼活动和诉讼关系的总称。它具有以下特点：第一，行政诉讼附带民事诉讼实质上是对两种不同性质诉讼的合并。行政诉讼解决的是行政争议，民事诉讼解决的是民事纠纷，争议性质的不同决定了两种诉讼制度的区别，也决定了两种诉讼通常应分别进行。行政诉讼附带民事诉讼存在的合理性在于，在两种分属不同诉讼系列的诉讼请求具有内在关联的情况下，将两种诉讼合并审理，有助于节省诉讼成本，提高审判效率。第二，行政诉讼附带民事诉讼的原告可以是行政诉讼的原告，但行政诉讼附带民事诉讼的被告不是行政诉讼的被告，而是民事争议的另一方当事人。

根据《行政诉讼法》的规定，行政诉讼附带民事诉讼的适用条件包括以下几个方面。

第一，被诉行政行为是行政许可、登记、征收、征用以及行政机关对民事争议所作的行政裁决，其他行政行为即使涉及民事纠纷也不能一并审理。其中，行政裁决是行政机关根据法律、法规的授权，解决当事人之间的民事纠纷的行为。此行为因具有强制力而属于一种行政行为，其特殊性在于它不是行政机关的单一管理行为，而是解决争端的活动，由此所形成的法律关系属三方法律关系。当事人对民事权利义务的分配不满的，必须先提起行政诉讼。

第二，被诉行政行为违法。若被诉行政行为合法，法院应当作出驳回原告诉讼请求的判决，当事人之间的民事权利义务分配也因此而确定。只有行政裁决违法，才存在附带民事诉讼的可能。

第三，民事争议当事人要求法院一并解决相关民事纠纷。既然是附带民事诉讼，就必须遵守民事诉讼中不告不理的原则，在当事人没有提出附带民事诉讼的情况下，法院无权一并审理。

四、行政诉讼与刑事诉讼的关系

（一）行政诉讼与刑事诉讼的区别

两者的区别表现在：第一，诉讼目的不同。行政诉讼的直接目的是保护公民、法人和其他组织的合法权益，维护和监督行政机关依法行使行政职权；刑事诉讼的直接目的是打击犯罪和保障人权。第二，诉讼主体不同。行政诉讼主体包括法院和原告、被告、第三人等当事人；而刑事诉讼主体比较复杂，包括公安机关、检察机关、法院、犯罪嫌疑人、自诉人、刑事被告人、刑事被害人等。第三，诉讼程序不同。行政诉讼程序包括第一审程序、第二审程序、审判监督程序和执行程序，而刑事诉讼除上述程序之外还有侦查程序、公诉审查程序、死刑复核程序等。第四，法律依据不同。行政诉讼的法律依据是行政实体法、行政程序法和行政诉讼法，而刑事诉讼的法律依据是刑法和刑事诉讼法。

（二）行政诉讼与刑事诉讼的交织与处理①

目前，《行政诉讼法》对此没有具体的程序性规定，仅最高人民法院 2018 年《行诉法解释》第 87 条第 1 款第 6 项中规定：案件的审判须以相关民事、刑事或者其他行政案件的审理结果为依据，而相关案件尚未审结的，中止诉讼。《刑事诉讼法》及其司法解释中对此类问题则根本没有涉及。由于法律规定的欠缺，司法实践中经常出现行政诉讼与刑事诉讼相冲突的情形。

究竟应该“先行政后刑事”，还是“先刑事后行政”呢？从国外的一些规定来看，其基本上都遵循这样一个原则：如果某种诉讼应以另一种诉讼的结果为依据，就应该（或可以）中止该诉讼，等待另一种诉讼的裁判结果，并以此为据恢复诉讼进行裁判，

---

① 张红．行政诉讼与刑事自诉，何者优先?//樊崇义主编．中国诉讼法判解：第 2 卷．北京：中国检察出版社，2004.

我们可以将此称为“审判前提问题”的原则。在某些情况下是解决行政争议作为刑事诉讼的审判前提问题，这主要发生在刑事自诉过程中。在刑事自诉案件中，一方当事人往往以某一行政行为的合法性作为抗辩的理由，并且另行提起行政诉讼，此时就发生了行政诉讼与刑事自诉相关联的情况。在此情况下，法院刑事审判组织能否给被告定罪量刑主要取决于行政行为的合法性，因此解决行政争议即成为刑事诉讼的前提问题。此时，法院应当裁定中止刑事诉讼程序，待行政诉讼终局裁判作出之后恢复刑事诉讼，再根据行政诉讼结果作出刑事诉讼判决，行政诉讼结果对刑事诉讼而言具有拘束力，在某些情况下则是解决刑事争议为行政诉讼的前提问题。例如，在行政诉讼中原行政诉讼当事人提起或被提起足以影响行政诉讼结果的刑事自诉，由此发生行政诉讼与刑事自诉的关联。在此情况下，刑事诉讼应当作为行政诉讼的前提优先进行。具体做法是中止行政诉讼程序，待刑事诉讼程序结束作出最终判决之后，再进行行政诉讼。

第二节　行政诉讼法

行政诉讼法作为调整行政诉讼活动的法律规范系统，是我国法律体系中的一个重要法律部门。行政诉讼法有多种法律渊源。

一、行政诉讼法的概念

行政诉讼法是调整行政诉讼活动的法律规范系统。它是规定人民法院、诉讼当事人和其他诉讼参与人的诉讼活动程序，规范各种行政诉讼行为，调整行政诉讼关系的法律规范，也是我国法律体系中的一个重要法律部门。行政诉讼法与民事诉讼法、刑事诉讼法并列被称为我国三大诉讼法。行政诉讼法，一方面在部门法意义上使用，另一方面也具有法典和制度意义。狭义的行政诉讼法，仅指行政诉讼法典，即 1990 年生效并实施的《中华人民共和国行政诉讼法》以及 2014 年审议通过的《关于修改〈中华人民共和国行政诉讼法〉的决定》、2017 年审议通过的《关于修改〈中华人民共和国民事诉讼法〉和〈中华人民共和国行政诉讼法〉的决定》；广义的行政诉讼法还包括其他相关的法律规定。

把握行政诉讼法的概念，应当注意以下几点。

其一，行政诉讼法调整的对象是诉讼行为和诉讼关系。所谓诉讼行为，是指行政诉讼中法院、当事人及其他诉讼参与人在诉讼过程中实施的各种行为，如起诉、答辩、送达、裁判、妨碍诉讼、拒不执行判决等。行政诉讼法调整诉讼行为的基本方式是创设行为模式，明确规定各个诉讼主体实施行为的条件、标准及法律后果。所谓诉讼关系，是指行政诉讼过程中各方诉讼主体之间形成的特定的诉讼事实与后果之间的关系。

其二，行政诉讼法的主要内容是规定行政诉讼主体的权利与义务。行政诉讼法是设定行政诉讼主体诉讼权利和诉讼义务的法律规范。行政诉讼法规范人民法院在行使行政审判权审理行政案件过程中的职权、职责，也规范其他行政诉讼主体的权利和义务。

其三，行政诉讼法是调整行政诉讼活动的所有法律规范的系统。无论是制定法还是判例法，只要是调整行政诉讼活动的法律规范，均是行政诉讼法的表现形式。需要注意的是，在当代主要西方国家，判例法都是行政诉讼法的重要法律渊源。判例法与制定法共同形成行政诉讼法的完整体系。

二、行政诉讼法的法律渊源

行政诉讼法的法律渊源，即行政诉讼法的表现形式，包括宪法和国家机关组织法，行政诉讼法和有关的法律，行政法规和地方性法规、自治条例、单行条例，国际条约和法律解释等。我国的行政诉讼法的渊源体现出成文法特征，但是判例也在司法实践中发挥作用，不可忽视。

1. 宪法和国家机关组织法

我国《宪法》第 41 条第 1 款规定："中华人民共和国公民对于任何国家机关和国家工作人员，有提出批评和建议的权利；对于任何国家机关和国家工作人员的违法失职行为，有向有关国家机关提出申诉、控告或者检举的权利，但是不得捏造或者歪曲事实进行诬告陷害。"这一规定被认为是建立行政诉讼制度最重要的宪法依据。此外，《宪法》中关于国家根本政治制度、行政权和司法权配置、国家结构以及公民基本权利和义务的规定，均是行政诉讼法的宪法渊源。除《宪法》外，《国务院组织法》《人民法院组织法》《人民检察院组织法》等国家机关组织法中关于法院和行政机关组织法的规定等都是我国行政诉讼法的法律渊源。

2. 行政诉讼法和有关的法律

《行政诉讼法》是我国的行政诉讼法典，也是我国行政诉讼法最重要的法律渊源。在《行政诉讼法》颁布实施前，已经有规定人民法院受理行政案件的法律，如 1980 年《中外合资经营企业所得税法》、1980 年《个人所得税法》、1981 年《外国企业所得税法》（规定外国组织、公民对我国税务机关的行政行为或者纳税决定不服可以到法院提起诉讼）、1981 年《经济合同法》（规定人民法院受理合同管理行政案件）、1982 年《国家建设征用土地条例》（规定人民法院受理土地管理行政案件）。这些法律都是行政诉讼法的渊源，即使在《行政诉讼法》颁布之后，行政管理的法律中关于公民、法人或者其他组织对行政机关的行为不服可以提起诉讼的规定仍然是提起行政诉讼的依据。

《行政诉讼法》颁布施行以后，对于《行政诉讼法》没有规定或规定比较原则的方面，仍须参照适用《民事诉讼法》的规定，如《民事诉讼法》中的期间、送达、合议制度、回避制度、诉讼保全、集团诉讼等的规定，行政诉讼均可参照适用。所以，《民事诉讼法》也是行政诉讼法的渊源之一。

1994 年通过的《国家赔偿法》中关于行政赔偿的规定，也是行政诉讼制度的重要内容。另外，《行政诉讼法》中"法律另有规定"所指的单行法律都是行政诉讼法的渊源。如《税收征收管理法》规定了起诉不停止具体行政行为执行、行政复议前置、起诉期限等内容，这些规定行政诉讼有关内容的法律也是行政诉讼法的渊源。

3. 行政法规和地方性法规、自治条例、单行条例

行政法规是国务院根据宪法和法律制定的关于全国行政管理工作的法律规范的总称。地方性法规是指省、自治区、直辖市的人民代表大会及其常务委员会，设区的市的人民代表大会及其常务委员会在不与宪法、法律和行政法规相抵触的情况下，制定颁布

的法律规范性文件的总称。自治条例和单行条例是民族自治地方的人民代表大会，依照宪法、民族区域自治法和其他法律规定的权限，结合当地的政治、经济、文化的特点，所制定的法律规范性文件的总称。这些法律规范性文件中有关行政职权规定的内容都是行政诉讼法的渊源，但前提是其符合《立法法》对法律效力和层级的要求，并且不得违反立法原则和精神。

行政法规和地方性法规、民族自治地方的自治条例和单行条例中有关调整行政诉讼活动的规范也是行政诉讼法的法律渊源。

4. 国际条约

随着我国加入 WTO 和全球化进程的推进，国际交流和往来日趋频繁，我国参加、缔结或认可的国家条约中会涉及大量有关行政管理的规则，这些规则对于调整我国政府与他国公民、组织间的关系发挥着重要作用。因此国际条约中关于行政诉讼的规则，除我国声明保留的以外，都是我国行政诉讼法的成文法渊源。

5. 法律解释

根据 1981 年全国人大常委会《关于加强法律解释工作的决议》，法律解释包括立法解释、司法解释、行政解释和地方解释。法律和法规制定机关对其制定颁布的法律、法规有权进行解释。其如果涉及行政诉讼关系的调整，亦为行政诉讼法的法律渊源。

这里作为行政诉讼法的法律渊源的法律解释主要是我国最高审判机关所作的司法解释，如 2018 年《行诉法解释》、自 2002 年 10 月 1 日起施行的最高人民法院《关于行政诉讼证据若干问题的规定》(以下简称《行政诉讼证据规定》) 等。这些司法解释是最高人民法院在行政审判工作中面对实践中出现的问题，结合学术发展作出的全面而具体的解释，在我国行政诉讼制度的发展过程中发挥着不可忽视的作用，是行政诉讼法的重要法律渊源。

6. 判例

判例在英美法系国家的效力毋庸置疑，在法国行政判例也是行政诉讼的法律渊源。这一点也反映了两大法系的交汇融合。我国目前尚不承认判例为行政诉讼的法律渊源，但是不可否认的是，最高人民法院公布的案例在指导行政审判实践工作中发挥了重要的作用。因此，在行政诉讼法学习和研究中，应关注判例中反映的问题，可以通过判例进一步改革和完善行政诉讼法制度。国内也有不少学者主张将判例作为行政诉讼法正式的法律渊源。

三、行政诉讼法的效力范围

行政诉讼法的效力范围，是指行政诉讼法的适用范围，具体包括行政诉讼法的空间效力、时间效力、对人的效力和对事的效力。

1. 空间效力

空间效力是指行政诉讼法适用的地域范围。我国行政诉讼法适用于我国国家主权所及的一切空间领域，包括我国的领土、领空、领海以及领土延伸的所有空间。也就是说，凡在我国进行行政诉讼活动，均应适用我国行政诉讼法。当然，在我国行政诉讼法的空间效力因法域的不同而有所不同，例如，在香港、澳门特别行政区的行政诉讼适用其立法机关制定的地方性法规，有关行政诉讼的自治条例、单行条例只能在本行政区域内适用。

2. 时间效力

时间效力是指行政诉讼法适用的时间范围，具体包括行政诉讼法的生效、失效的起止时间以及行政诉讼法对该法生效前发生的行政案件的溯及力。我国《行政诉讼法》第103条规定："本法自1990年10月1日起施行。"该日期即为行政诉讼法的生效日期。同时，我国行政诉讼法不具有溯及既往的效力。

3. 对人的效力

行政诉讼法对人的效力，是指行政诉讼法能对哪些人有拘束力，对哪些人没有拘束力。我国行政诉讼法采用属地原则确定对人的效力。凡在我国领域内进行行政诉讼的，无论当事人为中国公民、法人或者其他组织，还是外国人、外国组织或无国籍人，均适用我国行政诉讼法。但是，中国参加或缔结的国际条约对外国公民的权利作了特殊规定的，适用该规定。例如，我国《外交特权与豁免条例》第14条第2款中规定：外交代表享有民事管辖豁免和行政管辖豁免。据此，除非派遣国政府明确表示放弃豁免或者外交人员从事与公务无关的活动，行政诉讼法对其没有约束力。

4. 对事的效力

对事的效力，是指行政诉讼法对行政案件的适用范围，即人民法院的受案范围。具体内容将在本书后文关于受案范围一章中详细介绍。

第三节　行政诉讼的目的和基本原则

行政诉讼的目的直接决定着行政诉讼具体制度的设计和规则的建立，是行政诉讼的灵魂。行政诉讼活动除应当遵守与民事诉讼和刑事诉讼通用的原则外，还应当遵守行政行为合法性审查这一特殊原则。

一、行政诉讼的目的

（一）行政诉讼的目的及其意义

诚如德国法学家耶林所言："目的是全部法律的创造者。每条法律规则的产生都源于一种目的，即一种实际的动机。"① 任何法律的制定和颁布都是基于一定的目的，该目的在法律的制定和运用中都起着指导作用，所有的法律条文都是基于实现这个目的而展开的。行政诉讼目的是指以观念形式表达的国家进行行政诉讼所期望达到的目标，是国家基于对行政诉讼固有属性的认识而预先设计的关于行政诉讼结果的理想模式。② 行政诉讼的目的直接决定着行政诉讼具体制度的设计和规则的建立，是行政诉讼的灵魂所在。具体而言，行政诉讼目的的意义体现在以下几个方面。

其一，行政诉讼的目的直接体现行政诉讼制度的价值取向。行政诉讼制度的价值取向是行政诉讼制度最终极的追求，居于最高层次。在法哲学上，一般认为法律所应实现

---

① ［美］E. 博登海默. 法理学：法律哲学与法律方法. 邓正来，译. 北京：中国政法大学出版社，1999：109.

② 杨伟东. 行政诉讼目的探讨. 国家行政学院学报，2004（3）.

的价值，由社会正义、法安定性以及合目的性三者构成。就行政诉讼的价值而言，我国台湾地区学者一般认为包括社会正义、诉讼经济原则（合目的性）以及法安定性原则。①行政诉讼目的是行政诉讼制度价值取向的直接体现，因此不同国家和地区在行政诉讼制度价值取向上的不同追求，形成了不同的行政诉讼目的模式。

其二，行政诉讼的目的是设计和构建行政诉讼制度的基点。行政诉讼目的直接决定着行政诉讼的基本原则、行政诉讼的受案范围、行政诉讼当事人、行政诉讼程序、行政诉讼证据、行政诉讼的审理规则、行政诉讼判决、行政诉讼执行等各项行政诉讼制度。以行政诉讼受案范围为例，如果行政诉讼目的是保障公民、法人和其他组织的合法权益，就应当尽量放宽行政诉讼的受案范围。

其三，行政诉讼的目的指导行政诉讼实践。人民法院和行政诉讼的参加人主要依据行政诉讼法的规定开展诉讼活动。行政诉讼法规定人民法院、诉讼当事人和其他诉讼参与人的诉讼活动程序，规范各种行政诉讼行为，调整行政诉讼关系。但法律实践永远比法律条文更加纷繁多样，行政诉讼实践中经常会出现不同的诉讼主体对某一条文产生不同理解的情况，甚至会出现法律中对某一问题没有作出明确规定的情形。在上述情况下，就需要结合行政诉讼的目的来统一对法律条文的理解，或者弥补法律规定的漏洞。

（二）现行规定

我国《行政诉讼法》第1条规定："为保证人民法院公正、及时审理行政案件，解决行政争议，保护公民、法人和其他组织的合法权益，监督行政机关依法行使职权，根据宪法，制定本法。"围绕这一立法规定，学界对行政诉讼的目的产生了"三重目的说""双重目的说""监督说""依法行政说""权益保护说""纠纷解决说"等数种不同的认识。其中，支持"双重目的说"者占多数，认为我国行政诉讼的目的包括"保护公民、法人和其他组织的合法权益"和"监督行政机关依法行使职权"，二者并存。

1. 解决行政争议

民事诉讼解决的是民事争议，即平等主体间就民事权利义务而发生的纠纷。刑事诉讼解决的是刑事争议，即对犯罪嫌疑人的定罪量刑作出裁断。而作为基本的诉讼制度之一，行政诉讼的核心问题同样是解决行政争议。所谓行政争议，是指行政管理活动中，在行政主体和行政相对人之间产生的矛盾与纠纷，在结果上就体现为行政相对人认为行政主体的行政行为侵犯了自己的合法权益。当然，这是一种狭义的行政争议概念，从广义上讲，行政争议是指产生于行政管理领域之中的所有矛盾与冲突。

行政争议的概念要比行政诉讼法规定的受案范围大，根据特定的历史条件和现实条件，只有符合法律规定的行政争议才能进入司法审查程序。这一方面反映了时代发展的阶段性和渐进性，可诉行政争议的范围在逐渐扩大；另一方面也反映了行政权和司法权的关系，司法权对行政权的干预和监督存在一定限度，否则就有取代行政权之嫌。一般各个国家都将政治行为、外交行为和军事行为排除在司法审查范围之外，我国现行行政诉讼制度规定的可诉行政争议的范围除外交和军事等行为外，也不包括行政法规、规章或者行政机关制定、发布的具有普遍约束力的决定、命令。从世界各国以及我国的法治

① 陈清秀．行政诉讼法．台北：三民书局，1999：49．

和诉讼制度的发展来看，列入以行政诉讼解决的行政争议的范围从保护公民基本权利和推动法治建设的角度讲呈扩大趋势。

同时需要注意，行政诉讼不是解决行政争议的唯一渠道。习近平总书记在中央全面依法治国委员会第一次会议上强调，要研究建立健全行政纠纷解决体系，推动构建行政调解、行政裁决、行政复议、行政诉讼有机衔接的纠纷解决机制。所谓“行政争议多元化解机制”，是指通过“多元”即多条路径、多条方式依法化解行政争议的机制。近年来，我国高度重视并采取多种措施推进多元化解纠纷机制。党的十八届四中全会通过的《中共中央关于全面推进依法治国若干重大问题的决定》提出，健全社会矛盾纠纷预防化解机制，完善调解、仲裁、行政裁决、行政复议、诉讼等有机衔接、相互协调的多元化纠纷解决机制。2015 年中央办公厅和国务院办公厅印发《关于完善矛盾纠纷多元化解机制的意见》，从制度层面对多元化纠纷解决机制改革作出顶层设计。2019 年，习近平总书记在中央政法工作会议上作出重要指示，明确提出要“把非诉讼纠纷解决机制挺在前面”。2021 年 2 月 19 日，中央全面深化改革委员会第十八次会议审议通过《关于加强诉源治理推动矛盾纠纷源头化解的意见》，强调要推动更多法治力量向引导和疏导端用力，加强矛盾纠纷源头预防、前端化解、关口把控，完善预防性法律制度，从源头上减少诉讼增量。2021 年 12 月 22 日，最高人民法院发布《关于进一步推进行政争议多元化解工作的意见》（法发〔2021〕36 号），直接成为构建行政争议多元化解机制的指导依据。源头防控、多元解纷社会治理理念的提出，回应了新时代我国社会主要矛盾变化的现实需求。坚持把非诉讼纠纷解决机制挺在前面，把诉讼作为纠纷解决最后防线，加快构建衔接顺畅、协调有序的多元化纠纷解决体系成为新时代政法改革的重要内容之一。依法妥善处理各类行政案件，有效保障人民群众合法权益，切实维护社会和谐稳定，需要在党委领导、人大监督、政府支持下，充分调动各种社会力量，积极构建纠纷化解合力。未来，探索行政诉讼在行政争议多元化解机制中的功能和定位，将是更好发挥行政诉讼目的的重要课题。

2. 保护公民、法人和其他组织的合法权益

行政诉讼法的最主要目的是为遭受行政机关侵害的公民、法人或者其他组织提供救济途径，通过诉讼方式保护公民、法人或者其他组织的合法权益。随着现代行政管理活动日趋广泛和复杂，行政侵权现象时有发生，给公民、法人或者其他组织造成损害。如何为受害人提供充分、有效的法律救济，是现代法治国家面临的一项重要任务。在众多的救济途径中，行政诉讼可谓是最有效的途径之一。行政诉讼法的许多规定，如行政诉讼的基本原则和制度、受案范围、案件管辖、起诉和受理、赔偿诉讼、判决等内容，均充分体现了行政诉讼法保护公民、法人或者其他组织合法权益的立法宗旨。从这个意义上来说，行政诉讼法是一部人权保障法，它不仅为公民在人身权、财产权遭受损害时提供救济，而且在有法律规定的情况下，对于公民劳动权、受教育权、政治权利和自由也提供了有效的保护。法院通过撤销违法行政行为，改变明显不当的行政处罚行为，判令被告履行法定职责或承担赔偿责任等多种方式，为公民、法人或者其他组织提供了充分、有效的救济。

3. 监督行政机关依法行使职权

行政诉讼法是司法机关对行政机关实施监督的法。根据我国行政诉讼法的规定，法

院通过审理行政案件，有权撤销违法的行政行为。撤销违法的行政行为，不仅意味着对行政行为的否定评价，而且是防止行政机关再犯同样错误的重要监督方式。值得注意的是，2017年《行政诉讼法》删除了原《行政诉讼法》“维护行政机关依法行使职权”的表述，同时对合法的行政行为，人民法院也不再用“维持判决”，而一律改为“驳回原告诉讼请求判决”。这便体现了立法者对行政诉讼目的的一种转变——从“维护和监督”行政机关依法行使职权到“监督”行政机关依法行使职权。这一转变是进步的，因为行政机关是公权力机关，其合法的行政行为不需要人民法院的“维持”，即可对行政相对人产生效力，所以行政机关依法行使职权无须人民法院维护。

行政诉讼法在保护公民、法人或其他组织的合法权益与监督行政机关依法行使职权方面是相互助益的关系。监督行政机关依法行使职权的最终目的是保护公民、法人或者其他组织的合法权益；同样，只有促进行政机关依法行政，公民、法人和其他组织的合法权益才能得到更广泛、更切实的保护。

（三）思考

行政诉讼法中关于行政诉讼目的的规定在客观上给行政诉讼具体制度设计和行政诉讼实践带来了一定程度的混乱。有学者指出，虽然在立法中确立双重目的并无问题，但以中国现阶段行政法治和行政诉讼的状况，在制度设计上不区分两种目的的主次先后，将难以克服监督行政权和保护公民合法权益之间的内在紧张关系。[①]

从我国行政诉讼其他具体制度的设计上看，立法者实际上是想达到“兼顾”的目的。以行政判决制度为例，本质上是想通过司法审查同时实现对行政权的监督和对公民、法人和其他组织的合法权益的保护的双重效果，如撤销判决意在通过纠正违法的行政行为促使依法行政的理念得到落实，同时也能够使当事人的合法权益得到维护。但是，“兼顾”的结果往往导致制度设计的混乱，甚至形成紧张的冲突。例如：维持判决的存在固然可以解释对合法行政的支持，但它因与当事人的诉讼请求相去甚远而根本不可能“兼顾”对权利的有效保障；变更判决的设置固然能够起到对行政权的有效控制作用，但因其范围的狭隘又根本难以切实地保障公民的合法权益。由此可见，在行政诉讼制度的目的问题上，关键并不在于究竟应当设置几个目的，而是要弄清楚在特定的时期行政诉讼的根本目的应当是什么。

《行政诉讼法》第1条规定，为保证人民法院公正、及时审理行政案件，解决行政争议，保护公民、法人和其他组织的合法权益，监督行政机关依法行使职权，根据宪法制定本法。该条规定明确行政诉讼的立法目的有三项：化解争议、保护权利、监督权力，立法目的具有多重性、复杂性。监督权力是基础，保护权利是根本，化解争议是目标。有学者认为应当旗帜鲜明地将“保障公民权益”作为我国行政诉讼制度的根本目的或者唯一目的，并以此作为行政诉讼法的灵魂。[②] 也有学者主张我国行政诉讼在制度设计上应突出权利救济目的，并适当吸收监督行政权的目的模式的优点，这是一种较为现实的选择。[③]

---

① 杨伟东．行政诉讼目的探讨．国家行政学院学报，2004（3）．

② 杨海坤，章志远．社会转型时期的行政诉讼法修改．江苏行政学院学报，2007（1）；肖峰昌．论行政诉讼目的的唯一性．山西省政法管理干部学院学报，2003（4）．

③ 杨伟东．行政诉讼目的探讨．国家行政学院学报，2004（3）．

二、行政诉讼的基本原则

行政诉讼基本原则是指行政诉讼法规定的，贯穿行政诉讼的主要过程，对行政诉讼活动起支配作用的基本行为准则，对行政诉讼活动有拘束力，无论是人民法院还是诉讼当事人、其他诉讼参与人都应当遵循。行政诉讼法中所规定的基本原则，有的是作为诉讼法均应当遵守的一般性原则，有的则是行政诉讼特有的原则。

（一）行政诉讼的一般原则

行政诉讼的一般原则是指行政诉讼与民事诉讼和刑事诉讼通用的原则。根据《行政诉讼法》的规定，具体包括以下几项内容。

1. 人民法院依法独立行使行政审判权原则

人民法院依法独立行使审判权，是我国宪法规定的一项重要原则，行政诉讼活动必须遵循。《行政诉讼法》第 4 条第 1 款规定："人民法院依法对行政案件独立行使审判权，不受行政机关、社会团体和个人的干涉。"该原则包含以下内容：第一，行政审判权由人民法院统一行使，行政审判权是我国司法主权不可分割的组成部分，只能由人民法院代表国家行使。第二，案件审判独立，即人民法院作为一个整体独立，不受外界的任何非法影响。行政审判独立的首要一环是人民法院作为一个整体独立于行政机关、社会团体和个人。第三，合议庭审判独立，即合议庭在具体办理和审判行政案件的过程中，非依法定程序不受来自法院内部和外部的各种影响。第四，审判人员独立，即审判人员参加合议庭审判和审判委员会议决时，不受来自法院内部和外部的干涉或者指使独立进行判断，发表自己的意见，并完全按照自己的意志表决。法官的个人独立是人民法院独立审判的必要条件。

2. 以事实为根据，以法律为准绳原则

《行政诉讼法》第 5 条规定："人民法院审理行政案件，以事实为根据，以法律为准绳。"该原则的具体含义包含两方面。其一，以事实为根据。人民法院审理行政案件应当查明下列事实：行政机关调查认定的事实；与本案有关的其他事实；行政诉讼程序事实。必须注意的是，行政诉讼以审查行政行为合法与否为重点，所以，法院要审查的不是原告行为是否合法的事实，而是行政行为认定的事实，这与刑事诉讼、民事诉讼中法院依据的事实有一定区别。其二，以法律为准绳。人民法院审理行政案件，应当正确适用法律，对行政行为合法性进行判断。此处所谓的法律，既包括行政实体法，也包括行政程序法及行政诉讼法。

人民法院适用法律必须遵守《行政诉讼法》第 63 条的规定，即以法律、行政法规、地方性法规和自治条例、单行条例为依据，参照行政规章。在遇到法律冲突时，还应当遵守有关的法律冲突选择适用规则。

3. 合议、回避、公开审判和两审终审原则

《行政诉讼法》第 7 条规定："人民法院审理行政案件，依法实行合议、回避、公开审判和两审终审制度。"合议、回避、公开审判和两审终审原则存在于三大诉讼之中，又被称为行政诉讼的基本制度。

第一，合议原则。这一原则是指人民法院对行政案件的审理，由审判员或审判员与

陪审员依照法定人数和组织形式组成合议庭进行。《行政诉讼法》第68条明确规定：人民法院审理行政案件，由审判员组成合议庭，或者由审判员、陪审员组成合议庭。合议庭的成员，应当是三人以上的单数。行政诉讼采用合议制，是由行政诉讼的性质所决定的。行政诉讼技术性、知识性较强，而且行政诉讼的当事人一方为行政机关，独任审判一般难以胜任。但是，根据《行政诉讼法》第82条与第83条的规定，在事实清楚、权利义务关系明确、争议不大的个别案件中，人民法院可以适用简易程序审理行政案件，即由审判员一人独任审理。

第二，回避原则。在行政诉讼中，回避原则是指承办行政案件的审判人员和其他有关人员遇有法律规定应当回避的情形时，应当通过法定程序退出行政诉讼活动。回避适用于审判人员、书记员、勘验人、鉴定人和翻译人员等。《行政诉讼法》第7条和第55条分别对回避作了明确规定。根据《行政诉讼法》第55条的规定，回避的条件是审判人员或其他有关人员与本案有利害关系或者有其他关系可能影响公正审判。

第三，公开审判原则。公开审判是我国宪法确定的一项基本原则。在行政诉讼中，公开审判原则是指人民法院审理行政案件，除法律规定的特殊情况外，一律公开进行。《行政诉讼法》第54条规定："人民法院公开审理行政案件，但涉及国家秘密、个人隐私和法律另有规定的除外。涉及商业秘密的案件，当事人申请不公开审理的，可以不公开审理。"公开审判原则包括审判过程公开和审判结果公开。公开审判要求人民法院的审判活动应当对社会公开，其实质意义在于将人民法院的审判活动置于诉讼当事人及广大群众的监督之下，以确保审判的公正。

第四，两审终审原则。在行政诉讼中，两审终审原则是指行政案件经过两级人民法院的审理即告终结。按照这一原则，当事人对第一审行政判决、裁定不服的，可以向上一级人民法院提起上诉，启动第二审程序。第二审人民法院的判决、裁定是终局判决、裁定，对此，当事人不得再提起上诉。另外，最高人民法院是我国最高审判机关，最高人民法院作出的一审判决、裁定，当事人不得上诉。

4. 当事人的法律地位平等原则

《行政诉讼法》第8条规定："当事人在行政诉讼中的法律地位平等。"这一原则的内容有：第一，在行政诉讼中，行政机关与公民、法人或者其他组织一样都是行政诉讼的当事人。在行政管理过程中，行政机关是行政主体，其地位明显优越于行政管理相对人和其他利害关系人。而在行政诉讼中，行政机关不再是管理者，不能再像在行政程序中那样管理公民、法人或者其他组织。第二，各方当事人的诉讼地位平等。行政机关与公民、法人或者其他组织一样都是行政诉讼主体，享有同等的机会阐述意见和辨明是非。公民、法人或者其他组织依法享有起诉权；行政机关不但没有这项权利，而且没有反诉权，且要受到很多限制，如对行政行为的合法性承担举证责任，诉讼期间不得自行向原告、证人调查取证等。这些限制正是为了平衡双方当事人表达意见的机会，科学地反映了行政诉讼的特殊要求。第三，人民法院作出裁判时应当同等情况同等对待，对当事人在适用法律上一律平等，不能因人而异。

5. 使用本民族语言、文字原则

《行政诉讼法》第9条规定："各民族公民都有用本民族语言、文字进行行政诉讼的权利。在少数民族聚居或者多民族共同居住的地区，人民法院应当用当地民族通用的语言、文字进行审理和发布法律文书。人民法院应当对不通晓当地民族通用的语言、文字的诉讼参与人提供翻译。”使用本民族语言、文字原则包括下述内容：第一，当事人有权用本民族语言、文字进行行政诉讼。使用本民族语言、文字是公民的宪法权利，各个国家机关在执行职务时，都应当尊重公民的语言、文字权。根据《宪法》第121条的规定，在民族自治地区，自治机关在执行职务时，依照本民族自治地方自治条例的规定，使用当地通用的一种或者几种语言文字，即在立法、执法和司法等各个环节必须体现公民的语言、文字权。在非民族自治地区，当事人同样有权使用本民族的语言、文字，而不论其是否在本地通用。第二，人民法院应当用当地民族通用的语言、文字进行审理和发布法律文书。第三，人民法院应当为不通晓当地民族通用语言、文字的诉讼参与人提供翻译。提供翻译是法定的强制性义务，人民法院必须无条件地履行。

6. 当事人有权辩论原则

《行政诉讼法》第10条规定：“当事人在行政诉讼中有权进行辩论。”所谓辩论，是指当事人在法院的主持下，就案件的事实和法律问题各自陈述主张和意见，互相反驳，进一步辨明真伪和是非。当事人有权辩论的原则主要包含以下内容：辩论权是当事人的基本诉讼权。原告、被告、共同诉讼人和第三人都享有辩论权，审判人员应当发挥其指挥职能，确保当事人充分行使辩论权。在辩论的内容方面，当事人有权就行政实体法问题、行政程序法问题、行政诉讼程序问题进行辩论。当事人有权以口头或者书面方式进行辩论。当事人在第一审程序、第二审程序、审判监督程序和执行程序中均有权进行辩论。

7. 人民检察院实行法律监督原则

《宪法》第134条规定：“中华人民共和国人民检察院是国家的法律监督机关。”《行政诉讼法》第11条规定：“人民检察院有权对行政诉讼实行法律监督。”人民检察院对行政诉讼实行法律监督，是为了保障行政诉讼活动依法进行。在目前我国司法体制不尽完善的情况下，强调这一原则具有重要意义：第一，人民检察院对行政诉讼活动的合法性有权进行法律监督；人民检察院对人民法院和行政诉讼参与人都有权进行法律监督，人民检察院有权对行政诉讼的整个过程实行法律监督。第二，人民检察院实行法律监督的主要方式是抗诉。最高人民检察院对各级人民法院已经发生法律效力的行政判决、裁定，上级人民检察院对下级人民法院已经发生法律效力的行政判决、裁定，发现违反法律、法规规定的，应当按照审判监督程序提出抗诉。地方各级人民检察院对同级人民法院已经发生法律效力的行政判决、裁定，发现违反法律、法规规定的，可以向同级人民法院提出检察建议，并报上级人民检察院备案；也可以提请上级人民检察院向同级人民法院提出抗诉。人民检察院提出抗诉的案件，应当派员出庭，对诉讼活动是否合法进行监督。

（二）行政行为合法性审查原则

《行政诉讼法》第6条规定：“人民法院审理行政案件，对行政行为是否合法进行审查。”与刑事诉讼和民事诉讼相比，行政诉讼最有特色的基本原则是行政行为合法性审查原则，其涉及行政权和司法权之间的关系。

1. 概述

行政诉讼法中规定行政行为合法性审查原则，具有以下意义：首先，明确行政机关与人民法院之间的制约关系。它表明，人民法院有权审查行政机关行使职权的行为。当然，人民法院介入行政管理的范围限于审查行政行为的合法性。行政诉讼以合法性审查为原则的特点是由司法权和行政权的关系所决定的。在我国，行政权和司法权都由宪法和国家权力机关赋予，受国家权力机关制约。行政权与司法权彼此独立，各有自己的活动领域。司法权对行政权的监督来自法律的明确授权，并且必须在法定范围内进行。因而，司法权对行政权的监督只能限于合法性审查。这是保证行政机关依法行使自由裁量权，有效履行行政管理职能的必要前提。司法权不得干预行政权，影响行政权的正常运作，更不能代替行政权。其次，行政行为合法性审查原则具体化了公民、法人或者其他组织的行政诉讼权利，对诉讼当事人、人民法院等诉讼主体进行诉讼活动具有指导意义。公民、法人或者其他组织对行政行为不服时，有权向人民法院提起诉讼。同时，法院审理判决行政案件，必须按照合法性审查原则进行，对于合法的行政行为应当判决驳回原告诉讼请求，对于违法的行政行为则予以撤销或判令被告履行法定职责等。

2. 行政行为合法性审查的范围

从客体来看，人民法院只审查行政机关部分符合行政诉讼受案范围的行政行为，不审查行政诉讼原告行为的合法性。同时，对于受案范围之外的行政行为引起的争议，人民法院不能受理，当然也就不能审查。

从内容来看，人民法院以审查行政行为的合法性为原则，以审查行政行为的合理性为例外。人民法院审查行政行为合法性的具体内容包括：(1) 行政机关是否享有作出行政行为的权限，是否超越法定的职责权限以及是否依法享有事务管辖权、级别管辖权和地域管辖权，上述任何一方面违法都构成无权限或者超越职权。(2) 行政行为的证据是否确凿充分、事实是否清楚，作出行政行为的证据是否具有合法性、客观性和相关性。(3) 作出行政行为适用的法律依据是否正确。(4) 行政行为程序是否合法。行政机关不得违反法定程序，行政机关遗漏程序步骤、颠倒顺序、超越时限以及违反法定行为方式的，所作出的行政行为违法。(5) 行政行为的目的是否合法。行政机关不得借用合法的形式，实现非法的目的；否则，构成滥用职权。总之，人民法院应当对行政行为的事实问题和法律问题、程序问题和实体问题进行全面的审查。

在法定例外情况下，人民法院也可以审查行政行为的合理性。《行政诉讼法》第 77 条第 1 款规定：行政处罚明显不当，或者其他行政行为涉及对款额的确定、认定确有错误的，人民法院可以判决变更。其中，对于行政处罚的合理性审查可以依据《行政处罚法》第 5 条第 1、2 款的规定，即行政处罚遵循公正、公开的原则。设定和实施行政处罚必须以事实为根据，与违法行为的事实、性质、情节以及社会危害程度相当。据此，如果行政处罚的轻重与案件的事实和情节明显不相适应，人民法院可以判决变更。这里的“可以”，是指人民法院有权判决变更，这要根据案件的具体情况而定。

3. 思考

有学者指出：在我国目前针对行政行为合法性审查原则的判断，最大的问题是，对合法性的理解是狭义的、形式意义上的，主要是审查行政机关有没有职权，作出行政行为是否符合程序，有没有超越职权或滥用职权等。现行《行政诉讼法》中虽然规定行政行为“明显不当”时，法院可以变更，但一般认为，“明显不当”是一个合理性问题，是合法性审查的例外，且被严格限定于行政处罚行为和款额确定行为。进而主张行政行为合法性的判断中应当增加明显不当内容，从而扩充合法性审查的内涵，扩大法院的审查范围和审查强度，并将明显不当的审查扩展适用于所有行政行为。此外，法院在适用合法性审查时亦应当增加或强化目的性审查和比例性审查。行政行为的目的是否合乎法律精神和立法目的，手段与目的之间是否合乎比例，是合法性审查的重要判断标准，也是当今世界司法审查发展的重要趋势。随着我国行政机关的行政法治和行政执法水平的提高，我们应当走出局限于简单从是否合乎法律的直接规定来判断行政行为是否合法的低水平依法行政要求，从是否合乎法律的内在目的和内在精神来要求行政机关。①

① 杨伟东．行政诉讼法修改的基本动向及其问题．国家检察官学院学报，2007（2）．

第二章　行政诉讼的受案范围

行政诉讼的受案范围是行政诉讼中的一个核心问题，它反映了司法权对行政权的监督范围以及行政相对人的诉权大小。1989 年我国在制定《行政诉讼法》时，受当时条件所限，不可能将行政诉讼的受案范围规定得很广，因而把受案范围限制在具体行政行为上。但随着中国行政法制的快速发展，1999 年制定的《行政复议法》已经把部分抽象行政行为纳入复议审查范围，继而在 2014 年《行政诉讼法》修正时，亦将部分抽象行政行为纳入行政诉讼的附带性审查范围。

第一节　行政诉讼受案范围概述

行政争议只有符合法律规定，即在行政诉讼的受案范围之内才能够进入法院展开审查。作为行政诉讼制度的核心问题，几乎所有的国家均对此作了规定。行政诉讼受案范围的大小受到一定因素的影响，各国在规定的时候也有不同的方式。

一、行政诉讼受案范围的概念

行政诉讼的受案范围与其他诉讼的主要不同之处在于，并不是所有行政争议中的行政相对人都可以向法院提起行政诉讼，只有当行政争议在法律规定的受案范围之内时，行政相对人才可以提起行政诉讼。因此，如何合理地界定行政诉讼受案范围就成为行政诉讼制度中的一个核心问题。世界上几乎所有国家，包括大陆法系国家和英美法系国家，都有关于受案范围或者类似问题的规定，只是各自对这一问题的表述有所不同。例如，美国将该问题称为“司法审查的可得性”，法国称之为“行政法院的审判权范围”。不管表述如何，其实质内容都是一样的，即法院不可能解决所有的行政争议，也无力审查所有的行政行为。法院能够解决的争议范围是特定的、有限的。①

在中国，行政诉讼受案范围指的是人民法院对行政诉讼案件的主管范围，或者说，是人民法院对行政诉讼案件的受理范围，是行政相对人及利害关系人提起行政诉讼的范围和人民法院受理行政案件、裁判行政争议范围的统一。这一范围决定着司法机关对行政机关行为的监督范围，决定着受到行政主体侵害的公民、法人和其他组织诉权的范围，也决定着行政终局裁决权的范围。由此可见，行政诉讼受案范围涉及行政相对人及利害关系人、行政机关和法院三方之间的关系。如何界定这一范围，对各方而言都是至

---

① 马怀德主编．行政诉讼原理．2 版．北京：法律出版社，2009：156－161.

关重要的。

二、制约与决定行政诉讼受案范围的因素

行政诉讼受案范围的大小不是立法者的一种偶然选择，世界上也并不存在绝对一致的受案范围，其受到各个国家政治、经济、文化、法律传统等诸多因素的影响，不同国家的行政诉讼受案范围不尽相同。但行政诉讼作为一项法治国家共有的制度，具有某种共同的规律和要求，受案范围的宽窄，事实上既标志着一个国家行政诉讼制度完善的程度，也标志着一个国家法治文明的程度，行政诉讼受案范围的确定，应当符合和遵循行政诉讼的基本要求。

（一）行政诉讼受案范围要与行政诉讼的目的相一致

行政诉讼受案范围的确定应最大限度地保护公民、法人或者其他组织的合法权益有权利必有救济，有权力必存在监督，是现代法治国家的基本要求。行政诉讼的价值除可以从这一长期以来形成的共识来解释外，还在为公民、法人或者其他组织提供更充分、更公正的权利保护方面具有特殊的意义。行政机关行使国家权力，在行政管理过程的诸多环节中都居于优越地位，行政自身的主动性也增加了行政机关出现错误和侵犯公民权利的可能性，这就要求必须为公民、法人或者其他组织提供有效的权利保障和权利救济途径。而诉诸司法，由地位中立的司法机关最终解决行政争议，是有效、合理的权利救济途径的必要组成部分。因此，最大限度地扩大受案范围的允许空间，充分保护公民、法人或者其他组织的合法权益，是设置行政诉讼受案范围的首要标准。

（二）行政诉讼受案范围的确定应符合行政权与司法权的分工

与民事诉讼、刑事诉讼不同，行政诉讼始终面临着司法权与行政权的冲突与协调问题。毫无疑问，行政诉讼所确立的是司法权高于行政权、司法监督行政的机制。但行政诉讼运作的前提，是法院对所审查和监督的行政行为具备相应的监督能力和资格。因此，对于带有很强的政治性、专业性等不适于通过司法解决的行政事务，基于司法权与行政权的分工，应被排除在行政诉讼受案范围之外，而通过其他方式解决。不过，究竟哪些事项应属由行政机关保留事项，是值得深入研究的问题，对它的确定需要充分听取意见，而不应单纯取决于行政机关和法院的看法和观点。同时，政治性、专业性标准会因时代变迁和科学技术的发展而发生变化，不存在固化的、单一的标准。

（三）行政诉讼受案范围的确定应兼顾可能性和现实性

理论上说，在不干预行政机关正常职能行使的前提下，行政诉讼受案范围越宽越好。但在实际确定行政诉讼受案范围时必须充分考虑到法院的行政审判经验和行政审判力量等现实因素。

当然，任何一个国家行政诉讼的受案范围都没有囊括行政纠纷的全部内容，一定程度上的限定是必需的，但这并不意味着我们能因此否定行政诉讼制度满足社会纠纷解决需要的目标设定。唯有以此考虑为前提，对行政纠纷进一步限定并不断地扩展新的行为所形成的行政诉讼受案范围的具体内容才具有包容性，同时具有顺应时代变化和法治发展的合理性。

三、确定行政诉讼受案范围的方式

确定行政诉讼受案范围的方式大致有三种：概括式、列举式与结合式。

（一）概括式

概括式是指由法律或者判例概括地确定一个标准，只要符合这一标准，行政相对人即可提起行政诉讼。美国和德国确定行政诉讼受案范围的方式就属于概括式。概括式规定的特点是简单、全面，对当事人的诉权保障充分。但是，实际上，由于受案范围不可能没有限制，所以，仅有概括式的规定显然会过于宽泛而不容易具体掌握。

（二）列举式

列举式是指由单行的法律或判例分别列举法院可以受理的行政案件的范围，只有符合这些特别规定，行政相对人才可提起行政诉讼。《行政诉讼法》实施之前，我国采用的就是以列举式确定受案范围。1982 年《民事诉讼法（试行）》第 3 条第 2 款规定：“法律规定由人民法院审理的行政案件，适用本法规定。”此后至 1989 年《行政诉讼法》生效前，各单行法律、法规不断列举可以提起行政诉讼的行政案件种类。列举式的益处在于具体、细致，易于“照本宣科”式地操作。然而，不管是肯定列举（对属于法院受案范围的情形逐类、逐项地加以规定），还是否定列举（对不属于法院受案范围的情形逐类、逐项地加以规定），列举式的不足是分散、繁杂、僵化，难以列举穷尽且容易发生过分严格地限制当事人诉权的情况。

（三）结合式

正是由于列举式的不足，才出现了结合式或者说混合式的情况。综合概括式和列举式确定行政诉讼受案范围的方式，称为结合式。中国行政诉讼法就是采用的这种方式，它既有概括式的一般规定，也有列举式的具体规定。①《行政诉讼法》第 2 条作了概括式的规定，第 12 条与第 13 条分别作了正面与反面的列举。2018 年《行诉法解释》则以正面的概括式的规定和反面无例外的排除列举来确定行政诉讼受案范围。

具体而言，目前中国行政诉讼受案范围的规定由三个部分组成（具体分析见本章第二、三节）。

（1）对受案范围的总体划定。

《行政诉讼法》第 2 条第 1 款规定，公民、法人或者其他组织认为行政机关和行政机关工作人员的行政行为侵犯其合法权益，有权依照本法向人民法院提起诉讼。

（2）对受案范围的正面列举。

《行政诉讼法》第 12 条规定，人民法院受理公民、法人或者其他组织提起的下列诉讼：

1）对行政拘留、暂扣或者吊销许可证和执照、责令停产停业、没收违法所得、没收非法财物、罚款、警告等行政处罚不服的。

2）对限制人身自由或者对财产的查封、扣押、冻结等行政强制措施和行政强制执行不服的。

① 罗豪才，应松年主编．行政诉讼法学．北京：中国政法大学出版社，1990：102－104.

3）申请行政许可，行政机关拒绝或者在法定期限内不予答复，或者对行政机关作出的有关行政许可的其他决定不服的。

4）对行政机关作出的关于确认土地、矿藏、水流、森林、山岭、草原、荒地、滩涂、海域等自然资源的所有权或者使用权的决定不服的。

5）对征收、征用决定及其补偿决定不服的。

6）申请行政机关履行保护人身权、财产权等合法权益的法定职责，行政机关拒绝履行或者不予答复的。

7）认为行政机关侵犯其经营自主权或者农村土地承包经营权、农村土地经营权的。

8）认为行政机关滥用行政权力排除或者限制竞争的。

9）认为行政机关违法集资、摊派费用或者违法要求履行其他义务的。

10）认为行政机关没有依法支付抚恤金、最低生活保障待遇或者社会保险待遇的。

11）认为行政机关不依法履行、未按照约定履行或者违法变更、解除政府特许经营协议、土地房屋征收补偿协议等协议的。

12）认为行政机关侵犯其他人身权、财产权等合法权益的。

除前述规定外，人民法院受理法律、法规规定可以提起诉讼的其他行政案件。

（3）对不可诉行为的排除。

《行政诉讼法》第13条规定，人民法院不受理公民、法人或者其他组织对下列事项提起的诉讼：

1）国防、外交等国家行为。

2）行政法规、规章或者行政机关制定、发布的具有普遍约束力的决定、命令。

3）行政机关对行政机关工作人员的奖惩、任免等决定。

4）法律规定由行政机关最终裁决的行政行为。

2018年《行诉法解释》采用排除列举的方式从总体上设定行政诉讼受案范围，明确规定了不属于行政诉讼受案范围的事项。其第1条第1款从正面规定了行政诉讼受案范围：公民、法人或者其他组织对行政机关及其工作人员的行政行为不服，依法提起诉讼的，属于人民法院行政诉讼的受案范围。

其第1条第2款对不属于人民法院行政诉讼受案范围的事项作出了具体排除：刑事司法行为；调解行为和法律规定的仲裁行为；行政指导行为；重复处理行为；无外部法律效力行为；过程行为；协助执行行为；内部层级监督行为；信访办理行为；不产生实际影响的行为。这十种行为不属于人民法院行政诉讼的受案范围，具体规定如下：

1）公安、国家安全等机关依照刑事诉讼法的明确授权实施的行为。

2）调解行为以及法律规定的仲裁行为。

3）行政指导行为。

4）驳回当事人对行政行为提起申诉的重复处理行为。

5）行政机关作出的不产生外部法律效力的行为。

6）行政机关为作出行政行为而实施的准备、论证、研究、层报、咨询等过程性行为。

7）行政机关根据人民法院的生效裁判、协助执行通知书作出的执行行为，但行政机关扩大执行范围或者采取违法方式实施的除外。

8）上级行政机关基于内部层级监督关系对下级行政机关作出的听取报告、执法检查、督促履责等行为。

9）行政机关针对信访事项作出的登记、受理、交办、转送、复查、复核意见等行为。

10）对公民、法人或者其他组织权利义务不产生实际影响的行为。

另外，该司法解释第 2 条至对《行政诉讼法》第 13 条规定的四种排除情形作了解释。第 13 条第 1 项规定的“国家行为”，是指国务院、中央军事委员会、国防部、外交部等根据宪法和法律的授权，以国家的名义实施的有关国防和外交事务的行为，以及经宪法和法律授权的国家机关宣布紧急状态等行为；第 2 项规定的“具有普遍约束力的决定、命令”，是指行政机关针对不特定对象发布的能反复适用的规范性文件；第 3 项规定的“对行政机关工作人员的奖惩、任免等决定”，是指行政机关作出的涉及行政机关工作人员公务员权利义务的决定；第 4 项规定的“法律规定由行政机关最终裁决的行政行为”中的“法律”，是指全国人民代表大会及其常务委员会制定、通过的规范性文件。

四、域外行政诉讼受案范围简介

由于政治体制、权力结构、法律文化传统、经济发展状况等因素的影响，各国均规定了不同的法院解决行政争议的范围。因此，行政诉讼受案范围实质上是一个国家法院与该国其他国家机关之间在处理行政争议方面的分工。

（一）大陆法系代表国家

1. 法国的行政审判范围

法国早在 1889 年最高行政法院对卡多案件的判决中就确立了行政法院对行政争议的一般管辖原则，即如果没有法律的明文规定，当事人对行政行为不服可以直接向行政法院起诉，而无须先经过行政部长的裁决。① 由于法国存在行政法院和普通法院两个法院系统，所以行政法院受案范围问题不仅涉及行政权与司法权的配置问题，而且涉及两个法院系统之间的权限冲突问题。在法国，权限划分的方式不是由法律直接规定，而是通过权限争议法庭对具体案件的裁决来决定。

法国行政法划分行政审判权限的标准有两个：一个是形式的或机关的标准，根据这个标准，行政审判只限于行政机关的行为，不属于行政机关的行为，不在行政审判范围之内。另一个是实质的标准，即在行政机关范围之内，进一步确定哪些行为属于行政审判范围，哪些行为属于司法审判范围。其顺序是先说明哪些行为不属于行政机关的行为，然后说明行政审判的范围，最后说明受普通法院管辖的行政机关的行为。②

第一，下列行为不属于行政机关的行为：

（1）私人行为。通常情况下，私人行为与行政机关的行为无涉，但下列私人行为引发的诉讼例外：法兰西银行和职工之间的诉讼；矿业受特许人和矿藏发现者之间因报酬问题引发的诉讼；公共工程承包人因施工而对私人造成的损害赔偿诉讼；公务受特许人以及公务受委托的私人团体的某些行为，如果行使法律所赋予的公共特权时的诉讼；私

---

① 王名扬．法国行政法．北京：中国政法大学出版社，1989：536－537.

② 王名扬．外国行政诉讼制度．北京：人民法院出版社，1991：32－56.

人作为公法人的代理人和其他私人所订立的行政合同引发的诉讼。(2) 立法机关的行为。立法机关的行为一般也不是行政行为，例如，立法行为本身、国会议员的选举、全民投票等。例外的情况是：议会行政部门所缔结的合同，以及由于公务过失所造成的损害，国家应负赔偿责任，议会行政人员关于个人地位所提起的诉讼属于行政诉讼，由行政法院管辖。(3) 司法机关的行为。司法机关的行为通常也不属于行政诉讼的范围，如司法机关的组织活动，包括法院的设立、合并，法官的任命、纪律处分等行为。法院本身所采取的内部组织措施，如法官轮流值班制度、请假制度，适用内部行政措施原则，不受行政法院管辖。司法机关的执行、司法警察活动，不受行政法院的管辖，但有可能由普通法院依据行政法的原则处理这类案件（赔偿责任）。但不同的是，行政警察诉讼由行政法院管辖。(4) 外国国家行政机关的行为。(5) 政府行为。

第二，行政法院管辖的行政机关的行为。

行政审判的范围，在法国是按照实质意义的标准来划分的。该标准经过了几个阶段，由最初的国家债务人和公共权力行为标准到公务标准，再到目前的多元标准，即除公务标准外，还有公共权力标准，但公共权力标准观念范围扩大，新的公共权力标准认为只要不是适用私人相互间的一般法律制度的活动都属于公共权力的范围；按照法律关系的性质和法律规则的性质标准，属于公法关系和适用公法规则的公务活动属于行政审判范围，属于私法关系和适用私法规则的公务活动属于司法审判范围；私人活动适用相似的标准，凡是私人活动以及和私人情况相似的公务活动都属于司法审判范围，否则属于行政审判范围。

第三，普通法院管辖的行政机关的行为。

由于行政机关作为具有双重身份的主体，当它依照私法规则实施私法行为时，其行为引发的争议由普通法院管辖，包括：(1) 私产管理行为。行政机关实施的私产管理行为通常情况下由普通法院管辖，但有例外情况：行政机关制定私产管理的法规和规章的行为；私产上面所进行的公共工程和建造的公共建筑物所产生的损害（基于公共工程诉讼管辖权的特殊制度，受行政法院管辖）；私产管理所缔结的合同（如果是行政合同，受行政法院管辖）；国有不动私产的出卖。(2) 公务活动的私管理方式。私管理的行为和私管理的公务均由普通法院管辖。(3) 普通法院司法审判保留事项。

2. 德国的行政审判范围

在德国，也存在两个法院系统，但德国不存在权限争议法庭，其行政法院受案范围问题是由成文法的形式加以解决。德国《基本法》第 19 条第 4 款第 1 项规定，在没有特别救济途径时，所有其权利受到公共权力侵犯的人都可以提起司法诉讼。而联邦行政法院对于行政案件具体的受理范围主要规定在《联邦行政法院法》第 40 条第 1 款中，即所有不属于宪法范围的公法争议，只要联邦法律没有明确规定由其他法院处理，均可以向联邦行政法院提起行政诉讼。但州法领域的公法争议，可以由州法分配给其他法院处理。同时，德国《基本法》第 10 条第 2 款、第 19 条第 4 款、第 44 条第 4 款对排除行政法院审理的几种情况作了规定，包括国家行为、恩惠行为①，此外，行政组织的违宪行

① 于安．德国行政法．北京：清华大学出版社，1999：172－174.

为以及公民、法人同行政组织之间的财产纠纷也不由行政法院受理。同法国类似，区分公法与私法也是德国行政法院和普通法院之间划分受案范围的基本标准。

3. 日本的行政诉讼的范围

在日本，一般认为，关于政治性或经济性政策的适当性，以及有关艺术性或学术性评价的争议，不宜由司法机关来判断。统治行为是指直接关系国家利害事项的具有高度政治意义的国家行为，或属于宪法上最高级国家机关进行的具有高度政治性的行为，包括内阁与外国的缔结行为、国会的解散、行政计划、经济计划等。排除对统治行为进行司法审查的原因是：政治问题宜由国民（实际上是国会）解决，符合民主主义的政治原理；另外，将有政治性价值判断的事项交法院判断，会使法院卷入政治纷争的旋涡，使以中立、公正为原则的法院丧失权威，或者“具有引起不可收拾的社会性、政治性混乱的危险”。另外，法院的使命在于解决现实的、具体的、个别的纷争。对于假设的问题或一般抽象的问题，法院不予审查，如法院对违宪法令的效力就不予审查。为了尊重行政机关的自由裁量权和第一次判断权，当法律授予行政机关裁量权或者第一次判断权时，法院一般也不审查，除非行政机关滥用裁量权或者判断权。①

（二）英美法系代表国家

1. 美国的司法审查范围

美国《联邦行政程序法》第701节规定了司法审查的范围，除法律排除司法审查及对行政机关的裁量行为不能进行司法审查外，其他行政行为均可接受司法审查。不能审查的行为只是例外，而且例外的情况越来越少。行政行为原则上都属于能够被审查的行为，这个原则称为可以审查的假定。除例外情况外，一切行政行为都可以接受司法审查，无须法律明文规定。在法律有规定时，按照法律的规定进行审查；在法律无规定时，进行非法定审查。当然，仍然有一部分行政行为是被排除在司法审查范围之外的，这主要包括成文法规定的排除司法审查、法律赋予行政机关自由裁量权的行为、问题本身的性质不适宜司法审查三种情况：(1) 成文法规定的排除司法审查。明文排除主要是由国会在法律中规定对某一事项排除司法审查。默示排除是法律中没有规定禁止司法审查，但法院根据该法律所要达到的目标、法律体制、立法精神、立法过程，认为该法律在某方面排除司法审查。(2) 法律赋予行政机关自由裁量权的行为。行政机关的裁量行为不受法院的司法审查，主要是指法院基于自我克制，对某些行政裁量行为不进行司法审查。但这种排除并不是全部排除，而只是部分排除。《联邦行政程序法》规定，对于专横的、反复无常的、滥用裁量权的或其他不符合法律的行为，法院仍要审查。(3) 问题本身的性质不适宜司法审查，包括外交和国防行为。这主要是考虑到有些问题涉及的具有秘密性质的情报不宜公开，或者外交政策的决定本身是政治性的，而不是司法性的，包含大量复杂、微妙和不可知因素，对于这类问题，法院没有责任、条件和能力予以审查。此外，不适宜司法审查的范围还包括军队内部管理或其他行政机关的纯属内部的问题；总统任命高级助手和顾问；国家安全，不包括驱逐出境或拒绝入境等问题；追诉职能。

---

① ［日］室井力主编．日本现代行政法．吴微，译．北京：中国政法大学出版社，1995：231-232.

2. 英国的司法审查范围

普通法上的国家行为，包括政府在外交方面的某些行为，即英国政府在国外对外国人的行为和在国内对敌国人的行为。由于其与国家的重要政策相关，只能由议会监督，不受法院管辖。另外，英国还有排除司法审查的法律条款，法院对这些条款的态度与美国的基本一致，理论界也颇有反对之意。(1) 对“最后的决定”可以“是否越权”为由进行审查。(2) 对“最后证明条款或部长认为满意条款”以“是否有真正的理由和事实或理性的人在同等条件下是否会作出同样的决定”为由进行审查。(3) 对委任立法事项审查其“是否在授权法范围内”。(4) 对排除提审令条款审查其法律错误。(5) 对排除任何司法审查的条款审查其管辖权限是否越权。(6) 法定的救济手段不排除司法审查。(7) 行政裁判所和调查法对于排除司法审查的限制，没有真正排除司法审查。①

第二节 应予受理的案件范围

《行政诉讼法》第 2 条第 1 款规定：公民、法人或者其他组织认为行政机关和行政机关工作人员的行政行为侵犯其合法权益，有权依照本法向人民法院提起诉讼。这是一项概括性的规定，同时，《行政诉讼法》第二章对行政诉讼的受案范围问题作了明确的规定，从总体上规定，行政机关侵犯公民、法人或者其他组织的人身权、财产权等合法权益的行政行为属于人民法院受理行政诉讼案件的范围。

《行政诉讼法》第 12 条从正面列举了十一类可诉的行政行为。

（一）行政处罚行为

行政处罚，是行政主体依照法定权限和程序对违反行政法规范但又未构成犯罪的行政相对人给予制裁的行政行为。《行政诉讼法》第 12 条第 1 款第 1 项规定，对行政拘留、暂扣或者吊销许可证和执照、责令停产停业、没收违法所得、没收非法财物、罚款、警告等行政处罚不服的，可以提起行政诉讼。这里的“等”应当包括所有的行政处罚行为，即行政机关依法对违反行政管理秩序的公民、法人或者其他组织，以减损权益或者增加义务的方式予以惩戒的行为，包括《行政处罚法》第 9 条规定的警告、通报批评，罚款、没收违法所得、没收非法财物，暂扣许可证件、降低资质等级、吊销许可证件，限制开展生产经营活动、责令停产停业、责令关闭、限制从业，行政拘留，以及法律、行政法规规定的其他行政处罚。

（二）行政强制措施和行政强制执行

《行政诉讼法》第 12 条第 1 款第 2 项规定，对限制人身自由或者对财产的查封、扣押、冻结等行政强制措施和行政强制执行不服的，可以提起行政诉讼。行政强制是行政主体为达致行政目的，依据法定职权和程序作出的对相对人的财产、人身及行为产生强制力的单方行为的总称。② 依照《行政强制法》第 2 条的规定，行政强制包括行政强制措施和行政强制执行。其中，行政强制措施是指行政机关在行政管理过程中，为制止违法行为、防止证据损毁、避免危害发生、控制危险扩大等情形，依法对公民的人身自由

① 马怀德，周兰领．行政诉讼案例教程．北京：中国政法大学出版社，2005：102.

② 张树义主编．行政法学．北京：北京大学出版社，2012：253.

实施暂时性限制，或者对公民、法人或者其他组织的财物实施暂时性控制的行为；行政强制执行是指行政机关或者行政机关申请人民法院，对不履行行政决定的公民、法人或者其他组织，依法强制履行义务的行为。

（三）行政许可

《行政诉讼法》第12条第1款第3项规定，申请行政许可，行政机关拒绝或者在法定期限内不予答复，或者对行政机关作出的有关行政许可的其他决定不服的，可以提起行政诉讼。我国《行政许可法》第2条规定：本法所称行政许可，是指行政机关根据公民、法人或者其他组织的申请，经依法审查，准予其从事特定活动的行为。从立法精神来看，将行政许可行为纳入行政诉讼受案范围应符合下列三个条件：其一是行政相对人已经向行政主体提出了颁发许可证或者执照的申请；其二是行政相对人认为自己符合取得许可证或者执照的法定条件；其三是行政主体拒绝颁发或者不予答复。拒绝颁发是指行政主体明确表示不给行政相对人颁发；不予答复是指行政主体超过法定期限或者在无法定期限情况下超出合理期限不对行政相对人作出颁发或者拒绝颁发许可证或者执照的意思表示。

（四）自然资源确认行为

《行政诉讼法》第12条第1款第4项规定，对行政机关作出的关于确认土地、矿藏、水流、森林、山岭、草原、荒地、滩涂、海域等自然资源的所有权或者使用权的决定不服的，可以提起行政诉讼。根据《土地管理法》《草原法》《森林法》《渔业法》《矿产资源法》等法律的规定，对土地、矿藏等自然资源的所有权或使用权予以确认和核发证书，是县级以上各级人民政府的法定职权。

《行政诉讼法》第12条所涉及的确权行为是行政机关依职权或依申请，对当事人之间就自然资源的所有权或使用权的归属发生的争议予以甄别、认定，并作出裁决的行为。此类行为往往关系公民、法人或者其他组织的切身利益，如果行政机关违法或不当行使确认裁决权力，必然会给一方当事人造成极大的财产损失。因此，将行政机关对自然资源的确权裁决权纳入行政诉讼范围，有利于对公民、法人或者其他组织的合法权益提供保护。

（五）征收、征用决定

《行政诉讼法》第12条第1款第5项规定，对征收、征用决定及其补偿决定不服的，可以提起行政诉讼。征收、征用是行政机关较常采用的一种行政管理手段，与公民、法人或者其他组织的财产权益密切相关。征收是指行政机关为了公共利益的需要，依照法律规定强制从行政相对人处有偿或无偿获取一定财物（费）或劳务的行为，如税务机关向纳税人征税等。征用则是指行政机关为了公共利益的需要，依照法律规定强制取得原属于公民、法人或者其他组织的财产使用权的行为。征收与征用均以公用为目的，且均采强制手段获取。二者之间的区别主要在于：第一，权属变动情况不同。征收导致财产所有权的转移，被征收人的所有权因此消灭；而征用仅仅引起财产使用权的转移。第二，适用条件不同。征用一般用于紧急情况，征收的适用则不以紧急情况为前提。

我国《宪法》以及《民法典》、《土地管理法》等一系列法律，都对行政机关征收、征用土地和公民私有财产的行政补偿制度作了明确规定。基于公共负担平等的观念，如果行政相对人因为国家和社会公共利益而蒙受了特定损失，该行政相对人就应当得到补偿。因此，行政补偿是行政机关为实现公共利益而实施征收、征用行为所伴随的一种法定义务。当然，在补偿额度上，征收、征用也有所不同：征收由于需要行政相对人转移财产的所有权，因而补偿额度较高，征收补偿应当充分考虑当时的市场价格；而征用只是国家对行政相对人财产的临时使用，没有造成行政相对人财物的毁损、灭失，通常仅需要将被征用的财物返还相对人并给予适当补偿即可。

实践中行政机关滥用职权、违法征收、征用现象频繁发生，往往给相对人带来巨大的财产损失，因此，将“征收、征用决定及其补偿决定”列举为一类行政诉讼案件，具有重要的现实意义。公民、法人或者其他组织对行政机关征收、征用决定及其补偿决定不服的，可以向人民法院提起行政诉讼。

（六）行政机关不履行保护人身权、财产权职责的行为

《行政诉讼法》第 12 条第 1 款第 6 项规定，申请行政机关履行保护人身权、财产权等合法权益的法定职责，行政机关拒绝履行或者不予答复的，可以提起行政诉讼。行政相对人对此类行为不服提起行政诉讼应符合下列四个条件：一是申请人的人身权或者财产权等合法权益正受到或已受到侵害，或侵害迫在眉睫；二是申请人已向行政机关提出消除侵害的请求，申请人为无行为能力人或限制行为能力人的，其法定代理人有权以受害人的名义提出申请；三是被申请的行政机关有相应的保护申请人的人身权或财产权等合法权益的法定职责；四是行政主体拒绝履行或者不予答复。拒绝履行是指行政机关明确表示不履行保护申请人的人身权或财产权等合法权益的法定职责；不予答复是指行政机关超过法定期限或者在无法定期限情况下超出合理期限不对申请人作出履行或者拒绝履行保护职责的意思表示。

（七）行政机关侵犯经营自主权或者农村土地承包经营权、农村土地经营权的行为

《行政诉讼法》第 12 条第 1 款第 7 项规定，认为行政机关侵犯其经营自主权或者农村土地承包经营权、农村土地经营权的，可以提起行政诉讼。经营自主权是指行政相对人在法律规定的范围内，自主地支配自己的人力、物力和财力的权利。经营自主权是一个法定经营主体的基本权利，也是一个经营主体生存、发展的基础。为此，我国的许多法律、法规对此作出了明文的规定，如《全民所有制工业企业转换经营机制条例》（已失效）规定企业拥有生产经营决策权，产品、劳务定价权，产品销售权，物资采购权进出口权，投资决策权等权利，其他如《外资企业法》（已失效）、《中外合资经营企业法》（已失效）等也规定了企业的各种经营自主权。

将行政机关侵犯法律规定的经营自主权的案件列入行政诉讼的受案范围，对于社会主义市场经济体制的建立和完善具有重要的法律意义。因为，在市场经济体制下政府的职能主要是提供服务，为企业创造一个良好的发展环境。行政主体违法侵犯了经营主体的经营自主权，必然会破坏市场公平竞争规则，严重阻碍市场经济发展。因此《行政诉讼法》作了这一规定。

农村土地承包经营权是指土地承包经营权人对其承包经营的集体所有或国家所有的由集体使用的土地，依法享有的占有、使用和收益的权利。土地承包经营权是反映我国经济体制改革中农村承包经营关系的新型物权。根据《农村土地承包法》的规定，发包

方和承包方应当订立农业承包合同，双方按照合同各自享有一定的权利、承担一定的义务。国家保护集体土地所有者的合法权益，保护承包方的土地承包经营权，任何组织和个人不得侵犯。因而，如果行政机关非经承包方同意，擅自变更、中止或废止农村承包合同，或者行政机关违反法律规定对农业承包经营活动进行不正当干预，侵犯了农民经营自主权和财产权的，利害关系人有权向人民法院提起行政诉讼。同时，《农村土地承包法》还规定：承包方对其依法取得的土地承包经营权，可以采取转包、出租、互换、转让或者其他合法方式进行流转。对于以流转方式、经由合法程序取得农村土地经营权的受让方，其占有、使用、收益的权利也受到保护。

（八）排除或限制竞争的行为

《行政诉讼法》第 12 条第 1 款第 8 项规定，认为行政机关滥用行政权力排除或者限制竞争的，可以提起行政诉讼。这类案件是指公民、法人或者其他组织认为行政机关滥用行政权力排除或者限制竞争而引起的行政诉讼案件。根据《反不正当竞争法》《反垄断法》等法律的规定，行政机关滥用行政权力排除或限制竞争的行为主要包括：（1）强制交易行为，即行政机关限定或者变相限定单位或个人购买、使用其所指定的经营者提供的商品；（2）设置地方贸易壁垒，即行政机关通过对外地商品设定歧视性收费项目，实行歧视性收费标准，规定歧视性价格、歧视性技术标准或者采取专门的行政许可等方式，限制外地商品进入本地市场；（3）限制跨地区招投标活动和投资活动，即行政机关以设定歧视性资质要求、评审标准，不依法发布信息或采取不平等待遇等方式，排斥或者限制外地经营者参与本地招投标活动和投资活动；（4）强制经营者从事违法的不正当竞争行为或垄断行为；（5）行政机关通过行使行政权力对平等主体间的竞争关系进行非法干预或给予不平等对待的其他情形。此外，行政机关不履行法定监管义务（如不依法追究违法经营者的法律责任），致使守法的经营者处于不利竞争地位的，也可能构成对行政权的滥用。

行政机关滥用行政权力排除或者限制竞争的行为往往会导致某一生产、流通或消费领域的竞争受到实质性的限制，这不仅会破坏公平竞争环境的形成，也构成对公民、法人或者其他组织的公平竞争权的侵犯。因此，公民、法人或者其他组织认为行政机关滥用行政权力排除或者限制竞争的，应当有权提起行政诉讼。

（九）行政机关违法要求履行义务的行为

《行政诉讼法》第 12 条第 1 款第 9 项规定，认为行政机关违法集资、摊派费用或者违法要求履行其他义务的，可以提起行政诉讼。违法要求履行义务的行政行为是指行政主体违法要求行政相对人履行法外义务的行政行为，例如违法摊派费用等。在一个法治国家，行政相对人是否应当履行义务及履行什么样的义务是由法律明确规定的；行政主体是否有权要求行政相对人履行义务以及履行什么样的义务也取决于法律的具体规定。行政主体违法要求行政相对人履行义务，必然会损害行政相对人的合法权益。行政相对人为了保护自己的合法权益，可依法提起行政诉讼。由此可见，违法要求履行义务的案件有如下几个构成要件。

1. 行政主体要求履行的义务没有法定依据

这里的“法”应当包括哪些内容？不无疑问。有论著认为：“所谓违法要求履行义务，是指行政机关要求公民、法人或者其他组织负担法律、法规没有规定的义务或者要求履行义务虽有法律、法规依据，但实施程序违法。”① 显然，这种观点将这里的“法”限定于法律、法规。《立法法》第91条第2款规定：“没有法律或者国务院的行政法规、决定、命令的依据，部门规章不得设定减损公民、法人和其他组织权利或者增加其义务的规范，不得增加本部门的权力或者减少本部门的法定职责。”该法第93条第6款规定：“没有法律、行政法规、地方性法规的依据，地方政府规章不得设定减损公民、法人和其他组织权利或者增加其义务的规范。”无论是部门规章还是地方政府规章，均不得在没有上位法的情况下，设定减损公民、法人或其他组织权利或者增加其义务的规范，否则即违法。根据《行政诉讼法》有关法律适用中“参照规章”的规定，人民法院可以不将违法规章作为审理行政案件的依据。

2. 行政主体的违法要求履行义务的行政行为已对行政相对人产生实际的不利影响

这种实际影响表现在，行政行为已经以一定的形式到达行政相对人，如行政相对人不按行政行为的要求履行义务，将会导致行政主体的行政强制执行。行政相对人不必等到行政行为执行完毕再行使起诉权。

这类案件主要有两种情况：一是行政主体违反法律规定，要求行政相对人履行义务；二是行政主体要求行政相对人履行义务没有任何法律依据，如公安机关要求企业缴纳治安费等。

（十）行政机关支付抚恤金等的行为

《行政诉讼法》第12条第1款第10项规定，认为行政机关没有依法支付抚恤金、最低生活保障待遇或者社会保险待遇的，可以提起行政诉讼。抚恤金是国家行政机关或者企事业组织依法发给因公受伤、残疾或者因公牺牲以及病故的人员的家属的生活费用。它是公民依法享受的一种特殊的财产权利，由国家根据法律、法规对发放的对象、范围、标准和方法等作出明确的规定。这些法律、法规有《国防动员法》《伤残抚恤管理办法》《烈士褒扬条例》《军人抚恤优待条例》等。最低生活保障待遇是政府向城镇居民发放的维持其基本生活需要的社会救济金。《城市居民最低生活保障条例》规定，城市居民凡共同生活的家庭成员人均收入低于当地最低生活保障标准的，均有从当地人民政府获得基本生活物质帮助的权利。社会保险待遇是公民在年老、疾病、工伤、失业、生育等情况发生时，向社会保障机构申请发放的社会救济金。根据《社会保险法》规定，我国的社会保险制度包括基本养老保险、基本医疗保险、工伤保险、失业保险、生育保险等。

根据《行政诉讼法》的规定，行政相对人“认为行政主体没有依法支付抚恤金、最低生活保障待遇或者社会保险待遇的”，有权提起行政诉讼。这主要有两种情况：一是行政相对人认为自己应该享受抚恤金、最低生活保障待遇或者社会保险待遇，但行政机关没有发放；二是行政机关已经支付了抚恤金、最低生活保障待遇或者社会保险待遇，

① 黄杰主编．《中华人民共和国行政诉讼法》诠释．北京：人民法院出版社，1994：45．持此观点的论著还可参见姜明安．行政诉讼法学．北京：北京大学出版社，1993：123；马原主编．中国行政诉讼法教程．修订本．北京：红旗出版社，1995：94。

但行政相对人认为没有按标准支付，或者是支付少了，或者是支付对象错了等情况。

（十一）行政协议相关行为

《行政诉讼法》第12条第1款第11项规定，认为行政机关不依法履行、未按照约定履行或者违法变更、解除政府特许经营协议、土地房屋征收补偿协议等协议的，可以提起行政诉讼。根据最高人民法院《关于审理行政协议案件若干问题的规定》（法释〔2019〕17号）的规定：行政机关为了实现行政管理或者公共服务目标，与公民、法人或者其他组织协商订立的具有行政法上权利义务内容的协议，属于《行政诉讼法》第12条第1款第11项规定的行政协议。基于行政机关之间因公务协助等事由而订立的协议以及行政机关与其工作人员订立的劳动人事协议提起诉讼的，不属于人民法院行政诉讼的受案范围。随着行政管理方式的多样化和行政管理理念的变革，行政机关常常通过与行政相对人签订合同、订立协议的方式，履行社会管理职能。这种以实施行政管理为目的的协议，不同于平等主体之间订立的、以设定民事权利义务关系为目的的民事合同或协议，具有行政性、法定性等特点。

目前，实践中大量行政合同的存在已是无可否认的事实。比较常见的行政合同主要有以下几种类型。

1. 政府特许经营协议

政府特许经营协议的典型方式是BOT，即“建设—经营—移交”，是一种新型的行政合同形式。BOT特许权协议是行政机关与民间（或国外）投资者之间签订的，由行政机关提供政策优惠等方面的保证，由投资者负责某些基础设施或公共工程建设的筹资、设计、承建、经营和维护，并在协议期满后将该基础设施或公共工程项目无偿地移交给政府的合同。

2. 公用征收合同

公用征收合同是行政机关为了社会公共利益，在依法给予行政相对人补偿的前提下，与行政相对人签订的有关征收、征用其财产的合同。这类合同广泛运用于城市建设、交通道路、水利设施等基础建设领域。例如，《国有土地上房屋征收与补偿条例》明确规定，房屋征收部门依法给予被征收人补偿的，应就补偿方式、补偿金额和支付期限、用于产权调换房屋的地点和面积、搬迁费、临时安置费或者周转用房、停产停业损失、搬迁期限、过渡方式和过渡期限等事项，订立补偿协议。

3. 国家订购合同

国家订购合同是指行政机关基于国防和国民经济的需要，与行政相对人签订的订购有关物资和产品的协议。国家订购合同不同于民事合同中的买卖合同，行政机关的意思表示在其中起着主导作用，行政相对人必须认真完成合同中规定的事项，但双方在费用、方式等方面可以协商。目前，我国对军用物资和其他一些基础物资（如粮食、棉花、烟草等）的订购，一般都采用订购合同的形式。

根据《行政诉讼法》的规定，公民、法人或者其他组织认为行政机关在履行政府特许经营协议、土地房屋征收补偿协议等协议的过程中，存在违反法律规定、违反约定义务或无正当理由随意变更、解除合同等情形的，则有权向人民法院提起行政诉讼。

另外，《行政诉讼法》第12条第1款第12项规定，认为行政机关侵犯其他人身权、财产权等合法权益的，也可以提起诉讼。由于我国《行政诉讼法》第 12 条规定受案范围时主要采取列举式的方式，难以穷尽所有行政诉讼应当受理的案件类型，因而此处专门作了补充性规定，规定除上述 11 类案件外，凡属于公民、法人或者其他组织的合法权益受侵犯的行政案件，均属于行政诉讼的受案范围。《行政诉讼法》第 12 条第 2 款规定：除前款规定外，人民法院受理法律、法规规定可以提起诉讼的其他行政案件。这一规定肯定了其他单行法律、法规对行政机关侵犯行政相对人及利害关系人权益可以提起行政诉讼的列举规定，也是对前款内容列举的重要补充。对此可以从两个层面来理解。

其一，此款规定确认了《行政诉讼法》以外的法律、法规有关行政诉讼的规定。在《行政诉讼法》实施之前已有一百四十多项法律、法规规定行政相对人对有关行政行为可提起诉讼，依此规定，不管原法律、法规规定的可诉行政行为是否属于《行政诉讼法》规定的受案范围，行政相对人对其不服的，仍然可以提起行政诉讼。

其二，授权以后制定的法律、法规可以规定现行《行政诉讼法》受案范围之外的可以提起行政诉讼的行政行为。随着我国法治的不断健全，行政诉讼法理论的日益完善，行政诉讼受案范围也会日渐扩大，从而新的法律、法规也会不断地将新的具体行政行为纳入行政诉讼受案范围。《行政诉讼法》的这一款规定，为行政相对人及利害关系人依法就新的类型的行政案件提起行政诉讼提供了可能性，也可避免《行政诉讼法》与新的法律、法规之间可能产生的矛盾与冲突。

第三节　不予受理的案件范围

《行政诉讼法》第 13 条列举了四种不属于行政诉讼受案范围的行为，而 2018 年《行诉法解释》除对这四种行为进行解释外，另外还规定了十种不属于行政诉讼受案范围的行为。以下分别进行论述。

一、《行政诉讼法》的规定

（一）国防、外交等国家行为

《行政诉讼法》第 13 条第 1 项规定，人民法院不受理公民、法人或者其他组织对国防、外交等国家行为提起的诉讼。2018 年《行诉法解释》第 2 条专门对“国家行为”进行了解释：“……‘国家行为’，是指国务院、中央军事委员会、国防部、外交部等根据宪法和法律的授权，以国家的名义实施的有关国防和外交事务的行为，以及经宪法和法律授权的国家机关宣布紧急状态等行为。”对于这一定义需作下列理解。

其一，从行为的主体而言，虽然立法机关、司法机关等也可以实施国家行为，但这里要排除的显然是行政机关所进行的国家行为。能够实施国家行为的行政机关可能有国务院、国防部、外交部以及特别情况下的国务院各部委及省级人民政府。

其二，从行为的性质而言，国家行为又称政治行为，是以国家名义行使主权的活动，行为后果由国家承担，以政治上的利益为目的，涉及国家主权或重大国家利益的行为。根据相关法律及司法解释规定，行政机关进行的国家行为除国防行为与外交行为外，还包括军事和紧急行政权行为。国防行为主要是指国务院、外交部根据宪法、国防法等采取的对外宣战、宣布战争状态、调动军队、设立军事禁区等行为。外交行为主要有与他国建交，断交，签订协定、条约等。军事和紧急行政权行为是指经宪法和法律授权的国家机关宣布紧急状态、实施戒严和总动员等行为。

其三，有一些行为，如行政机关征兵行为、复退转军人安置的行为、签发护照的行为、有关军事设施保护的行为，并不属于国家行为的范畴。

其四，国家行为不宜纳入行政诉讼受案范围的原因主要有：国家行为有其特殊性，它不仅仅涉及行政相对人的利益，而且涉及国家的整体利益和人民的根本利益，关系国家的荣誉、尊严甚至存亡。在此情况下，不能因为利害关系人的权益受到损害，而使国家行为无效。国家行为通常以国家的对内、对外的基本政策为依据，以国际政治斗争的形势为转移，法院很难作出判断。国家行为的失误通常只能由有关领导人承担政治责任，而政治责任的承担只有通过立法机关才能进行追究。

（二）抽象行政行为

《行政诉讼法》第 13 条第 2 项规定，人民法院不受理公民、法人或者其他组织对行政法规、规章或者行政机关制定、发布的具有普遍约束力的决定、命令提起的诉讼。2018 年《行诉法解释》第 2 条进一步作出解释："具有普遍约束力的决定、命令"，是指行政机关针对不特定对象发布的能反复适用的规范性文件。

抽象行政行为与具体行政行为的区别是长期困扰理论界与实务界的难题。上述司法解释说明了此种区别表现在三个方面：其一，看该行政行为终结时行政相对人是否明确、固定。所谓明确，是指行政相对人是否可以被个别化为具体的组织或个人；所谓固定，是指行政行为终结时行政相对人的范围已经封闭，不可能扩大或缩小。行政行为终结时行政相对人不能被个别化、固定化的，即为抽象行政行为。据此，禁止通行的红灯命令行为是具体行政行为，从表面上看，从红灯亮起到转灭有一个持续的时间，该命令拘束的对象似乎不确定，但实际上，该命令是一种持续性作出的行政行为，红灯灭时，行政相对人的范围已经封闭。其二，看适用效力是一次性适用还是反复适用。具体行政行为通常只针对特定事中的特定人产生效力。抽象行政行为通常针对某类事中的某类人产生效力，某类事是指符合一定特征的同一类型事项，某类人是指符合一定条件的自然人、法人或者其他组织。这类人可能随时在增加或减少，所以抽象行政行为具有反复适用的特征。其三，抽象行政行为的通常表现形式是具有普遍约束力的行政规范性文件。

中国现阶段对于应否将抽象行政行为纳入行政诉讼的受案范围，一直存在两种截然不同的意见。一种观点认为，在中国现行政治体制的框架下，不应将抽象行政行为纳入行政诉讼受案范围。这一观点的主要理由有三点：（1）在中国现行政治体制下，对抽象行政行为有人民代表大会和上级行政机关的监督①、备案审查及法律

① 根据《宪法》《地方各级人民代表大会和地方各级人民政府组织法》的规定，全国人大常委会有权撤销国务院制定的同宪法、法律相抵触的行政法规、决定和命令；县以上地方各级人民代表大会常务委员会有权撤销本级人民政府的不适当的决定和命令；国务院有权改变或者撤销各部委以及地方各级人民政府的不适当的命令、指示和决定、规章；县以上地方各级人民政府有权改变或者撤销所属各工作部门的不适当的命令、指示和下级人民政府的不适当的决定、命令。

规范清理①、行政复议审查②等非诉讼的监督制度，基本上可以纠正抽象行政行为中出现的个别不足和违法问题。增加司法监督环节，不符合中国现行宪法确定的政体。（2）抽象行政行为是一种具有普遍约束力的行为规则，它的行政相对人是不特定的公民、法人或者其他组织。如果将抽象行政行为纳入行政诉讼受案范围，那么任何人都可以对抽象行政行为提起诉讼，实践中难以操作，如果纳入行政诉讼受案范围，法院也难以胜任。（3）抽象行政行为针对的都是较大范围的、广泛的对象，如果抽象行政行为符合大多数人的利益，则表明该行为是正确的，个别人的利益要服从多数人的公共利益；如果抽象行政行为侵犯了大多数人的利益，也不宜由每一个对象通过提起诉讼的方式来解决，合适的方式是由国家权力机关和上级行政机关撤销或者改变抽象行政行为，进行全面解决。③ 大多数的学者则认为应当将抽象行政行为纳入受案范围，主要理由在于：（1）中国现行监督制度难以及时、有效纠正抽象行政行为中的违法问题，将其纳入行政诉讼受案范围有利于及时、有效地解决问题。（2）将抽象行政行为纳入行政诉讼受案范围与现行体制并不相悖。中国现行《宪法》与《立法法》中虽然没有明确可以通过司法审查制度纠正违法的抽象行政行为，但是，也未将司法审查制度排除在外。建立相应的制度，反而有助于中国监督制度的完善。（3）将抽象行政行为纳入行政诉讼受案范围，将会更大范围地保护公民、法人和其他组织的合法权益，促进行政机关依法行政等。④ 不过，目前关于应当接受司法审查的抽象行政行为范围的问题，学者的观点并不一致：有的学者主张对抽象行政行为的司法审查范围应当确定在规章以下的行政规范性文件之内；有的学者主张除行政法规和国务院部委制定的规章外，其他行政规范性文件均应纳入司法审查的范围；还有的学者主张应将规章和规章以下的规范性文件纳入司法审查范围。

《行政诉讼法》立法之初，主张将抽象行政行为排除出受案范围的理由是：行政诉讼的受案范围不宜规定得太宽，而应逐步扩大，以利于行政诉讼法制度的推行；法院有一个逐步适应和承受能力的问题；中国宪法和相关组织法已对抽象行政行为设置了其他救济途径。现在随着行政法制建设的不断深入，许多学者认为将抽象行政行为纳入行政诉讼受案范围是必要的也是可行的。当然，此处有一个问题值得关注，即行政相对人对抽象行政行为不服不能提起行政诉讼，是否表明法院对抽象行政行为没有审查权呢？事实上，行政相对人不能提起行政诉讼与法院没有审查权是两个不同概念的问题。《行政诉讼法》第 53 条规定：公民、法人或者其他组织认为行政行为所依据的国务院部门和地方人民政府及其部门制定的规范性文件不合法，在对行政行为提起诉讼时，可以一并

---

① 根据《立法法》的规定，国务院制定的行政法规要向全国人大常委会备案，全国人大常委会可以发现行政法规中存在的不当或违法问题，从而加以纠正；国务院各部委和地方各级人民政府制定的规章要向国务院备案，国务院通过备案审查可以发现规章中存在的不当或违法问题，从而加以纠正；地方各级人民政府制定的规章除要向国务院备案外，同时还应当向本级人民代表大会常务委员会备案，本级人民代表大会常务委员会通过备案审查可以发现地方规章中存在的不当或违法问题，从而加以纠正；有些省、自治区或直辖市人民政府也要求其所属工作部门和下级人民政府将其规范性文件上报备案。此外，国务院和国务院部委以及地方政府在组织清理规范性文件过程中可以发现抽象行政行为存在的问题并予以解决。

② 参见《行政复议法》第 13 条的规定。

③ 胡康生主编．行政诉讼法释义．北京：北京师范学院出版社，1989：27.

④ 江必新主编．中国行政诉讼制度的完善．北京：法律出版社，2005：49－50.

请求对该规范性文件进行审查。前述规定的规范性文件不含规章这一规定明确了人民法院对规章以下（不含规章）规范性文件的附带审查权。同时，《行政诉讼法》第 63 条第 3 款有关“参照规章”的规定，实际上赋予了法院对规章的审查权。

（三）对行政机关工作人员的奖惩、任免等决定

《行政诉讼法》第 13 条第 3 项规定，人民法院不受理公民、法人或者其他组织因行政机关对行政机关工作人员的奖惩、任免等决定而提起的诉讼。2018 年《行诉法解释》第 2 条进一步作出解释：“对行政机关工作人员的奖惩、任免等决定”是指行政机关作出的涉及行政机关公务员权利义务的决定。

该内部行政行为是指发生在行政机关与公务员之间的非民事性的，也非外部的行政管理性的行为。《行政诉讼法》第 13 条第 3 项中列举的内部行政行为只有奖惩和任免两种，然后用了一个“等”字。由此引发了是“等内等”还是“等外等”的争议，2018 年《行诉法解释》第 2 条表明这里的“等”是“等外等”，除奖惩和任免外，涉及该行政机关公务员权利义务的决定还可以包括对公务员的培训、交流、考核、回避、工资、福利保障等诸多行为类型，即行政机关针对公务员作出的基于公务员身份而产生的权利义务决定均属于行政诉讼的排除范围。

《行政诉讼法》的颁布引发了学界对内部行政行为与外部行政行为这对范畴的区分研究，一般认为内部行政行为是指行政机关在内部行政活动中对行政组织内部及其工作人员作出的行政行为。它通常包括两类：一类是上级行政机关或工作人员与下级行政机关或工作人员间的工作关系，如上级行政机关对下级行政机关的命令、指示、批复等。关于这类行政行为的可诉性，行政诉讼法没有作明确排除，但司法实践通常将其排除出行政诉讼的受案范围。另一类是行政机关与行政机关工作人员间的人事管理关系，如行政机关对其工作人员的奖惩、任免、考核、调动等。这类行政行为已经被行政诉讼法排除在行政诉讼的受案范围之外。

行政机关对其公务员作出的权利义务决定，公务员不服的，在有些国家仍可提起行政诉讼。中国行政诉讼法将其排除出行政诉讼的受案范围主要基于下列原因：一是行政诉讼刚刚起步，经验不足，重点应放在外部行政法律关系方面；二是行政机关内部人事管理行为，属于机关内部自身建设问题，这种决定具有很强的政策性，由法院审查其合法性难度较大；三是中国行政系统内部已经对此类行为设有相应的救济机制，如申诉、复核等制度。

（四）终局行政行为

《行政诉讼法》第 13 条第 4 项规定，人民法院不受理公民、法人或者其他组织对法律规定由行政机关最终裁决的行政行为提起的诉讼。法律规定由行政机关最终裁决的行政行为，简称为终局行政行为，具体指某类争议经行政机关裁决后，当事人不服的，只能向作出最终裁决的机关或其上级机关申诉，而不能向人民法院提起行政诉讼的行政行为。目前法律规定的终局行政行为主要有以下几种类型。

(1) 公安机关依据《出境入境管理法》对外国人作出继续盘问、拘留审查、限制活动范围、遣送出境行为，或者对其他境外人员作出的遣送出境的行为，当事人申请行政复议的，该行政复议决定为最终决定。《出境入境管理法》第 64 条规定：“外国人对依

照本法规定对其实施的继续盘问、拘留审查、限制活动范围、遣送出境措施不服的，可以依法申请行政复议，该行政复议决定为最终决定。其他境外人员对依照本法规定对其实施的遣送出境措施不服，申请行政复议的，适用前款规定。”

（2）当事人对省级人民政府或国务院部门作出的行政决定不服而申请国务院裁决的，国务院的裁决是最终裁决。《行政复议法》第 26 条规定：“对省、自治区、直辖市人民政府依照本法第二十四条第二款的规定、国务院部门依照本法第二十五条第一项的规定作出的行政复议决定不服的，可以向人民法院提起行政诉讼；也可以向国务院申请裁决，国务院依照本法的规定作出最终裁决。”

（3）人民政府对集会、游行、示威的复议决定。《集会游行示威法》第 13 条规定：“集会、游行、示威的负责人对主管机关不许可的决定不服的，可以自接到决定通知之日起三日内，向同级人民政府申请复议，人民政府应当自接到申请复议书之日起三日内作出决定。”《集会游行示威法实施条例》第 14 条规定：“集会、游行、示威的负责人对主管公安机关不许可的决定不服的，可以自接到不许可决定书之日起 3 日内向同级人民政府申请复议。人民政府应当自接到复议申请书之日起 3 日内作出维持或者撤销主管公安机关原决定的复议决定，并将《集会游行示威复议决定书》送达集会、游行、示威的负责人，同时将副本送作出原决定的主管公安机关。人民政府作出的复议决定，主管公安机关和集会、游行、示威的负责人必须执行。”

（4）被审计单位对审计机关作出的有关财政收支的审计决定不服而提请审计机关的本级人民政府裁决的，本级人民政府的裁决是最终裁决。《审计法》第 53 条规定：“被审计单位对审计机关作出的有关财务收支的审计决定不服的，可以依法申请行政复议或者提起行政诉讼。被审计单位对审计机关作出的有关财政收支的审计决定不服的，可以提请审计机关的本级人民政府裁决，本级人民政府的裁决为最终决定。”

此前省级人民政府的自然资源权属复议决定也属于终局行政行为。2023 年《行政复议法》修订，将原《行政复议法》第 30 条第 2 款内容予以删除，自此申请人对行政复议机关依据省级政府、国务院之行政区划勘定、调整或土地征收决定就自然资源所有权、使用权所作出的行政复议决定，既可选择请国务院裁决也可选择向人民法院提起诉讼。最高人民法院曾以《最高人民法院关于适用〈中华人民共和国行政复议法〉第三十条第二款有关问题的答复》（〔2005〕行他字第 23 号）的形式对该条进行了扩充理解。① 因此，司法实践中，人民法院对行政相对人提起的针对涉及土地征收决定的行政诉讼，即使是在不服行政复议决定之后提起的，也多以此文件为由不予受理。2023 年《行政复议法》施行后，上述司法答复自然因无据而失效。同时，新修订的《行政复议法》第 23 条第 1 款第 5 项将行政复议前置其他情形的设定权限由“法律、法规”修改为“法律、行政法规”。

司法最终裁决纠纷是法治社会的一般原则，虽然我们可以权力分工原则、部分行政

① 依该答复，2017 年《行政复议法》第 30 条第 2 款规定的最终裁决包括两种情形：一是国务院或者省级人民政府对行政区划的勘定、调整或者征用土地的决定，二是省级人民政府据此确认自然资源的所有权或者使用权的行政复议决定。

领域高度的技术性、司法的政治中立性为理由，让行政机关拥有对少量纠纷的最终裁决权，但可以看出，就中国目前的立法来看，终局行政行为仍然是少量且有限的，立法通常赋予行政相对人在行政最终救济与司法最终救济之间的选择权。

二、司法解释的规定

（一）刑事司法行为

2018年《行诉法解释》第1条第2款第1项规定，公安、国家安全等机关依照刑事诉讼法的明确授权实施的行为，不属于人民法院行政诉讼的受案范围。

如何区别公安、国家安全等机关的刑事司法行为和行政行为，一直是困扰行政审判实践的难题。这主要是因为公安、国家安全等机关具有特殊性。公安、国家安全等机关既有刑事侦查的职权，又有行政管理的职权。在理论上划分公安、国家安全等机关的行为性质的标准主要有行为的目的、行为的形式、行为的机构、法律授权等①，但2018年《行诉法解释》采用的是法律授权这一标准，即只要公安、国家安全等机关实施的行为具有刑事诉讼法上的依据，该行为即属刑事司法行为，行政相对人不可提起行政诉讼。

理解这一排除条款必须注意以下几点：一是作出刑事司法行为的主体，只限于公安机关、国家安全机关、监狱管理机关、海关等特定的行政机关；二是刑事司法行为必须是刑事诉讼法明确规定的行为，如刑事侦查、刑事拘传、刑事拘留、逮捕、取保候审、监视居住、刑事扣押、刑事搜查等。由于实践中有时会出现公安等机关假借刑事司法行为介入经济纠纷等情况，2018年《行诉法解释》这一排除条款完全可能使名为刑事司法行为而实为行政行为的违法行为逃避司法审查，所以有些学者认为这是一种倒退。但上述机关所实施的某种行为若没有刑事诉讼法的明确授权，则性质上属于超越刑事诉讼法授权的行为，属于可诉的行政行为。② 需要注意到，这里的“明确授权实施的行为”包括两个方面的内容：既要符合授权的范围，也要符合刑事诉讼法的授权目的。③ 三是刑事诉讼法明确授权实施的行为，不包括刑法授权的行为，也不包括其他法授权的行为。

之所以排除刑事司法行为于行政诉讼受案范围之外，主要理由是：(1) 人们已经习惯地将公安、国家安全等机关在刑事活动中的行为，作为刑事司法行为对待；(2) 此类刑事司法行为已经受到检察机关的监督；(3) 违法的刑事司法行为造成相对方损害的，相对方可以依照国家赔偿法获得救济。

（二）行政调解行为与行政仲裁行为

2018年《行诉法解释》第1条第2款第2项规定，调解行为以及法律规定的仲裁行为，不属于人民法院行政诉讼的受案范围。

调解是指争议当事人之外的第三人对当事人之间的纠纷进行调停、斡旋等活动。行政调解行为是指行政主体居间对平等主体之间的民事争议所进行的调解活动。行政调解行为是一种行政相关行为，而非行政行为，其行使并不涉及行政权力的行使，将此行为

---

① 甘文．行政诉讼法司法解释之评论：理由、观点与问题．北京：中国法制出版社，2002：22.

② 江必新．中国行政诉讼制度之发展：行政诉讼司法解释解读．北京：金城出版社，2001：60-61.

③ 最高人民法院行政审判庭．最高人民法院行政诉讼司法解释理解与适用：上．北京：人民法院出版社，2018：48.

排除在行政诉讼的受案范围之外，原因在于“尊重当事人意志”。这里要区分一下其与行政裁决行为，行政裁决行为是指行政主体依照法律授权，以中间人的身份，对特定的民事纠纷进行审理和公断的具体行政行为。行政裁决行为与行政调解行为的共同点在于：它们都是行政主体以中间人的身份，对平等主体之间的民事纠纷进行解决的活动。而它们之间的区别则在于：行政调解行为须以被调解人的同意为前提；而行政裁决行为无须以被裁决人的同意为前提，行政裁决机关可以根据法律授权依职权单方作出行政裁决行为。行政调解行为不适用行政复议与行政诉讼，但行政裁决行为适用行政复议与行政诉讼。

仲裁是指双方当事人将民事争议提交非国家的第三人，而后者据此进行居中裁断的活动。行政仲裁行为是指行政主体依照法律规定的程序，对平等主体之间的民事纠纷进行解决的活动。与行政调解行为不同，行政仲裁行为是以国家公权力为基础的裁断行为，它不以当事人一方或双方的意志为前提，行政主体代表国家对民事争议所作出的裁断结论，对当事人均有强制拘束力。实践中常见的有劳动争议仲裁、公务员人事争议仲裁等。

（三）行政指导行为

2018 年《行诉法解释》第 1 条第 2 款第 3 项规定，行政指导行为不属于人民法院行政诉讼的受案范围。

行政指导行为是国家行政机关在其所管辖事务的范围内，对于特定的公民、企业、社会团体等，通过制定诱导性法规、政策、计划、纲要等规范性文件以及采用具体的示范、建议、劝告、鼓励、提倡、限制等非强制性方式并辅之以利益诱导，促使行政相对人自愿作出或不作出某种行为，以实现一定行政目的的行为。行政指导行为不具有相对人必须履行的法律后果，正是行政指导行为的此种非强制性和行政相对人对行政指导行为的可自由选择性，决定了此种行为被最高人民法院的司法解释排除在受案范围之外。当然，需要注意的是，由于行政文化与大众对行政服从的心理，某些国人常常对行政指导行为与行使行政权的行政行为之间有着同样的态度，所以行政指导行为仍有遵循行政合法性原则、信赖保护原则和比例原则的必要。

2000 年《若干问题的解释》曾使用“不具有强制力的行政指导行为”的表述，容易让人误解行政指导行为分为具有强制力和不具有强制力两大类，但其本意为进一步强调行政指导行为“非强制性”的显著特征。这也就意味着如果行政机关以“行政指导”的形式，作出了旨在发生行政法律关系的意思表示或者在事实上实施了影响行政相对人的合法权益之行为，该种行为就不再是行政指导行为，当事人若对其不服，可以依法提起行政诉讼。

（四）重复处理行为

2018 年《行诉法解释》第 1 条第 2 款第 4 项规定，“驳回当事人对行政行为提起申诉的重复处理行为”，不属于人民法院行政诉讼的受案范围。

重复处理行为是指行政主体作出的没有改变原行政行为确定的法律关系，没有对行政相对人已有的权利义务关系产生新的影响的行为。重复处理行为不可诉的理由主要是：第一，重复处理行为并未创设新的行政法律关系。例如，行政相对人对行政机关作出的已经生效的行政行为不服，向行政机关申诉。行政机关经审查认为原行政行为正确，通知申请人审查意见的，这种行为属于重复处理行为。行政机关在该行为中没有确定行政相对人的权利义务关系，仅仅告知其审查结果，不属于具有法律效果和法律意义的行政行为。凡是行政机关以已经存在相关的行政行为不得随意变更或者撤销为理由，明示或者默示拒绝行政相对人的申请，以及在拒绝的同时增加别的拒绝理由的，均属于重复处理行为，不发生法律效果，亦不属于行政诉讼受案范围。第二，如果允许行政相对人对重复处理行为提起行政诉讼，这就意味着行政诉讼法上关于起诉期限的规定失去了实际意义。①

（五）无外部效力行为

可诉的行政行为的重要特征之一即是对外性。行政机关的内部沟通、会签意见、内部报批等在行政程序内部所作的行为，由于不对外发生法律效力，不对公民、法人或者其他组织的合法权益产生影响，因而不属于可诉的行为。

（六）过程性行为

可诉的行政行为需要具备成熟性、终结性。过程性行为的效力通常为最终的行政行为所吸收和覆盖，当事人可以通过对最终作出的行政行为进行起诉，从而获得救济。因此，行政机关在作出行政行为之前所进行的准备、论证、研究、层报、咨询等，即“过程行为”，并不具备最终的、对外的法律效力，不属于可诉的行为。②

（七）协助执行行为

《最高人民法院关于行政机关根据法院的协助执行通知书实施的行政行为是否属于人民法院行政诉讼受案范围的批复》（法释〔2004〕6号，已失效）即释明：“行政机关根据人民法院的协助执行通知书实施的行为，是行政机关必须履行的法定协助义务，不属于人民法院行政诉讼受案范围。但如果当事人认为行政机关在协助执行时扩大了范围或违法采取措施造成其损害，提起行政诉讼的，人民法院应当受理。”2018年《行诉法解释》对此问题进一步明确。可诉的行政行为须是行政机关基于自身意思表示作出的行为。行政机关依照人民法院生效裁判作出的行为，属于履行生效裁判的行为，并非行政机关自身依职权主动作出，因而不可诉。

（八）内部层级监督行为

内部层级监督行为属于行政机关上下级之间管理的内部事务。司法实践中，有的法律规定了上级行政机关对下级行政机关的监督③，但此类规定旨在规定上级机关的监督职权，不对当事人发生具体的法律效果，因而不具有可诉性。

（九）信访办理行为

信访办理行为不是行政机关行使“首次判断权”的行为。根据《信访工作条例》，

---

① 最高人民法院行政审判庭．最高人民法院行政诉讼司法解释理解与适用：上．北京：人民法院出版社，2018：50.

② 最高人民法院行政审判庭．最高人民法院行政诉讼法司法解释理解与适用：上．北京：人民法院出版社，2018：50-51.

③ 例如《国有土地上房屋征收与补偿条例》第6条规定：“上级人民政府应当加强对下级人民政府房屋征收与补偿工作的监督。”

信访工作是“党的群众工作的重要组成部分”，各级党委和政府信访部门作为开展信访工作的专门机构，根据《信访工作条例》作出的受理、转送、交办、协调处理、督促检查、反映信息、指导信访等行为，对信访人不具有强制力，对信访人的实体权利义务不产生实质影响，因而不具有可诉性。[①] 同时《信访工作条例》第 28 条明确了诉讼与信访分离制度，第 31 条也规定了对申诉求决类事项可以通过行政复议、行政裁决、行政确认、行政许可、行政处罚等行政程序解决的，导入相应程序处理，进一步明晰了“信访办理行为”与“可诉行政行为”之间的边界。

（十）不产生实际影响的行为

2018 年《行诉法解释》第 1 条第 2 款第 10 项规定，人民法院不受理对公民、法人或者其他组织权利义务不产生实际影响的行为提起的诉讼。

不产生实际影响的行为属于观念通知，主要是指行政机关针对行政相对人作出的不发生法律效果的行为。这类行为与行政行为之间的主要区别在于是否对当事人的申请有所批准或驳回。一般而言，行政机关作出的告诫、劝告、建议、通知、初步意见等观念通知行为，属于不发生法律效果的事实行为。典型的例子如行政机关在作出关于某一事件的处理决定后，向社会公众公布处理结果，即为不发生法律效果的观念表示行为。[②]

---

① 最高人民法院行政审判庭．最高人民法院行政诉讼司法解释理解与适用：上．北京：人民法院出版社，2018：52.

② 最高人民法院行政审判庭．最高人民法院行政诉讼司法解释理解与适用：上．北京：人民法院出版社，2018：52.

第三章　行政诉讼管辖

行政诉讼管辖是行政诉讼中的一项重要制度。行政诉讼管辖制度明确了人民法院受理第一审行政案件的职权分工，合理的行政诉讼管辖制度，不仅有利于原告行使诉权，而且有利于案件的公正审理。我国的行政诉讼管辖主要包括级别管辖、地域管辖以及裁定管辖三种。

第一节　行政诉讼管辖概述

行政诉讼管辖不同于行政诉讼的受案范围。影响行政诉讼管辖的因素有很多，行政诉讼管辖应在考虑多种因素的基础上进行确定。我国行政诉讼管辖的确定应遵循一定的原则，包括原告诉权保障原则、有利于人民法院行使审判权原则等。

一、行政诉讼管辖的概念

行政诉讼管辖，是指人民法院受理第一审行政案件的职权分工。行政诉讼管辖不同于行政诉讼的受案范围。行政诉讼的受案范围解决的是哪些行政争议可以提交人民法院进行审判的问题，是人民法院与其他国家机关在解决行政争议方面的分工。在我国，并不是所有的行政争议都可以由法院进行审判。而行政诉讼管辖解决的是由哪一个具体的人民法院来受理案件的问题，是人民法院系统内部的权限分工。行政诉讼管辖的确定，明确了公民、法人或者其他组织应该向哪一级、哪一地方的人民法院起诉，不仅有利于公民、法人或者其他组织及时行使诉权以维护自身的合法权益，也明确了人民法院之间受理行政诉讼案件的权限，可以避免人民法院之间相互推诿或重复审理的情形出现。此外，合理地确定行政诉讼管辖，还有利于人民法院排除各种干扰，独立行使审判权。

行政诉讼管辖具有以下四个方面的特征：

（1）行政诉讼管辖是行政审判权的分工。行政诉讼管辖划分的是人民法院系统内部对于行政案件的审判权限，不涉及人民法院与其他国家机关处理行政争议的权限。

（2）行政诉讼管辖是人民法院受理第一审行政案件的权限分工。行政诉讼管辖不包括二审以及再审案件的管辖问题。按照行政诉讼审级的规定，二审、再审的人民法院根据一审的人民法院确定，一审管辖明确后，二审、再审的管辖也相应明确。

（3）行政诉讼管辖是普通人民法院之间关于行政审判权的分工。2018 年《行诉法解释》第 3 条第 2 款规定：“专门人民法院、人民法庭不审理行政案件，也不审查和执行行政机关申请执行其行政行为的案件。”据此，专门人民法院、人民法庭不审理行政案件。行政诉讼管辖是普通人民法院之间关于行政审判权的分工。

（4）行政诉讼管辖具有纵向、横向两个方面的内容，不仅包括纵向的，即上下级人民法院之间受理第一审行政案件的权限分工，而且包括同级人民法院之间，即横向的人民法院之间受理第一审行政案件的权限分工。

二、影响行政诉讼管辖的因素

行政诉讼管辖是在综合考虑各种因素的基础上合理确定的。在确定行政诉讼的管辖时，应当考虑如下几个方面的因素。

（1）人民法院。

确定行政诉讼的管辖首先要考虑的因素是人民法院，因为管辖是人民法院内部的权限划分，所以在确定管辖时必然要考虑法院的具体情况，如人民法院的组织体系、工作条件、审判人员的整体素质、不同法院的工作负担等。在认真考虑法院因素的基础上，才能合理确定行政诉讼的管辖，避免出现不同的人民法院之间工作负担轻重悬殊以及影响案件公正审理的情况。

（2）原告。

原告是行政诉讼的发起者，没有原告的起诉，就不会有行政诉讼。管辖如何确定，将直接影响原告诉权的行使。因而在确定行政诉讼的管辖时应当充分考虑原告的情况，包括原告的身份、国籍、人数、居住地等。在确定行政诉讼的管辖时，应充分照顾原告的利益。

（3）被告。

行政诉讼的被告是被动地参与行政诉讼的，但这并不代表在确定行政诉讼的管辖时不应考虑被告的因素。如果在确定行政诉讼的管辖时不考虑被告的情况，则可能给行政诉讼活动的正常进行带来障碍。从公平保障诉讼正常进行的角度出发，行政诉讼管辖的确定，在充分照顾原告的情况下，也应当尽可能考虑被告的利益。

（4）诉讼标的。

行政诉讼的标的即行政争议的内容。在确定行政诉讼的管辖时，也应当考虑争议标的的情况，包括是否涉及专门知识、涉及的权利属性等，例如，是人身权利还是财产权利，是动产还是不动产等。

三、确定行政诉讼管辖的原则

在综合考虑影响行政诉讼管辖的各项因素的基础上，行政诉讼管辖的确定应遵循以下几个原则。

（1）原告诉权保障原则。

在行政法律关系中，相对人及利害关系人处于被管理者的地位，而行政机关或法律、法规、规章授权的组织却处于相对优越的地位。行政诉讼是相对人及利害关系人在认为自己的权益受到行政机关或法律、法规、规章授权的组织不法侵害时所具有的一种救济手段。相对人及利害关系人提起行政诉讼的目的在于通过提起诉讼，请求法院纠正行政机关的违法行为并维护自己的合法权益。因此，在确定管辖时，应当首先为原告顾利行使诉权提供便利。这一原则在我国现行的行政诉讼管辖规定中体现无遗。如大多数一审案件均由基层人民法院管辖，因为我国行政机关的管辖也是以属地管辖为主，所以基层人民法院的辖区通常也是原告所在地，这有利于原告行使诉权。此外，对限制人身自由的行政强制措施不服而提起的诉讼，由被告所在地或原告所在地法院管辖，这样的规定有利于原告自行选择最有利于自己诉讼的管辖法院，从而便于其行使诉权。

（2）有利于人民法院行使审判权原则。

人民法院是行政争议的司法裁判者，从法院的角度而言，行政诉讼的过程也就是人民法院行使审判权的过程。因此，行政诉讼管辖应当有利于人民法院行使审判权。在确定管辖时，应当为人民法院办理行政案件提供便利，便于人民法院调查取证以及送达司法文书。特殊地域管辖中因不动产引起的行政案件由不动产所在地的法院管辖，即体现了有利于人民法院行使审判权的原则。

（3）负担均衡原则。

行政诉讼管辖是人民法院内部解决受理案件的权限分工，因此，在确定行政诉讼管辖时，应当考虑各级人民法院的职能分工和工作负担的均衡性。我国不同级别的人民法院在职能分工上有明显的差异。基层人民法院的主要职能是审理案件以及执行案件；而中级以上的人民法院，除承担案件审理职能外，还要承担对下级人民法院进行审判监督、总结审判经验等职能，因而不宜过多地受理、审理一审案件。因此，我国的《行政诉讼法》规定一审行政案件原则上由基层人民法院管辖。

（4）管辖唯一原则。

管辖唯一原则是指一个案件最终只能由一个法院管辖。这一原则的作用在于避免出现人民法院之间管辖冲突或者相互推诿的现象。当然，这一原则并不是绝对的，在一些案件中，两个以上的人民法院都享有管辖权，在此情况下，行政诉讼法规定由最先立案的人民法院管辖。人民法院对管辖权发生争议时由争议双方协商解决，协商不成时报它们的共同上级人民法院指定管辖。行政诉讼法中这些规定的目的亦在于使具体案件最终确定由一个法院管辖，从而使原告的诉权和人民法院的审判权得到落实。

四、行政诉讼管辖的分类

根据不同标准，可以对行政诉讼的管辖作以下几种不同的区分。

（一）法定管辖与裁定管辖

以行政案件的管辖是否由法律明确规定为标准，行政诉讼管辖可分为法定管辖和裁定管辖。法定管辖是指由法律明确规定管辖法院的管辖。法定管辖又包括级别管辖和地域管辖。在我国的《行政诉讼法》中，第 14 条至第 17 条对级别管辖予以了规定，第 18 条至第 20 条对地域管辖予以了规定。裁定管辖是指并不是由法律明确规定管辖法院，而是由人民法院以作出裁定或决定的方式确定管辖法院的管辖，具体包括《行政诉讼法》第 22 条规定的移送管辖、第 23 条规定的指定管辖以及第 24 条规定的管辖权的转移。

（二）专属管辖与任意管辖

以行政案件的管辖是否由法律强制规定为标准，行政诉讼管辖可分为专属管辖与任意管辖。某一类案件只能由某一法院管辖，其他法院没有法定管辖权，原告也不能选择管辖法院的，为专属管辖。任意管辖是指某一类案件可以由两个以上的人民法院管辖，最终确定管辖法院时，可以由原告选择，也可以由有管辖权的法院协商，或者由共同的上级法院指定。《行政诉讼法》中规定的任意管辖主要包括经复议的行政案件的管辖，以及对限制人身自由的强制措施不服的案件的管辖。

第二节 级别管辖

级别管辖是指具体地划分上下级人民法院之间审理第一审案件的分工和权限。我国人民法院从设置上分为基层人民法院、中级人民法院、高级人民法院和最高人民法院四个审级。我国《行政诉讼法》根据行政案件的性质、繁简程度、影响力大小、被告的级别等因素，分别对基层人民法院、中级人民法院、高级人民法院、最高人民法院的管辖范围进行了确定。

一、基层人民法院的管辖

基层人民法院是我国审判机关的最基层单位，主要任务是审判案件，基层人民法院是确定级别管辖的基础。我国《行政诉讼法》第 14 条规定："基层人民法院管辖第一审行政案件。"该条规定确立了级别管辖的一般原则，即除非有法律的特别规定，所有的行政案件都由基层人民法院管辖。《行政诉讼法》之所以如此规定，其理由在于基层人民法院是我国审判组织的基层组织，其主要职能即在于审理案件，同时，行政纠纷的发生也大多是在基层人民法院辖区内，由基层人民法院审理不仅有利于人民法院调查取证，也方便当事人诉讼。但是，当前主要由基层人民法院审理行政案件的管辖制度也存在一定的弊端，如更容易受到外来力量的干预等。

二、中级人民法院的管辖

中级人民法院的主要任务是对基层人民法院的审判工作进行监督，同时为对第一审判决或裁定不服的上诉法院。因此，《行政诉讼法》规定只有一些影响较大、案情复杂的案件才由中级人民法院作为第一审法院。中级人民法院审理的第一审行政案件包括以下几种类型。

（一）对国务院部门或者县级以上地方人民政府所作的行政行为提起诉讼的案件

被告行政机关是有级别的，级别越高，可施加影响、干预的因素也就越多。行政诉讼的级别管辖的确定适当考虑了被告行政机关的级别。此处所述类型的行政案件所涉及的行政行为的专业性和政策性较强，一般较为复杂、疑难或在中级人民法院辖区以内具有重大影响，由中级人民法院管辖，有助于人民法院排除干扰、公正审判。

应当注意的是，此处国务院部门或者县级以上地方人民政府所作的行政行为不包括这些部门作出的维持原行政行为的复议决定。2018 年《行诉法解释》第 134 条第 3 款规定："复议机关作共同被告的案件，以作出原行政行为的行政机关确定案件的级别管辖。"作出原行政行为的行政机关与复议机关为共同被告的情形，根据《行政诉讼法》的规定，就是复议机关作出维持原行政行为的复议决定之时。同时 2018 年《行诉法解释》第133条明确《行政诉讼法》第26条第2款规定的“复议机关决定维持原行政行为”，包括复议机关驳回复议申请或者复议请求的情形，但以复议申请不符合受理条件为由驳回的除外。

（二）海关处理的案件

海关处理的案件主要是指由海关处理的纳税案件和有关因违反海关法被海关处罚的行政案件。这类案件由中级人民法院管辖的主要理由是：其一，海关大多设置在大中城市，职权范围与中级人民法院基本吻合；其二，海关的业务与政策要求较高，由中级人民法院管辖，可以保证办案质量。

（三）本辖区内的重大、复杂案件

重大、复杂的案件一般都需要适当提高管辖级别，重大、复杂行政案件更需要通过提高审级来确保审判的公正性。但是对于何为“重大、复杂”，我国《行政诉讼法》并没有明确规定。根据2018年《行诉法解释》第5条的规定，有下列情形之一的，属于《行政诉讼法》第15条第3项规定的“本辖区内重大、复杂的案件”：(1) 社会影响重大的共同诉讼案件；(2) 涉外或者涉及香港特别行政区、澳门特别行政区、台湾地区的案件；(3) 其他重大、复杂案件。“重大、复杂”的具体情形会因地区情况不同而有所差别，也有赖实践不断探索和完善，所以各地中级人民法院对此有一定的自由裁量权。但大体上应当从三个方面进行确定：一是案件所涉及的方面、领域多寡；二是案件所产生的影响大小；三是案件审理的难度高低，如是否有较强的专业性、技术性，是否存在案涉法律规范规定不够明确、政策界限不清的情况等。①

（四）其他法律规定由中级人民法院管辖的案件

这一项属于衔接性的规定，为今后管辖制度改革预留了发展的空间。以《全国人民代表大会常务委员会关于在北京、上海、广州设立知识产权法院的决定》为例，知识产权法院管辖关于专利、植物新品种、集成电路布图设计、技术秘密等专业技术性较强的第一审知识产权行政案件；北京知识产权法院管辖不服国务院行政部门裁定或者决定而提起的第一审知识产权授权确权的行政案件。

三、高级人民法院的管辖

高级人民法院是地方最高一级的审判机关，它的任务主要在于对本辖区内的中级人民法院和基层人民法院的审判工作进行监督指导以及审理对中级人民法院判决、裁定等不服的上诉、抗诉案件，因而其不宜管辖过多的一审行政案件。《行政诉讼法》第16条规定：“高级人民法院管辖本辖区内重大、复杂的第一审行政案件。”该规定具有较大的灵活性，案件是否重大、复杂，由高级人民法院根据具体情况进行判断决定。

根据《最高人民法院关于审理反倾销行政案件应用法律若干问题的规定》② 第5条以及《最高人民法院关于审理反补贴行政案件应用法律若干问题的规定》③ 第5条的规

① 最高人民法院行政审判庭．最高人民法院行政诉讼司法解释理解与适用：上．北京：人民法院出版社，2018：71.

② 最高人民法院审判委员会2002年9月11日第1242次会议通过，自2003年1月1日起施行。

③ 最高人民法院审判委员会2002年9月11日第1242次会议通过，自2003年1月1日起施行。

定，反倾销行政案件、反补贴行政案件由被告所在地的高级人民法院管辖或者由高级人民法院指定的中级人民法院管辖。反倾销行政案件是指对下列反倾销行政行为提起的行政诉讼，包括有关倾销及倾销幅度、损害及损害程度的终裁决定，有关是否征收反倾销税的决定以及追溯征收、退税、对新出口经营者征税的决定，有关保留、修改或者取消反倾销税以及价格承诺的复审决定，以及依法可以起诉的其他反倾销行政行为。反补贴行政案件是指对下列反补贴行政行为提起的行政诉讼，包括有关补贴及补贴金额、损害及损害程度的终裁决定，有关是否征收反补贴税以及追溯征收的决定，有关保留、修改或者取消反补贴税以及承诺的复审决定，以及依法可以起诉的其他反补贴行政行为。而之所以规定反补贴行政案件、反倾销行政案件由高级人民法院或其指定的中级人民法院管辖，原因也在于反补贴行政案件、反倾销行政案件是“重大、复杂”的行政案件。因为反补贴行政案件与反倾销行政案件涉及 WTO 问题，具有重大的社会影响以及国际影响，而且具有很强的专业性，所以应由高级人民法院或者其指定的中级人民法院管辖。

四、最高人民法院的管辖

最高人民法院是我国的最高审判机关，它的主要任务是对各级人民法院的审判工作进行监督和指导，以及审理不服高级人民法院判决、裁定的上诉、抗诉案件，因而，最高人民法院极少审理一审行政诉讼案件。《行政诉讼法》第 17 条规定：“最高人民法院管辖全国范围内重大、复杂的第一审行政案件。”具体案件是否属于“全国范围内重大、复杂的”行政案件，由最高人民法院认定。

第三节　地域管辖

地域管辖是指同级人民法院之间审理第一审案件的权限和分工。地域管辖与级别管辖有着十分密切的联系。在确定行政诉讼案件的具体受理法院时，是按照先确定级别管辖后确定地域管辖的顺序进行的。只有在明确了级别管辖后，才能通过确定地域管辖来落实具体受理案件的人民法院。

我国《行政诉讼法》在确定行政诉讼的地域管辖时，主要根据两个因素：一是人民法院的辖区。我国的地方各级人民法院的设置与行政区划一致，地方人民法院审理本辖区范围内的行政案件。二是当事人或诉讼标的与人民法院辖区的关系。除指定管辖外只有当事人或诉讼标的在人民法院的辖区内，案件才可能由该人民法院管辖。

行政诉讼中的地域管辖分为一般地域管辖和特殊地域管辖两种。

一、一般地域管辖

一般地域管辖，是指适用于一般行政案件，按照一般标准确定的地域管辖，即除法律特别列举外，其他所有行政案件都属于其管辖的地域管辖制度。根据我国《行政诉讼法》第 18 条的规定，我国行政诉讼一般地域管辖的标准是：行政案件原则上由最初作出行政行为的行政机关所在地的人民法院管辖。该标准具有以下两层含义。

（1）行政诉讼一般地域管辖根据被告行政机关所在地来确定，遵循“原告就被告”

的原则，即由被告所在地的法院管辖。“原告就被告”是民事诉讼中一般管辖的标准，在行政诉讼中也不例外。

（2）原告应该向“最初”作出行政行为的行政机关所在地的人民法院起诉。之所以限定“最初”，是因为有些行政案件是经过行政复议后才进入诉讼阶段的。经过复议的行政案件，客观上存在两个行政机关，即原行政机关和复议机关。限定由“最初”作出行政行为的机关所在地的人民法院管辖，即明确了由原行政机关所在地的人民法院管辖。因为行政机关的管辖范围也是按照地域来确定的，一般而言，被告所在地同时也是原告所在地，所以规定由原行政机关所在地的人民法院管辖，方便原告起诉。

二、特殊地域管辖

特殊地域管辖，是指法律针对特别案件所列举的确定管辖法院的管辖方式。它不是或不完全是按照被告所在地来确定管辖法院的，而是以法律特别规定的诉讼标的所在地或者引起法律关系变更、消灭的法律事实所在地等因素为标准确定管辖法院，是对一般地域管辖的例外规定。行政诉讼法规定了三种特殊地域管辖，即选择管辖、专属管辖和跨行政区域管辖。

（一）选择管辖

选择管辖是指根据法律规定，两个以上的人民法院都有管辖权，具体的管辖法院根据原告的选择而确定。原告向两个以上有管辖权的人民法院提起诉讼的，由最先立案的人民法院管辖。我国的行政诉讼中存在着以下两种选择管辖的情形。

（1）经过复议的案件，原行政机关所在地的人民法院和复议机关所在地的人民法院都有管辖权。我国《行政诉讼法》第 18 条第 1 款规定：“行政案件由最初作出行政行为的行政机关所在地人民法院管辖。经复议的案件，也可以由复议机关所在地人民法院管辖。”根据此条规定，案件经过复议后，无论复议结果如何，原行政机关所在地的法院和复议机关所在地的法院都有管辖权，具体管辖法院根据原告的选择确定。经复议的案件，复议机关改变原行政行为的，复议机关是被告，维持原行政行为的，复议机关与原行政机关是共同被告。如果根据“原告就被告”的原则，应由复议机关所在地的人民法院管辖，但由于复议机关所在地与原行政机关所在地大多数情况下并不属于同一地域，甚至距离较远，在此情况下，如果依然按照“原告就被告”的原则确定管辖法院，则可能导致原告行使诉权的不方便。因此，在此情况下规定原行政机关所在地和复议机关所在地的法院都有管辖权，为原告提供了极大的便利。

（2）因对限制人身自由的行政强制措施不服而提起的诉讼，由被告所在地或原告所在地法院管辖。2018 年《行诉法解释》第 8 条第 1 款对《行政诉讼法》第 19 条规定的“原告所在地”作了解释，其包括原告的户籍所在地、经常居住地和被限制人身自由地。“经常居住地”是指公民在户籍所在地之外至起诉时止已连续居住 1 年以上的地域，住院治疗的除外。原告在因对限制人身自由的行政强制措施不服而提起诉讼时，可以选择向被告所在地或原告的户籍所在地、经常居住地或被限制人身自由地的人民法院提起诉讼。《行政诉讼法》如此规定，主要是为了保障原告的诉权并方便其行使诉权。被限制人身自由的公民本身可能具有流动性，其户籍所在地、经常居住地可能与行政机关所在地并不一致，如果按照一般地域管辖的规则来确定管辖法院，则可能给原告起诉带来极大的不便。而将“被限制人身自由地”也作为“原告所在地”，则是因为一般情况下，行政行为不因起诉而停止执行，将“被限制人身自由地”也作为“原告所在地”，将有利于原告及时行使诉权，从而最大限度地为原告行使诉权提供便利。

值得注意的是，2000 年《若干问题的解释》对 1989 年《行政诉讼法》第 18 条①的规定进行了“适度扩大”，除行政强制措施外，行政相对人对行政机关基于同一事实既对人身又对财产实施行政处罚或者采取行政强制措施的，可以选择向原告所在地或被告所在地人民法院起诉。彼时的选择管辖未扩大到单纯限制人身自由的行政处罚（拘留），主要针对的是劳动教养强制措施，而 2013 年劳动教养制度已被依法废止。2018 年《行诉法解释》② 回归法律的规定，同时根据司法实践，对原告的选择管辖作出适度的扩大，即当事人选择管辖的前提必须是其被采取限制人身自由的行政强制措施，此外还被采取了其他行政强制措施或者行政处罚的，可以选择向被告所在地或者原告所在地的人民法院起诉。③

（二）专属管辖

专属管辖是指法律强制规定某类案件只能由特定法院管辖，其他法院无权管辖。在行政诉讼中，因不动产提起行政诉讼的案件，由不动产所在地的法院管辖。这也是诉讼管辖制度中的一个惯例。所谓不动产，是指在位置上不能移动，或移动后会引起性能、价值、用途改变的财产，如土地、山岭、荒地、滩涂、林地、房屋、草原等。不动产所在地是指不动产实物所处的地域。法律规定因不动产提起的诉讼由不动产所在地法院管辖，其原因在于便于法院就近调查、勘验、取证，从而及时作出公正的处理，同时也便于判决、裁定的执行。如果管辖法院远离不动产，就会造成法院审理的不便。因此，因不动产提起行政诉讼的案件由不动产所在地的人民法院管辖，可以减少司法支出，避免人力、物力等司法资源的浪费。

因不动产提起的行政诉讼主要有三类：（1）因不动产所有权、使用权等纠纷提起的诉讼。如对行政机关就不动产的确权、登记等行为不服而提起的行政诉讼。（2）因不动产的征用、拆除等引起的行政诉讼。例如，因土地的征用、违法建筑的拆除等而引起的行政诉讼。（3）其他因不动产而引起的纠纷。

（三）跨行政区域管辖

《行政诉讼法》第 18 条第 2 款规定：“经最高人民法院批准，高级人民法院可以根据审判工作的实际情况，确定若干人民法院跨行政区域管辖行政案件。”跨行政区域管辖的规定是 2014 年《行政诉讼法》的新增内容，对未来行政诉讼管辖的改革探索意义重大。以行政案件管辖制度改革为突破口，通过最高人民法院批准、高级人民法院确定

---

① 1989 年《行政诉讼法》第 18 条规定，对限制人身自由的行政强制措施不服提起的诉讼，由被告所在地或者原告所在地人民法院管辖。

② 2018 年《行诉法解释》第 8 条第 2 款规定：“对行政机关基于同一事实，既采取限制公民人身自由的行政强制措施，又采取其他行政强制措施或者行政处罚不服的，由被告所在地或者原告所在地的人民法院管辖。”

③ 最高人民法院行政审判庭．最高人民法院行政诉讼司法解释理解与适用：上．北京：人民法院出版社，2018：80－82．

的方式，由若干人民法院跨行政区域行使管辖权，在现行法律框架下实现了司法审判区域与行政管理区域的有限分离，使行政审判制度及时、有效化解行政争议，保护当事人合法权益的功能得到正常发挥。对于回应和保障人民群众的司法诉求，推进法治政府建设，改善行政审判司法环境，统一司法标准，促进司法公正，都是有积极意义的。同时，根据党的十八届四中全会提出的探索设立跨行政区划的人民法院的精神，跨行政区域管辖将不限于第一审行政案件，而是放宽为所有行政案件，为未来改革留下了宝贵空间。同时，为了保障法制的统一，条文以“经最高人民法院批准”为确定跨行政区域管辖的首要条件。当前，跨行政区域集中管辖改革仍然在发展当中，集中管辖法院审判领域和职能范围不断拓展。以上海铁路运输法院为例，在转制归入地方法院系统的十余年时间里，管辖案件类型逐步延伸到行政、环境资源、食药、破产衍生、交通、税务等领域，案件量增长 20 多倍。今年年初刚刚成立的全国首家税务审判庭，再次担负起先行先试任务。[①] 党的二十届三中全会和全会审议通过的《中共中央关于进一步全面深化改革、推进中国式现代化的决定》明确提出要深化行政案件级别管辖、集中管辖、异地管辖改革，可以预见，今后集中管辖法院必然将承担更多、更重、更关键的改革任务。

第四节　裁定管辖

裁定管辖是指由人民法院作出一个裁定或者决定来确定行政案件的管辖法院。裁定管辖不同于级别管辖和地域管辖。级别管辖和地域管辖属于法定管辖，它们分别从纵向和横向上解决人民法院受理案件的权限和分工。但是，级别管辖和地域管辖主要适用于常规情况下人民法院受理案件的权限和分工。由于诉讼活动的复杂性，在现实中可能出现管辖不明、管辖权有争议以至于按照法定管辖规则无法确定管辖法院，或者不适宜由有管辖权的人民法院审理的情况。这些问题的解决就是通过裁定管辖来实现的。裁定管辖是法定管辖的必要补充，用于解决具体案件管辖上的一些特殊问题，其本质上是人民法院内部对案件管辖的灵活调整。《行政诉讼法》第 22 条、第 23 条、第 24 条分别规定了裁定管辖的三种情形，即移送管辖、指定管辖和管辖权的转移。

一、移送管辖

移送管辖是指某一人民法院在受理行政案件以后，发现所受理的行政案件不属于自己管辖而应由其他法院管辖时，将案件移送给有管辖权的人民法院受理的一种管辖形式。《行政诉讼法》第 22 条规定：“人民法院发现受理的案件不属于本院管辖的，应当移送有管辖权的人民法院，受移送的人民法院应当受理。受移送的人民法院认为受移送的案件按照规定不属于本院管辖的，应当报请上级人民法院指定管辖，不得再自行移送。”移送的原因是原告在不具有管辖权的人民法院起诉，而人民法院又已经立案受理。移送管辖是对无管辖权的人民法院错误受理案件的一种补救措施，其实质是对案件的移送，而并不涉及管辖权的变更问题。审判实践中，移送管辖一般发生在同级人民法院之

---

① 余冬爱. 学习贯彻党的二十届三中全会精神 以全会精神为指引抓好集中管辖法院建设. 人民法院报，2024-08-16（5）.

间，但也有上下级人民法院之间的移送，甚至还有异地不同级人民法院之间的移送。

移送管辖必须同时具备三个条件：

（1）人民法院已经受理了案件。人民法院已经受理了案件是移送管辖的首要条件人民法院已经受理了案件标志着一审诉讼程序已经开始但尚未结束。如果人民法院在尚未受理案件时发现自己对案件没有管辖权，则应该不予受理，告知原告向有管辖权的人民法院起诉，而不会产生移送管辖问题。如果案件经审理已经作出了判决或者裁定，则一审程序已经完结，同样不会产生移送管辖问题，在此情况下，当事人认为一审法院没有管辖权的，应该提出上诉或者抗诉，要求二审法院予以解决。

（2）受理案件的人民法院发现本院对案件无管辖权。已经受理案件的人民法院只有在发现自己对案件没有管辖权的情况下才能将案件移送。“发现”是主观标准，而非客观标准，是已经受理案件的人民法院“认为自己没有管辖权”，这是已经受理案件的人民法院的主观认识。已经受理案件的人民法院错误地认为自己没有管辖权时，也可以移送。不过这种情况下的移送是错误的移送，并且很可能导致管辖权的纠纷。

（3）只能将案件移送给有管辖权的人民法院。已经受理案件的人民法院在移送时只能将案件移送给有管辖权的人民法院。这同样也是主观标准，以已经受理案件的人民法院的认识为准。如果在客观上将案件移送给了没有管辖权的人民法院，这也属于错误的移送，会导致管辖权的纠纷。

接受移送的人民法院如果认为自己对案件也没有管辖权，不能再自行移送，而必须接受，即不能拒收、退回或者再移送给其他人民法院。之所以如此规定，主要是为了防止人民法院之间相互推诿，出现“踢皮球”的现象，从而保护原告的诉权。接受移送的人民法院如果认为自己也没有管辖权，则只能报请上级人民法院指定管辖。

二、指定管辖

指定管辖，是指在有管辖权的人民法院不能行使管辖权或者两个以上的下级人民法院对同一案件的管辖发生争议时，由上级人民法院以裁定的方式指定一个下级人民法院对某一案件进行管辖。指定管辖的意义在于使没有管辖权的人民法院取得管辖权，或者在管辖权发生争议时明确具体的管辖法院，从而保证行政案件得到及时审理。

（一）指定管辖的情形

《行政诉讼法》第 22 条规定：“人民法院发现受理的案件不属于本院管辖的，应当移送有管辖权的人民法院，受移送的人民法院应当受理。受移送的人民法院认为受移送的案件按照规定不属于本院管辖的，应当报请上级人民法院指定管辖，不得再自行移送。”

《行政诉讼法》第 23 条规定：“有管辖权的人民法院由于特殊原因不能行使管辖权的，由上级人民法院指定管辖。人民法院对管辖权发生争议，由争议双方协商解决。协商不成的，报它们的共同上级人民法院指定管辖。”

《行政诉讼法》第 24 条规定：“上级人民法院有权审理下级人民法院管辖的第一审行政案件。下级人民法院对其管辖的第一审行政案件，认为需要由上级人民法院审理或者指定管辖的，可以报请上级人民法院决定。”

因此，指定管辖有以下几种情况。

（1）在移送管辖的情形下，受移送的人民法院认为受移送的案件按照规定不属于本院管辖的，不可以再次移送，应当报请上级人民法院指定管辖。

（2）有管辖权的人民法院由于特殊原因不能行使管辖权的，由上级人民法院指定管辖。此种情况下对于管辖权的归属，各方并无争议，但因为特殊原因而导致管辖权不能有效行使。导致管辖权不能行使的原因是多样的，既可能是事实上的原因，如发生自然灾害、战争、意外事故等，也可能是法律上的原因，如有管辖权的人民法院的审判人员需要回避而无法组成合议庭，或者出于公正审判的考虑等。

（3）当人民法院之间对管辖权发生争议，而且协商不成时，由其共同的上级人民法院指定管辖。人民法院之间就管辖权发生争议的，由争议双方协商解决，协商不成的，报共同的上级人民法院，由该上级人民法院以指定的方式解决管辖冲突或争议。人民法院之间发生管辖权争议主要有两种情况：1）两个以上的人民法院对同一案件都主张管辖权，即积极的管辖权争议。如在选择管辖的情况下，原告向多个均具有管辖权的人民法院提起行政诉讼，而人民法院均受理的。2）两个以上的人民法院对同一案件都主张无管辖权，即消极的管辖权争议。如已经受理案件的人民法院认为自己没有管辖权而将案件移交给有管辖权的人民法院，但接受移交的人民法院认为自己也没有管辖权的。

（4）下级人民法院对其管辖的第一审行政案件，认为需要由上级人民法院指定管辖的，可以报请上级人民法院决定。

（二）指定管辖的启动方式

先前一些地方实行的“异地交叉审理”制度也是通过指定管辖的方式实现的。浙江省台州市中级人民法院从 2002 年 7 月开始试行行政诉讼案件异地交叉审理制度。按照台州市中级人民法院的规定，被告为县级政府的案件和一些当地影响较大的集团诉讼案件作为重大、复杂行政诉讼案件，由中级人民法院统一行使立案管辖权；再由中级人民法院将这些案件指定给案件所在地以外的基层法院审理。① 异地交叉审理制度在一定程度上可以避免地方的行政干预，有利于对行政案件的公正审理。这一制度也得到了最高人民法院的认可。最高人民法院《关于行政案件管辖若干问题的规定》② 第 5 条曾规定：“中级人民法院对基层人民法院管辖的第一审行政案件，根据案件情况，可以决定自己审理，也可以指定本辖区其他基层人民法院管辖。”这一规定实际上就是对异地交叉审理制度的认可。异地交叉审理可通过上级人民法院指定管辖的方式予以实现，但《行政诉讼法》第 24 条修改后，此种指定管辖只能由下级人民法院报请上级人民法院决定，无法再由中级人民法院直接启动。

综合而言，启动指定管辖的方式主要包括以下几种。

（1）当事人启动。当事人启动指定管辖主要包括以下两种情形：一是当事人以案件重大、复杂为由或者认为有管辖权的基层人民法院不宜行使管辖权的，可以直接向中级

---

① 何海波编著．法治的脚步声：中国行政法大事记（1978—2004）．北京：中国政法大学出版社，2005：247.

② 根据《最高人民法院关于废止部分司法解释（第十三批）的决定》，该规定已失效。

人民法院起诉；二是当事人向有管辖权的基层人民法院起诉，受诉人民法院在7日内未立案也未作出裁定的，当事人向中级人民法院起诉。对上述两种情形，中级人民法院应当根据不同情况在7日内分别作出以下处理：一是书面告知当事人向有管辖权的基层人民法院起诉，或者要求有管辖权的基层人民法院依法处理；二是指定本辖区其他基层人民法院管辖；三是决定自己审理。中级人民法院采用第二种处理方式的，即属于指定管辖；采用第三种处理方式的，即属于管辖权的转移。

（2）下级人民法院启动。依2018年《行诉法解释》第7条的规定，基层人民法院对其管辖的第一审行政案件，认为需要由中级人民法院审理或者指定管辖的，可以报请中级人民法院决定。中级人民法院应当根据不同情况在7日内分别作出以下处理：一是决定自行审理，此种情形即属于管辖权的转移；二是指定本辖区其他基层人民法院管辖，即指定管辖；三是决定由报请的人民法院审理。

三、管辖权的转移

（一）管辖权的转移的概念

管辖权的转移，是裁定管辖的又一种形式，是指基于上级人民法院的同意或决定，将下级人民法院有管辖权的行政案件转交给上级人民法院审理。《行政诉讼法》第24条规定："上级人民法院有权审理下级人民法院管辖的第一审行政案件。下级人民法院对其管辖的第一审行政案件，认为需要由上级人民法院审理或者指定管辖的，可以报请上级人民法院决定。"管辖权的转移是在管辖权明确无争议的前提下发生的，其本质是赋予上级人民法院根据实际情况，在符合行政诉讼目的和管辖原则的基础上，灵活处置具体案件管辖权的权力。

管辖权的转移需要具备以下几个条件。

（1）对该行政案件的管辖权没有争议。在管辖权转移时，转移案件的人民法院和接受案件转移的人民法院对案件的管辖权没有争议，而且转移案件的人民法院对该行政案件具有管辖权。

（2）转移案件的人民法院和接受转移案件的人民法院相互间有审判监督指导关系。管辖权转移的实质是对级别管辖这一法定管辖方式的补充和变更，因而管辖权的转移只能发生在具有监督指导关系的上下级人民法院之间。

（3）经上级人民法院决定。在管辖权的转移中，上级人民法院居于主导地位，没有上级人民法院的决定，管辖权的转移就不能实现。

（二）管辖权的转移与移送管辖的区别

管辖权的转移与移送管辖具有一定的共同点，主要是在形式上都表现为一个案件从一个人民法院转移到另一个人民法院，但两者存在着明显的实质上的区别。

（1）移交案件所涉及的法院之间的关系不同。管辖权的转移只能发生在有审判监督指导关系的上下级人民法院之间，是对级别管辖的补充和变更。而移送管辖则无此限制，既可以发生在具有审判监督指导关系的上下级人民法院之间，也可以发生在同级人民法院之间，还可以发生在没有上下级审判监督指导关系的异地、不同级别的人民法院之间。

（2）移送的内容不同。在移送管辖中，移送的人民法院没有管辖权，是将案件移交给其认为有管辖权的人民法院，其移送的仅仅是案件本身，并不涉及管辖权的变更。而在管辖权的转移中，移交的则是案件的管辖权，是具有管辖权的人民法院将管辖权移交给本来没有管辖权的人民法院，从而使其获得管辖权。

（3）移交的要求不同。管辖权的转移必须经上级人民法院决定，没有上级人民法院的同意就不能发生管辖权的转移。但在移送管辖中，移送的人民法院在移送案件时不需要经过受移送的人民法院同意，受移送的人民法院不得拒绝或再移送给其他法院，只能接受移送。

（三）管辖权的转移的情形

根据我国《行政诉讼法》的有关规定，我国行政诉讼中，管辖权的转移包括以下几种情形。

（1）上级人民法院直接决定自己审理本应由下级人民法院管辖的一审行政案件。这种情形是管辖权的上移，即提审。从法律规定而言，上级人民法院有权审理所有下级人民法院的一审案件，并且无须下级人民法院同意。

（2）下级人民法院提请上级人民法院审理由下级人民法院管辖的一审案件。这是下级人民法院主动提出将自己管辖的一审案件转移给上级人民法院审理，但必须经上级人民法院同意才能实现。

曾经还有一种情形是管辖权的下放，即上级人民法院将原本属于自己管辖的案件交给下级人民法院审理。管辖权的转移具有一定的灵活性和积极意义，但司法实践中，有的上级法院为使案件的一审、二审都在本院辖区内，滥用此项制度，严重影响了当事人的审级利益，侵犯了当事人的诉讼权利。① 2014年修正的《行政诉讼法》删除了上级法院可以把自己管辖的案件移交给下级法院审理的条款，将“上级人民法院有权审判下级人民法院管辖的第一审行政案件，也可以把自己管辖的第一审行政案件移交下级人民法院审判”修改为“上级人民法院有权审理下级人民法院管辖的第一审行政案件”。管辖权的下放这一情形不再存在。

从以上管辖权的转移的两种情形来看，其实际上是赋予了上级人民法院一种决定级别管辖的职权，有一定的自由度。但这种权力并不是一种可以随意滥用的绝对权力，其行使同样不得违背立法关于管辖的精神与规则。从实践来看，发生管辖权的转移的主要原因是：案件本身的特殊情况，如下级人民法院受理案件以后，发现案情复杂、专业性强、难度大，自己力所不及等。此外，还可能因案外因素的干扰，使下级人民法院审理有困难或者法院负担过重等。

第五节 管辖异议

当行政案件的管辖确定后，行政诉讼的当事人如果对受理案件的人民法院的管辖权有异议，应当在法定的时间内提出，人民法院应当依法予以处理。

---

① 最高人民法院行政审判庭．最高人民法院行政诉讼司法解释理解与适用：上．北京：人民法院出版社，2018：76.

一、管辖异议的概念

管辖异议，是指当事人认为受诉人民法院对该案无管辖权，而向受诉人民法院提出不服该法院管辖的意见或主张。人民法院对所提出的管辖权异议，未经审查或审查后尚未作出裁定的，不得进入该案的实体审理程序。2018 年《行诉法解释》吸收 2000 年《若干问题的解释》中的相关规定并作了相应修改，该解释第 10 条第 1 款规定："人民法院受理案件后，被告提出管辖异议的，应当在收到起诉状副本之日起十五日内提出。"根据《行政诉讼法》和司法解释的规定，现行管辖异议制度具有以下特点。

（1）提出管辖异议的主体由先前的"当事人"修改为"被告"。从管辖权异议制度设置的价值来看，其目的在于监督法院行使管辖权的职权行为，保证诉讼管辖制度正常运行，彰显程序正义。原告在起诉时已选择了受诉法院，应推定其认可受诉法院的管辖权，即使嗣后发现受诉法院无管辖权，也可以撤诉；而第三人系申请参加诉讼，即已承认原告的诉讼行为，不能再对原告选择的法院提出管辖权异议。

（2）管辖异议的内容是对受理行政诉讼的人民法院的管辖权有意见，认为受理案件的人民法院没有管辖权而应由其他法院管辖。换言之，是认为当前的人民法院受理案件违反了《行政诉讼法》有关管辖的规定。

（3）管辖异议一般以书面形式提出，但不再严格限于书面形式。

（4）管辖异议应向受理案件的人民法院提出。管辖异议只能向受理案件的人民法院提出，向其他人民法院提出的，不产生管辖异议的法律效果。

（5）管辖异议必须在法定期间内提出，即人民法院受理案件后，被告需在收到起诉状副本之日起 15 日内提出。超过法定期间提出管辖权异议的，人民法院不予受理。

二、管辖异议的处理

对当事人提出的管辖异议，人民法院应当进行审查。这是案件实体审理的前提，因此人民法院应当先处理管辖异议。2018 年《行诉法解释》第 10 条第 2 款规定："对当事人提出的管辖异议，人民法院应当进行审查。异议成立的，裁定将案件移送有管辖权的人民法院；异议不成立的，裁定驳回。"第 3 款规定："人民法院对管辖异议审查后确定有管辖权的，不因当事人增加或者变更诉讼请求等改变管辖，但违反级别管辖、专属管辖规定的除外。"依照该规定，人民法院对当事人提出的管辖异议，应当按照以下程序处理。

（1）受理案件的人民法院在收到当事人提出的管辖异议后，应当对当事人提出的管辖异议进行审查，并作出本院对该案是否有管辖权的书面裁定，送达各方当事人。

（2）当事人对裁定不服的，应当在裁定送达后的 10 日内向上一级人民法院提起上诉。

（3）上诉审人民法院在法定期限内，对上诉案件进行审查，并作出确定案件管辖的最终裁定。当事人在接到最终裁定后，应当到裁定所确定的管辖法院参加诉讼。原告不参加诉讼的，将视为自动撤诉；被告或第三人不参加诉讼的，视为不应诉，人民法院可以缺席审理。

此外，2018 年《行诉法解释》第 10 条第 3 款明确了管辖恒定原则：人民法院对管辖异议审查后确定有管辖权的，不因当事人增加或者变更诉讼请求等改变管辖，但违反级别管辖、专属管辖规定的除外。

2018 年《行诉法解释》第 11 条同时明确了，对于人民法院发回重审或者按第一审程序再审的案件，当事人提出管辖异议的，以及当事人在第一审程序中未按照法律规定的期限和形式提出管辖权异议，在第二审程序中提出的，人民法院不予审查。

第四章　行政诉讼参加人

任何诉讼活动的开展都必须有相应的主体来推动，行政诉讼也不例外。行政诉讼的一个核心制度就是确定哪些个人或组织有资格提起行政诉讼，哪些机关或组织应当成为被告，以及哪些个人或组织可以参加到行政诉讼中来，并对行政诉讼的开展具有实质影响。这就是行政诉讼参加人制度。准确把握行政诉讼参加人制度是处理行政诉讼案件的基本前提。

第一节　行政诉讼参加人概述

行政诉讼参加人是一个较为宽泛的概念，它与行政诉讼当事人和行政诉讼代表人的概念有不同之处。行政诉讼参加人包括行政诉讼当事人以及诉讼代理人；而行政诉讼当事人则包括原告、被告、第三人和共同诉讼人。其中，共同诉讼代表人在行政诉讼中则是指在原告方人数众多时，由其推选或在指定期限内未选定而由人民法院指定其中 1～5 人代表众多原告进行诉讼的人，以及依法可以代表非法人组织参加诉讼的人。

一、行政诉讼参加人的概念

行政诉讼参加人是指在整个或部分诉讼过程中参加行政诉讼，对行政诉讼程序能够产生重大影响的人。根据我国《行政诉讼法》第四章的规定，行政诉讼参加人包括原告、被告、共同诉讼人、第三人和诉讼代理人。

行政诉讼参加人不同于诉讼参与人，后者范围更宽，除行政诉讼参加人之外，还包括证人、鉴定人、勘验人、翻译人员等。这类诉讼参与人在法律上与案件没有利害关系，但是，他们在诉讼中依法享有特殊的诉讼地位，参与特定诉讼活动。

二、行政诉讼当事人

行政诉讼当事人是指因行政行为发生争议，以自己名义进行诉讼，并受人民法院裁判拘束的主体。当事人包括原告、被告、第三人、共同诉讼人。在不同的程序中，当事人的称谓也不同。在一审中，当事人各方被称为原告、被告、第三人；在上诉审中，上诉一方被称为上诉人，被上诉的一方被称为被上诉人，其他未提出上诉也未被他人上诉的人，依原审地位列明身份——如原审原告、原审被告等。不同的称谓，不仅反映了案件的不同审理程序，也反映了各方当事人的诉讼地位的变化。行政诉讼当事人是行政诉讼参加人中的核心主体，也是整个行政诉讼活动中不可缺少的核心主体。

行政诉讼当事人具有以下基本特征：

第一，行政诉讼的当事人从行政程序的当事人演变而来，行政诉讼当事人之间往往存在行政法律关系。行政争议是行政法律关系的争议，行政法律关系的当事人在诉讼中就转化成为行政诉讼的当事人。通常所说的当事人与本案有“直接利害关系”，实际上就是当事人之间形成行政法律关系。

第二，当事人以自己的名义进行诉讼。当事人参加诉讼是为了维护自己的利益，为此，在诉讼中，都应当以自己的名义进行诉讼。凡是不以自己名义参加行政诉讼活动的，均不是当事人。

第三，当事人受人民法院裁判拘束。这是当事人与其他诉讼参与人的区别所在。当事人与行政纠纷有利害关系，正是基于这种利害关系，法院才可以对当事人之间的利益纠纷进行审判。而其他诉讼参与人，由于与案件没有利害关系，他们的利益没有被提交给法院审判，通常他们只依法律的具体规定行使有限的程序权利，履行有限的程序义务。为此，他们的利益不受本案法院裁判约束。受法院裁判约束的，只能是案件的当事人。

第四，行政诉讼当事人具有一定的稳定性。行政诉讼的原告是公民、法人或者其他组织，而被告是行政机关或者法律、法规、规章授权的组织。这是由行政诉讼的“民”告“官”的特征决定的。

从《行政诉讼法》及其司法解释来看，当事人在行政诉讼中享有以下权利①：(1) 原告的诉权，即向人民法院提起行政诉讼，在诉讼中放弃、变更或增加诉讼请求的权利。(2) 被告应诉权，即对原告的起诉、应诉和答辩的权利。(3) 委托代理人进行诉讼的权利。(4) 经人民法院许可，向证人、鉴定人和勘验人员发问的权利。(5) 使用本民族语言文字进行诉讼的权利。(6) 申请审判人员、书记员、鉴定人员回避的权利。(7) 有权查阅、复制本案庭审材料，但涉及国家秘密或个人隐私的材料除外。(8) 查阅、补正庭审笔录的权利。(9) 在宣判前，原告可以撤诉，被告可以改变所作的行政行为。(10) 向人民法院申请采取财产保全措施的权利。(11) 当事人在证据可能灭失或者以后难以取得的情况下，有向人民法院申请证据保全的权利。(12) 原告有申请人民法院裁定停止行政行为的执行的权利。(13) 对第一审判决或裁定，当事人有在法定期限内上诉的权利。(14) 向人民法院申请执行的权利。(15) 原告具有附带请求国家赔偿的权利。其中，起诉权、申请停止被诉行政行为的权利、撤诉权以及附带请求国家赔偿的权利，是原告特有的权利。行政诉讼被告没有起诉权与反诉权，但享有在行政诉讼中原则上不停止执行被诉行政行为的权利以及在法律、法规授权的情况下，具有对原告执行生效裁判的权利。

当事人的诉讼义务主要是：(1) 依法行使诉讼权利，不滥用诉讼权利。(2) 按照法定期限和程序参加诉讼。经人民法院传票传唤，原告无正当理由拒不到庭的，按撤诉处理；被告无正当理由拒不到庭的，法院可以缺席判决。(3) 在诉讼中遵守法庭纪律，服从法庭指挥，不妨碍诉讼的正常进行。(4) 自觉履行已发生法律效力的判决和裁定。

① 胡建森主编．行政诉讼法学．北京：高等教育出版社，2003：78－81.

（5）被告行政机关对被诉的行政行为负有举证责任，不得自行向原告和证人收集证据，不得事后补证。被告也不得自行与原告和解。

三、行政诉讼代表人

行政诉讼代表人是指在原告方人数众多的情况下，由其推选或在指定期限内未选定而由人民法院指定其中2～5人代表众多原告进行诉讼的人，以及依法可以代表非法人组织参加诉讼的人。《行政诉讼法》第28条规定："当事人一方人数众多的共同诉讼，可以由当事人推选代表人进行诉讼。代表人的诉讼行为对其所代表的当事人发生效力，但代表人变更、放弃诉讼请求或者承认对方当事人的诉讼请求，应当经被代表的当事人同意。"2018年《行诉法解释》第29条规定："人数众多"一般指10人以上；当事人一方人数众多的，由当事人推选代表人。当事人推选不出的，可以由人民法院在起诉的当事人中指定代表人。代表人为2～5人。代表人可以委托1～2人作为诉讼代理人。2018年《行诉法解释》第15条规定：合伙企业向人民法院提起诉讼的，应当以核准登记的字号为原告。未依法登记领取营业执照的个人合伙的全体合伙人为共同原告；全体合伙人可以推选代表人，被推选的代表人，应当由全体合伙人出具推选书。个体工商户向人民法院提起诉讼的，以营业执照上登记的经营者为原告。有字号的，以营业执照上登记的字号为原告，并应当注明该字号经营者的基本信息。

根据以上规定，行政诉讼代表人有如下情形。

（1）个人合伙的诉讼代表人。

未依法登记领取营业执照的个人合伙的全体合伙人为共同原告；全体合伙人可以推选代表人，被推选的代表人，应当由全体合伙人出具推选书。

（2）集团诉讼的诉讼代表人。

原告一方为10人以上的，应推选2～5名诉讼代表人参加诉讼。如果在法院指定的期限内没有选定诉讼代表人，则由法院依职权指定诉讼代表人。

第二节　行政诉讼的原告

行政诉讼的原告是行政诉讼当事人中最为重要的主体之一，是启动行政诉讼程序的人。根据我国《行政诉讼法》的有关规定，与行政行为有利害关系的公民、法人或者其他组织对该行政行为不服的，才可以依法提起行政诉讼。可以说，合法权益受到行政行为的实际影响，是确定行政诉讼原告资格的核心要素。

一、行政诉讼原告的概念

《行政诉讼法》第25条第1款规定："行政行为的相对人以及其他与行政行为有利害关系的公民、法人或者其他组织，有权提起诉讼。"同时，《行政诉讼法》第2条第1款规定："公民、法人或者其他组织认为行政机关和行机关工作人员的行政行为侵犯其合法权益，有权依照本法向人民法院提起诉讼。"根据这些规定，行政诉讼原告是指，认为行政行为侵犯其合法权益，而依法向人民法院提起诉讼的公民、法人或者其他组织。

行政诉讼原告具有以下特征①：

（1）原告是公民、法人或者其他组织。

公民、法人或者其他组织依法享有诉讼权利，有资格作为原告。而行政机关以行政主体身份成为管理方时，不享有原告资格。这里的“公民、法人或者其他组织”是广义的，公民包括我国公民、外国公民、无国籍人和国籍不明的人；法人包括企业法人、事业法人、机关法人和社会团体法人；其他组织是指除法人以外的，不具有法人资格的社会组织。其中，行政机关以民事主体的身份作为另一行政机关的被管理方时，也可以成为行政诉讼的原告。

（2）原告是承担行政行为法律后果或受其实际影响的公民、法人或者其他组织。

《行政诉讼法》第25条第1款规定：“行政行为的相对人以及其他与行政行为有利害关系的公民、法人或者其他组织，有权提起诉讼。”根据这一规定，只要公民、法人或者其他组织与行政行为有利害关系，均可起诉。关于“利害关系”的含义，2018年《行诉法解释》第12条规定，有下列情形之一的，属于《行政诉讼法》第25条第1款规定的“与行政行为有利害关系”：一是，被诉的行政行为涉及其相邻权或者公平竞争权的；二是，在行政复议等行政程序中被追加为第三人的；三是，要求行政机关依法追究加害人法律责任的；四是，撤销或者变更行政行为涉及其合法权益的；五是，为维护自身合法权益向行政机关投诉，具有处理投诉职责的行政机关作出或者未作出处理的；六是，其他与行政行为有利害关系的情形。

其实，行政诉讼原告资格（利害关系）确认的关键在于起诉请求中具有值得法律保护的利益，而不在于是现实的或者将来的、直接的或者间接的利益。但是，利害关系不能无限制地扩展下去。所谓值得法律保护的利益，是指相关法律要求行政机关作出行政行为时应当考虑且通过行政诉讼值得保护的实质利益。② 例如，公平竞争权诉讼中没有得到批准的人是否可以起诉？根据值得法律保护的利益标准，公平竞争权人只有通过行政诉讼才能维护自己的利益，除此之外，则无法有效维护其合法权益。

原告必须与被诉行政行为之间有利害关系，即承担该行政行为的法律后果或者合法权益受到实际影响。行政诉讼原告并不限于行政行为直接针对的公民、法人或者其他组织。在特定情况下，公民、法人或者其他组织即使不是行政行为的直接的相对人，其权益只要受到行政行为实质影响，就可以成为原告。可以说，合法权益受到行政行为的实际影响，是公民、法人或其他组织成为行政诉讼原告的根本依据。

（3）原告是认为行政行为侵犯其合法权益的公民、法人或者其他组织。

与行政行为有利害关系的公民、法人或者其他组织，可以具有原告资格，这仅仅是可能的条件，要使之成为现实的条件，还要求其认为行政行为侵犯了自己的合法权益。“合法权益”是指法定权利和法定利益，其核心是法定权利。享有和行使法定权利，才有可能获得法定利益。结合《行政诉讼法》受案范围的相关规定，对此处的合法权益可

---

① 应松年主编．行政诉讼法学．4版．北京：中国政法大学出版社，2007：116－118.

② 马怀德主编．司法改革与行政诉讼制度的完善．北京：中国政法大学出版社，2004：190.

以作较为宽泛的理解，不必拘泥于《行政诉讼法》修改之前的人身权和财产权，而是人身权和财产权等合法权益。这一改变进一步扩大了行政诉讼的救济范围，符合行政诉讼公解决行政争议，保护公民、法人或者其他组织合法权益的制度目的。

二、行政诉讼原告的确认

由于《行政诉讼法》中规定的“合法权益”和“利害关系”的标准都是不确定的法律概念，在司法实践中，除极为典型的行政行为直接针对的原告资格较为明确外，还存在大量需要进一步明确规定的情形。为此，2018年《行诉法解释》对几种特殊的行政诉讼原告类型作了具体规定。

（一）受害人的原告资格

受害人是指受到其他公民（加害人）违法行为侵害的人。在发生侵害时，行政机关可能有两种做法：一是不予处理，二是处罚了加害人（但受害人认为处罚轻微）。在这两种情况下，受害人是否可以起诉，要求法院判令行政机关追究或者加重加害人的责任？2018年《行诉法解释》第12条第3项对此作了肯定性的规定，受害人要求行政机关追究加害人责任的，属于利害关系的一种情形，受害人享有原告资格。

其实，赋予受害人原告资格，是因为受害人的人身权、财产权等合法权益是有关法律要求行政机关在作出行政行为（最为典型的是行政处罚行为）时必须予以考虑的利益。比如，我国《行政处罚法》第5条第1款、第2款规定：“行政处罚遵循公正、公开的原则。设定和实施行政处罚必须以事实为依据，与违法行为的事实、性质、情节以及社会危害程度相当。”《治安管理处罚法》第5条第1款也规定：“治安管理处罚必须以事实为依据，与违反治安管理行为的性质、情节以及社会危害程度相当。”这里要求的行政处罚与违法行为的“性质、情节以及社会危害程度”相当，就包含违法行为对受害人造成的损害程度，也就是说，行政处罚不仅是行政机关对违反公法秩序的行为人处以的公法责任，也是行政机关通过处罚而对受害人的权益予以保护的手段。受害人享有请求行政机关依法给予加害人相应处罚的权利，受害人的权益是行政机关作出行政处罚行为时必须予以考虑的利益。

加害人是行政行为的对象，当然也具有行政诉讼原告资格。但需要注意的是：（1）加害人或者受害人中起诉的一方是原告，没有起诉的一方是第三人。（2）如果加害人认为行政处罚过重而起诉，受害人认为处罚过轻也起诉，在这种情况下，受害人和加害人都是原告，但他们不是共同原告，各自利益独立。

（二）相邻权人的原告资格

相邻权是《民法典》赋予民事主体的一种权利。不动产的占有人在行使物权时，对相毗邻的他人的不动产享有一定的支配权。根据民法有关相邻关系的规定，相邻权主要包括截水、排水、通行、通风、采光等权利。民事主体侵犯他人相邻权的行为，在很多时候，与行政机关的行政行为有密切的关系，特别是民事主体的很多行为是在行政机关批准、许可后实施的。拥有相邻权的一方认为行政机关的批准行为侵犯了其合法权益的，可以向法院提起行政诉讼。例如，规划局批准某房地产开发公司建房，影响了附近居民的采光权，作为相邻权人，附近的居民有权起诉。

其实，相邻权人的行政诉讼原告资格，也是源于有关法律要求行政机关在作出行政行为时必须要考虑相邻权人的利益。比如，我国《城乡规划法》第 9 条规定："任何单位和个人都应当遵守经依法批准并公布的城乡规划，服从规划管理，并有权就涉及其利害关系的建设活动是否符合规划的要求向城乡规划主管部门查询。任何单位和个人都有权向城乡规划主管部门或者其他有关部门举报或者控告违反城乡规划的行为。城乡规划主管部门或者其他有关部门对举报或者控告，应当及时受理并组织核查、处理。"这里也就承认了城乡规划行为的利害关系人的权益是作出城乡规划行为时必须予以考虑的利益，而相邻权人就是其中典型的利害关系人。

（三）公平竞争权人的原告资格

所谓公平竞争权人的原告资格，是指行政机关作出行政行为（通常是授益行为）时，与行政行为的受益者处于公平竞争状态的其他人具有提起诉讼的资格。例如：行政机关批准在某一地区设立第二个电台，那么在此之前已经设立的第一个电台能否对行政机关的批准行为提起诉讼？或者两个申请人同时申请一个许可证，没有得到许可证的申请人是否可以对行政机关给他人发放许可证的行为提起诉讼？按照 2018 年《行诉法解释》第 12 条的规定，被诉的行政行为涉及其相邻权或者公平竞争权的，可以提起诉讼。因此，司法解释肯定了公平竞争权人的原告资格。但"公平竞争权"是一个不确定的法律概念，到底何种情况下才是司法解释所说的"公平竞争权"呢？

通说认为，处于竞争状态的人是否具备行政诉讼的原告资格，关键在于是否满足以下三个条件。

一是原告是否遭受了特别的人身或者财产损害。因为在行政诉讼中，除公益诉讼（民众诉讼）之外，其他诉讼形式都要求原告受到行政行为的特别损害，也就是有别于其他同样情况的人遭受的损害。如果原告遭受的损害与其他相同情况下的人没有实质性的区别，那么原告就无法主张其受到了特别损害，因而也就缺乏提起诉讼的前提条件。

二是看争议案件是否存在真正意义上的竞争，以及行政行为是否会损害合法的竞争，造成违法竞争的局面。竞争的表现形式很多，只有那些存在数量限制的竞争才需要政府的调节和控制。例如，电台、电视台、有频道资源限制的通信设施的批准设置等均属于此类竞争。例如，在特定区域内只允许存在三家电台，那么，政府强行批准第四家，就意味着必然损害前三家电台的经济利益，同时造成公共利益受损的恶性竞争。这三家电台当然有权利对政府的该项行政许可提起诉讼，这是保障它们经济利益的唯一方式。如果不赋予它们诉权的话，就等于政府的此项许可权可以任意行使，不受任何制约，而行政行为的受害人没有任何救济途径，这显然不符合行政诉讼的目的。美国也有类似的案例，如在 1956 年的一个案件中，邮政总局局长决定进行一项试验，规定所有的一类邮件都必须通过航空方式邮递。于是，铁路部门认为此项决定超越了职权。法院以铁路部门对邮递业务有实际投资，如果只允许通过航空方式投递邮件，会损害铁路部门的利益为由，承认铁路部门对邮政总局的决定享有起诉资格。在 1968 年的一个案件中，一家船运公司以联邦政府机构批准的一项合并计划有可能造成更强的竞争为由提起诉讼，法院认可了该案原告的起诉资格。同样，在出租车牌照、采矿证、采伐证、取水证等类似有规模数量限制的领域，行政机关的授益行政行为妨碍竞争人的合法权利和经济利益的，受害人具有提起诉讼的原告资格。但是，在一般竞争的情况下，如果不存在数量和规模的限制，那么，竞争人无权阻止行政机关允许其他人加入竞争，对此类行政行为不享有诉权。例如，行政机关对普通餐馆的开业许可，发放医生从业资格证、律师执照等行为均不构成对已经开业的餐馆和医师、律师从业人员的合法竞争的损害，所以，它/他们不具有起诉此类行政行为的原告资格。总之，2018 年《行诉法解释》第 12 条第 1 项中的"公平竞争权"，必须是受法律保护的合法权益，如果不是合法的权益，有关的主体也不具有原告资格。

三是看有无很强的政策和政治因素。如果行政行为是基于政策和政治考虑而作出的，那么即使竞争权利或者经济利益受到损害，也不宜通过行政诉讼的方式取得救济。在这类案件中，由于缺乏相应的法律规定，法院无法判断行政行为合法与否。例如，中国决定在北京举办某国际性会议或者活动，尽管其他城市与北京存在竞争关系，也不能以此为由提起行政诉讼。综上所述，一般的竞争人不宜对政策性很强的行政决定提起诉讼，在这种情况下，此类竞争人也就不具备行政诉讼的原告资格。①

（四）债权人的原告资格

2018 年《行诉法解释》第 13 条规定，债权人以行政机关对债务人所作的行政行为损害债权实现为由提起行政诉讼的，人民法院应当告知其就民事争议提起民事诉讼，但行政机关作出行政行为时依法应予保护或者应予考虑的除外。基于债权的相对性，一般情况下债权人不具有基于其债权而针对行政机关对债务人所作的行政行为提起诉讼的原告资格。关于"行政机关作出行政行为时依法应予保护或者应予考虑的"情形，目前主要集中在房屋登记案件中。最高人民法院《关于审理房屋登记案件若干问题的规定》第 4 条规定，房屋登记机构为债务人办理房屋转移登记，债权人不服提起诉讼，符合下列情形之一的，人民法院应当依法受理：一是以房屋为标的物的债权已办理预告登记的，二是债权人为抵押权人且房屋转让未经其同意的，三是人民法院依债权人申请对房屋采取强制执行措施并已通知房屋登记机构的，四是房屋登记机构工作人员与债务人恶意串通的。

（五）合伙组织和个体工商户的原告确认

2018 年《行诉法解释》第 15 条规定：合伙企业向人民法院提起诉讼的，应当以核准登记的字号为原告。未依法登记领取营业执照的个人合伙的全体合伙人为共同原告；全体合伙人可以推选代表人，被推选的代表人，应当由全体合伙人出具推选书。个体工商户向人民法院提起诉讼的，以营业执照上登记的经营者为原告。有字号的，以营业执照上登记的字号为原告，并应当注明该字号经营者的基本信息。合伙组织分为个人合伙和合伙企业两种基本形式。根据我国《合伙企业法》第 2 条的规定，本法所称合伙企业，是指自然人、法人和其他组织依照本法在中国境内设立的普通合伙企业和有限合伙企业。普通合伙企业由普通合伙人组成，合伙人对合伙企业债务承担无限连带责任。本法对普通合伙人承担责任的形式有特别规定的，从其规定。有限合伙企业由普通合伙人和有限合伙人组成，普通合伙人对合伙企业债务承担无限连带责任，有限合伙人以其认

① 马怀德，周兰领．行政诉讼案例教程．北京：中国政法大学出版社，2005：158－160.

额的出资额为限对合伙企业债务承担责任。合伙企业领取营业执照后，合伙企业成立，合伙人可以合伙企业名义从事合伙业务。当合伙企业的权益受到行政行为侵害时，合伙企业可以核准登记的字号的名义向法院提起诉讼，个人合伙分为未依法登记领取营业执照的个人合伙和已依法登记领取营业执照并起字号的个人合伙。

根据《合伙企业法》的规定，两个以上自然人在中国境内以合伙的形式从事经营活动并经核准登记有字号的，就应当是合伙企业。这种合伙企业的合伙人全部是个人。因此，起这种字号的个人合伙，实质上就是合伙企业或者是依据《合伙企业法》第 107 条和相关法律规定的“非企业专业服务机构”（主要是合伙制律师事务所等专业服务机构），从 2007 年 6 月 1 日起就应当适用《合伙企业法》的相关规定。在确定行政诉讼原告资格时，起字号的个人合伙应当被视为合伙企业，以核准登记的字号为原告，而对于那些非企业的合伙制专业服务机构也应当适用合伙企业的规定。比如，合伙制律师事务所①对行政机关的行为不服，认为侵犯自己合法权益的，就应当以核准登记的字号为原告。对于未依法登记领取营业执照的个人合伙，则以全体合伙人为共同原告。

（六）投资人的原告资格

2018 年《行诉法解释》第 16 条第 2 款规定，联营企业、中外合资或者合作企业的联营、合资、合作各方，认为联营、合资、合作企业权益或者自己一方合法权益受行政行为侵害的，可以自己的名义提起诉讼。之所以这样规定，是由于联营、合资、合作企业各方权益在利益上往往具有对立性，法律上要求必须以联营、合资、合作企业的名义提起行政诉讼，不利于争议的解决，不利于对权益的救济。值得注意的是，联营企业、中外合资或者合作企业的联营、合资、合作各方，认为行政机关的行政行为侵犯了联营、合资、合作企业权益或者自己一方合法权益的，可以自己的名义提起诉讼。同时，如果联营企业、中外合资或者合作企业本身也对行政机关的行政行为不服，认为其侵犯联营企业、中外合资或者合作企业合法权益的，该企业当然也具有行政诉讼原告资格。也就是说，如果联营企业、中外合资或者合作企业本身对行政行为不服，认为其侵犯合作体合法权益的，可以合作体的名义提起行政诉讼。这样就会形成针对同一个行政行为的共同诉讼，各方为共同原告。

（七）非国有企业被行政机关分立、终止、兼并、改变隶属关系时的原告确认

2018 年《行诉法解释》第 16 条第 3 款规定：“非国有企业被行政机关注销、撤销、合并、强令兼并、出售、分立或者改变企业隶属关系的，该企业或者其法定代表人可以提起诉讼。”这些都是消灭非国有企业主体资格的行政行为，如果不允许此类企业提起行政诉讼，则无异于对政府的这种行为没有司法救济手段。因此，司法解释承认了该企业或法定代表人的行政诉讼原告资格。承认法定代表人的原告资格主要是基于法定代表人的特殊法律地位，法定代表人在这种情况下可以自己的名义提起诉讼，无须以企业的名义。

① 《合伙企业法》第 107 条规定：“非企业专业服务机构依据有关法律采取合伙制的，其合伙人承担责任的形式可以适用本法关于特殊的普通合伙企业合伙人承担责任的规定。”据此，合伙制律师事务所不是合伙企业，而是非企业专业服务机构，受《律师法》的调整。

（八）股份制企业内部机构的诉权

2018年《行诉法解释》第16条第1款规定，股份制企业的股东会、董事会等认为行政机关作出的行政行为侵犯企业经营自主权的，可以企业名义提起诉讼。从这条规定来看，股份制企业的某些内部机构具有原告资格，这主要是为了应对发生行政争议时公司法定代表人不积极行使诉讼权利的情况，但是，起诉时必须以企业的名义提起诉讼。这是因为企业的内部机构隶属企业本身，其并无独立的法律主体资格。

（九）非营利法人的出资人、设立人的原告资格

2018年《行诉法解释》第17条规定，事业单位、社会团体、基金会、社会服务机构等非营利法人的出资人、设立人认为行政行为损害法人合法权益的，可以自己的名义提起诉讼。非营利法人的显著特点是为公益或其他非营利目的成立，且不向出资人、设立人或成员分配利润。可见，非营利法人与其出资人、设立人互相独立。因此，一旦发生行政争议，可能损害非营利法人的合法权益而导致无法实现公益或其他非营利目的。当非营利法人自身没提起诉讼时，其出资人、设立人可以自己的名义提起诉讼。

（十）业主委员会及特定业主的原告资格

2018年《行诉法解释》第18条规定：业主委员会对于行政机关作出的涉及业主共有利益的行政行为，可以自己的名义提起诉讼。业主委员会不起诉的，专有部分占建筑物总面积过半数或者占总户数过半数的业主可以提起诉讼。赋予业主委员会在行政诉讼的原告资格，大概有两方面的考虑：一方面，业主委员会在民事诉讼中已具有诉讼主体资格；另一方面，根据《物业管理条例》中行政机关可以对业主委员会作出行政行为的相关规定可得，业主委员会具有行政相对人的资格和地位，继而业主委员会应被允许以行政相对人的身份提起行政诉讼。业主享有的诉权滞后于业主委员会，且为集体诉权，有明确的条件限制。

（十一）企业法定代表人的独立诉权和代位诉权

企业法定代表人被行政机关更换，新法定代表人不同意起诉或者提出撤诉的，原法定代表人是否可以起诉或者继续进行诉讼？如果起诉，是以企业的名义，还是以自己的名义？根据最高人民法院行政审判庭《关于对在案件审理期间法定代表人被更换，新的法定代表人提出撤诉申请，法院是否准予撤诉问题的答复》（1998年10月28日）的规定，在企业法定代表人被行政机关变更或撤换的情况下，原企业法定代表人有权提起行政诉讼。新的法定代表人提出撤诉申请，缺乏法律依据。根据该司法解释的本意，原法定代表人既可以自己的名义起诉，也可以企业的名义起诉，人民法院不得以起诉的名义不当为由不予受理或者裁定驳回诉讼请求。

三、原告资格的转移

原告资格的转移是指有权起诉的公民死亡、法人或者其他组织终止时，他们的原告资格依法自然转移给有利害关系的特定公民、法人或者其他组织承受。

（一）原告资格转移的条件

原告资格转移的条件包括：（1）有原告资格的主体在法律上不复存在。（2）有原告资格的人死亡或终止时，未逾诉讼保护期限，即仍在法定起诉期限以内。（3）原告资格

转移发生于与原告有特定利害关系的主体之间，没有这种关系即不发生资格转移。这里的特定利害关系，对自然人来说就是彼此间存在近亲属法律关系，对法人组织来说就是权利义务承受关系，即承受者与被转移主体之间在实体权利义务上存在承受与被承受关系。

（二）自然人原告资格的转移

根据《行政诉讼法》第 25 条第 2 款的规定，有权提起诉讼的公民死亡，其近亲属可以提起诉讼。根据 2018 年《行诉法解释》第 14 条第 1 款的规定，《行政诉讼法》第 25 条第 2 款规定的近亲属包括配偶、父母、子女、兄弟姐妹、祖父母、外祖父母、孙子女、外孙子女和其他具有扶养、赡养关系的亲属。在这种情况下，这些亲属享有原告资格，可以自己的名义提起诉讼。

（三）法人或其他组织原告资格的转移

根据《行政诉讼法》第 25 条第 3 款的规定，有权提起诉讼的法人或者其他组织终止，承受其权利的法人或者其他组织可以提起诉讼。法人或者其他组织终止有两种情况：一是消灭，即法人或者其他组织的资格在法律上最终归于消灭和结束，如撤销资格、破产，其权利由法律规定的组织承受，如上级企业或者清算组。二是变更，即原法人或者组织以新的法人或其他组织形式出现，并且与原法人或者其他组织之间在法律上具有继承关系。这种变更主要有分立和合并两种形式。

承受原告资格的公民、法人或者其他组织应当向人民法院提供其属于法定亲属范围的证明或者为被终止组织的权利承受者的证明文件。

四、检察行政公益诉讼

2017 年修正的《行政诉讼法》，确立了我国检察行政公益诉讼，具有重要意义。《行政诉讼法》第 25 条第 4 款规定：人民检察院在履行职责中发现生态环境和资源保护、食品药品安全、国有财产保护、国有土地使用权出让等领域负有监督管理职责的行政机关违法行使职权或者不作为，致使国家利益或者社会公共利益受到侵害的，应当向行政机关提出检察建议，督促其依法履行职责。行政机关不依法履行职责的，人民检察院依法向人民法院提起诉讼。由上可知，检察行政公益诉讼的范围限于生态环境和资源保护、食品药品安全、国有财产保护、国有土地使用权出让等领域，除上述明确列举的四个领域之外，行政机关违法或不作为侵害公共利益又没有直接受害人的，检察机关应当也可以启动公益诉讼。此外，检察机关向负有监督管理职责的行政机关提出检察建议，督促其依法履行职责，是检察机关提起行政公益诉讼的前置程序。只有行政机关不依法履行职责，检察机关才可向法院提起诉讼。

第三节 行政诉讼的被告

我国行政诉讼实行“机关被告”的模式，由实施行政行为的行政机关和法律、法规、规章授权的组织在行政诉讼中担当被告。因此，准确认定行政诉讼的被告，成为行政诉讼活动的基本要求之一。概括而言，行政诉讼被告就是理论上具有独立行政主体资格的行政机关和法律、法规、规章授权的组织。另外，由于行政组织体系较为复杂，有关规定还对各种特殊情况下的被告认定进行了明确。

一、行政诉讼被告的概念

行政诉讼被告是指原告指控其行政行为违法，侵犯原告的合法权益，并经人民法院通知应诉的具有国家行政职权的机关和组织。

行政诉讼被告具有以下几个方面的特征：

（1）行政诉讼被告是具有国家行政职权的机关或者组织。

行政机关是指依法独立享有行政职权的国家机关。行政机关能够以自己的名义独立行使行政职权，有独立的机构、经费。法律、法规、规章授权的组织虽然不具有行政机关身份，但依法取得了一定的行政职权。行政诉讼的被告是组织，而不是个人。

（2）行政诉讼被告应当是作出被诉行政行为，对被诉行政行为承担法律责任的组织。

并不是所有具有行政职权的组织都可以成为行政诉讼的被告，实施行政行为给公民、法人或其他组织的合法权益造成侵害，并被公民、法人或其他组织诉诸法院的，才是行政诉讼的被告。一般来说，实施行政行为的组织，是指能够独立承担行政行为的法律责任的组织，即具有行政主体资格。值得注意的是，这里所说的"实施行政行为"是指法律上实施了行政行为，包括依法应当作为而没有作为的行政不作为。

（3）被告由人民法院通知应诉。

被原告指控且被法院通知应诉，这是被告的程序特点。原告指控与法院通知应诉这两个方面必须结合一致，缺少任何一方面都不能成立。没有原告的指控，法院不能确定被告；没有法院的审查确定，仅有原告指控也不能构成被告。根据 2018 年《行诉法解释》第 26 条第 1 款的规定，在第一审程序中，法院征得原告的同意后，可以变更被告。如果法院认为应当变更被告而原告不同意，则由法院裁定驳回起诉。根据 2018 年《行诉法解释》第 26 条第 2 款的规定，有两个以上的被告，原告只起诉其中某个，而不同意追加其他行政机关的，没有被起诉的行政机关应由人民法院通知其以第三人的身份参加诉讼，但行政复议机关作共同被告的除外。

二、行政诉讼被告的确认

行政诉讼的被告一般是指作出行政行为的行政机关和法律、法规、规章授权的组织。但在某些特殊情况下，对行政诉讼被告的确认会存在一定的难度，《行政诉讼法》第 26 条及 2018 年《行诉法解释》对有关特殊情况下的确认规则作了规定。

（一）经过行政复议的案件的被告确认

根据《行政诉讼法》第 26 条第 2 款的规定，经过行政复议而起诉的案件，被告的确认分四种情况。

（1）复议机关维持原行政行为的，以作出原行政行为的行政机关和复议机关为共同被告。这是因为"维持"的情况下，对当事人发生法律效力的仍然是原行政行为，原行政机关是第一次作出行政处理的机关，对原行政行为最为清楚，由其作行政诉讼的被告，有利于开展对原行政行为合法性的举证等各项诉讼活动。同时，复议机关在作出“维持决定”的同时，事实上是作出了与原行政行为相同的行政行为，也应当作为共同被告参加诉讼。值得注意的是，在 2014 年《行政诉讼法》修改之前，在维持原行政行为的情况下，复议机关无须当被告，因此出现了复议机关单纯为了避免当被告而维持行政行为的情况，《行政诉讼法》对共同被告的制度安排也是为了有效消除复议机关的这种动机。

（2）复议机关改变了原行政行为的，复议机关是被告。这是因为“改变”在法律意义上就相当于行政复议机关把原行政行为撤销后又单独作出了一个具有法律效力的行政行为，原行政行为已经不复存在。此时，就相当于当事人对复议结果不服而起诉，因此，应当以行政复议机关为被告。根据 2018 年《行诉法解释》第 22 条的规定，这里所说的“改变”是指复议机关改变原行政行为的处理结果。复议机关改变原行政行为所认定的主要事实和证据、改变原行政行为所适用的规范依据，但未改变原行政行为处理结果的，视为复议机关维持原行政行为。此外，复议机关确认原行政行为无效，属于改变原行政行为。复议机关确认原行政行为违法，也属于改变原行政行为，但复议机关以违反法定程序为由确认原行政行为违法的除外。

（3）复议机关在法定期间内不作复议决定，当事人对原行政行为不服，提起诉讼的，应当以作出原行政行为的行政机关为被告。

（4）复议机关在法定期间内不作复议决定，当事人对复议机关的复议不作为不服提起诉讼的，应当以复议机关为被告。这里就会产生一个较为极端的情况：如果当事人既对复议机关的复议不作为不服，又对原行政行为不服，向人民法院提起行政诉讼，应当以哪个机关为被告呢？根据行政诉讼法的基本原理，复议不作为和原具体行政行为是两个在法律意义上相互独立的行政行为，如果当事人对这两个行为均提起行政诉讼，应当分别成立行政诉讼。但由于复议行为与原行政行为之间具有特定监督关系，为了避免诉讼之间的冲突，维护司法的统一，我们认为，人民法院对于这样的案件可以采取合并审理的办法予以处理。

（二）委托行政的被告确认

根据《行政诉讼法》的规定，行政机关委托的组织所作的行政行为，委托的行政机关是被告。这是因为，受委托的组织不以自己的名义作出行政行为，且无法对外独立承担法律责任。因此，受委托的组织不具有行政主体资格，也就无法成为被告。但是受委托的组织作出行政行为并不因不是被告而完全不受限制和监督，委托的行政机关对受委托的组织负有监督的义务。《行政诉讼法》规定的“授权”只有法律、法规、规章授权等形式，规章以下的规范性文件的“授权”视为委托。对此，2018 年《行诉法解释》第 20 条第 3 款补充规定：行政机关在没有法律、法规或者规章规定的情况下，授权其内设机构、派出机构或者其他组织行使行政职权的，属于《行政诉讼法》第 26 条规定的委托。当事人不服提起诉讼的，应当以该行政机关为被告。

结合起来看，法律、法规、规章授权的组织以自己名义作出行政行为的，行政诉讼的被告是该组织；不是由法律、法规、规章直接赋予其他组织（包括内部机构、派出机构、临时机构、事业单位等）以行政职权，而是由行政机关以各种规范性文件“授权”

而获得行政职权的，就不属于行政诉讼法中的“授权”，而属于委托，这些组织行使相应的行政职权而产生行政争议的，行政诉讼的被告应为作出委托的行政机关。

（三）经上级机关批准而作出行政行为的被告确认

根据2018年《行诉法解释》第19条的规定，行政行为的作出或者生效需要上级行政机关批准的，被告是在生效行政处理决定书上署名的机关。可以看出，2018年《行诉法解释》采取了形式主义的做法，无论批准机关和被批准的机关在行政行为的作出过程中起到了什么样的作用，都以在生效行政处理决定书上署名的机关为被告。这种处理的好处在于便于识别被告，但也存在署名机关代替实际决定机关进入诉讼程序，从而实际决定机关逃离司法监督的隐忧。但《行政复议法实施条例》（自2007年8月1日起施行）第13条规定：“下级行政机关依照法律、法规、规章规定，经上级行政机关批准作出具体行政行为的，批准机关为被申请人。”据此，在行政复议中，对依照法律、法规、规章规定，经过上级行政机关批准而由下级行政机关作出的行政行为，行政复议的被申请人就是作出批准的行政机关。这样对于经过上级行政机关批准的行为的行政救济中被申请人（被告）的确定就在行政复议和行政诉讼中采取了两种不同标准。在行政诉讼中，根据2018年《行诉法解释》的规定，采取的是形式标准或名义标准，即被告是在生效行政处理决定书上署名的机关。而在行政复议中，采取的是实质标准，即行政行为实质上是经过上级机关同意的，视为上级批准行政机关的行为，下级机关只不过是一个具体的执行机关而已，因此，被申请人是批准机关。复议中规定这种制度的原因还在于避免批准机关作复议机关，即“自己做自己的法官”，以此保障程序公正和复议实效。由于《行政复议法实施条例》是行政法规，具有较高的法律地位，我们认为，对于2018年《行诉法解释》第19条的规定应当予以重新解释，不能将形式标准绝对化。具体而言，我们认为，行政行为的作出或者生效需要上级行政机关批准的情况包括两种：一是法律、法规、规章要求的，二是其他规范性文件或行政机关的内部工作规范等要求的。对于法律、法规、规章要求的，视为法律、法规、规章将该项行政职权授予了上级行政机关，是上级行政机关的法定职权和职责，下级行政机关作出该行政行为实质上是受到上级行政机关的委托，是一种行政委托关系，因此，这种情况应当适用《行政诉讼法》第26条第5款规定的行政委托情况下的行政诉讼被告确定规则，由批准机关作行政诉讼被告。而对于法律、法规、规章以外的其他规范性文件、内部工作章程等要求的“批准”，其并不具有再造独立行政主体资格的能力，这种要求的批准行为并不能够改变行政职权的法律归属，只是上级行政机关对下级机关的一种监督手段。也就是说，这种情况下的批准机关并不是法律意义上的行政职权的归属主体，此时行政诉讼被告的确定应当仍然适用“作出行政行为的行政机关”的标准，并不是批准机关。

（四）内部机构或派出机构的被告资格确认问题

2018年《行诉法解释》第20条规定：行政机关组建并赋予行政管理职能但不具有独立承担法律责任能力的机构，以自己的名义作出行政行为，当事人不服提起诉讼的，应当以组建该机构的行政机关为被告。法律、法规或者规章授权行使行政职权的行政机关内设机构、派出机构或者其他组织，超出法定授权范围实施行政行为，当事人不服提起诉讼的，应当以实施该行为的机构或者组织为被告。没有法律、法规或者规章规定，行政机关授权其内设机构、派出机构或者其他组织行使行政职权的，属于《行政诉讼法》第26条规定的委托。当事人不服提起诉讼的，应当以该行政机关为被告。

这里要明确派出机关与派出机构的区别。派出机关是指根据宪法和地方组织法规定由人民政府设立的派出机关，如行政公署、区公所和街道办事处，都有行政诉讼的被告资格。派出机构则是人民政府的工作部门根据法律与需要而设立的派出机构。派出机构是否有被告资格，取决于是否有法律、法规、规章授权。有法律、法规、规章授权的，具有被告资格，否则一律视为委托。

总之，内设机构、派出机构的被告资格问题，以是否有法律、法规、规章授权为标准。如果法律、法规、规章没有给内设机构、派出机构授权，无论该内设机构、派出机构是否以自己名义作出行政行为，它在法律上都不是行政行为的法律主体和后果承担者，不能以该派出机构为被告，而应以组建该内设机构的行政机关或派出机构所属的行政机关为被告。

依法律、法规或者规章授权行使行政职权的行政机关的内设机构、派出机构或者其他组织，超出法定授权范围实施行政行为，当事人不服提起诉讼的，应当以实施该行为的机构或者组织为被告。也即如果法律、法规、规章授权内设机构、派出机构行使行政职权，内设机构、派出机构就取得行政主体资格和诉讼主体资格，无论它作出的行政行为是否超越了授权范围，其都是法律后果的承担者，应当作行政诉讼的被告。对此，在具体问题上有不同见解。比如，在公安机关派出所的被告资格问题上，有些人认为公安机关派出所只有以自己的名义作出警告和罚款的处罚，才是行政诉讼的被告。如果公安机关派出所以自己的名义作出这两种处罚以外的行为，比如，采取有关行政强制措施等行为，都视为委托，以公安局为被告，即认为：公安机关派出所的行为幅度越权，以自己为被告；行为种类越权，以公安局为被告。这种观点在实践中较为流行，体现了人们对2018年《行诉法解释》第20条第2款和第3款的关系及含义存在不同理解。但我们认为，这种观点不符合《行政诉讼法》及2018年《行诉法解释》关于“法律、法规、规章授权的组织”的精神和行政诉讼被告确定规则的基本原理。一旦法律、法规、规章授权的内设机构、派出机构或者其他组织独立行使一定行政职权的权力，其就是一个独立的行政主体，它超越法律、法规、规章作出的行政行为，仍然是它自己作出的行为。对行政诉讼被告的认定与它的行为是否超越法律授权范围没有关系，只与是否具有独立的行政主体资格有关，或者说，与是否有法律、法规、规章授权有关。

（五）若干行政机关共同作出同一行政行为的被告确认

两个以上行政机关作出同一行政行为的，共同作出行政行为的行政机关是共同被告。这里需要注意的是，必须是同一个行政行为，即应当是一个行政决定书、一个文号，并且内容相同。如果是若干个内容不同的行政决定书，或者内容相同，但是文号不同，都不是同一个行政行为。对所谓共同，应当作实质的理解，即在行政行为的全部或者部分阶段参与意思形成过程，对行政行为的作出产生了重大影响。“共同”的表现形式多种多样，包括联合执法、共同署名发文、共同组成临时机构执法等。

（六）行政机关与其他组织以共同名义作出行政行为的被告确认

如果行政机关与法律、法规、规章授权的组织以共同名义作出行政行为，行政机关和法律、法规、规章授权的组织为共同被告。这是因为行政机关和法律、法规、规章授权的组织均具有行政主体资格，具备成为行政诉讼被告的能力。

如果行政机关与法律、法规、规章授权的组织以外的其他组织以共同名义作出行政行为，行政机关为被告。比如，在实践中可能会出现党组织和行政机关共同作出行政行为的情形（比如在基层的乡党委、乡政府）。由于党组织并不是具有国家行政职权的组织，不是行政主体，所以，其不具有成为行政诉讼被告的能力。参照《行政复议法实施条例》第 12 条第 2 款的规定[①]，我们认为，行政机关与其他非法律、法规、规章授权的组织以共同名义作出行政行为的，行政机关应当为行政诉讼的被告。

（七）不作为案件的被告确认

行政不作为案件中，行政机关没有作出一个行政行为，在被告认定上必须采用法律的标准，即看到底是哪一个行政机关对某人或某事项负有具体的直接的法律职责，负有法定职责的机关就是该案件的被告。也就是说，确定不作为情形下的被告，必须弄清楚哪个机关或组织在特定事项上存在法律规定的职责义务，并且该职责义务已经相当明确。这些职责义务可以源于法律、法规、规章的规定，也可以源于行政机关所具有的法定地位。同时，这些职责义务的法律规范并不必然是义务性规范，授权性规范也可以成为职责的来源。对于行政机关来说，授权性规范也是职责义务的法律根据的理由在于：职权与职责相统一的原理，即职权也是职责。不管是羁束性授权规范，还是裁量性授权规范，其都可以成为行政机关的职责根据。即使是裁量性授权规范，也不是绝对的自由裁量，在某些具体情形下，也会丧失其裁量空间，这也是裁量收缩理论适用的空间。这些职责义务还必须有明确的义务主体，具有主体明确性。总之，职责义务的判断标准是一个客观的法律标准，是从法律规范的本身进行分析，得出的法律上的职责义务，具有法律性。

（八）开发区管理机构及其所属职能部门作出行政行为的被告确认

2018 年《行诉法解释》第 21 条规定：当事人对由国务院、省级人民政府批准设立的开发区管理机构作出的行政行为不服提起诉讼的，以该开发区管理机构为被告；对由国务院、省级人民政府批准设立的开发区管理机构所属职能部门作出的行政行为不服提起诉讼的，以其职能部门为被告；对其他开发区管理机构所属职能部门作出的行政行为不服提起诉讼的，以开发区管理机构为被告；开发区管理机构没有行政主体资格的，以设立该机构的地方人民政府为被告。根据上述司法解释规定，由国务院、省级人民政府批准设立的开发区管理机构及其职能部门针对各自的行为均可独立作被告。非国务院、省级人民政府批准设立的情形下，分为两种具体情况：一是开发区管理机构获得有效授权的，其具备行政主体资格，无论是开发区管理机构作出的还是其职能部门作出的行政行为，均以开发区管理机构为被告。二是开发区管理机构未获得有效授权的，其不具有行政主体资格，不能成为被告，其与设立机关之间构成行政委托关系，因此只能以设立

① 《行政复议法实施条例》第 12 条规定：行政机关与法律、法规授权的组织以共同的名义作出具体行政行为的，行政机关和法律、法规授权的组织为共同被申请人。行政机关与其他组织以共同名义作出具体行政行为的，行政机关为被申请人。

该机构的地方政府为被告。

（九）村民委员会、居民委员会、高等学校、行业协会等作出行政行为的被告确认

2018 年《行诉法解释》第 24 条规定：当事人对村民委员会或者居民委员会依据法律、法规、规章的授权履行行政管理职责的行为不服提起诉讼的，以村民委员会或者居民委员会为被告。当事人对村民委员会、居民委员会受行政机关委托作出的行为不服提起诉讼的，以委托的行政机关为被告。当事人对高等学校等事业单位以及律师协会、注册会计师协会等行业协会依据法律、法规、规章的授权实施的行政行为不服提起诉讼的，以该事业单位、行业协会为被告。当事人对高等学校等事业单位以及律师协会、注册会计师协会等行业协会受行政机关委托作出的行为不服提起诉讼的，以委托的行政机关为被告。随着公共行政的发展，事业单位和行业协会等非传统行政机关的组织参与公共事务管理的情况日益增多，应考虑将其纳入行政诉讼的调整范围以更好地保障相对人的合法权益。根据 2018 年《行诉法解释》的规定，其被告资格的判定以是否获得行政主体资格为标准。详言之，经过法律、法规、规章的授权，则可获得行政主体资格，对外以自己的名义作出行政行为，并独立承担法律责任；而属于社会自治范畴下的事务则不应被行政干预。此外还有一些涉及行政权力行使的事项通过委托的方式，由上述组织代为实施，这种委托并未引发权力及责任归属的实际转移，因此上述组织未获得行政主体资格，无法成为被告，应以委托的行政机关为被告。

（十）房屋征收部门及征收实施单位作出行政行为的被告确认

2018 年《行诉法解释》第 25 条规定：市、县级人民政府确定的房屋征收部门组织实施房屋征收与补偿工作过程中作出行政行为，被征收人不服提起诉讼的，以房屋征收部门为被告。征收实施单位受房屋征收部门委托，在委托范围内从事的行为，被征收人不服提起诉讼的，应当以房屋征收部门为被告。市、县级人民政府是房屋征收与补偿的决定主体，其设定或确立的房屋征收部门专门负责组织实施房屋征收补偿工作。根据《国有土地上房屋征收与补偿条例》的规定：相对人对组织实施的房屋征收补偿工作不服提起诉讼的，应以实际实施机关为被告。相对人对市、县人民政府作出的房屋征收决定、房屋征收补偿决定不服提起行政诉讼的，应当以作出该决定的市、县人民政府为被告。至于被委托的如拆迁公司等征收实施单位，其只是按照先行的行政决定以房屋征收部门的名义进行房屋征收与补偿的具体实施工作，无行政主体资格，也无法作被告。

三、被告资格的转移

有被告资格的主体被撤销或职权变更的，其被告资格转移给继续行使其职权的行政机关。

发生被告资格转移的条件是：有被告资格的行政机关或被授权组织被撤销，在法律上该主体资格已被消灭；或者该行政机关或被授权组织的职权被变更。职权变更是 2014 年《行政诉讼法》新增的情形，旨在回应我国自改革开放以来行政机构改革和职能转变所带来的诉讼规则上的变化。

行政机关被撤销或职权变更后，其职权继续由其他主体行使，如职权归入新组建的行政机关，或分别由两个机关行使的，被告是继续行使职权的机关。

行政机关被撤销或职权变更后，没有继续行使其职权的行政机关的，以其所属的人民政府为被告；实行垂直领导的，以垂直领导的上一级行政机关为被告。这是2018年《行诉法解释》作出的规定。此前这种情形一般参照《国家赔偿法》第7条第5款的规定（“没有继续行使其职权的行政机关的，撤销该赔偿义务机关的行政机关为赔偿义务机关”），以撤销该机关的行政机关为被告。2018年《行诉法解释》不仅考虑到行政机关被撤销或变更职权时很可能不存在一个明确的撤销机关，规定了以所属人民政府为被告；还增加了垂直管理的情形，使之更加贴合我国行政机关机构设置“条”“块”结合的实际情况。

第四节 行政诉讼第三人

第三人制度是诉讼主体制度中不可缺少的组成部分。行政诉讼第三人理论与制度脱胎于民事诉讼第三人理论与制度，但又与之有所不同。根据我国《行政诉讼法》的有关规定，行政诉讼第三人是同提起诉讼的行政行为有利害关系的其他公民、法人或者其他组织。第三人可以申请参加诉讼，也可以由人民法院通知其参加诉讼。第三人享有当事人的诉讼地位。

一、行政诉讼第三人的概念

《行政诉讼法》第29条规定：“公民、法人或者其他组织同被诉行政行为有利害关系但没有提起诉讼，或者同案件处理结果有利害关系的，可以作为第三人申请参加诉讼，或者由人民法院通知参加诉讼。人民法院判决第三人承担义务或者减损第三人权益的，第三人有权依法提起上诉。”因此，行政诉讼的第三人是指因与被提起行政诉讼的行政行为有利害关系，通过申请或法院通知的形式，参加到诉讼中来的当事人。

行政诉讼第三人具有以下几个特点。

（1）第三人与被诉行政行为有利害关系。

第三人参加诉讼是出于维护自身合法权益的目的，也有协助法院查明案件事实、正确解决纠纷的客观作用，因此，应当对“利害关系”作宽泛的解释。这种利害关系既包括与被诉行政行为的利害关系，也包括与诉讼结果的利害关系；不仅包括直接利害关系，也包括间接利害关系。

所谓直接利害关系，就是指该行政行为直接调整或涉及第三人的权利义务，而不是通过其他法律关系作为中介予以调整，且这里所形成的法律关系只能是行政法律关系，而不是其他法律关系如民事法律关系。

间接利害关系包括与行政行为所认定的事实有利害关系和与判决结果有利害关系，以及与被诉行政主体的相对方有民事法律关系等。其中，与被诉行政主体的相对方有民事法律关系的主体成为行政诉讼第三人要符合两个条件：首先，该民事权益必须是重大的，与被诉行政行为关系密切；其次，该民事权益通过其他途径不能获得有效的救济，提起行政诉讼是维护民事权益的必然选择。

总之，只要是涉及当事人实际的法律权益的关系，都可以成为第三人参加诉讼的根据。

（2）第三人是参加到他人诉讼中来的公民、法人或者其他组织。

第三人并非原来就不可能成为原告，只是没有作为原告起诉，是在他人开始诉讼之后，认为有必要参加诉讼，才申请参加诉讼或者被法院通知参加诉讼。

（3）第三人有独立的诉讼地位。

第三人参加诉讼是为了保护自己的权益，在这个方面，第三人独立于原告、被告。即使其诉讼主张与原告或者被告的可能一致或者部分一致。第三人为了维护自己的合法权益，既不依附于原告也不依附于被告，它/他可以提出自己的请求，对第一审判决不服有权提起上诉，等等。

二、行政诉讼第三人的确认

《行政诉讼法》中关于第三人的规定比较简单。该法第 29 条规定："公民、法人或者其他组织同被诉行政行为有利害关系但没有提起诉讼，或者同案件处理结果有利害关系的，可以作为第三人申请参加诉讼，或者由人民法院通知参加诉讼。人民法院判决第三人承担义务或者减损第三人权益的，第三人有权依法提起上诉。"这样高度概括性的规定在纷繁复杂的行政诉讼实践中，经常导致对第三人身份确认上的争议。

其实，行政诉讼第三人产生的原因有多种，最主要与行政机关固有的行政职权及行为的性质有关。例如，行政机关根据法律规定享有裁决行政纠纷或者民事纠纷的权力，行政机关与相对人形成的关系并不是简单的双方关系，而是三方或者多方关系，任何一方对行政行为不服，都会牵涉其他人的利益，所以，自然会产生虽然不是原告但与行政行为有利害关系的第三人。此外，行政机关实施的准行政行为往往需要借助其他行政行为或者民事行为实现其效力，如批准、鉴定、证明等。在这些行为背后，也常常会有另外的利益牵涉其中，所以，任何行政行为的改变或者存废都将影响除原告之外的其他人，法院必须赋予这些人以第三人的法律地位。

产生行政诉讼第三人的另外一个原因是行政职能界限不清，或者职能转变不彻底，行政机关实施的行政行为往往与其他机关的职权发生冲突，民事、行政、刑事案件常常纠缠在一起，法律关系处于无序状态。厘清各种法律关系，解决行政争议，必然要求所有与行政行为有利害关系的相关人都能参加诉讼。

设立第三人制度有利于法院查清案件事实和法律争议，保护公民、法人或者其他组织的合法权益，防止原诉的当事人处分第三人的合法权益，也有利于确保诉讼程序的合法性和裁判的一致性。

从《行政诉讼法》及其司法解释、司法实践和学理通说来看，目前，行政诉讼第三人主要有以下几种。

（1）行政处罚案件中的受害人或加害人。在行政处罚案件中，加害人不服处罚作为原告起诉的，受害人则可以作为第三人参加诉讼。如果受害人对处罚不服而以原告身份向法院起诉，加害人则可以第三人名义参加诉讼。

（2）行政处罚案件中的共同被处罚人。在一个行政处罚案件中，行政机关处罚了两个以上的违法行为人，其中一部分被处罚人向法院起诉，而另一部分被处罚人没有起诉的，可以作为第三人参加诉讼。

（3）行政裁决、行政确权案件的当事人。公民、法人或者其他组织之间发生民事权益纠纷，由行政机关确权裁决，一部分当事人不服向法院起诉，另一部分可作为第三人参加诉讼。

（4）两个以上行政机关作出相互矛盾的行政行为的，非被告的行政机关可以是第三人。

（5）与行政机关共同署名作出处理决定的非行政组织。这种组织既不是行政机关，也不是授权组织，不能作被告，但赔偿责任不免除。该组织应作为第三人参加诉讼，以承担相应的法律责任。

（6）因利害关系人提起诉讼的行政行为的其他利害关系人。受行政机关的行政行为实际影响的公民、法人或其他组织提起了行政诉讼，而其他没有提起诉讼的有法律上利害关系的人可以作诉讼第三人。比如，与行政许可有利害关系的人提起了行政诉讼时，而没有提起诉讼的被许可人就可以作第三人。

（7）应当追加被告而原告不同意追加的，法院应通知其作为第三人参加诉讼。如果只有一个被告而原告指控又不正确的，法院应要求原告变更为正确的被告。原告如不同意变更的，则驳回起诉。但是，如果应当有两个或两个以上的正确被告，而原告只诉其中部分被告，不同意诉其他具有被告资格的行政机关的，这些行政机关作为第三人参加诉讼。

（8）复议改变后再起诉，复议机关为被告，原机关为第三人。2018 年《行诉法解释》第 89 条规定，复议决定改变原行政行为错误，人民法院判决撤销复议决定时，可以一并责令复议机关重新作出复议决定或者判决恢复原行政行为的法律效力。最高人民法院行政审判庭认为："原告提起诉讼要求撤销复议决定的，作出原行政行为的行政机关与被诉行政复议决定有利害关系，是必须参加诉讼的第三人，人民法院应当通知其为第三人参加行政诉讼。"①

（9）与案件处理结果有法律上利害关系的第三人。这是因为案件处理结果常常会对某个个人或某些群体产生预决效力，因此他们也可以作为第三人参加诉讼。

三、第三人参加诉讼的程序

根据《行政诉讼法》第 29 条的规定，第三人参加诉讼的方式有以下两种：

1. 申请参加诉讼

当与本诉讼有利害关系的第三人知悉本案诉讼正在法院进行时，第三人可以申请的形式，要求参与本案诉讼。对于第三人的申请，法院应当进行审查，确认其与本案有利害关系并符合其他参诉条件的，应当通知其参加本案诉讼。

2. 由法院通知参加诉讼

2018 年《行诉法解释》第 26 条第 2 款规定，应当追加被告而原告不同意追加的，

---

① 最高人民法院行政审判庭．最高人民法院行政诉讼司法解释理解与适用：上．北京：人民法院出版社，2018：418.

人民法院应当通知其以第三人的身份参加诉讼。2018 年《行诉法解释》第 30 条规定：行政机关的同一行政行为涉及两个以上利害关系人，其中一部分利害关系人对行政行为不服提起诉讼，人民法院应当通知没有起诉的其他利害关系人作为第三人参加诉讼。与行政案件处理结果有利害关系的第三人，可以申请参加诉讼，或者由人民法院通知其参加诉讼。

四、第三人在诉讼中的权利义务

根据 2018 年《行诉法解释》第 30 条的规定，人民法院判决其承担义务或者减损其权益的第三人，有权提出上诉或者申请再审。《行政诉讼法》第 29 条规定的第三人，因不能归责于本人的事由未参加诉讼，但有证据证明发生法律效力的判决、裁定、调解书损害其合法权益的，可以依照《行政诉讼法》第 90 条的规定，自知道或者应当知道其合法权益受到损害之日起 6 个月内，向上一级人民法院申请再审。第三人在诉讼中的权利义务分为两类。第一类：人民法院判决其承担义务或者减损其权益的第三人，有权提出上诉或申请再审。这里的第三人包括“同被诉行政行为有利害关系”和“同案件处理结果有利害关系”两种，其拥有上诉权或申请再审权。第二类：因不能归责于本人的事由未参加诉讼，但有证据证明发生法律效力的判决、裁定、调解书损害其合法权益的第三人，可以依照《行政诉讼法》第 90 条的规定，自知道或者应当知道其合法权益受到损害之日起 6 个月内，向上一级人民法院申请再审。这里的第三人只能向上一级法院申请再审，而不能向作出该判决、裁定、调解书的法院提起新的诉讼。

第五节 共同诉讼人

当事人一方或双方为二人以上的，为共同诉讼。在行政诉讼中，共同诉讼是指因同一行政行为发生的行政案件或者因同样的行政行为发生的行政案件，人民法院认为可以合并审理并经当事人同意的案件情形。其中，诉讼标的是同一行政行为的，诉讼当事人为必要共同诉讼人；诉讼标的是同样的行政行为，法院决定合并审理并经当事人同意的，两个以上参加诉讼的当事人，为普通共同诉讼人。另外，原告人数众多并推选诉讼代表人参加诉讼的，则是集团诉讼。

一、共同诉讼人的概念

《行政诉讼法》第 27 条规定，当事人一方或者双方为二人以上，因同一行政行为发生的行政案件，或者因同类行政行为发生的行政案件，人民法院认为可以合并审理并经当事人同意的，为共同诉讼。因此，行政诉讼中的共同诉讼人需具备以下条件。

（1）当事人双方中至少一方是两个以上的主体。原告一方为两个以上的公民、法人或者其他组织的，称为共同原告；被告一方为两个以上行政机关的，称为共同被告。

（2）诉讼标的为同一个行政行为或为同样的行政行为。这是形成共同诉讼的前提。

（3）案件属同一人民法院管辖，并且人民法院决定进行合并审理。2018 年《行诉法解释》第 73 条规定：“根据《行政诉讼法》第二十七条的规定，有下列情形之一的，人民法院可以决定合并审理：（一）两个以上行政机关分别对同一事实作出行政行为，公民、法人或者其他组织不服向同一人民法院起诉的；（二）行政机关就同一事实对若干公民、法人或者其他组织分别作出行政行为，公民、法人或者其他组织不服分别向同一人民法院起诉的；（三）在诉讼过程中，被告对原告作出新的行政行为，原告不服向同一人民法院起诉的；（四）人民法院认为可以合并审理的其他情形。”其中，该条规定的第1项、第2项属于共同诉讼，第1项涉及共同被告，第2项涉及共同原告。

二、必要共同诉讼人

这是指当事人一方或双方为两人以上，诉讼标的是同一行政行为的诉讼。在这种共同诉讼中的当事人即为必要共同诉讼人。

必要共同诉讼的标准是诉讼标的同一，即指诉讼客体是同一个行政行为。被诉行政行为本身是一个独立、完整的行政行为，该行为或者是由两个以上行政机关共同作出的，或者是一个行政行为处理两个以上公民、法人或者其他组织的事项。

必要共同诉讼人因同一行政行为而发生了不可分割的法律或者事实联系。共同诉讼当事人对引起争议的同一行政行为，有着共同的利害关系，即共同的权利义务关系，任何一人的诉讼行为都会影响其他人的权益，任何一人都无权代替整体，不能分案审理。其实质是一个案件、一个行政行为，只是诉讼当事人为多数。因此，共同诉讼人必须共同参加诉讼。如果有遗漏，人民法院应当通知其参加诉讼。如果是共同被告，则应当在征求原告同意的基础上追加，被追加的被告无权拒绝。如果是共同原告，法院有义务通知未起诉的其他共同原告参加诉讼。如果这些人仍然不愿参加诉讼，法院则不能强行追加，但可以通知他们作为第三人参加诉讼。对此，2018年《行诉法解释》第30条规定：行政机关的同一行政行为涉及两个以上利害关系人，其中一部分利害关系人对行政行为不服提起诉讼，人民法院应当通知没有起诉的其他利害关系人作为第三人参加诉讼。

必要共同诉讼人都是独立的法律主体，有独立的诉讼法律地位，一个人的行为对其他共同诉讼人没有法律上的约束力。他们各自以自己的名义参加诉讼，并对各自的行为负责，各自可以提出自己的诉讼请求。

必要共同诉讼人主要有以下情形：（1）两个以上当事人，因共同违法而被一个行政机关在一个处罚决定书中分别予以处罚；（2）法人或其他组织因违法而被处罚，该法人或其他组织的负责人或直接行为人同时被一个处罚决定处罚；（3）受行政机关的同一个行政行为实际影响的两个以上当事人同时不服向法院提起诉讼的，为共同原告人；（4）两个以上行政机关以一个共同行政决定的形式，处理或处罚一个或若干个当事人。

三、普通共同诉讼人

普通共同诉讼人是指诉讼标的是同样的行政行为，法院认为可以合并审理并经当事人同意的，两个以上参加诉讼的当事人。这种共同诉讼的当事人即是普通共同诉讼人。所谓同样的行政行为，是指两个以上的处理同类事实、适用相同法律的行政行为。

因同样行政行为涉及的是几个案件而非一个案件，共同诉讼人之间在事实上或法律上并无当然的、不可分割的联系，仅仅因为诉讼标的属于同一种类，即被诉行政行为有相同或相类似的性质，所以在程序上被统一起来，法院认为宜于合并审理并实行合并审理。这里需要注意的是，普通共同诉讼并不是必须要合并，关键在于能否达到并案审理和简化诉讼的目的。

普通共同诉讼，可以由共同诉讼的当事人向法院提出申请，要求并案审理，然后由法院审查，认为可以合并的才能实行合并；也可以由法院主动审查，认为宜于并案的，则依职权进行并案审理。

四、集团诉讼

《行政诉讼法》第 28 条规定："当事人一方人数众多的共同诉讼，可以由当事人推选代表人进行诉讼。代表人的诉讼行为对其所代表的当事人发生效力，但代表人变更、放弃诉讼请求或者承认对方当事人的诉讼请求，应当经被代表的当事人同意。"行政诉讼中的集团诉讼，是指由人数众多的原告推选诉讼代表人参加且法院的判决及于全体利益关系人的行政诉讼。它是共同行政诉讼的一种特殊形式。

行政诉讼中集团诉讼具有以下特点：

（1）原告方人数众多。

所谓众多，是指同案中具有独立诉讼资格的原告人数须为 10 人以上。

（2）集团诉讼实行原告方代表参诉制。

由于原告人数众多，不可能让每一个原告都亲自参加诉讼，而必须由从具有原告资格的人中产生诉讼代表人。根据 2018 年《行诉法解释》第 29 条的规定，同案原告为 10 人以上的，应当推选 2 至 5 名诉讼代表人参加诉讼；在指定的期限内未选定的，人民法院可以依职权指定。

诉讼代表人不同于诉讼代理人。诉讼代理人本身与案件没有利害关系，他们是为了被代理人的利益参加诉讼的，诉讼代理人自身不得再委托代理人。诉讼代表人则不同，他们本身为案件当事人，同时，又受被代表的众多当事人之托，代表他们为诉讼行为，这些代表人兼具当事人和代理人双重身份。

代表人在诉讼过程中，可以代表被代表人的当事人为一般的诉讼行为，其诉讼行为的效力及于所有其所代表的当事人，但如果进行实体处分，如放弃或变更诉讼请求等，则应征得被代表的当事人同意。代表人滥用代表权或超出代表权限，损害被代表人利益的，应当认定其诉讼行为无效。

（3）法院的裁判效力不仅及于诉讼代表人，而且及于其他未亲自参加诉讼的当事人。

第六节 诉讼代理人

诉讼代理人是一种特殊的诉讼参加人，其是以当事人的名义，代理当事人进行诉讼活动的人。在我国行政诉讼代理人可以分为三类：法定代理人、指定代理人和委托代理人。

一、诉讼代理人的概念

诉讼代理人是指以当事人名义，在代理权限内，代理当事人进行诉讼活动的人。行政诉讼代理人具有以下特点：

（1）诉讼代理人以行政诉讼当事人的名义参与诉讼程序。他（们）不能以自己的名义进行诉讼，否则，他（们）就不是代理人而是当事人了。

（2）诉讼代理人在代理权限以内实施的行政诉讼行为的法律后果归属于被代理人。代理诉讼是基于代理权而产生的，代理人实施的行政诉讼行为只要是在代理权限以内，就对被代理人产生法律后果。

（3）诉讼代理人参与行政诉讼活动的依据是法律的规定、人民法院的指定或被代理人的委托。

（4）诉讼代理人必须具有诉讼行为能力。

（5）诉讼代理人参加行政诉讼的目的在于维护被代理人的合法权益。诉讼代理人只能在一个案件中代理一方当事人。

二、诉讼代理人的种类

按照诉讼代理人代理权限的依据不同，可将行政诉讼代理人分为三类，即法定代理人、指定代理人和委托代理人。

（一）法定代理人与指定代理人

法定代理人是指依据法律的直接规定而享有诉讼代理权，代理无诉讼行为能力人进行诉讼的人。法定代理人的代理权限直接源于法律的规定而非当事人的委托，其可以参与当事人有权进行的任何诉讼活动。《行政诉讼法》第 30 条规定："没有诉讼行为能力的公民，由其法定代理人代为诉讼。"在正常情况下，法定代理人由无诉讼行为能力人的近亲属担任，如果被代理人的近亲属死亡或因其他原因不能行使代理权的，则由未成年人父母所在单位或精神病人所在单位，或他们住所地的居民委员会、村民委员会作为法定代理人。法定代理人之间互相推诿代理职责的，人民法院从法定代理人中指定其中一人作为法定代理人。受法院指定参加诉讼的法定代理人，其法律地位仍为法定代理人，与正常情况下的法定代理人有同等的权利和义务。法定代理权源自监护人的监护权，一旦监护人丧失监护权，即不得再以法定代理人身份参与诉讼。

（二）委托代理人

委托代理人是指受当事人、法定代理人的委托，并以被代理人的名义参与诉讼活动的诉讼代理人。当事人可以委托 1～2 名诉讼代理人。委托代理人的代理权来自委托人的授权。通常情况下，代理人与被代理人之间订立代理合同后，再由被代理人向人民法院出具授权委托书。

在通常情况下，由当事人本人委托诉讼代理人，如果当事人无诉讼行为能力，则其法定代理人可以依法委托诉讼代理人。法定代理人委托的代理人是无诉讼行为能力人的代理人，而不是法定代理人的代理人。可以接受当事人委托成为代理人的主体，有以下几类：

1. 律师、基层法律服务工作者

根据《律师法》的规定，律师，是指依法取得律师执业证书，接受委托或者指定，为当事人提供法律服务的执业人员。申请律师执业，应当具备下列条件：(1) 拥护中华人民共和国宪法；(2) 通过国家统一法律职业资格考试取得法律职业资格；(3) 在律师事务所实习满1年；(4) 品行良好。因此，只有依法取得律师执业证书成为律师，才能作为诉讼代理人接受当事人委托，代为参加行政诉讼。

2000年司法部制定的部门规章《基层法律服务工作者管理办法》对基层法律服务工作者予以规范。2017年该办法修订，根据最新规定，基层法律服务工作者是符合本办法规定的执业条件，经司法行政机关核准取得基层法律服务工作者执业证，在基层法律服务所执业，为社会提供法律服务的人员。

2. 当事人的近亲属或工作人员

"近亲属"这一概念在《行政诉讼法》中并没有被界定，可以参照2018年《行诉法解释》第14条关于《行政诉讼法》第25条中"近亲属"一词进行的界定：近亲属包括配偶、父母、子女、兄弟姐妹、祖父母、外祖父母、孙子女、外孙子女和其他具有扶养、赡养关系的亲属。上述近亲属与当事人关系密切，对案件的情况比较了解，方便与当事人沟通，更容易得到当事人的信任。此外，公民因被限制人身自由而不能提起诉讼的，其近亲属可以依其口头或者书面委托以该公民的名义提起诉讼。近亲属起诉时若无法与被限制人身自由的公民取得联系，近亲属可以先行起诉，并在诉讼中补充提交委托证明。当事人是法人或者其他组织的，其可以委托其工作人员作为诉讼代理人。

3. 当事人所在社区、单位以及有关社会团体推荐的公民

只有当受到当事人所在社区、单位或有关社会群体推荐的公民，才能接受当事人委托代理参加行政诉讼。一般而言，当事人所在社区、单位对当事人的情况比较了解，也比较关心当事人利益，由其推荐公民代其诉讼是被允许的。有关社会团体是指团体的性质或目的与当事人或行政诉讼案件本身有一定联系的社会团体，例如当事人是妇女的，中华全国妇女联合会便可以作为有关社会团体推荐公民作为诉讼代理人参加诉讼。

当事人委托诉讼代理人，应当向人民法院提交由委托人签名或者盖章的授权委托书。委托书应当载明委托事项和具体权限。公民在特殊情况下无法书面委托的，也可以口头委托。口头委托的，人民法院应当核实并记录在卷；被诉机关或者其他有义务协助的机关拒绝人民法院向被限制人身自由的公民核实的，视为委托成立。当事人解除或者变更委托的，应当书面报告人民法院，由人民法院通知其他当事人。

律师参与诉讼代理的，有权按照规定查阅、复制本案有关材料，有权向有关组织和公民调查、收集与本案有关的证据。对涉及国家秘密、商业秘密和个人隐私的材料，应当依照法律规定保密。其他公民或组织作为代理人，有权按照规定查阅、复制本案庭审材料，但涉及国家秘密、商业秘密和个人隐私的内容除外。

第五章　行政诉讼程序

行政诉讼是一种解决行政争议的司法程序。了解和掌握行政诉讼的程序制度是学习行政诉讼法必须掌握的基本内容。我国行政诉讼制度脱胎于民事诉讼制度，有些行政诉讼程序制度与民事诉讼程序制度大体一致。如果《行政诉讼法》及有关司法解释没有作出专门规定，民事诉讼法的程序制度可以参照适用。本章重点介绍如何提起行政诉讼、法院如何受理行政案件、第一审程序、简易程序、第二审程序和审判监督程序以及行政诉讼中的一些特殊制度。

第一节　起诉与受理

行政诉讼是一种诉讼活动，采用不告不理原则，即人民法院不能主动开启行政诉讼，而必须先由公民、法人或者其他组织提起。起诉是行政诉讼程序开始的前提条件。人民法院对符合法定起诉条件的诉求，才会依法予以立案，从而真正构成行政诉讼案件。

一、起诉

在我国，起诉是指公民、法人或者其他组织认为行政行为侵犯其合法权益，依法请求人民法院行使国家审判权给予其救济的诉讼行为。它是公民、法人或者其他组织请求法院启动行政诉讼程序的意思表示，是其行使法律赋予的诉权的具体表现。但这一权利的行使并非不受条件限制，根据《行政诉讼法》的规定，提起行政诉讼必须符合起诉的一般条件、时间条件和程序条件，并按照起诉的方式进行。

（一）起诉的一般条件

起诉的一般条件是法律对提起诉讼最基本的，也是最普遍的要求。根据《行政诉讼法》第 49 条的要求，提起行政诉讼的一般条件是：

1. 原告是符合《行政诉讼法》第 25 条规定的公民、法人或者其他组织

这一法定条件包含以下含义：第一，原告必须是公民、法人或者其他组织，行使职权的行政主体不能为行政诉讼的原告。第二，侵犯原告合法权益的是行政行为。第三，原告必须是行政行为的相对人以及其他与行政行为有利害关系的公民、法人或者其他组织。

2. 有明确的被告

原告在起诉时，必须指明对谁起诉，明确指出被告人。明确与其发生争议者，指出

被起诉者，是原告起诉必须具备的条件。没有具体、明确的被告，无人应诉，就无法形成一个争端，人民法院也就无法进行审判活动。在我国，行政诉讼被告是行使行政职权的行政机关或者法律、法规、规章授权的组织。因此，原告在起诉时，应列出实施具体行政行为的行政机关或者法律、法规、规章授权的组织的名称。当然，如果原告指明的被告不适格，人民法院应当告知原告予以变更。

3. 有具体的诉讼请求和事实根据

诉讼请求是原告通过人民法院针对被告提出的，希望获得法院司法保护的实体权利要求，它将决定法院审理和裁判的内容，因此必须明确、具体。事实根据是指原告向法院起诉所依据的事实和根据，包括案件情况和证据。值得注意的是，要求原告提供事实根据是为了证明存在行政争议，是一种形式意义的证明，而不是要求原告提供证据证明具体行政行为违法。

4. 属于人民法院受案范围和受诉人民法院管辖

根据我国《行政诉讼法》的规定，公民、法人或者其他组织只能对特定范围的行政行为提起诉讼。行政诉讼受案范围决定着当事人的诉权范围。公民、法人或其他组织的起诉若不属于人民法院受案范围，起诉不能成立，人民法院也无权受理。同时，人民法院对行政案件的受理有一定的分工，当事人应依法向对案件向有管辖权的人民法院起诉。当原告将诉状递交给无管辖权的人民法院时，它/他并不会因此丧失诉权，受诉人民法院应告知其向有管辖权的法院起诉；已立案受理的，受诉法院则应将案件移送给有管辖权的法院。

（二）起诉的时间条件

公民、法人或者其他组织提起行政诉讼，必须在法律规定的期限内，对超过法律规定期限的起诉，人民法院有权拒绝受理。《行政诉讼法》规定起诉期限的目的不是要限制公民、法人或者其他组织依法享有的诉讼权利，而在于促使其及时行使权利。这样有助于争议的尽早解决，维护行政法律关系的安定性。

1. 一般期限与特殊期限

行政诉讼的起诉期限可分为一般期限和特别期限两类。

一般期限是指为《行政诉讼法》规定的，适用于一般案件的起诉期限。一般期限又可以分为两种情形：经复议的行政案件的起诉期限与直接提起诉讼的行政案件的起诉期限。《行政诉讼法》第 45 条规定："公民、法人或者其他组织不服复议决定的，可以在收到复议决定书之日起十五日内向人民法院提起诉讼。复议机关逾期不作决定的，申请人可以在复议期满之日起十五日内向人民法院起诉。法律另有规定的除外。"该条适用于经过复议的行政案件，只要法律未作特殊规定，对行政复议决定不服的，都必须在收到复议决定书之日起 15 日内起诉，否则即丧失诉权。《行政诉讼法》第 46 条第 1 款规定："公民、法人或者其他组织直接向人民法院提起诉讼的，应当自知道或者应当知道作出行政行为之日起六个月内提出。法律另有规定的除外。"只要法律未作特别限制，当事人直接向人民法院起诉的，都应自知道或者应当知道作出行政行为之日起 6 个月内提出。

之所以规定"应当知道"是因为"知道"是一种主观状态，外部难以判断其实际是否知道，但可以认定其是否“应当知道”。

最高人民法院《关于审理行政协议案件若干问题的规定》第 25 条规定：公民、法人或者其他组织对行政机关不依法履行、未按照约定履行行政协议提起诉讼的，诉讼时效参照民事法律规范确定；对行政机关变更、解除行政协议等行政行为提起诉讼的，起诉期限依照《行政诉讼法》及其司法解释确定。

特殊期限，是《行政诉讼法》所认可的，由其他单行法律所规定的起诉期限。这里的“法律”是全国人大及其常委会依照立法程序制定的规范性文件。

2. 特殊情况下起诉期限的计算

（1）行政机关未告知当事人的诉权或起诉期限时，起诉期限的起算。

最高人民法院结合司法实践中出现的特殊情况，对诉讼时效作出了必要的补充规定。

告知当事人诉权和起诉期限，是行政机关的一项法定义务。行政机关未告知当事人的诉权或起诉期限的，行政机关即违反了行政法律关系的权利义务要求，其不利后果应由行政机关承担，应对致当事人延误期限负直接责任。2018 年《行诉法解释》第 64 条规定：“行政机关作出行政行为时，未告知公民、法人或者其他组织起诉期限的，起诉期限从公民、法人或者其他组织知道或者应当知道起诉期限之日起计算，但从知道或者应当知道行政行为内容之日起最长不得超过一年。复议决定未告知公民、法人或者其他组织起诉期限的，适用前款规定。”因此，行政机关作出行政行为时，未告知公民、法人或者其他组织诉权或者起诉期限的，起诉期限从公民、法人或者其他组织知道或者应当知道诉权或者起诉期限之日起计算。但从知道或者应当知道行政行为内容之日起最长不得超过 1 年。此处的“1 年”是行政机关未履行告知当事人诉权或者起诉期限时当事人行使诉权的最长保护期，即如果行政机关事后履行告知义务，当事人行使诉权的期限从告知之日起计算；如果行政机关一直未履行告知义务，则当事人行使诉权的期限从当事人知道或应当知道具体行政行为的内容之日起以 1 年为期，在 1 年之内的任何时候均可起诉，逾期则丧失诉权。

（2）当事人不知道具体行政行为内容时，起诉期限的起算。

在行政审判实践中，经常遇到行政机关不仅未履行告知当事人诉权或起诉期限的义务，甚至未告知当事人行政行为内容的情形。另外，由于行政行为具有复效性，行政行为不仅影响相对人的利益，而且可能影响其他相关人的利益。而实践中，行政机关一般只将行政决定书送达给直接的相对人，行政机关也不可能完全知道这个行为所影响的除相对人之外的其他利害关系人，由此导致其他利害关系人由于不知道行政行为的内容而延误起诉期限。对此《行政诉讼法》第 46 条第 2 款规定：“因不动产提起诉讼的案件自行政行为作出之日起超过二十年，其他案件自行政行为作出之日起超过五年提起诉讼的，人民法院不予受理。”此处的“20 年”和“5 年”是当事人在不知道行政机关作出该行政行为的内容时行使诉权的最长保护期限，逾期则当事人丧失诉权。最长保护期的规定，一方面有利于保护当事人的诉讼权利，另一方面也是为了保护行政法律关系的稳定，避免长年纠纷。

（3）行政机关不履行法定职责时起诉期限的起算。

《行政诉讼法》规定的起诉期限自当事人知道行政机关作出行政行为之日起算，但行政机关对当事人的申请拒不履行法定职责的，当事人何时才能起诉，当事人的起诉期限应从何时起算？

《行政诉讼法》第 47 条规定：“公民、法人或者其他组织申请行政机关履行保护其人身权、财产权等合法权益的法定职责，行政机关在接到申请之日起两个月内不履行的，公民、法人或者其他组织可以向人民法院提起诉讼。法律、法规对行政机关履行职责的期限另有规定的，从其规定。公民、法人或者其他组织在紧急情况下请求行政机关履行保护其人身权、财产权等合法权益的法定职责，行政机关不履行的，提起诉讼不受前款规定期限的限制。”例如，当事人接到恐吓电话后，请求行政机关对此进行查处，行政机关不予答复或者拒绝提供保护的，当事人可以直接向法院起诉。同时，2018 年《行诉法解释》第 66 条规定，对行政机关不履行法定职责提起诉讼的，应当在行政机关履行法定职责期限届满之日起 6 个月内提出。

综上，可将行政诉讼起诉期限制度简化为表 5－1。

表 5－1 行政诉讼起诉期限制度

<table>
<tr><th rowspan="3">情形</th><th colspan="3">一般起诉期</th><th colspan="2">最长保护期</th></tr>
<tr><th rowspan="2">起算点</th><th colspan="2">期限</th><th rowspan="2">起算点</th><th rowspan="2">期限</th></tr>
<tr><th>经复议</th><th>直接起诉</th></tr>
<tr><td>知道作出行政行为</td><td>知道或者应当知道作出行政行为之日</td><td rowspan="4">收到复议决定书或复议期满之日起 15 日，法律另有规定除外</td><td rowspan="4">6 个月，法律另有规定除外</td><td rowspan="2">/</td><td rowspan="2">/</td></tr>
<tr><td>不作为案件</td><td>履行职责期限届满，紧急情况除外</td></tr>
<tr><td>知道或应当知道行为内容，但不知诉权或起诉期限</td><td>知道或应当知道诉权或起诉期限之日起</td><td>知道或应当知道行为内容之日</td><td>1 年</td></tr>
<tr><td>不知行为内容</td><td>知道或者应当知道行为内容之日</td><td>作出行为日</td><td>不动产案件为 20 年，其他案件为 5 年</td></tr>
</table>

3. 起诉期限的扣除与延长

所谓起诉期限的迟误，是指起诉行为在法定期限内未能进行或未能完成，当事人又在期限届满后再为或续为的诉讼行为。《行政诉讼法》第 48 条规定：“公民、法人或者其他组织因不可抗力或者其他不属于其自身的原因耽误起诉期限的，被耽误的时间不计算在起诉期限内。公民、法人或者其他组织因前款规定以外的其他特殊情况耽误起诉期限的，在障碍消除后十日内，可以申请延长期限，是否准许由人民法院决定。”从本条规定看，起诉期限还有扣除与延长两种特殊情况。

第一，行政诉讼起诉期限的扣除，即公民、法人或者其他组织因不可抗力或者其他不属于其自身的原因耽误起诉期限的，被耽误的时间不计算在起诉期限内。

第二，行政诉讼起诉期限的延长，即公民、法人或者其他组织因前述规定以外的其他特殊情况耽误法定起诉期限的，在障碍消除后的10日内，可以申请延长期限，是否准许由人民法院决定。

另外，因人身自由受到限制而不能提起诉讼的，被限制人身自由的时间不计算在起诉期间内，这是因为如果将这些限制人身自由的期间计算在内，很容易造成被限制人身自由的人丧失诉权，不利于保护其合法权益，也不利于法院对行政机关进行有效监督。

（三）起诉的程序条件

程序条件是指提起行政诉讼与复议之间的程序衔接。起诉权的合法行使除应具备上述法定要件外，还应符合法律中关于行政诉讼与行政复议关系问题的规定。复议与诉讼的关系是行政诉讼制度中的一个重要问题。我国《行政诉讼法》没有把行政复议程序作为当事人提起行政诉讼的前置条件，但是《行政诉讼法》肯定了在其他法律、法规中规定的复议前置条件对起诉的约束力。《行政诉讼法》第44条规定：对属于人民法院受案范围的行政案件，公民、法人或者其他组织可以先向行政机关申请复议，对复议决定不服的，再向人民法院提起诉讼；也可以直接向人民法院提起诉讼。法律、法规规定应当先向行政机关申请复议，对复议决定不服再向人民法院提起诉讼的，依照法律、法规的规定。据此，处理行政复议与行政诉讼的关系时，当事人选择救济途径是行政复议与行政诉讼关系的一般原则，行政复议前置是行政复议和行政诉讼关系的例外，需要法律、法规的特别规定。同时，司法最终解决是一般原则，而行政复议裁决终局是例外。

1. 当事人可以自由选择行政复议与行政诉讼的情形

在法律、法规未规定申请行政复议为提起行政诉讼的必经程序时，当事人可以自由选择救济手段。行政复议并非行政诉讼的必经阶段，相对人可以直接起诉，也可以先申请行政复议，对复议决定不服的，还可以提起行政诉讼，这里所体现的是“司法最终解决原则”。这一原则是行政复议与行政诉讼衔接的基本准则。

在相对人可以自由选择救济途径的情况下，应注意出现以下三种特殊情形的处理方式。

（1）当事人既提起诉讼又申请复议的处理。

法律、法规未规定申请行政复议为提起行政诉讼的必经程序，公民、法人或其他组织既提起诉讼又申请复议的，由先受理的机关管辖。如果最先受理的机关是复议机关，那么当事人对复议决定不服，仍有权提起行政诉讼；反之，如果先受理的机关是司法机关，那么司法机关的裁决就是最终的，当事人就不能再申请行政复议。

（2）当事人在复议期间提起诉讼的处理。

公民、法人或者其他组织已经申请行政复议，在法定复议期间内又向人民法院起诉的，人民法院不予受理。因为复议和诉讼不能齐头并进，相对人一旦先申请了行政复议，就应当等待复议机关作出决定，如果复议机关迟迟不作决定，也要等待复议期限的经过。这样一方面是对复议机关作出复议决定权力的尊重，另一方面也不会给行政复议与行政诉讼的衔接带来混乱。

（3）当事人在复议期间撤回复议申请的处理。

法律、法规未规定申请行政复议为提起行政诉讼的必经程序，公民、法人或其他组织向复议机关申请行政复议后，又经复议机关同意撤回复议申请，在法定期限内对原行政行为提起诉讼的，人民法院应当受理。此处的“法定期限”是《行政诉讼法》规定的相对人直接向人民法院提起诉讼的期限，相对人申请复议又撤回复议申请的期间计算在内。

2. 行政案件经复议的情形

根据我国现行法律、法规的规定，申请行政复议的情况主要有以下几种。

（1）可选择行政复议或行政诉讼，但一旦选择行政复议，则行政复议决定为最终决定。

当事人对行政行为不服，可以选择向上一级行政机关申请复议，或直接向人民法院起诉，但一旦选择行政复议，行政复议决定即为发生法律效力的终局裁判，当事人也因选择复议而丧失起诉权，不得再提起诉讼。

（2）强制复议前置的情形。

根据《行政诉讼法》第 44 条第 2 款的规定，法律、法规规定应当先向行政机关申请复议，对复议决定不服再向人民法院提起诉讼的，依照法律、法规的规定。这是强制复议前置的规定。这意味着，当事人对部分行政行为不服必须经行政复议，对复议不服的才可向法院起诉，若公民、法人或者其他组织未申请复议直接提起诉讼，人民法院裁定不予立案。根据 2018 年《行诉法解释》第 56 条第 2 款的规定，在复议前置的情况下，复议机关不受理复议申请或者在法定期限内不作出复议决定，公民、法人或者其他组织不服，依法向人民法院提起诉讼的，人民法院应当依法立案。修订后的《行政复议法》第 34 条亦明确规定：“法律、行政法规规定应当先向行政复议机关申请行政复议、对行政复议决定不服再向人民法院提起行政诉讼的，行政复议机关决定不予受理、驳回申请或者受理后超过行政复议期限不作答复的，公民、法人或者其他组织可以自收到决定书之日起或者行政复议期限届满之日起十五日内，依法向人民法院提起行政诉讼。”因为此时相对人已无法获得行政救济，所以就应该打开司法救济之门，允许相对人向法院提起行政诉讼。相对人如果仅对原行政机关的具体行政行为不服，起诉时以原行政机关为被告；相对人如果是对复议机关的不作为不服，以复议机关为被告。这一规定解决了实践中存在的在复议前置的条件下，复议机关为了不当被告而怠于履行职责，不受理复议申请或者在法定期限内不作复议决定的问题。

根据行政诉讼法的规定，复议前置必须由法律、法规予以规定，其他规范性文件不得设定此种限制。不过，根据 2023 年修订后的《行政复议法》第 23 条的规定，复议前置的规定有所调整，单行法律规范限缩为法律、行政法规的规定，除此之外，《行政复议法明》确列出了四种需复议前置的情形。根据该条规定，复议前置包括下列情形：第一，对当场作出的行政处罚决定不服；第二，对行政机关作出的侵犯其已经依法取得的自然资源的所有权或者使用权的决定不服；第三，认为行政机关存在《行政复议法》第 11 条规定的未履行法定职责情形；第四，申请政府信息公开，行政机关不予公开；第五，法律、行政法规规定应当先向行政复议机关申请行政复议的其他情形。

目前，有单行法律、行政法规规定了复议前置，如《税收征收管理法》和《海关法》。《税收征收管理法》第 88 条规定：“纳税人、扣缴义务人、纳税担保人同税务机关在纳税上发生争议时，必须先依照税务机关的纳税决定缴纳或者解缴税款及滞纳金或者提供相应的担保，然后可以依法申请行政复议；对行政复议决定不服的，可以依法向人民法院起诉。当事人对税务机关的处罚决定、强制执行措施或者税收保全措施不服的，可以依法申请行政复议，也可以依法向人民法院起诉。当事人对税务机关的处罚决定逾期不申请行政复议也不向人民法院起诉、又不履行的，作出处罚决定的税务机关可以采取本法第四十条规定的强制执行措施，或者申请人民法院强制执行。”据此，纳税人、扣缴义务人、纳税担保人同税务机关在纳税上发生争议时，必须先依照税务机关的纳税决定缴纳或者解缴税款及滞纳金或者提供相应的担保，然后可以依法申请行政复议；对行政复议决定不服的，还可以依法向人民法院起诉。《海关法》第 64 条规定：“纳税义务人同海关发生纳税争议时，应当缴纳税款，并可以依法申请行政复议；对复议决定仍不服的，可以依法向人民法院提起诉讼。”其他复议前置的情形还包括：反垄断执法机构针对经营者集中作出决定（《反垄断法》第 65 条第 1 款），外汇管理机关作出行政行为（《外汇管理条例》第 51 条），对企业法人作出行政处罚（《企业法人登记管理条例》第 31 条），军品出口主管部门作出行政行为（《军品出口管理条例》第 27 条）。

（四）起诉的方式

《行政诉讼法》第 50 条规定：“起诉应当向人民法院递交起诉状，并按照被告人数提出副本。书写起诉状确有困难的，可以口头起诉，由人民法院记入笔录，出具注明日期的书面凭证，并告知对方当事人。”

本条是关于起诉方式的规定。公民、法人或者其他组织向人民法院提起行政诉讼的，原则上应当提交起诉状，并按照被告人数提出副本，以便在人民法院决定受理后由法院送达被告。尽管我国《行政诉讼法》允许以口头方式提起行政诉讼，但其定位是书面起诉的例外和补充，在两种方式中以书面方式为主，只有在起诉人“书写起诉状确有困难的”情况下，为了防止原告无法行使起诉权，允许原告以口头方式起诉。此处所说的“书写起诉状确有困难”，包括以下情形：（1）原告因文化水平或者文字语言能力欠缺无法自行书写起诉状并且因经济困难等原因无法获得其他人帮助的；（2）原告因法律知识欠缺自行书写起诉状确有困难并且因经济困难等原因无法获得其他人帮助的；（3）原告无诉讼行为能力，其法定代理人书写起诉状确有困难的；（4）原告因身体原因无法书写起诉状并且因经济困难等原因无法获得其他人帮助的；（5）其他书写起诉状确有困难的情形。对于允许口头起诉的，由人民法院记入笔录，出具注明日期的书面凭证，并告知对方当事人。

公民、法人或者其他组织提起诉讼时应当提交以下起诉材料：一是原告的身份证明材料以及有效联系方式，二是被诉行政行为或者不作为存在的材料，三是原告与被诉行政行为具有利害关系的材料，四是人民法院认为需要提交的其他材料。由法定代理人或者委托代理人代为起诉的，还应当在起诉状中写明或者在口头起诉时向人民法院说明法定代理人或者委托代理人的基本情况，并提交法定代理人或者委托代理人的身份证明和代理权限证明等材料。

二、受理

（一）立案登记的概念

立案登记是与立案审查相对应的一个概念，指的是人民法院对依法应该受理的案件做到有案必立、有诉必理，充分保障当事人诉权。需要注意的是，立案登记的前提，是案件属于人民法院依法应当受理的案件范围。立案登记制度保障的是当事人的合法诉权，受行政诉讼受案范围和法院管辖的限制。如果不分条件和标准一律登记立案，将造成司法资源的浪费，而且也不见得对当事人有利。2018 年《行诉法解释》第 53 条规定：人民法院对符合起诉条件的案件应当立案，依法保障当事人行使诉讼权利。对当事人依法提起的诉讼，人民法院应当根据《行政诉讼法》第 51 条的规定接收起诉状。能够判断符合起诉条件的，应当当场登记立案；当场不能判断是否符合起诉条件的，应当在接收起诉状后 7 日内决定是否立案；7 日内仍不能作出判断的，应当先予立案。

（二）对起诉的审查

人民法院在接到原告的起诉状后，应当组成合议庭对原告起诉的内容和形式进行审查，并根据审查的结果作出立案或者不予立案的裁定。人民法院对起诉进行审查的主要内容是：

（1）原告是否适格。也即原告是否是《行政诉讼法》第 25 条规定的公民、法人或者其他组织。

（2）被告是否适格。原告起诉时仅满足有明确的被告要求即可，最终明确被告是法院的职责。法院经对原告的起诉进行判定，发现原告所起诉的被告不适格的，应告知原告变更被告；如果原告不同意变更，人民法院有权裁定不予立案。法院认为应当追加被告的，应当征得原告的同意，对于人民法院认为应当追加而原告不同意追加的被告，人民法院应当通知其以第三人的身份参加诉讼。

（3）原告起诉是否有具体的诉讼请求和事实根据。原告只要在起诉状中有明确的诉讼请求，且能够提供行政机关或其工作人员作出行政行为的证据，或证明该行政行为已经存在，即已满足这一条件。在现实生活中，能够证明行政机关作出某一行政行为的关键证据，是具体的行政决定书。因此，如果行政相对人能够向法院提出行政机关的行政决定书，即可认为完全满足了有明确的事实根据这一起诉条件。然而实践中，还存在一些不制作、不送达行政决定书的现象，为切实保障相对人权益，强化权力监督，2018 年《行诉法解释》第 63 条规定，行政机关作出行政行为时，没有制作或者没有送达法律文书，公民、法人或者其他组织只要能证明行政行为存在，并在法定期限内起诉的，人民法院应当依法立案。

（4）请求事项是否属于行政审判权限范围以及受诉人民法院管辖。

（5）法律规定必须由法定或者指定代理人、代表人为诉讼行为的，是否由法定或指定代理人、代表人为诉讼行为以及由诉讼代理人代为起诉，其代理是否符合法定要求。根据法律规定，无诉讼行为能力的公民其诉讼行为必须由法定代理人代为行使，在法定代理人不能行使此项权利时，由法院指定的代理人代为行使。法定代表人代表法人或其他组织进行诉讼，无法定代表人时，由指定代表人代为行使。法定或指定代理人、代表人的权利和诉讼地位是由法律规定的，其他人不可替代，否则诉讼将不能合法地进行下去。由诉讼代理人代为起诉的，必须符合法定要求，否则人民法院将作出不予立案的裁定。

（6）法律、法规规定行政复议为提起诉讼必经程序的，是否已经过复议。法律、法规规定应当先申请复议，公民、法人或者其他组织未申请复议直接提起诉讼的，人民法院裁定不予立案。复议机关不受理复议申请或者在法定期限内不作出复议决定，公民、法人或者其他组织不服，依法向人民法院提起诉讼的，人民法院应当登记立案。法律、法规未规定行政复议为提起行政诉讼必经程序，公民、法人或者其他组织既提起诉讼又申请行政复议的，由先受理的机关管辖；同时受理的，由公民、法人或者其他组织进行选择。公民、法人或者其他组织已经申请行政复议，在法定复议期间内又向人民法院提起诉讼的，人民法院裁定不予立案。法律、法规未规定行政复议为提起行政诉讼的必经程序，公民、法人或者其他组织向复议机关申请行政复议后，又经复议机关同意撤回复议申请，在法定起诉期限内对原行政行为提起诉讼的，人民法院应当登记立案。

（7）起诉是否超过法定期限。公民、法人或者其他组织提起行政诉讼，必须在法律规定的期限内，对超过法律规定期限的起诉，人民法院有权裁定不予立案。《行政诉讼法》第 48 条第 1 款规定，公民、法人或者其他组织因不可抗力或者其他不属于其自身的原因耽误起诉期限的，被耽误的时间不计算在起诉期限内。

（8）起诉人是否重复起诉。对于起诉人来说，如果已向法院提起诉讼，法院登记立案后，该行政争议就已系属于立案法院，该法院已享有对该案件的审判权，并负有依法定程序、按法定期限审结此案的义务。双方当事人取得原告和被告资格，各自享有法律赋予的诉讼权利，承担法律规定的诉讼义务，由此就排除了其他国家机关包括其他法院对该案的管辖权。如果起诉人再向其他法院起诉，该法院应裁定不予立案。这项规定是为了防止出现不一致的判决以及保证诉讼的稳定性。

（9）起诉人已撤回起诉的，再行起诉是否有正当理由。原则上，在行政诉讼中，人民法院裁定准许原告撤诉后，原告以同一事实和理由重新起诉的，人民法院裁定不予立案。至于准许撤诉的裁定确有错误，原告申请再审的，人民法院应当通过审判监督程序撤销原准许撤诉的裁定，重新对案件进行审理。但是原告或上诉人因未按规定的期限预交案件受理费，又不提出缓交、减交、免交申请或者提出申请未获批准而按自动撤诉处理，在法定期限内再次起诉或者上诉，并依法解决诉讼费预交问题的，人民法院应予登记立案。

（10）诉讼标的是否为生效判决的效力所羁束。诉讼标的是当事人主张或否认的权利或法律关系，它是法院所裁判的对象。在行政诉讼中，诉讼标的就是行政行为的合法性。如果被诉的行政行为合法与否在其他生效的行政判决中已被确认，相对人就不能再提起行政诉讼。因为这会出现不一致的判决而导致无法执行的情况。但是如果被诉行政行为合法与否是在民事判决或是刑事判决中被确认的，则另当别论。因为在民事诉讼或是刑事诉讼中，法院往往仅将行政行为作为证据审查，这种审查缺乏行政诉讼那种复杂的机制，而且这三种诉讼在诉讼请求，原、被告的举证责任等诸多方面均存在差异，因此可能导致对行政行为认定的错误，此时剥夺相对人的诉权不符合公平原则。

（11）起诉是否具备其他法定要件。除前面所列的十条外，法院还要审查当事人起诉是否具备其他的法定要件，例如起诉状是否符合一般的形式要求，以及人民法院判决撤销行政机关的行政行为后，公民、法人或者其他组织对行政机关重新作出的行政行为不服向人民法院起诉的，人民法院应当依法登记立案等。

（三）审查的结果

人民法院在对上述各方面审查后，应作出如下处理。

（1）人民法院在接到起诉状时对符合《行政诉讼法》规定的起诉条件的，应当登记立案。总体来看，《行政诉讼法》规定的起诉条件包括：

1）原告是符合《行政诉讼法》第 25 条规定的公民、法人或者其他组织。

2）有明确的被告。

3）有具体的诉讼请求和事实根据。

4）符合《行政诉讼法》起诉期限的规定。

5）属于人民法院受案范围和受诉人民法院管辖。

6）诉讼标的未为其他生效判决的效力所羁束。

7）不属于重复起诉，但撤回起诉后有正当理由再行起诉的除外。

8）由诉讼代理人代为起诉的，符合相关法定要求。

9）符合法律规定的必须由法定或者指定代理人、代表人为诉讼行为的特别要求。

10）符合法律法规规定的先行申请行政复议的特别要求。

11）符合法律规定的其他起诉要件。

其中，“有具体的诉讼请求”是指：a. 请求判决撤销或者变更行政行为；b. 请求判决行政机关履行法定职责或者给付义务；c. 请求判决确认行政行为违法；d. 请求判决确认行政行为无效；e. 请求判决行政机关予以赔偿或者补偿；f. 请求解决行政协议争议；g. 请求一并审查规章以下规范性文件；h. 请求一并解决相关民事争议；i. 其他诉讼请求。当事人未能正确表达诉讼请求的，人民法院应当予以释明。

（2）不符合起诉条件的，作出不予立案的裁定。裁定书应当载明不予立案的理由。原告对裁定不服的，可以提起上诉。根据《行政诉讼法》第 85 条的规定，当事人不服人民法院第一审裁定的，应当在裁定书送达之日起 10 日内向上一级人民法院提起上诉，否则将丧失此项诉讼权利。

（3）对当场不能判定是否符合《行政诉讼法》规定的起诉条件的，应当接收起诉状，出具注明收到日期的书面凭证，并在 7 日内决定是否立案。7 日内仍不能作出判断的，应当先予立案。审查的时间是“7 日”。这里“7 日”的期限，从受诉人民法院收到起诉状或者口头起诉之日起计算；因起诉状内容欠缺而责令原告补正的，从人民法院收到补正材料之日起计算。

（4）起诉状内容或者其他材料有欠缺或其他错误的，应当给予指导和释明，并一次性告知当事人需要补正的内容、补充的材料及期限。在指定期限内补正并符合起诉条件的，应当登记立案。当事人拒绝补正或者经补正仍不符合起诉条件的，裁定不予立案，并载明不予立案的理由。不得未经指导和释明即以起诉不符合条件为由不接收起诉状。

（5）对不接收起诉状、接收起诉状后不出具书面凭证，以及不一次性告知当事人需要补正的起诉状内容的，当事人可以向上级人民法院投诉，上级人民法院应当责令改正，并对直接负责的主管人员和其他直接责任人员依法给予处分。

（6）人民法院既不立案，又不作出不予立案裁定的，当事人可以向上一级人民法院起诉。上一级人民法院认为符合起诉条件的，应当立案、审理，也可以指定其他下级人民法院立案、审理。这一规定是针对行政诉讼起诉及受理阶段经常出现的法院对行政管理相对一方当事人的起诉利益任意剥夺，对当事人的起诉既不立案，又不作出不予立案裁定的突出问题而规定的。这一规定为当事人在此种情形下提供了新的救济途径，有利于保护当事人的诉权。

（四）规范性文件的一并审查

《行政诉讼法》第53条规定：“公民、法人或者其他组织认为行政行为所依据的国务院部门和地方人民政府及其部门制定的规范性文件不合法，在对行政行为提起诉讼时，可以一并请求对该规范性文件进行审查。前款规定的规范性文件不含规章。”

对规范性文件的一并审查，需要符合以下几个条件。

（1）行政行为依据国务院部门和地方人民政府及其部门制定的规范性文件作出。可以审查的规范性文件的范围包括国务院部门的规范性文件、县级以上地方人民政府及其工作部门的规范性文件，以及乡、镇人民政府的规定。而对法律、法规和规章不能一并请求审查。

（2）人民法院已经开始审查行政行为。只有在审查行政行为合法性的过程中，才可以基于当事人的申请一并审查规范性文件的合法性。因此，人民法院不能在个案以外，单独就规范性文件的合法性直接进行审查。

（3）公民、法人或者其他组织认为行政行为所依据的规范性文件不合法。行政机关制定的具有普遍约束力的规范性文件是对不特定的人或事作出的，因此《行政诉讼法》规定能够提出审查请求的只能是受依据该规范性文件作出的行政行为影响的公民、法人或者其他组织。这样规定也能够避免行政机关不断陷入纠纷之中。

（4）公民、法人或者其他组织提出对该规范性文件一并审查的请求。公民、法人或者其他组织不能单独就规范性文件提出审查请求，必须是在对行政行为提起行政诉讼时一并提出。

（5）公民、法人或者其他组织请求人民法院一并审查规范性文件的，应当在第一审开庭审理前提出；有正当理由的，也可以在法庭调查中提出。

第二节　行政诉讼的第一审程序

第一审程序是指从人民法院裁定登记立案到作出第一审判决的诉讼程序。在行政诉讼中，第一审程序是最重要、最基础的程序。这不仅是因为第一审程序是所有行政案件基本的、必经的程序阶段；更重要的是，这一程序还是二审及再审程序的参照，在有关后两类程序的法律规定不甚详明时，都需要比照第一审程序中的类似规定加以明确和具体化。

一、审理前的准备

审理前的准备是指人民法院在案件受理后至开庭审理前，为保证审判工作的顺利进行和案件正确、及时审理，审判人员需进行的各项准备活动。审理前的准备主要包括以下几项内容。

（一）组成合议庭

合议庭是人民法院行使行政审判权、审理行政案件的基本组织形式。行政案件必须由合议庭审理是行政诉讼区别于其他诉讼的一个重要特点。《行政诉讼法》规定，人民法院设行政审判庭，审理行政案件。人民法院审理行政案件，由审判员组成合议庭，或者由审判员、陪审员组成合议庭。合议庭的成员，应当是 3 人以上的单数，即行政诉讼合议庭的组成形式有两种：一种是由审判员组成的合议庭，另一种是由审判员和人民陪审员组成的合议庭。合议庭在审判长的领导下进行活动，合议庭全体成员集体审理、共同评议，按少数服从多数的原则表决案件审理工作中的重大事宜。

（二）交换诉状

这一阶段的工作内容主要包括以下几项：(1) 通知被告应诉。人民法院应当在立案之日起 5 日内，将起诉状副本和应诉通知书发送被诉行政机关，同时通知被告应诉并提供答辩状。(2) 被告提交答辩状。被告应当在收到起诉状副本之日起 15 日内提交答辩状，并提供作出行政行为的证据和所依据的规范性文件；被告不提供或者无正当理由逾期提供的，应当认定该具体行政行为没有证据、依据。但被告不提供答辩状的，不影响案件的审理。人民法院应当在收到答辩状之日起 5 日内，将答辩状副本发送原告。(3) 向第三人送达诉讼文书。有第三人参加诉讼的，比照上述规定发送起诉状副本或答辩状副本。

（三）处理管辖异议

当事人提出管辖异议的，应当在接到人民法院应诉通知书之日起 10 日内以书面形式提出，逾期不提出管辖异议的，视为无异议。对当事人提出的异议，人民法院应当进行审查。异议成立的，裁定将案件移送有管辖权的人民法院；异议不成立的，裁定驳回。

（四）审查诉讼文书和调查收集证据

通过对原、被告提供的起诉状、答辩状和各种证据材料进行审查，合议庭可以全面地了解案情，熟悉原告的诉讼请求和理由及被告的答辩理由，为开庭审理做好准备。同时，在比较全面了解案情的基础上，根据实际情况对诉讼主体进行全面审查，及时更换和追加当事人，决定或通知第三人参加诉讼。

调查收集证据则是合议庭在认为案件证据不够确凿、充分时，为了提高行政审判质量而自行组织的调查、取证工作。但是，不得为证明行政行为的合法性调取被告作出行政行为时未收集的证据。

（五）审查并确定其他内容

这主要是指根据案件具体情况，决定诉的合并与分离，确定审理的形式，决定开庭审理的时间、地点，决定是否采取诉讼保全措施，审查具体行政行为是否具有停止执行的条件，审查是否有先行给付的情况存在，等等。

二、开庭审理

（一）庭审方式

庭审阶段是全部审理活动的中心环节，其主要任务是审查核实证据，查明案情，正确适用法律，确认当事人之间的权利义务关系，最后作出正确判决。按照行政诉讼法的规定，在第一审程序中应当一律实行开庭审理，不得进行书面审理。由于行政案件的案情一般都比较复杂，审理难度大，开庭审理易于查明案情，能够比较充分地保障当事人的合法权益。

行政案件的审理形式有两种，即公开审理和不公开审理。人民法院审理行政案件，除涉及国家秘密、个人隐私和法律另有规定外，一律公开进行。公开审理与开庭审理并不是同一概念。开庭审理有公开进行和不公开进行的区别，而公开审判都是开庭审理，以开庭方式进行。无论公开审理或不公开审理，在宣告判决、裁定时，都应公开进行。

（二）开庭审理的程序

庭审程序是人民法院在当事人、诉讼参加人及其他诉讼参与人的参加下，依法定程序审理行政案件的过程。完整的庭审程序一般由如下程序组成。

1. 开庭准备

在开庭前3日传唤、通知当事人、诉讼参与人按时出庭参加诉讼。对于当事人，应当在开庭3日前用传票传唤；对于证人、鉴定人、勘验人、翻译人员，应当用通知书通知其到庭。当事人或者其他诉讼参与人在外地的，应当留有必要的在途时间。同时，人民法院对于公开审理的案件，应当张贴公告，载明开庭的时间、地点、案由等内容。

2. 开庭审理

开庭前由书记员查明当事人、诉讼参加人和其他诉讼参与人是否到庭。审判长宣布开庭，宣布案由，依法核对当事人身份，宣布合议庭组成人员和书记员及本案鉴定人、勘验人、翻译人员名单，告知当事人诉讼权利义务，交代申请回避权，询问当事人是否申请回避。

回避有两种，即依申请回避与主动回避。当事人认为审判人员与本案有利害关系或者有其他关系可能影响公正审判的，有权申请审判人员回避。审判人员认为自己与本案有利害关系或者有其他关系的，应当申请回避。当事人申请回避，应当说明理由，并在本案开始审理时提出；回避事由在案件开始审理后知道的，应当在法庭辩论终结前提出。被申请回避的人员，在人民法院作出是否回避的决定前，应当暂停参与本案的工作，但案件需要采取紧急措施的除外。对当事人提出的回避申请，人民法院应当在3日内以口头或者书面形式作出决定。院长担任审判长时的回避，由审判委员会决定；审判人员的回避，由院长决定；其他人员的回避，由审判长决定。申请人对驳回回避申请决定不服的，可以向作出决定的人民法院申请复议一次。复议期间，被申请回避的人员不停止参与本案的工作。对申请人的复议申请，人民法院应当在3日内作出复议决定，并通知复议申请人。回避的规定同时适用于书记员、翻译人员、鉴定人、勘验人。

有下列情形之一的，可以延期开庭审理：一是应当到庭的当事人和其他诉讼参与人有正当理由没有到庭的；二是当事人临时提出回避申请且无法及时作出决定的；三是需要通知新的证人到庭，调取新的证据，重新鉴定、勘验，或者需要补充调查的；四是其他应当延期的情形。

3. 法庭调查

法庭调查是指审判人员在法庭上，在诉讼当事人和参与人的参加下，全面调查案件事实，审查、判断各项证据的诉讼活动。

法庭调查的顺序是：告知当事人诉讼权利和义务；询问当事人和当事人陈述；通知证人到庭作证；告知证人的权利义务，询问证人；宣读未到庭的证人证言；通知鉴定人到庭，告知其权利义务，询问鉴定人，宣读鉴定意见；出示物证、书证、视听资料、电子数据；通知勘验人到庭，告知其权利义务，宣读勘验笔录、现场笔录。

4. 法庭辩论

法庭辩论是指在审判人员主持下，双方当事人就本案的事实、证据以及作出行政行为的法律依据，行使自己的辩论权利，阐述自己的主张和根据，针对对方提出的主张进行反驳，开展相互辩论的诉讼活动。

法庭辩论的基本顺序如下：原告及其诉讼代理人发言；被告及其诉讼代理人发言；第三人及其诉讼代理人发言；双方相互辩论。在辩论中发现新的情况需要进一步调查时，审判长可以宣布停止辩论，恢复法庭调查或决定延期审理。待事实查清以后，再继续法庭辩论。法庭辩论终结时，当事人还有最后陈述的权利。

5. 合议庭评议

法庭辩论结束后，审判长宣布休庭，由合议庭全体成员对本案进行评议。评议时，实取少数服从多数原则。评议应当制作笔录，评议中的不同意见，必须如实记入评议笔录，评议笔录由合议庭全体成员及书记员签名。

对于重大疑难的案件，由合议庭提请院长交审判委员会讨论决定。审判委员会的决定，合议庭必须执行。

6. 宣读判决裁定

合议庭评议以后，可以当庭宣判，也可以择期宣判。在一审判决书中应当明确告知当事人上诉权，并明确说明上诉权行使的期限和方式。

三、审理期限

人民法院应当在立案之日起 6 个月内作出第一审判决。鉴定、处理管辖异议以及中止诉讼的时间不计算在内。

人民法院有特殊情况需要延长审理期限的，由高级人民法院批准。高级人民法院审理第一审案件需要延长的，由最高人民法院批准。基层人民法院申请延长审理期限的，应当直接报请高级人民法院批准，同时报中级人民法院备案。

四、宣判

《行政诉讼法》第 80 条规定：“人民法院对公开审理和不公开审理的案件，一律公开宣告判决。当庭宣判的，应当在十日内发送判决书；定期宣判的，宣判后立即发给判决书。宣告判决时，必须告知当事人上诉权利、上诉期限和上诉的人民法院。”

涉及国家秘密、个人隐私和法律另有规定的案件不公开审理，涉及商业秘密的案件也可能不公开审理。也就是说，行政案件的审理方式有公开审理和不公开审理两种。但是无论是公开审理的案件还是不公开审理的案件，宣告判决环节都要公开进行。

判决经过宣告即告成立，因此宣告是判决成立的开始。判决书送达的日期，则为上诉期开始起算的日期。

五、妨害行政诉讼行为的排除

（一）妨害行政诉讼行为的概念和构成要件

妨害行政诉讼行为，是指在行政诉讼中，诉讼参与人以及其他公民、法人、其他组织故意实施的破坏诉讼秩序、阻碍诉讼活动正常进行的违法行为。

妨害行政诉讼行为的构成要件为：

（1）必须有妨害行政诉讼的实际行为。妨害行政诉讼的行为包括作为和不作为两种形式。无论以哪种形式，都必须是已经实施了妨害行为，而不仅仅是意图，而且行为人所实施的妨害行为是法律所禁止的违法行为。

（2）必须是在诉讼过程中实施的行为。诉讼过程包括行政案件的审理和执行过程。如果某一违法行为实施于行政诉讼开始前或者行政诉讼结束以后，则不能将其认定为妨害行政诉讼的行为。妨害行政诉讼的行为可以是在法庭中实施的，也可以是在法庭外实施的，不以法庭空间为限，但其行为后果必须妨害行政诉讼的进行。

（3）必须是行为人的故意行为。故意是指行为人明知自己的行为违反行政诉讼法的规定，会妨害行政诉讼的正常进行，而有意识地去实施这种行为。

（二）妨害行政诉讼行为的种类

根据《行政诉讼法》第59条的规定，妨害行政诉讼的行为有以下几种。

（1）有义务协助执行的人，对人民法院的协助调查、执行通知书，无故推拖、拒绝或者妨碍调查、执行的。

（2）伪造、隐藏、毁灭证据或者提供虚假证明材料，妨碍人民法院审理案件的。

（3）指使、贿买、胁迫他人作伪证或者威胁、阻止证人作证的。

（4）隐藏、转移、变卖、毁损已被查封、扣押、冻结的财产的。

（5）以欺骗、胁迫等非法手段使原告撤诉的。

（6）以暴力、威胁或者其他方法阻碍人民法院工作人员执行职务或者以哄闹、冲击法庭等方法扰乱人民法院工作秩序的。

（7）对人民法院审判人员或者其他工作人员、诉讼参与人、协助调查和执行人恐吓、侮辱、诽谤、诬陷、殴打或者打击报复的。

（三）排除妨害行政诉讼行为的强制措施

排除妨害行政诉讼行为的强制措施，是人民法院为了维护行政诉讼程序而由法律规定的，对妨害行政诉讼的违法行为所采取的强制性的排除措施，主要适用于妨害行政诉讼的行为。在行政诉讼中由于双方当事人利益对立，经常会产生妨害行政诉讼的行为如毁灭或隐匿证据，导致法院无法正常审理案件。对此，法院应当采取强制措施予以排除。行政诉讼强制措施，就其性质而言，是一种诉讼上的强制性手段，不属于法律制裁，法律规定排除妨害行政诉讼行为的强制措施的目的，是保证行政案件审理的正常进行。

根据《行政诉讼法》的规定，排除妨害行政诉讼行为的强制措施主要有以下几种类型。

1. 训诫

训诫指人民法院对轻微违反行政诉讼秩序要求的人，以批评警告的方式指出行为人的错误及其危害，并责令不许再犯。

2. 责令具结悔过

责令具结悔过是指人民法院对实施轻微妨害行政诉讼行为的人，令其写出书面悔过书，认识所犯错误的性质、危害，并保证不再重犯的强制措施。

3. 罚款

罚款是人民法院对实施较重妨害行政诉讼行为的人予以经济制裁，责令其缴纳一定数量的金钱的强制措施。《行政诉讼法》规定的罚款的数额是在 1 万元以下。

4. 司法拘留

司法拘留是人民法院对实施严重妨害行政诉讼行为的人，限制其人身自由的一种强制措施，司法拘留的天数应在 15 日以下。被司法拘留的人，由人民法院交公安机关看管。在司法拘留期间，被司法拘留人承认并改正错误的，人民法院可以决定提前解除司法拘留。

严重妨害行政诉讼构成犯罪的，应依法追究刑事责任。《民事诉讼法》第 113 条第 3 款的规定，人民法院对哄闹、冲击法庭，侮辱、诽谤、威胁、殴打审判人员，严重扰乱法庭秩序的人，依法追究刑事责任。《民事诉讼法》第 114 条的规定："诉讼参与人或者其他人有下列行为之一的，人民法院可以根据情节轻重予以罚款、拘留；构成犯罪的，依法追究刑事责任：(一) 伪造、毁灭重要证据，妨碍人民法院审理案件的；(二) 以暴力、威胁、贿买方法阻止证人作证或者指使、贿买、胁迫他人作伪证的；(三) 隐藏、转移、变卖、毁损已被查封、扣押的财产，或者已被清点并责令其保管的财产，转移已被冻结的财产的；(四) 对司法工作人员、诉讼参加人、证人、翻译人员、鉴定人、勘验人、协助执行的人，进行侮辱、诽谤、诬陷、殴打或者打击报复的；(五) 以暴力、威胁或者其他方法阻碍司法工作人员执行职务的；(六) 拒不履行人民法院已经发生法律效力的判决、裁定的。人民法院对有前款规定的行为之一的单位，可以对其主要负责人或者直接责任人员予以罚款、拘留；构成犯罪的，依法追究刑事责任。"在行政诉讼中，诉讼参与人或者其他人有以上行为并构成犯罪的，人民法院也可以参照以上规定追究刑事责任。

人民法院在采取排除妨害行政诉讼行为的强制措施时，应遵循排除措施的形式与妨害行为的性质相适应、排除措施程度与妨害行为的情节相适应的原则。

训诫由审判组织当场作出，训诫情形记入笔录；责令具结悔过则由合议庭作出，悔过书要附卷备查；罚款、司法拘留则要由合议庭作出书面决定，报请人民法院院长批准后才能实施。罚款、拘留应当用决定书。当事人对决定不服的，可以向上一级人民法院申请复议一次。复议期间不停止执行。

人民法院对有前述规定的行为之一的单位，可以对其主要负责人或者直接责任人员依照前述规定予以罚款、拘留；构成犯罪的，依法追究刑事责任。此处的"主要负责人"指行政机关负责人中排位靠前的几位领导，并非所有的行政机关负责人都是行政机关的主要负责人；而"直接责任人"指的是直接实施妨害行政诉讼行为并发挥主要作用的行政机关工作人员。其具有三个特点：第一，大多数是某些职能部门的具体工作人员，一般不是行政机关领导；第二，往往是在行政机关的指派或支持下从事某项具体活动；第三，在实施妨害行政诉讼行为中起到了重要作用。

六、案件的移送、公告和司法建议

（一）案件的移送

案件的移送，是指人民法院在审理行政案件时，发现行政机关工作人员有违法违纪的，应当将有关材料移送监察机关、该行政机关或者其上一级行政机关；认为有犯罪行为的，应当将有关材料移送公安、检察机关。

这种移送不同于移送管辖，而是主管事项的移送。被移送的案件主要包括刑事案件、内部行政案件及应当由其他部门处理的行政违法案件等。

（二）公告和司法建议

《行政诉讼法》第 66 条第 2 款规定："人民法院对被告经传票传唤无正当理由拒不到庭，或者未经法庭许可中途退庭的，可以将被告拒不到庭或者中途退庭的情况予以公告，并可以向监察机关或者被告的上一级行政机关提出依法给予其主要负责人或者直接责任人员处分的司法建议。"

《行政诉讼法》第 96 条第 3 项规定："行政机关拒绝履行判决、裁定、调解书的，第一审人民法院可以将行政机关拒绝履行的情况予以公告。"

《行政诉讼法》第 96 条第 4 项规定："行政机关拒绝履行判决、裁定、调解书的，第一审人民法院可以向监察机关或者该行政机关的上一级行政机关提出司法建议。接受司法建议的机关，根据有关规定进行处理，并将处理情况告知人民法院。"

公告即向社会公开，对于无正当理由拒不到庭、未经法庭许可中途退庭，以及拒绝履行判决、裁定、调解书的行政机关及其主要负责人将造成负面影响。司法建议是人民法院行使审判权时，对于与案件有关的但不属于人民法院审判权所能解决的问题向有关方面提出的建议。行政诉讼法规定的司法建议是人民法院对无正当理由拒不到庭、未经法庭许可中途退庭的行政机关及其主要负责人进行制裁，以及执行生效的行政判决、裁定和调解书的一种手段。

另外，根据 2023 年修正的《民事诉讼法》第 117 条的规定，有义务协助调查、执行的单位有下列行为之一的，人民法院除责令其履行协助义务外，并可以予以罚款：（1）有关单位拒绝或者妨碍人民法院调查取证的；（2）有关单位接到人民法院协助执行通知书后，拒不协助查询、扣押、冻结、划拨、变价财产的；（3）有关单位接到人民法院协助执行通知书后，拒不协助扣留被执行人的收入、办理有关财产权证照转移手续、转交有关票证、证照或者其他财产的；（4）其他拒绝协助执行的。人民法院对有前述规定的行为之一的单位，可以对其主要负责人或者直接责任人员予以罚款；对仍不履行协助义务的，可以予以拘留；并可以向监察机关或者有关机关提出予以纪律处分的司法建议。

根据我国民事诉讼法与行政诉讼法的关系，我们认为，如果在行政诉讼中，有义务协助调查、执行的单位，有以上行为的，人民法院可以参照执行，即可以向监察机关或者有关机关提出予以纪律处分的司法建议。

第三节　行政诉讼的简易程序

所谓简易程序，是相对普通程序而言在起诉、审理、审限等方面有所简化的程序。通俗地说，简易程序就是一种简化了的普通程序。简易程序有助于降低当事人的诉讼成本、节约司法资源、提高审判效率，从而及时保障公民、法人和其他组织的合法权益。

一、简易程序的适用范围

人民法院适用简易程序审理行政案件的范围，包括法定的情形和当事人各方同意适用的情形。

（一）法定的情形

《行政诉讼法》第 82 条第 1 款规定："人民法院审理下列第一审行政案件，认为事实清楚、权利义务关系明确、争议不大的，可以适用简易程序：（一）被诉行政行为是依法当场作出的；（二）案件涉及款额二千元以下的；（三）属于政府信息公开案件的。"

法律规定可以适用简易程序的案件必须同时满足以下三个条件。

（1）人民法院认为事实清楚、权利义务关系明确、争议不大。所谓"案件事实清楚"是指当事人对争议事实的陈述基本一致，并能提供相应的证据，无须人民法院调查收集证据即可查明事实。所谓"权利义务关系明确"是指行政法律关系中权利和义务能够明确区分。所谓"争议不大"是指当事人对行政行为的合法性、责任承担等没有实质分歧。以上三个条件必须同时满足。一般来说，新类型案件、群体性案件、社会影响较大的案件、涉外与涉港澳台案件等都不宜适用简易程序。

（2）案件为第一审案件。行政诉讼简易程序只适用于第一审案件，对于第二审案件、再审案件都不适用。

（3）须为下列三种具体情形之一：1）被诉行政行为是依法当场作出的。这种情况指的是行政机关在执法现场直接作出行政行为的情形。2）案件涉及款额为 2 000 元以下的。这是从涉案金额角度作出的界定。需要注意的是，这里给出的是一个统一标准，各地法院不能根据其经济状况、居民收入水平等因素作出调整。3）属于政府信息公开案件的。政府信息公开案件一般都属于案件事实比较清楚、权利义务关系比较明确、争议不大的案件，而且案件数量很多。

需要注意的是，法律规定满足上述条件的，可以适用简易程序，也就是说究竟适用与否，由人民法院根据具体情况作出裁量。

（二）当事人各方同意适用的情形

《行政诉讼法》第 82 条第 2 款规定："除前款规定以外的第一审行政案件，当事人各方同意适用简易程序的，可以适用简易程序。"

当事人各方同意适用简易程序的案件必须同时满足以下几个条件：（1）案件为第一审案件。（2）当事人各方同意适用简易程序。当事人合意选择简易程序，表明当事人愿意通过简单、有效、及时、快捷的方式解决纠纷，从尊重当事人处分权利的角度出发，允许其适用简易程序，能够将本应当适用普通程序的案件适用简易程序审理，这是当事人行使程序选择权的结果。需要注意的是，必须是当事人各方均同意适用简易程序，而不仅是其中的双方。另外，《行政诉讼法》并没有规定对这种情形需要人民法院准许，也就是说，只要当事人各方同意适用简易程序，就应当适用简易程序。

（三）不能适用简易程序的情形

《行政诉讼法》第82条第3款规定："发回重审、按照审判监督程序再审的案件不适用简易程序。"

尽管发回重审、按照审判监督程序再审的案件也可能适用一审程序，但案件发回重审、按照审判监督程序再审，表明各方对案件争议很大，原审存在错误，不宜适用简易程序审理。

此外，如果案件已经适用普通程序审理，则当事人不能通过合意改为适用简易程序。

二、简易程序的审判组织和审理期限

《行政诉讼法》第83条规定："适用简易程序审理的行政案件，由审判员一人独任审理，并应当在立案之日起四十五日内审结。"

在简易程序的审判组织方面，简易程序可以由审判员一人独任审理。需要注意的是，此处规定的是"审判员"，即不能由陪审员或者书记员独任审理。当然，审判员一人独任审理指的是无须其他审判员或陪审员参加，仍然需要由书记员记录，不能由审判员自己审理、自己记录。

在简易程序的审理期限方面，适用简易程序审理的行政案件，应当在立案之日起45日内审结。由于适用简易程序的案件一般为事实清楚、权利义务关系明确、争议不大的案件，所以对于人民法院来说可以在更短的时间内完成审理工作。因此，适用简易程序审理案件，应当在立案之日起45日内审结，并且该期限不能延长。45日的期限从立案之次日起连续计算，期间届满的最后一日是节假日的，以节假日后的第一日为期间届满之日。鉴定、处理管辖争议或者异议以及中止诉讼的时间不计算在内。

三、简易程序的审理程序特点

（一）简便的开庭通知和送达方式

适用简易程序审理行政案件，人民法院可以用口头通知、电话、短信、传真、电子邮件等简便方式传唤当事人、通知证人、送达裁判文书以外的诉讼文书。以简便方式送达的开庭通知，未经当事人确认或者没有其他证据证明当事人已经收到的，人民法院不得缺席判决。

（二）相对灵活的期限确定

适用简易程序案件的举证期限由人民法院确定，也可以由当事人协商一致并经人民法院准许，但不得超过15日。被告要求书面答辩的，人民法院可以确定合理的答辩期间。

人民法院应当将举证期限和开庭日期告知双方当事人，并向当事人说明逾期举证以及拒不到庭的法律后果，由双方当事人在笔录和开庭传票的送达回证上签名或者捺印。

当事人双方均表示同意立即开庭或者缩短举证期限、答辩期间的，人民法院可以立即开庭审理或者确定近期开庭。

四、简易程序转为普通程序

《行政诉讼法》第 84 条规定："人民法院在审理过程中，发现案件不宜适用简易程序的，裁定转为普通程序。"

（1）从行政诉讼简易程序向普通程序转换的条件。

从行政诉讼简易程序向普通程序转换的条件是"人民法院在审理过程中，发现案件不宜适用简易程序的"。所谓"不宜适用简易程序"主要是针对《行政诉讼法》第 82 条规定的情形而言的。如果人民法院在审理过程中，发现案件并非事实清楚、权利义务关系明确、争议不大，或者并不属于第 82 条第 1 款所明列的三种情形的，或者在因当事人各方同意适用简易程序而适用简易程序的情形下发现遗漏了其他当事人而该当事人不同意适用简易程序的，或者发现该案件属于发回重审、按照审判监督程序再审的案件的，就应当转换为普通程序。

（2）从行政诉讼简易程序向普通程序转换的主体。

根据《行政诉讼法》第 84 条的规定，程序转换由人民法院依职权而为。也就是说，不论在法定的适用简易程序的情形下，还是在当事人约定的适用简易程序的情形下，只要人民法院在审理过程中发现案件不适宜用简易程序，都可以依职权进行转化，不需要当事人同意，更不能由当事人决定，但可以由当事人提出异议，法院在审查后作出决定。

（3）从行政诉讼简易程序向普通程序转换的时限。

从行政诉讼简易程序向普通程序转换的，应当在审限届满前及时作出决定。由于简易程序案件的审理期限不得延长，因而由简易程序转为普通程序审理，必须在简易程序的审限届满之前。

（4）从行政诉讼简易程序向普通程序转换的形式。

人民法院在审理过程中，发现案件不宜适用简易程序，需要转为普通程序的，应以裁定的形式，而非决定。作出裁定后应当将合议庭组成人员及相关事项书面通知双方当事人。案件转为普通程序审理的，审理期限自人民法院立案之日起计算。

第四节 行政诉讼的第二审程序

第二审程序是上级人民法院对下级人民法院就第一审案件所作的判决、裁定，在发生法律效力以前，基于当事人的上诉，依据事实和法律，对案件进行审理的程序。人民法院审理行政案件实行两审终审制度。因此除最高人民法院所作的第一审判决、裁定是终审判决、裁定外，当事人不服地方各级人民法院所作的第一审判决、裁定（部分）的，都有权依法向上一级人民法院提起上诉，从而引起第二审程序。

一、上诉的提起与受理

（一）上诉的提起

上诉是当事人不服人民法院的第一审判决、裁定，依法要求第二审人民法院审理的诉讼行为。当事人不服人民法院第一审判决的，有权在判决书送达之日起 15 日内向上一级人民法院提起上诉。当事人不服人民法院第一审裁定的，有权在裁定书送达之日起10日内向上一级人民法院提起上诉。

上诉是行政诉讼法赋予当事人的一项基本诉讼权利。上诉的对象既可以是第一审判决，也可以是第一审裁定。当事人的上诉必须在一定的期限内提出，逾期则失去上诉权。上诉既可以通过原审人民法院提起，也可以直接向第二审人民法院提起。当事人提起上诉的，应当按照其他当事人或者诉讼代表人的人数提出上诉状副本。

（二）上诉的受理

上诉的受理是指第二审人民法院收到上诉状后依法决定是否作为上诉案件立案，开始第二审程序的诉讼活动。原审人民法院收到上诉状，应当在5日内将上诉状副本送达其他当事人，对方当事人应当在收到上诉状副本之日起10日内提出答辩状。原审人民法院应当在收到答辩状之日起5日内将副本送达当事人。原审人民法院收到上诉状、答辩状，应当在5日内连同全部案卷和证据，报送第二审人民法院。已经预收诉讼费用的，一并报送。

第一审人民法院作出判决和裁定后，当事人均提起上诉的，上诉各方均为上诉人。诉讼当事人中的一部分提出上诉，没有提出上诉的对方当事人为被上诉人，其他当事人依原审诉讼地位列明。上诉受理后，即标志着案件进入第二审程序。

二、上诉案件的审理

第二审人民法院审理上诉案件，除《行政诉讼法》对第二审程序有特别规定外，均适用第一审程序的规定。这里仅就第二审程序中审理的特别之处作一些说明。

（一）审理方式

对于上诉案件的审理，人民法院应当组成合议庭，并且原则上应当开庭审理，遵循公开审判的原则。但是，若经过阅卷、调查和询问当事人，没有提出新的事实、证据或者理由，合议庭认为不需要开庭审理的，也可以不开庭审理而径行作出裁判。不开庭审理的第二审案件应当满足三个条件：(1) 程序性要求，即必须经阅卷、调查和询问当事人；(2) 实体性标准，即当事人没有提出新的事实、证据或者理由；(3) 需求性标准，即合议庭认为不需要开庭审理。只有同时满足这三个条件的，才能不开庭审理。需要注意的是，不开庭审理，并不意味着可以完全书面审理，在需要时和必要时应当询问当事人，核实有关情况。

（二）审理对象和范围

第二审人民法院审理上诉案件，应当对原审人民法院的裁判和被诉行政行为是否合法进行全面审查，而不受上诉范围的限制。因为原审人民法院的裁判正确与否与被诉行政行为是否合法密切相关，同时，对被诉行政行为进行全面审查，也是合法性审查原则在第二审程序中的具体运用。另外，在司法实践中，第二审人民法院也不可能置行政行为的合法性问题于不顾，只审查第一审法院裁判的合法性。

行政诉讼二审的全面审查原则包括以下两个方面：(1) 第二审人民法院审理行政案件，既要对原审法院的裁判是否合法进行审查，又要对被诉行政行为的合法性进行审查；(2) 第二审人民法院审理行政案件，对被诉行政行为的合法性进行全面审查，不受上诉范围的限制。

（三）第二审的裁判

第二审人民法院对上诉案件经过审理后，根据不同情况，分别作出如下裁判。

（1）判决或者裁定驳回上诉，维持原判决、裁定。

第二审人民法院经过审理后，确认原判决、裁定认定事实清楚，适用法律、法规正确的，应判决或者裁定驳回上诉，维持原判决、裁定。这是第二审法院对一审法院判决、裁定的肯定，对上诉的否定。

（2）依法改判、撤销或者变更。

依据《行政诉讼法》第 89 条第 1 款第 2 项的规定，第二审人民法院认为原判决、裁定认定事实错误或者适用法律、法规错误的，以判决或裁定方式依法改判、撤销或者变更。

（3）发回原审人民法院重审，或者查清事实后改判。采用这种处理方式的条件是原审判决认定基本事实不清、证据不足。

（4）裁定撤销原判决，发回原审人民法院重审。采用这种处理方式的条件是原判决有遗漏当事人或者违法缺席判决等严重违反法定程序的情形。

另外，《行政诉讼法》第 89 条第 2 款规定，原审人民法院对发回重审的案件作出判决后，当事人提起上诉的，第二审人民法院不得再次发回重审。该条第 3 款规定：人民法院审理上诉案件，需要改变原审判决的，应当同时对被诉行政行为作出判决。第一审人民法院作出实体判决后，第二审人民法院认为不应当受理的，在撤销第一审人民法院判决的同时，可以发回重审，也可以径行驳回起诉。

第二审人民法院裁定发回原审人民法院重新审理的行政案件，原审人民法院应当另行组成合议庭进行审理。

当事人对重审案件的判决、裁定，可以上诉。

（5）原审判决遗漏行政赔偿请求或当事人在二审程序中提出行政赔偿请求的处理。

原审判决遗漏行政赔偿请求，第二审人民法院经审查认为依法不应当予以赔偿的，应当判决驳回行政赔偿请求。

原审判决遗漏行政赔偿请求，第二审人民法院经审理认为依法应当予以赔偿的，在确认被诉行政行为违法的同时，可以就行政赔偿问题进行调解；调解不成的，应当就行政赔偿部分发回重审。

当事人在第二审期间提出行政赔偿请求的，第二审人民法院可以进行调解；调解不成的，应当告知当事人另行起诉。

（四）审理期限

第二审人民法院审理上诉案件，应当自收到上诉状之日起 3 个月内作出终审判决，有特殊情况需要延长的，由高级人民法院批准，高级人民法院审理上诉案件需要延长的，由最高人民法院批准。

第五节 行政诉讼审判监督程序

审判监督程序又称再审程序，是指人民法院对已经发生法律效力的判决、裁定，发现违反法律、法规的规定，依法再次审理的程序。行政诉讼实行二审终审制，审判监督程序并不是每个行政诉讼案件的必经程序，而只是对已经发生法律效力的违反法律、法规的判决、裁定，在确实需要再审时所适用的一种特殊程序，其设置的目的是保证人民法院审判工作的公正、正确，体现审判工作实事求是、有错必纠的原则。

一、我国行政诉讼审判监督程序的法源

我国《行政诉讼法》中有关审判监督程序的规定，共有 4 个条文，即第 90 条、第 91 条、第 92 条和第 93 条。其中，第 90 条、第 92 条和第 93 条分别规定了当事人、人民法院和人民检察院提起审判监督程序的机制，而第 91 条规定了提起审判监督程序的条件。

另外，2018 年《行诉法解释》对行政诉讼的审判监督程序作了进一步规定。这些规定涉及下列事项：

一是原判决、裁定、调解书的执行问题。2018 年《行诉法解释》第 118 条规定：按照审判监督程序决定再审的案件，裁定中止原判决、裁定、调解书的执行，但支付抚恤金、最低生活保障费或者社会保险待遇的案件，可以不中止执行。上级人民法院决定提审或者指令下级人民法院再审的，应当作出裁定，裁定应当写明中止原判决的执行；情况紧急的，可以将中止执行的裁定口头通知负责执行的人民法院或者作出生效判决、裁定的人民法院，但应当在口头通知后十日内发出裁定书。

二是再审适用的程序。该解释第 119 条规定：人民法院按照审判监督程序再审的案件，发生法律效力的判决、裁定是由第一审法院作出的，按照第一审程序审理，所作的判决、裁定，当事人可以上诉；发生法律效力的判决、裁定是由第二审法院作出的，按照第二审程序审理，所作的判决、裁定，是发生法律效力的判决、裁定；上级人民法院按照审判监督程序提审的，按照第二审程序审理，所作的判决、裁定是发生法律效力的判决、裁定。人民法院审理再审案件，应当另行组成合议庭。

三是再审的审理对象。该解释第 120 条规定：人民法院审理再审案件应当围绕再审请求和被诉行政行为合法性进行。当事人的再审请求超出原审诉讼请求，符合另案诉讼条件的，告知当事人可以另行起诉。被申请人及原审其他当事人在庭审辩论结束前提出的再审请求，符合本司法解释规定的申请期限的，人民法院应当一并审理。人民法院经再审，发现已经发生法律效力的判决、裁定损害国家利益、社会公共利益、他人合法权益的，应当一并审理。

四是再审程序的终结。该解释第 121 条规定，再审审理期间，有下列情形之一的，裁定终结再审程序：再审申请人在再审期间撤回再审请求，人民法院准许的；再审申请人经传票传唤，无正当理由拒不到庭的，或者未经法庭许可中途退庭，按撤回再审请求处理的；人民检察院撤回抗诉的；其他应当终结再审程序的情形。因人民检察院提出抗诉裁定再审的案件，申请抗诉的当事人有前述规定的情形，且不损害国家利益、社会公共利益或者他人合法权益的，人民法院裁定终结再审程序。再审程序终结后，人民法院裁定中止执行的原生效判决自动恢复执行。

五是再审案件的处理。该解释第 122 条规定：人民法院审理再审案件，认为原生效

判决、裁定确有错误，在撤销原生效判决或者裁定的同时，可以对生效判决、裁定的内容作出相应裁判，也可以裁定撤销生效判决或者裁定，发回作出生效判决、裁定的人民法院重新审理。该解释第123条规定，人民法院审理再审案件，对原审法院立案、不予立案或者驳回起诉错误的，应当分别情况作如下处理：（1）第二审人民法院维持第一审人民法院不予立案裁定错误的，再审法院应当撤销第一审、第二审人民法院裁定，指令第一审人民法院受理；（2）第二审人民法院维持第一审人民法院驳回起诉裁定错误的，再审法院应当撤销第一审、第二审人民法院裁定，指令第一审人民法院审理。

再审案件按照第一审程序审理的，适用《行政诉讼法》第81条规定的审理期限。再审案件按照第二审程序审理的，适用《行政诉讼法》第88条规定的审理期限。

以下就结合《行政诉讼法》及其司法解释和《民事诉讼法》的规定，对行政诉讼审判监督程序作介绍。

二、审判监督程序的提起

（一）提起审判监督程序的条件

（1）当事人申请再审。

《行政诉讼法》第90条规定："当事人对已经发生法律效力的判决、裁定，认为确有错误的，可以向上一级人民法院申请再审，但判决、裁定不停止执行。"需要注意的是：首先，当事人申请再审的法院是作出生效判决的上一级人民法院。其次，当事人申请再审，应当在判决、裁定发生法律效力2年内提出。当事人对已经发生法律效力的行政赔偿调解书，提出证据证明调解违反自愿原则或者调解协议的内容违反法律规定的，亦可以在2年内申请再审。最后，当事人提出再审申请的，原判决、裁定不停止执行。

（2）再审事由。

《行政诉讼法》第91条规定："当事人的申请符合下列情形之一的，人民法院应当再审：（一）不予立案或者驳回起诉确有错误的；（二）有新的证据，足以推翻原判决、裁定的；（三）原判决、裁定认定事实的主要证据不足、未经质证或者系伪造的；（四）原判决、裁定适用法律、法规确有错误的；（五）违反法律规定的诉讼程序，可能影响公正审判的；（六）原判决、裁定遗漏诉讼请求的；（七）据以作出原判决、裁定的法律文书被撤销或者变更的；（八）审判人员在审理该案件时有贪污受贿、徇私舞弊、枉法裁判行为的。"本条规定了行政诉讼的再审事由。人民法院接到当事人的再审申请后，经审查，符合上述八项再审条件之一的，应当立案并及时通知各方当事人；不符合再审条件的，予以驳回。

（3）依职权再审。

《行政诉讼法》第92条第1款规定："各级人民法院院长对本院已经发生法律效力的判决、裁定，发现有本法第九十一条规定情形之一，或者发现调解违反自愿原则或者调解书内容违法，认为需要再审的，应当提交审判委员会讨论决定。"该条第2款规定："最高人民法院对地方各级人民法院已经发生法律效力的判决、裁定，上级人民法院对下级人民法院已经发生法律效力的判决、裁定，发现有本法第九十一条规定情形之一，或者发现调解违反自愿原则或者调解书内容违法的，有权提审或者指令下级人民法院再审。”

依职权启动再审，需要符合以下条件：1）启动再审有法律赋予的相应职权。2）拟启动再审的判决、裁定、调解书已经发生法律效力。3）符合《行政诉讼法》第91条规定的情形或者发现调解违反自愿原则或者调解书内容违法。

（4）检察监督。

《行政诉讼法》第93条第1款规定：“最高人民检察院对各级人民法院已经发生法律效力的判决、裁定，上级人民检察院对下级人民法院已经发生法律效力的判决、裁定，发现有本法第九十一条规定情形之一，或者发现调解书损害国家利益、社会公共利益的，应当提出抗诉。”该条第2款规定：“地方各级人民检察院对同级人民法院已经发生法律效力的判决、裁定，发现有本法第九十一条规定情形之一，或者发现调解书损害国家利益、社会公共利益的，可以向同级人民法院提出检察建议，并报上级人民检察院备案；也可以提请上级人民检察院向同级人民法院提出抗诉。”该条第3款规定：“各级人民检察院对审判监督程序以外的其他审判程序中审判人员的违法行为，有权向同级人民法院提出检察建议。”

检察监督的方式包括抗诉和检察建议两种。首先，我国检察机关的抗诉实行“上级抗”模式，也就是“上抗下”模式，例外情况是最高人民检察院可以进行“同级抗”。抗诉的事由与再审的事由一致，并增加了一个调解书损害国家利益、社会公共利益的情形。其次，检察建议包括两种情形：一是启动再审的检察建议。地方各级人民检察院对同级人民法院已经发生法律效力的判决、裁定，发现有《行政诉讼法》第91条规定情形之一，或者发现调解书损害国家利益、社会公共利益的，可以向同级人民法院提出检察建议，并报上级人民检察院备案。需要注意的是，启动再审的检察建议，适用主体是地方各级人民检察院，不包括最高人民检察院。二是对审判人员违法行为进行处理的检察建议。各级人民检察院对审判监督程序以外的其他审判程序中审判人员的违法行为，有权向同级人民法院提出检察建议。需要注意的是，这种检察建议的适用主体是各级人民检察院，包括最高人民检察院。

人民检察院提出抗诉，是行政案件发生再审的原因之一，人民法院对人民检察院提出抗诉的案件，应进行再审，并由同级人民检察院派员参加。

检察建议属于法、检两家对改进工作的建议，不属于诉讼程序。从接受检察监督的角度来看，人民法院对检察院建议应当进行研究，并将处理结果回复人民检察院。

（二）提起审判监督的程序

（1）原审人民法院院长提起审判监督程序，必须报经审判委员会决定。

（2）上级人民法院提起审判监督程序，既可以自己审理，也可以指令下级人民法院再审。其中，下级人民法院可以是原审法院，也可以是异地法院。

（3）人民检察院依法提出抗诉的程序。

根据有关法律规定，人民检察院抗诉的具体程序是：最高人民检察院对各级人民法院已经发生效力的裁判或调解书向最高人民法院抗诉。上级人民检察院对下级人民法院已经发生效力的裁判或调解书，向同级人民法院抗诉。地方各级人民检察院对同级人民法院已经发生法律效力的裁判或调解书，可以向同级人民法院提出检察建议，并报上级人民检察院备案；也可以报请上级人民检察院，由上级人民检察院向同级人民法院提出抗诉。人民检察院决定对人民法院的判决、裁定或调解书提出抗诉的，应当制作抗诉书。人民检察院提出抗诉的案件，接受抗诉的人民法院应当自收到抗诉书之日起 30 日内作出再审的裁定。如果有以下情形之一的，人民法院可以交下一级人民法院再审：有新的证据，足以推翻原判决、裁定的；原判决、裁定认定的基本事实缺乏证据证明的；原判决、裁定认定事实的主要证据是伪造的；原判决、裁定认定事实的主要证据未经质证的；对审理案件需要的证据，当事人因客观原因不能自行收集，书面申请人民法院调查收集，人民法院未调查收集的。人民检察院提出抗诉的案件，人民法院再审时，应当通知人民检察院派员出席法庭。

（4）当事人申请再审的程序。

当事人申请再审，应当在判决、裁定或者调解书发生法律效力后 6 个月内提出。有下列情形之一的，自知道或者应当知道之日起 6 个月内提出：1）有新的证据，足以推翻原判决、裁定的；2）原判决、裁定认定事实的主要证据是伪造的；3）据以作出原判决、裁定的法律文书被撤销或者变更的；4）审判人员审理该案件时有贪污受贿、徇私舞弊、枉法裁判行为的。

申请再审可以向上一级人民法院提出。人民法院接到当事人的再审申请后，经审查，符合再审条件的，应当立案并及时通知各方当事人；不符合再审条件的，予以驳回。对违反法定程序可能影响案件正确判决、裁定的情形，或者审判人员在审理该案件时有贪污受贿、徇私舞弊、枉法裁判行为的，人民法院应当再审。

当事人申请再审，应当向人民法院提交再审申请书，并按照对方当事人人数提出副本。人民法院应当审查再审申请书是否载明下列事项：1）申请再审人与对方当事人的姓名、住所及有效联系方式等基本情况；法人或其他组织的名称、住所和法定代表人或主要负责人的姓名、职务及有效联系方式等基本情况。2）原审人民法院的名称，原判决、裁定、调解文书案号。3）申请再审的法定情形及具体事实、理由。4）具体的再审请求。人民法院应当自收到再审申请书之日起 5 日内将再审申请书副本发送对方当事人。对方当事人应当自收到再审申请书副本之日起 15 日内提交书面意见；不提交书面意见的，不影响人民法院审查。人民法院可以要求申请人和对方当事人补充有关材料，询问有关事项。另外，当事人申请再审，应当向人民法院提交已经发生法律效力的判决书、裁定书、行政赔偿调解书，身份证明及相关证据材料。申请再审人提交的再审申请书或者其他材料不符合规定，或者有人身攻击等内容，可能引起矛盾激化的，人民法院应当要求申请再审人补充或改正。

人民法院应当自收到符合条件的再审申请书等材料后 5 日内完成向申请再审人发送受理通知书等受理登记手续，并向对方当事人发送受理通知书及再审申请书副本。人民法院受理再审申请后，应当组成合议庭予以审查。人民法院对再审申请的审查，应当围绕再审事由是否成立进行。人民法院应当自收到再审申请书之日起 3 个月内审查，符合法定情形之一的，裁定再审；不符合法定情形的，裁定驳回申请。有特殊情况需要延长的，由本院院长批准。因当事人申请裁定再审的案件由中级人民法院以上的人民法院审理。最高人民法院、高级人民法院裁定再审的案件，由本院再审或者交其他人民法院再审，也可以交原审人民法院再审。当事人对已经发生法律效力的行政赔偿调解书，提出证据证明调解违反自愿原则或者调解协议的内容违反法律的，可以申请再审。经人民法院审查属实的，应当再审。

人民法院经审查再审申请书等材料，认为申请再审事由成立的，应当径行裁定再审。当事人申请再审超过规定的期限，或者超出再审事由范围的，人民法院应当裁定驳回再审申请。人民法院认为仅审查再审申请书等材料难以作出裁定的，应当调阅原审卷宗予以审查。人民法院可以根据案情需要决定是否询问当事人。以有新的证据足以推翻原判决、裁定为由申请再审的，人民法院应当询问当事人。在审查再审申请过程中，对方当事人也申请再审的，人民法院应当将其列为申请再审人，对其提出的再审申请一并审查。申请再审人在案件审查期间申请撤回再审申请的，是否准许，由人民法院裁定。申请再审人经合法传唤，无正当理由拒不接受询问的，可以裁定按撤回再审申请处理。人民法院经审查认为申请再审事由不成立的，应当裁定驳回再审申请。驳回再审申请的裁定一经送达，即发生法律效力。

上一级人民法院经审查认为申请再审事由成立的，一般由本院提审。最高人民法院、高级人民法院也可以指定与原审人民法院同级的其他人民法院再审，或者指令原审人民法院再审。上一级人民法院可以根据案件的影响程度以及案件参与人等情况，决定是否指定再审。需要指定再审的，应当考虑便利当事人行使诉讼权利以及便利人民法院审理等因素。接受指定再审的人民法院，应当按照规定的程序审理。有下列情形之一的，不得指令原审人民法院再审：1）原审人民法院对该案无管辖权的；2）审判人员在审理该案件时有贪污受贿、徇私舞弊、枉法裁判行为的；3）原判决、裁定系经原审人民法院审判委员会讨论作出的；4）其他不宜指令原审人民法院再审的。

2018 年《行诉法解释》第 117 条规定，有下列情形之一的，当事人可以向人民检察院申请抗诉或者检察建议：1）人民法院驳回再审申请的；2）人民法院逾期未对再审申请作出裁定的；3）再审判决、裁定有明显错误的。人民法院基于抗诉或者检察建议作出再审判决、裁定后，当事人申请再审的，人民法院不予立案。

三、再审案件的审理

（一）再审案件适用的程序

人民法院按照审判监督程序再审的案件，发生法律效力的判决、裁定是由第一审人民法院作出的，按照第一审程序审理，所作的判决、裁定，当事人可以上诉；发生法律效力的判决、裁定是由第二审人民法院作出的，按照第二审程序审理，所作的判决、裁定是发生法律效力的判决、裁定；上级人民法院按照审判监督程序提审的，按照第二审程序审理，所作的判决、裁定是发生法律效力的判决、裁定。

人民法院审理再审案件，应当另行组成合议庭。

人民法院审理再审案件应当开庭审理。但按照第二审程序审理，双方当事人已经以其他方式充分表达意见，且书面同意不开庭审理的除外。人民法院开庭审理再审案件，应分别按不同情形进行：（1）因当事人申请裁定再审的，先由申请再审人陈述再审请求及理由，后由被申请人答辩及其他原审当事人发表意见；（2）因人民检察院抗诉裁定再审的，先由抗诉机关宣读抗诉书，再由申请抗诉的当事人陈述，后由被申请人答辩及其他原审当事人发表意见；（3）人民法院依职权裁定再审的，当事人按照其在原审中的诉讼地位依次发表意见。

人民法院应当在具体的再审请求范围内或在抗诉支持当事人请求的范围内审理再审案件。当事人超出原审范围，增加、变更诉讼请求的，不属于再审审理范围。但涉及国家利益、社会公共利益，或者当事人在原审诉讼中已经依法要求增加、变更诉讼请求，原审未予审理且客观上不能形成其他诉讼的除外。

申请再审人在再审期间撤回再审申请的，是否准许由人民法院裁定。裁定准许的，应终结再审程序。申请再审人经合法传唤，无正当理由拒不到庭的，或者未经法庭许可中途退庭的，可以裁定按自动撤回再审申请处理。终结再审程序的，恢复原判决的执行。

按照第一审程序审理再审案件时，一审原告申请撤回起诉的，是否准许由人民法院裁定。裁定准许的，应当同时裁定撤销原判决、裁定、调解书。

（二）再审案件的裁判

（1）维持原裁判或调解书。

人民法院经过依法审理发现原生效裁判或调解书，认定事实清楚、证据确凿，符合法定程序，裁判正确的，维持原生效裁判。如果原判决、裁定或调解书在认定事实、适用法律、阐述理由方面虽有瑕疵，但裁判结果正确的，人民法院可以在再审判决、裁定中纠正上述瑕疵后对裁判结果予以维持。

（2）撤销原生效裁判、调解书，并作出相应的裁判、调解书，或撤销原生效裁判、调解书，并发回重新裁判。

人民法院经过对再审案件的审理，认为原生效判决、裁定或调解书确有错误，在撤销原生效判决、裁定或调解书的同时，可以对生效判决、裁定或调解书的内容作出相应裁判，也可以裁定撤销生效判决、裁定或调解书，发回作出生效判决、裁定或调解书的人民法院重新审判。

（3）裁定发回作出生效判决、裁定或调解书的人民法院重新审理。

人民法院审理再审案件，发现生效裁判有下列情形之一的，应当裁定发回作出生效判决、裁定或调解书的人民法院重新审理：1）审理本案的审判人员、书记员应当回避而未回避的；2）依法应当开庭审理而未经开庭即作出判决的；3）未经合法传唤当事人而缺席判决的；4）遗漏必须参加诉讼的当事人的；5）对与本案有关的诉讼请求未予裁判的；6）其他违反法定程序可能影响案件正确裁判的。只要人民法院经过审理发现原裁判存在以上问题，人民法院就必须发回作出生效判决、裁定的人民法院重新审理，再审法院不得直接改判。

（4）对生效的不予立案或驳回起诉裁定错误的处理。

人民法院经过对再审案件的审理，发现原审法院不予立案或者驳回起诉错误的，应当分不同情况作如下处理：1）如果生效的不予立案或者驳回起诉裁定是一审法院作出的，再审法院应当撤销一审法院的裁定，作出予以立案的裁定。2）如果第二审人民法院维持第一审人民法院不予立案裁定错误的，再审法院应当撤销第一审、第二审人民法院裁定，指令第一审人民法院立案。3）如果第二审人民法院维持第一审人民法院驳回起诉裁定错误的，再审法院应当撤销第一审、第二审人民法院裁定，指令第一审人民法院审理。

（三）再审期限

再审案件按照第一审程序审理的，适用《行政诉讼法》第81条规定的审理期限，人民法院应当在再审立案之日起6个月内作出第一审判决。有特殊情况需要延长的，由高级人民法院批准，高级人民法院审理第一审案件需要延长的，由最高人民法院批准。

再审案件按照第二审程序审理的，适用《行政诉讼法》第88条规定的审理期限，人民法院应当在再审立案之日起3个月内作出终审判决。有特殊情况需要延长的，由高级人民法院批准，高级人民法院审理再审案件需要延长的，由最高人民法院批准。

第六节　行政诉讼中的其他制度

行政诉讼程序制度中除起诉、受理以及一审、二审、再审程序等一般性问题外，还有一些特殊问题，比如撤诉、缺席判决、财产保全与先予执行、审理程序的延阻、被告在行政诉讼中改变具体行政行为、具体行政行为的停止执行、合并审理以及附带民事诉讼等问题。这些特殊问题也在行政诉讼程序中居于重要地位，有必要准确掌握。

一、撤诉

（一）撤诉的概念与种类

行政诉讼中的撤诉是原告或上诉人在自立案到宣告判决或裁定前的诉讼过程中，主动撤回诉讼请求，经人民法院准许而终结诉讼的法律制度。根据《行政诉讼法》的规定，撤诉有自愿申请撤诉和视为申请撤诉（或按撤诉处理）两种。所谓视为申请撤诉（或按撤诉处理），是指原告并未明确表示自动放弃诉讼，人民法院根据原告拒绝履行法定诉讼义务的行为，推定其自愿申请撤诉，并裁定准许撤诉，从而终结诉讼。

申请撤诉包括撤回起诉与撤回上诉，准予撤诉是人民法院审判权的表现。在我国行政诉讼中，撤诉并不纯粹是原告或上诉人单方面的诉讼行为，而是由原告或上诉人申请撤诉以及人民法院准予撤诉的两种行为共同构成的诉讼活动。原告或上诉人行使请求权，需经人民法院决定准许撤诉，撤诉才能最终实现。如果人民法院不准许撤诉，案件即不能终结，诉讼程序必须继续下去。即使在视为申请撤诉的情况下，法院仍要裁定是否准许。设置此种制度的意图在于：防止原告申请撤诉是受被告行政机关的胁迫，而非内心自愿；同时，防止被告为达到让原告撤诉的目的而以牺牲公共利益与他人利益来满足原告的不合理要求。这也体现了我国行政诉讼除具有保护相对人合法权益的诉讼目的之外，还具有监督行政机关依法行使职权的目的。所以，如果原告撤诉不是出于自愿而是迫于被告的压力，或者被告以损害国家和公共利益为条件换取原告的撤诉，法院都有权出面制止。这就是行政诉讼不允许自由撤诉的原因。

（二）撤诉的条件

1. 人民法院准许原告自愿申请撤诉的条件

《行政诉讼法》第62条规定："人民法院对行政案件宣告判决或者裁定前，原告申请撤诉的，或者被告改变其所作的行政行为，原告同意并申请撤诉的，是否准许，由人民法院裁定。”因此，人民法院准许原告自愿申请撤诉必须满足以下几个条件。

(1) 申请撤诉是原告（或上诉人）的专属权利，被告或第三人均不得提出撤诉请求。

(2) 撤诉申请必须是出于自愿并明确提出。

(3) 申请撤诉必须符合法律规定，原告撤诉不得规避法律，也不能损害国家利益、社会公共利益和他人利益。

(4) 撤诉申请的提出必须是在宣告判决、裁定前。

(5) 撤诉必须经人民法院准许。

2. 视为申请撤诉（或按撤诉处理）的情形

《行政诉讼法》第 58 条规定：“经人民法院传票传唤，原告无正当理由拒不到庭，或者未经法庭许可中途退庭的，可以按照撤诉处理；被告无正当理由拒不到庭，或者未经法庭许可中途退庭的，可以缺席判决。”2018 年《行诉法解释》第 61 条规定：“原告或者上诉人未按规定的期限预交案件受理费，又不提出缓交、减交、免交申请，或者提出申请未获批准的，按自动撤诉处理。在按撤诉处理后，原告或者上诉人在法定期限内再次起诉或者上诉，并依法解决诉讼费预交问题的，人民法院应予立案。”据此，视为申请撤诉（或按撤诉处理）的情形包括：

(1) 原告或者上诉人经传票传唤，无正当理由拒不到庭或者未经法庭许可中途退庭的，可以按撤诉处理。

(2) 原告或者上诉人未按规定的期限预交案件受理费，又不提出缓交、减交、免交申请，或者提出申请未获批准的，按自动撤诉处理。

（三）行政诉讼中行政机关改变被诉行政行为及当事人申请撤诉的制度

在行政诉讼实践中，当事人大量的申请撤诉行为是与行政机关改变被诉行政行为相关的。根据《行政诉讼法》第 62 条的规定，被告改变其所作的行政行为，原告同意并申请撤诉的，是否准许，由人民法院裁定。但具体的规则是什么，并不明确。为了依法审查行政诉讼中行政机关改变被诉具体行政行为及当事人申请撤诉的行为，2007 年 12 月 17 日最高人民法院审判委员会第 1441 次会议通过了《关于行政诉讼撤诉若干问题的规定》(以下简称《撤诉若干规定》)。《撤诉若干规定》对行政机关改变被诉行政行为以及原告撤诉的问题作了具体规定。

《撤诉若干规定》第 1 条规定：人民法院经审查认为被诉具体行政行为违法或者不当，可以在宣告判决或者裁定前，建议被告改变其所作的具体行政行为。之所以这样规定，是因为《行政诉讼法》本身并没有禁止被告行政机关改变被诉的行政行为。行政机关在诉讼中主动纠正违法或不当的行政行为，不仅纠正了错误，也达到了保护原告权益的目的，实现了依法行政。人民法院如果经过审查认为，被诉行政行为确实存在违法或不当，也可以在宣告判决或裁定前，建议被告改变其所作的行政行为。这不仅尊重了行政机关的自行处理机制，体现了司法权对行政权的尊重，也有利于行政争议的彻底解决，符合构建和谐行政关系的精神。

被告改变被诉行政行为，原告申请撤诉，符合下列条件的，人民法院应当裁定准许：(1) 申请撤诉是当事人真实意思表示；(2) 被告改变被诉行政行为，不违反法律、法规的禁止性规定，不超越或者放弃职权，不损害公共利益和他人合法权益；(3) 被告已经改变或者决定改变被诉行政行为，并书面告知人民法院；(4) 第三人无异议。

所谓被告改变其所作的行政行为，包括以下两种情形。

一种情形是被告对原行政行为作了实质性的变更。根据《撤诉若干规定》第 3 条的规定，有下列情形之一的，属于《行政诉讼法》第 62 条（1989 年《行政诉讼法》第 51 条）规定的“被告改变其所作的行政行为”：(1) 改变被诉行政行为所认定的主要事实和证据；(2) 改变被诉行政行为所适用的规范依据且对定性产生影响；(3) 撤销、部分撤销或者变更被诉行政行为处理结果。

另外一种情形是视为改变原行政行为的情况。这种情况本身从形式上往往看不出来，但实质上也是对原行政行为的改变，主要有：(1) 根据原告的请求依法履行法定职责。这种情况下的被诉行为是不作为，其本身并没有作出一个行政行为。如果被告根据原告的请求依法履行了法定职责，虽从形式上看，履行法定职责的作为行为不是改变原行为（因为原来不存在作为），但实质是把原来的不作为状态改为了作为状态，因此，此种情形可视为改变了原所作的行政行为。(2) 采取相应的补救、补偿等措施。这种情形中，被告新采取的措施并没有针对原来作出的行为，而是采取了相应的补救、补偿等措施，这些措施实质上已经对违法行为造成的损害予以有效补救，保护了原告的合法权益。在实践中，这种情形较为常见，有些被诉行政行为确实违法，但撤销该行政行为将会给国家利益或者公共利益造成重大损失，行政机关在权衡利弊的基础上，并不能把原行政行为撤销或改变，只能采取相应的补救措施。(3) 在行政裁决案件中，书面认可原告与第三人达成的和解。行政裁决是行政机关依法针对平等主体之间的民事争议所作的裁决。行政裁决的内容就是民事争议当事人争执的民事权益。如果行政机关书面认可民事争议当事人（也就是行政诉讼原告和第三人）达成的和解，就等于实质上改变了原行政裁决行为。

被告改变被诉行政行为，原告申请撤诉，有履行内容且履行完毕的，人民法院可以裁定准许撤诉；不能即时或者一次性履行的，人民法院可以裁定准许撤诉，也可以裁定中止审理。准许撤诉裁定可以载明被告改变被诉行政行为的主要内容及履行情况，并可以根据案件具体情况，在裁定理由中明确被诉行政行为的全部或者部分不再执行。

申请撤诉不符合法定条件，或者被告改变被诉行政行为后当事人不撤诉的，人民法院应当及时作出裁判。

第二审或者再审期间行政机关改变被诉行政行为，当事人申请撤回上诉或者再审申请的，参照《撤诉若干规定》的规定作出裁定。准许撤回上诉或者再审申请的裁定可以载明行政机关改变被诉行政行为的主要内容及履行情况，并可以根据案件具体情况，在裁定理由中明确被诉行政行为或者原裁判全部或部分不再执行。

（四）撤诉的法律后果

在行政诉讼中，经法院裁定准许撤诉后，原告以同一事实和理由重新起诉的，人民法院不予立案。这点与民事诉讼不同。其原因在于：在行政诉讼中，被告行使的是国家的行政权力，原告撤诉后，行政机关所作的行政行为就处于确定状态，原告必须履行该行政行为确定的义务，允许原告重新起诉，势必会引起一系列与此相关的法律关系的再度动荡，从而引起社会关系的不稳定。但原告以不同事实或理由重新起诉或重新起诉有正当理由的，人民法院应当立案。

如果被告在行政诉讼中改变了被诉的行政行为，原告申请撤诉，并经法院准许后，行政机关又以同一事实和理由作出相同的行政行为，原告重新起诉的，人民法院应当立案。这是因为法院批准撤诉后，行政机关又作出相同的行政行为，此时对原告的权益具有实际影响的行政行为仍然存在，也证明了被告改变行政行为是假，逃避行政诉讼是真，原告因此提起诉讼的，法院应当立案。此时，原告的诉讼期间应当以原告知道行政机关重新作出行政行为的时间为起算点。

如果准予撤诉的裁定确有错误，原告申请再审的，人民法院应当通过审判监督程序，撤销原准予撤诉的裁定，重新对案件进行审理。

但如果原告或者上诉人是因未按规定预交案件受理费，又不提出缓交、减交、免交申请，或者提出申请未获批准，按自动撤诉处理的，在按自动撤诉处理后，原告或者上诉人在法定期间内再次起诉或者上诉，并依法解决诉讼费预交问题的，人民法院应予立案。

二、缺席判决

缺席判决，是与对席判决相对而言的，指人民法院在开庭审理时，在一方当事人或双方当事人未到庭陈述、辩论的情况下，合议庭经审理所作的判决。缺席判决的意义在于维护法律的尊严，充分保护到庭的当事人的合法权益，不使诉讼因当事人的随意缺席而半途而废。

行政诉讼中的缺席判决主要包括两种情形：一是经人民法院传票传唤，被告无正当理由拒不到庭或者到庭后未经法庭准许中途退庭的；二是原告或者上诉人申请撤诉，人民法院裁定不予准许的，原告或者上诉人经传票传唤无正当理由拒不到庭，或者未经法庭许可而中途退庭的。

人民法院依法作出的缺席判决，等同于对席判决，如果缺席判决是适用第一审程序作出的，原告、被告等当事人均可依法提起上诉；如果缺席判决是适用第二审程序作出的，则该判决对当事人发生法律效力。

值得说明的是，行政诉讼中的缺席判决，可以发生在原、被告双方都缺席的情况下。行政诉讼是涉及公共利益的一种诉讼，为了防止原告与被告相互勾结损害国家利益、公共利益，法律赋予人民法院对原告的撤诉进行审查的权力，如果法院不允许撤诉，此时，原告就有可能经过传票传唤不出庭。如果原告、被告都不出庭，法院可以依法进行缺席判决。

三、财产保全与先予执行

（一）财产保全

行政诉讼财产保全，是指人民法院在基于一方当事人的行为或者其他原因，可能使行政行为或者人民法院生效裁判不能或者难以执行的情况下，根据对方当事人的申请或者依职权对有关财产加以保护的措施。

行政诉讼财产保全的关键条件是“可能使行政行为或者人民法院生效裁判不能或者难以执行”。与民事诉讼的诉讼保全相比，行政诉讼财产保全增加了法院财产保全的情形，即在可能使行政行为或人民法院生效裁判不能或难以执行的情况下，法院也可以依职权采取财产保全措施。

同时，参照民事诉讼规则，财产保全可以分为诉前财产保全和诉讼中的财产保全。但诉前财产保全必须由公民、法人或者其他组织以及行政机关主动提出，并应当依法提供相应的担保。

（二）先予执行

先予执行，是指人民法院在裁判确定前裁定由负有给付义务的主体，预先给付对方财物或为一定行为的法律制度。对判决的先予执行，是指为解决当事人一方生活或生产的紧迫需要，根据其申请，裁定另一方当事人给付申请人一定的财物，或者实施或停止某种行为的制度。由于行政诉讼被告是国家行政机关，其一般不存在此种情形，所以行政诉讼中判决的先予执行主要体现为对原告的保护。根据《行政诉讼法》第 57 条第 1 款的规定，人民法院对起诉行政机关没有依法支付抚恤金、最低生活保障金和工伤、医疗社会保险金的案件，权利义务关系明确、不先予执行将严重影响原告生活的，可以根据原告的申请，裁定先予执行。

当事人对法院作出的财产保全或者先予执行的裁定不服的，可以申请复议一次。但复议期间不停止裁定的执行。

四、审理程序的延阻

审理程序的延阻，是指因特殊原因使诉讼活动不能按正常程序进行而出现的延期审理、诉讼中止、诉讼终结等情形。

（一）延期审理

延期审理指人民法院把已经确定的审理日期或正在进行的审理推迟至另一日期的制度。《行政诉讼法》未对延期审理问题作具体规定，参照《民事诉讼法》的规定，行政诉讼中的延期审理主要包括以下几种情形：

（1）必须到庭的当事人和其他诉讼参与人没有到庭。

（2）当事人申请回避，人民法院因客观原因不能立即作出是否回避的决定。

（3）需要通知新的证人到庭，调取新的证据，重新鉴定、勘验，或者需要补充调查的。

（4）其他应当延期的情形。

（二）诉讼中止

诉讼中止是指在诉讼过程中，因出现某种原因而使诉讼活动暂时停止，待原因消除后诉讼继续进行的制度。

《行政诉讼法》第 61 条第 2 款规定，在行政诉讼中，人民法院认为行政案件的审理需以民事诉讼的裁判为依据的，可以裁定中止行政诉讼。

此外，根据 2018 年《行诉法解释》第 87 条的规定，行政诉讼中的诉讼中止主要包指以下情形：

（1）原告死亡，须等待其近亲属表明是否参加诉讼的。

（2）原告丧失诉讼行为能力，尚未确定法定代理人的。

（3）作为一方当事人的行政机关、法人或者其他组织终止，尚未确定权利义务承受人的。

（4）一方当事人因不可抗力的事由不能参加诉讼的。

（5）案件涉及法律适用问题，需要送请有权机关作出解释或者确认的。

（6）案件的审判须以相关民事、刑事或者其他行政案件的审理结果为依据，而相关案件尚未审结的。

（7）其他应当中止诉讼的情形。

诉讼中止原因消除后，原诉讼程序继续进行。诉讼中止使用裁定书。诉讼程序继续进行时，原中止诉讼的裁定自然失去法律效力。

（三）诉讼终结

诉讼终结是指在诉讼开始后，因出现某种特殊情况不得已结束诉讼的制度。

诉讼终结仅限于法定事由，根据2018年《行诉法解释》第88条的规定，其包括以下情形：

（1）原告死亡，没有近亲属或者近亲属放弃诉讼权利的。

（2）作为原告的法人或者其他组织终止后，其权利义务的承受人放弃诉讼权利的。

（3）基于原告死亡须等待其近亲属表明是否参加诉讼，或者原告丧失诉讼行为能力尚未确定法定代理人，或者作为一方当事人的行政机关、法人或者其他组织终止，尚未确定权利义务承受人这三种原因，诉讼中止满90日，仍无人继续诉讼的，但有特殊情况的除外。

诉讼终结使用裁定书。

五、被告在行政诉讼中改变行政行为

《行政诉讼法》本身没有对被告能否在行政诉讼中改变被诉的行政行为作出直接、明确的规定，但根据《行政诉讼法》第62条关于原告撤诉制度的规定，可以得出《行政诉讼法》并不禁止被告在行政案件宣告判决或裁定前改变被诉的行政行为。2018年《行诉法解释》第81条第1款规定："被告在一审期间改变被诉行政行为的，应当书面告知人民法院。"据此，被告可以在一审期间主动改变被诉的行政行为，但应书面告知人民法院，但关于在二审、再审程序中，被告能否主动改变被诉的行政行为，并没有作出明确的规定。在最高人民法院《撤诉若干规定》出台前，一般认为，为了维护二审制度的有效性，不允许被告在二审期间改变被诉行政行为。但《撤诉若干规定》第8条明确规定："第二审或者再审期间行政机关改变被诉具体行政行为，当事人申请撤回上诉或者再审申请的，参照本规定。准许撤回上诉或者再审申请的裁定可以载明行政机关改变被诉具体行政行为的主要内容及履行情况，并可以根据案件具体情况，在裁定理由中明确被诉具体行政行为或者原裁判全部或者部分不再执行。"根据这些规定，在行政诉讼的第一审、第二审以及再审期间，行政机关均可以改变被诉行政行为。司法解释之所以作出这样的规定，是由于行政诉讼的根本目的是保护公民、法人或其他组织的合法权益。被告行政机关在行政诉讼中，发现被诉的行政行为确实违法、不妥，并主动改变行政行为，有利于满足原告的诉讼请求，也达到了行政诉讼目的；同时，允许被告在诉讼中主动改变其认为违法或不当的行政行为，也有利于节约司法成本和彻底解决行政纠纷。可以说，司法解释允许被告在行政诉讼中改变被诉的行政行为的规定，是综合衡量行政便宜、公民合法权益的保护以及维护法院诉讼活动尊严的产物。

根据2018年《行诉法解释》第81条和《撤诉若干规定》第8条的规定，被告改变原行政行为后，相应的后续程序将发生以下变化：

（1）被告在一审期间改变被诉行政行为的，应当依据2018年《行诉法解释》第81条第1款的规定书面告知人民法院。原告同意被告对被诉行政行为的改变，并提出撤诉申请，有履行内容且履行完毕的，人民法院可以裁定准许撤诉；不能即时或者一次性履行的，人民法院可以裁定准许撤诉，也可以裁定中止审理。准许撤诉裁定可以载明被告改变被诉行政行为的主要内容及履行情况，并可以根据案件具体情况，在裁定理由中明确被诉行政行为全部或者部分不再执行。

如果原告不同意被告对被诉行政行为的改变，不提出撤诉申请，人民法院应当继续对原行政行为进行审理。人民法院经审查认为原行政行为违法的，应当作出确认其违法的判决；认为原行政行为合法的，应当判决驳回原告的诉讼请求。

如果原告或者第三人对改变后的行为不服提起诉讼，人民法院应当就改变后的行政行为进行审理。

（2）原告起诉被告不作为，在诉讼中被告作出行政行为，原告不撤诉的，人民法院应当继续对原不作为行为进行审理。人民法院经审查认为原不作为行为违法的，应当作出确认其违法的判决；认为原不作为行为合法的，应当判决驳回原告的诉讼请求。如果原告或第三人对被告的作为行为还不服并提起诉讼的，人民法院应当就行政作为行为进行审理。

（3）第二审或者再审期间行政机关改变被诉行政行为，当事人申请撤回上诉或者再审申请的，参照《撤诉若干规定》的有关规定执行。行政机关改变被诉行政行为，当事人申请撤回上诉或者再审申请，有履行内容且履行完毕的，人民法院可以裁定准许撤回上诉或者再审申请；不能即时或者一次性履行的，人民法院可以裁定准许撤回上诉或者再审申请，也可以裁定中止审理。准许撤回上诉或者再审申请的裁定可以载明行政机关改变被诉行政行为的主要内容及履行情况，并可以根据案件具体情况，在裁定理由中明确被诉行政行为或者原裁判全部或部分不再执行。《撤诉若干规定》本身并没有规定，在二审、再审期间行政机关改变被诉行政行为是否还应该书面告知人民法院，但我们认为，行政机关基于有利于诉讼的开展的需要还是应该书面告知人民法院的，这样也体现了行政权对司法权的尊重。另外，如果行政机关在二审、再审期间改变被诉行政行为，当事人不撤回上诉或者再审申请的，人民法院还是应当及时作出裁判。

六、行政行为的停止执行

诉讼期间是否停止被诉行政行为的执行，是一个重要问题，直接关系原告合法权益的保护以及行政目的的达成。根据我国《行政诉讼法》第 56 条的规定，行政诉讼期间，原则上不停止行政行为的执行。但在以下三种情况下，裁定停止执行：（1）被告认为需要停止执行的；（2）原告或者利害关系人申请停止执行，人民法院认为该行政行为的执行会造成难以弥补的损失，并且停止执行不损害国家利益、社会公共利益的；（3）人民法院认为该行政行为的执行会给国家利益、社会公共利益造成重大损害的；（4）法律、法规规定停止执行的。

当事人对停止执行或者不停止执行的裁定不服的，可以申请复议一次。

七、合并审理

行政诉讼合并审理制度，是指同一个人民法院把几个独立的具有一定牵连性或相似性的行政诉讼，合并在一个诉讼程序中进行审理和裁判的制度。

行政诉讼中的合并审理制度包含以下几个要素：

（1）行政诉讼的合并审理，必须是几个独立的行政诉讼，而不是一个诉讼。两个以上公民、法人或其他组织对同一行政行为不服提起诉讼，是一个诉讼，无须合并审理。

（2）两个以上独立的行政诉讼之间具有一定的牵连性或相似性，或者是由同一个事实引起的多个行政行为，或者是针对同一主体作出的多个行政行为。总之，不同诉讼之间必须具有一定的关系，没有任何关系的诉讼，法院不能合并审理。

（3）两个以上独立的行政诉讼属于同一个人民法院管辖，不属于同一人民法院管辖的，不能进行合并审理。

人民法院将几个独立的行政诉讼合并在一起审理，既简化了诉讼程序，节约了诉讼成本，也有利于避免法院对同类案件作出不同或相互抵触的裁判。

行政诉讼合并审理制度，是一种行政之诉的合并。从诉的要素上来看，行政之诉的合并有诉的主体的合并、诉的标的的合并等类别。根据 2018 年《行诉法解释》第 73 条的规定，我国行政诉讼有下列情形之一的，人民法院可以决定合并审理：

（1）两个以上行政机关分别对同一事实作出行政行为，公民、法人或者其他组织不服向同一人民法院起诉的。

（2）行政机关就同一事实对若干公民、法人或者其他组织分别作出行政行为，公民、法人或者其他组织不服分别向同一人民法院起诉的。

（3）在诉讼过程中，被告对原告作出新的行政行为，原告不服向同一人民法院起诉的。

（4）人民法院认为可以合并审理的其他情形。

对于以上规定的情形，人民法院可以合并审理，也可以不合并审理，是否合并审理，由人民法院根据行政案件的具体情况作出决定。即使合并审理，对各个独立的诉讼仍然应当分别进行审查，分别作出裁判。

八、行政附带民事诉讼

（一）行政附带民事诉讼的概念与特征

行政附带民事诉讼是指人民法院在审理行政案件的同时，对与引起该案件的行政争议相关的民事纠纷一并审理的诉讼活动和诉讼关系的总称。

行政附带民事诉讼是由行政诉讼派生的，且是在行政诉讼中附带审理和裁判。社会生活是复杂的，由此产生的社会关系往往错综交织在一起，因此，在划分行政诉讼与民事诉讼的国家中，经常就会产生行政附带民事诉讼问题。

行政附带民事诉讼具有以下特征：

（1）行政附带民事诉讼实质是两种不同性质的诉讼的合并。

行政诉讼所要解决的是被诉行政行为的合法性问题，而民事诉讼解决的是当事人之间的民事权益争议。两个不同性质的诉从根本上说是可以分离的，合并审理是由于两种诉讼之间具有某种关联性，是出于诉讼经济的考虑。但法院在审理时要对不同的诉分别适用不同的诉讼原则和诉讼制度，不能混淆。

（2）两个不同诉讼类别的诉讼请求之间具有内在联系。

两种不同诉之间存在内在关联性，是行政附带民事诉讼的关键因素。这种内在关联性表现为同一个行政行为引起了行政和民事两种不同的法律争议，或行政争议的解决是有关民事争议解决的前提条件。

（3）附带民事诉讼的被告不一定是行政诉讼的被告。

附带民事诉讼的原告可以是行政诉讼的当事人，包括行政诉讼原告和第三人，但一般而言，附带民事诉讼的被告不会是行政诉讼的被告。这是因为行政机关是行使行政职权的主体，其作为行政诉讼的被告，不会同时成为相关民事法律关系的一方主体。但如果作为被告的行政机关同时也以机关法人身份与公民、法人或其他组织发生民事法律关系，该行政机关也可以普通民事主体的身份成为附带民事诉讼的被告。比如，行政机关自身办公场所的地界与相邻的公民、法人或其他组织发生土地权属争议，该行政机关利用自己手中的行政职权，确定争议土地归自己所有，公民、法人或其他组织不服提起行政诉讼的，就可能形成行政诉讼的原、被告与附带民事诉讼的原、被告在形式上是一致的情况，但此时行政机关的身份是不一样的。

（二）行政附带民事诉讼的适用条件

《行政诉讼法》第 61 条第 1 款规定："在涉及行政许可、登记、征收、征用和行政机关对民事争议所作的裁决的行政诉讼中，当事人申请一并解决相关民事争议的，人民法院可以一并审理。"根据此规定，并结合最高人民法院 2018 年《行诉法解释》的相关规定，行政附带民事诉讼的适用条件包含以下几个方面。

（1）行政诉讼成立且在进行中。如果行政诉讼案件没有成立，就不能附带提起民事诉讼。2018 年《行诉法解释》第 138 条第 2 款规定：公民、法人或者其他组织请求一并审理相关民事争议，人民法院经审查发现行政案件已经超过起诉期限，民事案件尚未立案的，告知当事人另行提起民事诉讼；民事案件已经立案的，由原审判组织继续审理。如果行政诉讼案件尚未开始或已结束，也不存在附带民事诉讼。

（2）已经开始的行政诉讼涉及行政许可、登记、征收、征用和行政机关对民事争议所作的裁决。从发展角度分析，《行政诉讼法》第 61 条扩大了行政附带民事诉讼的适用范围。在此之前，行政附带民事诉讼主要限定于涉及行政裁决的案件，而此规定扩大了范围，包括行政许可、登记、征收、征用行为，体现了行政诉讼要实质化解行政争议的制度目标要求。

行政裁决是行政机关以公断人的身份裁断两造之间发生的民事纠纷的行政行为。这种行政行为具有准司法性，行政主体不是单纯地作出决定，而是在解决民事纠纷，由此所形成的法律关系是三方而不是双方法律关系。由于行政裁决是行政行为，所以其具有一般具体行政行为所具有的效力。民事纠纷双方如果对行政裁决不服，要求重新解决民事争议，必须首先通过行政诉讼的途径摆脱行政裁决的效力对他们的束缚，当事人提起行政诉讼主要是为自己的民事争议的最终解决创造条件。因此，从提高诉讼效率、便民的立足点出发，法律允许人民法院在对行政裁决进行审查后判定其违法之时一并对平等主体间的民事争议进行审查，是合理的。值得注意的是，对这里的“行政裁决”应当从实质意义上进行理解，即不管行政机关在具体行为中是以“裁决”的名义，还是以“处理”“决定”等名义作出的，只要是行政机关对平等的民事主体之间的民事权益纠纷进行的处理，就属于行政裁决行为。实践中，这种民事权益纠纷主要表现为损害赔偿纠纷及损失补偿纠纷等。

（3）该行政案件涉及相关民事争议。这包括两种情形：第一，受到行政行为影响的后续民事权利义务关系出现争议。第二，行政行为的基础是民事权利义务关系，作为基础的民事权利义务关系出现争议。两种情形的实质是要求民事争议与行政争议具有内在关联性。

（4）当事人申请一并解决相关民事争议。如果民事争议当事人没有要求法院一并审理，法院也不应该一并审理。实践中，是否对民事争议和行政争议一并审理，首先应尊重当事人意愿。若当事人不申请一并审理，法院就不应该一并审理。可以提出一并解决申请的除了原告，也包括第三人。这是因为《行政诉讼法》规定第三人有权提出与本案有关的诉讼主张。2018 年《行诉法解释》第 138 条第 3 款规定：人民法院在审理行政案件中发现民事争议为解决行政争议的基础，当事人没有请求人民法院一并审理相关民事争议的，人民法院应当告知当事人依法申请一并解决民事争议。当事人就民事争议另行提起民事诉讼并已立案的，人民法院应当中止行政诉讼的审理。民事争议处理期间不计算在行政诉讼审理期限内。当事人提出一并解决的申请，应当在第一审中，而不能在第二审和再审中。如果当事人在第二审程序中提出申请，人民法院可以对民事部分进行调解，调解不成的，告知当事人另行起诉。2018 年《行诉法解释》第 137 条规定：公民、法人或者其他组织请求一并审理《行政诉讼法》第 61 条规定的相关民事争议，应当在第一审开庭审理前提出；有正当理由的，也可以在法庭调查中提出。

（5）行政诉讼案件和附带民事诉讼案件属于同一人民法院管辖，并属于同一审级。

（6）即使在上述所列条件均具备的情况下，人民法院也不是必须一并审理，而是可以一并审理。是否一并审理，由人民法院根据行政诉讼案件与附带民事诉讼案件的具体情况作出决定。

根据 2018 年《行诉法解释》第 144 条规定，人民法院一并审理相关民事争议，应当按行政案件、民事案件的标准分别收取诉讼费用。

（三）行政附带民事诉讼的审理规则

行政附带民事诉讼案件的审理，有一些特殊的规则，值得注意。

（1）关于立案与审理组织。

人民法院在行政诉讼中一并审理相关民事争议的，民事争议应当单独立案，由同一审判组织审理。不过，因行政裁决案件具有特殊性，人民法院审理涉及行政机关对民事争议所作裁决的案件，一并审理涉及民事争议的，不另行立案。

（2）关于法律适用。

人民法院一并审理相关民事争议，适用民事法律规范的相关规定，法律另有规定的除外。当事人在调解中对民事权益的处分，不能作为审查被诉行政行为合法性的根据。

（3）关于裁判和救济。

人民法院对行政争议和民事争议应当分别裁判。当事人仅对行政裁判或者民事裁判提出上诉的，未上诉的裁判在上诉期满后即发生法律效力。第一审人民法院应当将全部案卷一并移送第二审人民法院，由行政审判庭审理。第二审人民法院发现未上诉的生效裁判确有错误的，应当按照审判监督程序再审。

（4）关于撤诉。

行政诉讼原告在宣判前申请撤诉的，是否准许，由人民法院裁定。人民法院裁定准许行政诉讼原告撤诉，但其对已经提起的一并审理相关民事争议不撤诉的，人民法院应当继续审理。

第六章 行政诉讼证据

行政诉讼证据是指行政诉讼法律关系主体用以证明案件事实情况的材料。行政诉讼证据理论主要包括行政诉讼证据的概念，行政诉讼证据的提供、调取、保全、补充规则，对质、辨认与核实等法律制度。目前，我国行政诉讼证据的主要规范，除《行政诉讼法》和2018年《行诉法解释》外，还包括《行政诉讼证据规定》，该规定于2002年10月1日开始实施。

第一节 行政诉讼证据概述

行政诉讼证据是指在行政诉讼过程中，一切用来证明案件事实情况的材料。行政诉讼证据与其他证据有许多相同之处，但也有明显的特征，在种类上行政诉讼证据包括书证、物证、视听资料、电子数据、证人证言、当事人的陈述、鉴定意见、勘验笔录、现场笔录。在这些证据种类中，绝大多数与其他诉讼证据种类相同，属于行政诉讼特殊证据的是现场笔录。

一、证据的概念与意义

证据是指用以证明案件真实情况的材料。此处所讲的证据是诉讼证据，即严格意义上的证据。诉讼，通俗地说就是“打官司”，而“打官司”在一定意义上就是“打证据”，证据在诉讼中有着极其重要的意义。

证据是查明案件真实情况的唯一手段，是作出准确裁判的有力保障。案件事实都是在诉讼前已经发生过的事情，司法和执法人员必须通过现有的材料——证据，间接地认识过去已经发生的事情，查明其真实情况。在诉讼中，被认定的案件真实情况，都必须是由查证属实的证据加以证明的。从一定意义上讲，整个诉讼过程就是举证、质证、认证的过程。从起诉到立案，从审理到裁判，从裁判到执行，无一不是由证据而起，再由证据而终的。因此，证据与诉讼活动紧密相连，无证据即无诉讼。人民法院受理各种案件均应坚持以事实为根据，而作为根据的事实，则必须是有证据证明的事实。没有证据的证明，即没有事实的认定，没有事实作为根据，法律就无从适用，裁判就无从作出。证据是诉讼当事人维护自身合法权益的有力工具，当事人要想胜诉，达到维护自身合法权益的诉讼目的，就必须使其诉讼请求或主张能为人民法院支持，其诉讼理由能为人民法院接受。要做到这一点，就必须有足够的证据来证明自己的请求、主张和理由。没有证据支持的请求、主张和理由不会得到法律的保护，相应的权益也就得不到保障。当事人只有掌握一定的诉讼证据，并及时、合法地向人民法院提供，才能使自身的合法权益得到有效的法律保护。

但是证据要成为认定案件事实的根据，必须同时具备以下几个要件：一是合法性。作为定案根据的证据必须是合法的。证据的合法性主要包括以下三个层次：（1）证据的主体合法，是指证据的提供者要符合法律规定。比如，不能正确表达意志的人不能作证，没有鉴定资格的人或机构提供的鉴定意见没有证明力等。（2）证据应当符合法定的形式。（3）证据的取得应当符合法定的要求。二是真实性。作为认定案件事实根据的证据必须是真实的。证据的真实性是指证据必须是客观存在的，是不以人的意志为转移的事实。从证据的内容看，其应是客观存在的，而不是虚构、想象、幻觉、臆断的，也不能是迷信、邪说；从证据的外在形式上看，其应具有客观存在的载体，是能为人们所感知的，是看得见、摸得着的。任何虚假或者不真实的证据都不能作为定案的根据。三是关联性。作为定案根据的证据必须与待证案件事实之间具有关联性。证据的关联性是指证据与待证案件事实之间具有内在联系，能够对待证案件事实起到证明作用。证据关联性有时还表现在证据之间的相互关联上，也就是证据与证据之间可以相互印证，以反映证据的真实性，并由此共同反映案件事实，即形成证据链来证明案件的真实情况。以上是作为认定案件事实根据的证据所必须具备的三个要件，它们是一个不可分割的有机整体，缺少其中任何一个要件，都不能作为认定案件事实的证据。

二、行政诉讼证据的概念与种类、分类

行政诉讼证据是指行政诉讼法律关系主体用以证明被诉具体行政行为是否合法的材料。根据《行政诉讼法》第33条的规定，行政诉讼证据主要包括：（1）书证；（2）物证；（3）视听资料；（4）电子数据；（5）证人证言；（6）当事人的陈述；（7）鉴定意见；（8）勘验笔录、现场笔录。《行政诉讼证据规定》分别对当事人向法院提供的八种证据，以及涉及国家秘密、商业秘密和个人隐私的证据，提出了具体的要求。

（一）书证

书证，即作为证据的文书，是指以其内容、文字、符号、图画等来表达一定的思想并用以证明案件事实的材料。其特征是通过其所表达或反映的思想内容来证明案件的事实。在行政诉讼中，作为书证的文书主要有行政决定书、公证书、证明书、许可证、执照、通知书等。《行政诉讼证据规定》第10条第1款规定，当事人向人民法院提供书证的，应当符合下列要求：提供书证的原件，原本、正本和副本均属于书证的原件，提供原件确有困难的，可以提供与原件核对无误的复印件、照片、节录本；提供由有关部门保管的书证原件的复制件、影印件或者抄录件的，应当注明出处，经该部门核对无异后加盖其印章；提供报表、图纸、会计账册、专业技术资料、科技文献等书证的，应当附有说明材料；被告提供的被诉行政行为所依据的询问、陈述、谈话类笔录，应当有行政执法人员、被询问人、陈述人、谈话人签名或者盖章。

（二）物证

物证，即作为证据的物品，是指以其存在的外形、规格、质量、特征等形式来证明案件事实的物品。其基本特征是以物品的自然状态来证明案件事实，不带有任何主观内

容。作为证据的物品都是有形物，既可以为人们所观察，又可在一定条件下被比较。在某种情况下，同一物品同时能起到物证和书证的作用，如行政处罚决定书。物证一般存在于案件发生过程中，其证明力往往大于其他种类的证据。为了防止物证被遗失、毁坏，必要时可以对物证进行固定和保全。《行政诉讼法》第 35 条规定：在诉讼过程中，被告及其诉讼代理人不得自行向原告、第三人和证人收集证据。第 39 条规定：人民法院有权要求当事人提供或者补充证据。第 40 条规定：人民法院有权向有关行政机关以及其他组织、公民调取证据。但是，不得为证明行政行为的合法性调取被告作出行政行为时未收集的证据。因此，在行政诉讼中，收集物证的主体只能是人民法院，当事人可以提供和补充物证，而不能收集物证。《行政诉讼证据规定》第 11 条规定，当事人向人民法院提供物证的，应当符合下列要求：提供原物。提供原物确有困难的，可以提供与原物核对无误的复制件或者证明该物证的照片、录像等其他证据。原物为数量较多的种类物的，提供其中的一部分。

（三）视听资料

视听资料是指利用录音、录像、计算机储存等手段所反映出的音响、影像或其他信息，证明案件事实的资料。视听资料是随着现代科学技术的进步而发展起来的一种独立的证据种类。其特征是以其音响、影像或其他信息等内容来证明案件事实，其内容的显示通常需要借助一定的科学仪器，并且它一般是以动态的内容来起证明作用的，因而它既有别于书证，又有别于物证。《行政诉讼证据规定》第 12 条规定，当事人向人民法院提供计算机数据或者录音、录像等视听资料的，应当符合下列要求：提供有关资料的原始载体。提供原始载体确有困难的，可以提供复制件。注明制作方法、制作时间、制作人和证明对象等。声音资料应当附有该声音内容的文字记录。对书证、物证和视听资料进行质证时，当事人应当出示证据的原件或者原物。但有下列情况之一的除外：出示原件或者原物确有困难并经法庭准许，可以出示复制件或者复制品；原件或者原物已不存在，可以出示证明复制件、复制品与原件、原物一致的其他证据。视听资料应当当庭播放或者显示，并由当事人进行质证。

（四）电子数据

电子数据是指以电子、光学、磁或其他类似手段生成、发送、接受或存储的信息证明案件事实的一种证据，包括电子交易信息、网络 IP 地址、通信记录、电子邮件等电子数据。作为一种新类型的证据，电子证据具有综合性、易变性、隐蔽性、可挽救性、微缩性、扩散激增性等特征。

（五）证人证言

证人证言是指了解案件情况的人以口头或书面的方式，向人民法院所作的与案件有关的事实的陈述。证人必须是自然人，凡是了解案件情况的人，都可以作为证人，但是，不能正确表达意思的人不能作为证人。证人在诉讼法上享有一定的权利和承担一定的义务。证人有权要求宣读、查阅或修改询问笔录，有权使用本民族的语言文字进行陈述，另外，还有权请求支付作证所需的一切费用。同时，证人负有出庭作证和如实作证的义务。《行政诉讼证据规定》第 13 条规定，当事人向人民法院提供证人证言的，应当符合下列要求：写明证人的姓名、年龄、性别、职业、住址等基本情况；有证人的签名，不能签名的，应当以盖章等方式证明；注明出具日期；附有居民身份证复印件等证明证人身份的文件。

（六）当事人的陈述

当事人的陈述是指当事人在行政诉讼中就其所经历的案件事实，向人民法院所作的陈述。作为证据的当事人的陈述只限于当事人对案件事实的陈述，它包括承认、反驳和支持叙述三方面的内容。当事人的陈述是一种应用广泛并且有较强证明力的证据形式。但是，由于当事人与案件的结果有直接的利害关系，所以，当事人的陈述可能存在一定的片面性与虚假性。在行政诉讼过程中，无论是行政主体还是行政相对人的陈述，法院都应当认真审查判断，去伪存真，确保当事人的陈述真实可靠。

（七）鉴定意见

鉴定意见是指由鉴定部门指派具有专门知识和专门技能的人对某些专门性问题进行分析、鉴别和判断，从而得出的能够证明案件事实的书面意见。在行政诉讼中，鉴定意见主要有：其一，由行政机关在行政程序中取得的鉴定意见；其二，在行政程序中没有鉴定的专门性问题，在行政诉讼中由法院提交鉴定部门作出的鉴定意见；其三，对行政机关在行政程序中所取得的鉴定意见，因原告有争议而由法院重新指定鉴定部门作出的鉴定意见。《行政诉讼证据规定》第 14 条指出：鉴定意见应当载明委托人和委托鉴定的事项、向鉴定部门提交的相关材料、鉴定的依据和使用的科学技术手段、鉴定部门和鉴定人鉴定资格的说明，并应有鉴定人的签名和鉴定部门的盖章。通过分析获得的鉴定意见，应当说明分析过程。鉴定意见经过法院审查属实，可以成为定案的证据。

（八）勘验笔录、现场笔录

勘验笔录是指对物品、现场进行察看、检验后所作的能够证明案件情况的记录。如对有争议的建筑物进行拍照，确定方位并以文字、表格等形式将所得结果作出的记录。人民法院在勘验物品或现场时，勘验人员必须出示有关证明，勘验时应邀请当地基层组织或者有关单位派人参加。当事人或其成年家属应当到场，拒不到场的，不影响勘验工作的进行。现场笔录专指行政机关及其工作人员在执行职务的过程中，在实施行政行为时，对某些事项当场所作的能够证明案件事实的记录，又称为当场记录，如公安机关对违反治安管理的人进行询问所作的笔录。行政案件涉及的现场包括违法行为发生的场所、作出行政行为的场所以及案件事实发生的其他场所。行政机关在执行职务过程中所作的现场笔录，应由执行职务人、当事人、见证人等有关人员签名或盖章。

除上述法律上的种类之外，学理上对行政诉讼证据也有不同的分类，且一些分类在《行政诉讼证据规定》中也被使用，以下分别予以介绍。

第一，本证与反证。

这是根据诉讼证据与诉讼当事人主张的事实的关系所作的分类，即以证据对当事人双方所主张的事实是否成立的证明作用来进行的划分。《行政诉讼证据规定》第 67 条规定了这种分类。所谓本证，是指能支持一方当事人主张的某种事实成立，并证明其主张的事实存在的证据，即对其主张起肯定作用的证据。在任何一种诉讼中，当事人只要提出主张就应当举证，这是法律在赋予当事人各种诉权的同时，要求当事人应当履行的义务，否则其主张将得不到支持。因此，无论是行政诉讼的原告还是被告都有提出本证的可能。只要提出的证据不是为了反对他人所主张的事实，就都是本证。所谓反证，也叫相反证据，就是指能够证明对方当事人主张的事实不存在的证据。反证对对方当事人的主张起否定性作用。本证与反证的划分，是从证据作用的角度对证据进行的分类，它揭示了证据对双方当事人事实主张的不同作用。双方都可以提出支持己方主张的本证，也可以提出反驳对方主张的反证，两者区分的关键在于提出的证据是用来支持己方所主张的事实，还是反驳对方所主张的事实。

第二，直接证据与间接证据。

这是根据证据对案件主要事实是以直接证明还是间接证明的方式起证明作用为标准所作的分类。所谓直接证据，是指能单独地、直接地证明案件主要事实的证据。单独的一个直接证据可以不依赖于其他证据而对案件的主要事实起到证明作用，如在行政诉讼中能单独直接证明行政机关具体行政行为合法性的证据就是直接证据。所谓间接证据，是指不能单独证明，而需要与其他证据结合起来才能证明案件主要事实的证据。单独的一个间接证据不能直接证明案件的主要事实，只能证明案件事实中的某一情节片段，它必须同其他证据结合起来，以推论的方式来查明案件主要事实。间接证据的运用具有以下三个特点：（1）间接证据具有相互的依赖性。单独的一个间接证据对案件主要事实没有证明作用。（2）间接证据之间必须能够互相衔接、印证，形成一个不脱节、不矛盾的完整的证据链条。（3）间接证据构成的证明链条所能得出的结论应当具有唯一性，即只能得出一种结论。

第三，原始证据与传来证据。

这是根据证据的来源的不同所作的划分。所谓原始证据，又称原生证据，是指直接源于案件事实或原始出处的证据。所谓传来证据，又称派生证据，是指不直接源于案件事实或原始出处，而是由原始证据派生出来或者在信息传递的中间环节形成的证据。如经过复制、复印、传抄等形成的证据就是传来证据。但是，不能以证据本身的表现形式是否是复制品为标准，来认定是否为传来证据，如以复制方式制成的盗版光盘，就不能理解为传来证据。原始证据与传来证据的不同来源，决定了原始证据比传来证据有着更强的证明力。原始证据直接源于案件事实，中间没有其他环节，可靠性更强，因此《行政诉讼证据规定》第63条规定原始证据优于传来证据。但在原始证据不足的特殊情况下，利用多个传来证据也可以确认案件事实。对传来证据的运用应注意必须查明来源，来源不明的材料，不能作为证据使用。

第四，言词证据与实物证据。

这是根据证据的存在和表现形式的不同所作的分类。所谓言词证据，又称人证，是指以人的陈述为存在和表现形式的证据，如证人证言、当事人的陈述、鉴定意见等。言词证据是以人的陈述形式表现出来的，其固定形式往往又是书面形式，如证人的书面证词，但是，不论书面记载方式如何，是笔录还是书面证词，其所记载的内容仍是陈述人陈述出来的案件事实，因此不能因记载方式表现为实物而混淆言词证据与实物证据的分类。鉴定意见是一种较为特殊的言词证据，鉴定意见是鉴定人以书面陈述的形式对案件中的专门性问题发表的意见，应将其划入言词证据。所谓实物证据，是指以实物形态为存在和表现形式的证据，又称为广义上的物证。它包括各种具有实物形态的证据，如书证、物证、视听资料、勘验笔录与现场笔录等。勘验笔录从内容上说，是对有关案件事实的客观记载，而不是勘验人的意见或判断，因而也属于实物证据。言词证据的不足是客观性较差，而实物证据却具有客观性、稳定性强的优点。对言词证据须着重审查其内容是否属实，对实物证据则主要查明其与案件的关联性，在实际运用中，应当将两者结合起来，相互印证、相互补充以扬长避短。

三、行政诉讼证据的一般特征

行政诉讼证据具有一般证据的特征，也具有自身的特点。2018 年《行诉法解释》第 42 条规定，能够反映案件真实情况、与待证事实相关联、来源和形式符合法律规定的证据，应当作为认定案件事实的根据。行政诉讼证据具有的一般证据的特征，主要包括以下几个方面：

（一）行政诉讼证据与案件事实之间具有关联性

证据的关联性，是指证据与待证事实之间具有事实上或者法律上的某种联系，具有证明待证事实的可能性。[①] 传统的证据学理论混淆了证据的关联性与证据证明力之间的关系。而事实上，有关联的证据未必具有证明力，有关联的证据未必与待证事实之间有证明关系。

（二）行政诉讼证据应当具有合法性

根据《行政诉讼证据规定》第 55 条的规定，证据的合法性是指，证据应当符合法定的形式，证据的取得应当符合法律、法规、司法解释和规章的要求。如果行政机关采用严重违反法定程序的手段收集的证据，则该证据不具有合法性。如行政机关以偷拍、窃听等手段获取的侵害他人合法权益的证据材料，以利诱、暴力等不正当手段获取的证据材料等，属于不具有合法性的证据材料，不能作为行政诉讼的证据。

（三）行政诉讼证据应当具有真实性

证据的真实性，是指行政诉讼的当事人向法院提供的证据属于客观真实的材料。具有真实性的证据，不等于一定能够证明案件事实。如原告向法院提供的书证盖有某行政机关的印章，被告也向法院提供了类似的书证，通过鉴定，法院能够确认原告提供的书证与被告提供的书证都是真实的。但这两份书证所要证明的案件事实却是相反的，法院采信其中一份书证，必然否定另一份书证的证明力。因此，我们不能混淆证据的真实性与证据的证明力之间的关系。

（四）行政诉讼证据是用来证明案件事实的材料，而不一定是定案的根据

有学者认为："诉讼证据，是审判人员、检察人员、侦查人员等依照法定的程序收集并审查核实，能够证明案件真实情况的根据。"[②] 此种观点将诉讼证据与经法院审查采信作为定案根据的证据等同起来，显然不合逻辑。如果证据就是能够证明案件真实情况的根据，那么还有必要由法院审查证据吗？《行政诉讼法》第 33 条第 2 款规定，证据经法庭审查属实，才能作为认定案件事实的根据。可见，证据是用来证明案件事实的，但

---

① 胡建淼主编．行政诉讼法学．北京：法律出版社，2004：155.

② 樊崇义主编．证据学．北京：法律出版社，2001：45.

不一定能够作为认定案件事实的根据。

四、行政诉讼证据的特有特征

相对于其他诉讼证据而言，行政诉讼证据具备的特征主要包括以下几个方面。

（一）行政诉讼证据的证明对象是被诉行政行为的合法性

行政诉讼法确立了法院对行政行为的合法性进行审查的基本原则。行政诉讼的中心问题是法院对被诉行政行为的合法性进行判断，而行政诉讼证据是法院作出判断的依据。被告应当提供证据证明被诉行政行为是合法的，原告则应当尽可能提供证据证明被诉行政行为是违法的。法院根据被告提供的证据、原告提供的证据及必要时自行收集的证据，根据法律规定和逻辑推理法则，对被诉行政行为的合法性作出判断。民事诉讼证据的证明对象通常是当事人的主张是否成立，刑事诉讼证据的证明对象通常是被告人的行为是否构成犯罪或者犯罪的社会危害性程度，而这些与行政诉讼证据的证明对象显然有很大的不同。

（二）行政诉讼证据通常是在行政程序中形成的

行政机关在作出行政行为的时候，在逻辑上应当已经拥有支持行政行为合法性的所有证据。尽管中国相关的法律规范并未明确规定采用“案卷主义”的证据规则，但要求行政机关先取证、后裁决，禁止先裁决、后举证。所以，在诉讼过程中，被告应当使用在行政程序中形成的证据证明被诉行政行为的合法性。

（三）行政诉讼中最主要的证明主体是作为被告的行政机关和法律、法规授权的组织

在行政诉讼中，行政诉讼法律关系的主体往往就是行政诉讼证据的证明主体。由于行政诉讼的核心是通过诉讼审查被诉行政行为的合法性，被告要对作出的行政行为的合法性承担举证责任，所以，通常情况下，被告要向法院提供所为行政行为的证据。而在刑事诉讼中，最主要的证明主体是公诉机关；在民事诉讼中，最主要的证明主体是原告与被告。

第二节　行政诉讼证据的提供

行政诉讼作为一种法律程序，它的启动、推进都离不开证据的证明作用，因此，对于行政诉讼证据的提供的研究具有现实意义。在这个过程中，行政诉讼的举证责任是最为关键的理论与术语，在此基础之上，行政诉讼被告与原告均有提供证据的义务与权利。

一、行政诉讼的举证责任

（一）行政诉讼的举证责任的概念

举证责任一词，最早出现在罗马法中，拉丁文为“omusprobandi”，并且被古罗马法学家使用。“原告有举证的义务，原告不尽举证责任时，应为被告胜利的裁判”；“主张的人有证明的义务，否定的人没有证明的义务”。公元前 450 年颁布的《十二铜表法》中规定：“凡主张曾缔结现金借贷或要式买卖契约的，负举证之责。”因此，可以得出结

论，古罗马在开始使用这一概念时，认为举证就是提供证据，即主张权利的人应当提供证据，否则主张不成立。古罗马以后，英美法系国家和大陆法系国家由于存在不同的历史法律传统和法律制度，所以，关于举证责任的表述也是不同的。在英美法系国家，学者提出将举证责任分为提供证据的责任和说服责任。前者是指当事人提供证据证明其主张构成法律争端因而法院应当进行审理；后者是指在实体问题上，当事人应提供具有足够证明力的证据，从而获得法院的支持。在大陆法系国家中，学者对于举证责任性质的认定基本上分为主观的举证责任说与客观的举证责任说。前者认为举证责任是当事人就自己的主张向法院提供证据的一种义务或负担；后者是指在法院审理终结，案件事实尚处于真伪不明时，据以作出对某方当事人不利的裁判后果的依据。中国学者对此也展开了讨论并形成了诸多的观点。如风险义务说认为，举证责任类似于诉讼义务，当事人必须承担，不得放弃，一旦放弃，会带来不利的法律后果，因此，是一种风险义务。而法定后果说则认为举证责任是指法律预先规定，在案件真实情况难以确定的情况下，由一方当事人提供证据予以证明，否则其将承担不利的诉讼后果。权利义务说认为，举证责任既是当事人的权利也是当事人的义务。法律假定说认为举证责任是法律假定的一种后果，即承担举证责任的一方应当证明自己的主张，否则将承担败诉的法律后果。① 综合以上分析，我们认为行政诉讼的举证责任是指由法律预先规定，在行政案件的真实情况难以确定的情况下，由一方当事人提供证据予以证明，它/他如果提供不出证明相应事实情况的证据，则承担败诉风险及不利后果的制度。这个概念包含三个层面的意义：一是当事人对所主张的事实提供证据，二是当事人所提供的证据能够证明其主张，三是当事人在不能提供证据证明其主张时要承担败诉的不利后果。举证责任制度是行政诉讼证据制度的核心内容。

作为成文法，《行政诉讼法》条文中第一次出现了举证责任这一概念，并规定了被告对行政行为的合法性负举证责任的基本原则。

（二）行政诉讼举证责任的分类

（1）行政诉讼被告承担的说服责任。《行政诉讼法》第 34 条规定：被告对作出的行政行为负有举证责任，应当提供作出该行政行为的证据和所依据的规范性文件。被告不提供或者无正当理由逾期提供证据，视为没有相应证据。但是，被诉行政行为涉及第三人合法权益，第三人提供证据的除外。《行政诉讼证据规定》第 1 条第 1 款规定，根据《行政诉讼法》第 32 条和第 43 条的规定，被告对作出的具体行政行为负有举证责任的，应当在收到起诉状副本之日起 10 日内，提供据以作出被诉具体行政行为的全部证据和所依据的规范性文件。被告不提供或者无正当理由逾期提供证据的，视为被诉具体行政行为没有相应的证据。据此，负有举证责任的被告一方必须在法定诉讼期限内提出作出行政行为的确实、充分的证据，使法官形成对案件事实的确信，如果不能提出说服法官确认自己的行政行为合法的足够证据，那么人民法院就会作出撤销判决，被告必然承担败诉的法律后果。在被诉行政行为合法性方面，被告的举证责任与诉讼后果具有必然的因果关系，这种举证责任自始至终由被告承担，不能转移给原告，在这里被告承担的显

① 蔡小雪．行政诉讼证据规则及运用．北京：人民法院出版社，2006：1-3.

然是说服责任。但是，若被诉行政行为涉及第三人合法权益，第三人提供证据的，人民法院应当将其视为行政机关作出被诉行政行为的证据，被告则不必然承担败诉的法律后果。

（2）行政诉讼原告承担的推进责任。根据《行政诉讼法》第49条、《行政诉讼证据规定》第4条规定，原告起诉必须符合法定条件，人民法院才能立案，即必须提供一定的证据证明其起诉符合《行政诉讼法》规定的条件，这样才能启动行政诉讼程序。《行政诉讼法》第37条规定：原告可以提供证明行政行为违法的证据。原告提供的证据不成立的，不免除被告的举证责任。可见，原告的举证与诉讼结果没有必然的联系，原告不能证明被诉行政行为违法，只是增加了原告败诉的风险而不意味着被告必然胜诉，显然原告在这里承担的只是推进责任。

（3）行政赔偿、补偿诉讼中原告承担的说服责任。《行政诉讼法》第38条第2款规定：在行政赔偿、补偿的案件中，原告应当对行政行为造成的损害提供证据。因被告的原因导致原告无法举证的，由被告承担举证责任。这里，原告如果未提供证据证明被诉行政行为造成其损害的事实，就要承担败诉的法律后果。但是，如果原告是因被告的原因而无法举证的，则举证责任还由被告承担，2018年《行诉法解释》第47条明确了因被告原因导致损害的举证规则，即在行政赔偿、补偿案件中，因被告的原因导致原告无法就损害情况举证的，应当由被告就该损害情况承担举证责任。对于各方主张损失的价值，无法认定的，应当由负有举证责任的一方当事人申请鉴定，但法律、法规、规章规定行政机关在作出行政行为时依法应当评估或者鉴定的除外；负有举证责任的当事人拒绝申请鉴定的，由其承担不利的法律后果。当事人的损失因客观原因无法鉴定的，人民法院应当结合当事人的主张和在案证据，遵循法官职业道德，运用逻辑推理和生活经验、生活常识等，酌情确定赔偿数额。

（4）行政诉讼原告、被告在庭审中都承担的推进责任。在行政诉讼庭审中，原告和被告都享有反驳权与质辩权，都有义务对自己的主张提供证据，使法庭调查进行下去，这时的举证责任可以在当事人之间进行转移，如《行政诉讼证据规定》第4条第3款规定："被告认为原告起诉超过法定期限的，由被告承担举证责任。"这种举证责任应当属于提供证据的责任，即推进责任。

二、行政诉讼中被告方证据的提供

（一）被告承担主要举证责任

在行政诉讼中，举证责任主要由被诉的行政主体一方承担。《行政诉讼法》第34条第1款规定：被告对作出的行政行为负有举证责任，应当提供作出该行政行为的证据和所依据的规范性文件。该条第2款规定：被告不提供或者无正当理由逾期提供证据，视为没有相应证据。但是，被诉行政行为涉及第三人合法权益，第三人提供证据的除外。《行政诉讼法》确定被告对被诉具体行政行为负举证责任，主要的目的在于：

（1）由被告方负举证责任，有利于保护原告一方的诉权。行政诉讼是作为原告的行政相对人认为行政主体的行政行为侵犯其合法权益而提起的。而行政相对人往往难以了解行政管理行为的具体依据和有关的专业知识，要原告承担举证责任，让其证明行政行为的违法性，显然不利于保护原告的诉权。

（2）由被告方负举证责任，有利于充分发挥行政主体的举证优势。在国家行政管理活动中，行政主体处于主导的地位。因此，行政主体的举证能力比原告强，在诉讼中让举证能力强的一方当事人负举证责任，有利于当事人双方的诉讼地位在事实上的平等，同时也体现了负担公平的原则。

（3）由被告方负举证责任，有利于促进行政主体依法行政。依法行政是国家行政管理的一项基本原则，这一原则要求国家行政权力的运行必须正确、合法。本着行政行为"先取证、后裁决"的规则，行政诉讼中被告提供的证据在行政行为作出时应当都已经具备，在行政诉讼中，无论行政相对人能否提供行政行为违法的证据，行政主体都有义务提供其作出的行政行为合法的证据。

根据《行政诉讼法》第 34 条的规定，被告承担的举证责任的范围包括作出行政行为的证据和所依据的规范性文件，即举证范围不仅限于事实根据，而且还包括了行政主体作出行政行为的法律及行政规范依据。被告对被诉的行政行为负有举证责任，并不意味着在行政诉讼中被告对一切事实都负举证责任，而只是在确定行政行为的合法性时，必须由被告承担举证责任。在行政诉讼的其他方面，如解决行政赔偿问题时，原告也要承担一定范围内的举证责任。

（二）被告的举证规则

（1）举证期限。

《行政诉讼法》对被告的举证期限问题作了比原告严格的专门强调规定，除《行政诉讼法》第 67 条规定外，《行政诉讼法》第 36 条第 1 款还规定，被告在作出行政行为时已经收集了证据，但因不可抗力等正当事由不能提供的，经人民法院准许，可以延期提供。2018 年《行诉法解释》第 34 条明确了延期提供证据和逾期提供证据的法律后果：被告申请延期提供证据的，应当在收到起诉状副本之日起 15 日内以书面方式向人民法院提出。人民法院准许延期提供的，被告应当在正当事由消除后 15 日内提供证据。逾期提供的，视为被诉行政行为没有相应的证据。2018 年《行诉法解释》第 36 条规定了申请延长举证期限的具体规则，即当事人申请延长举证期限，应当在举证期限届满前向人民法院提出书面申请。申请理由成立的，人民法院应当准许，适当延长举证期限，并通知其他当事人。申请理由不成立的，人民法院不予准许，并通知申请人。该申请延长举证期限的规则同样适用于其他当事人。

（2）被告补充证据的限制规则。

《行政诉讼法》第 36 条第 2 款规定，原告或者第三人提出了其在行政处理程序中没有提出的理由或者证据的，经人民法院准许，被告可以补充证据。

（3）被告及其诉讼代理人收集证据规则。

根据《行政诉讼法》第 35 条的规定，在诉讼过程中，被告及其诉讼代理人不得自行向原告、第三人和证人收集证据。

（4）人民法院责令行政机关提交证据。

2018 年《行诉法解释》第 46 条规定：原告或者第三人确有证据证明被告持有的证据对原告或者第三人有利的，可以在开庭审理前书面申请人民法院责令行政机关提交。

申请理由成立的，人民法院应当责令行政机关提交，因提交证据所产生的费用，由申请人预付。行政机关无正当理由拒不提交的，人民法院可以推定原告或者第三人基于该证据主张的事实成立。持有证据的当事人以妨碍对方当事人使用为目的，毁灭有关证据或者实施其他致使证据不能使用行为的，人民法院可以推定对方当事人基于该证据主张的事实成立，并可依照《行政诉讼法》第 59 条规定处理。

三、行政诉讼中原告方证据的提供

（一）原告承担举证责任的范围

根据《行政诉讼法》第 38 条第 1 款，《行政诉讼证据规定》第 4、5 条，以及 2018 年《行诉法解释》第 12、40 条，原告就下列事项承担举证责任：

（1）在起诉被告不履行法定职责的案件中，原告应当提供其向被告提出申请的证据。

被告不作为的案件中通常是行政相对人提出申请，但行政机关并未作出行为，按照行为的逻辑顺序，此种行为的前提条件是先有行政相对人的申请存在，没有行政相对人的申请，行政机关不得主动为之。原告既然起诉被告不作为，就负有举证证明它/他已经提出申请，进而才有权要求法院判令行政机关履行法定职责。实践中，有些情况下不需要原告提供其向被告提出申请的证据。《行政诉讼法》第 38 条第 1 款规定，有下列情形之一的，不需要原告提供其向被告提出申请的证据：1）被告应当依职权主动履行法定职责的；2）原告因正当理由不能提供证据的。此处的正当理由，比如原告因被告受理申请的登记制度不完备而不能提供相关证据材料并能够作出合理说明的。此种情况在中国现行行政系统中普遍存在，在这样的情况之下，要求原告证明自己提出申请的事实，就是勉为其难了。

（2）在行政赔偿、补偿的案件中，原告应当对行政行为造成的损害提供证据。

在行政赔偿、补偿案件中，对行政行为是否违法，是否侵犯公民、法人或者其他组织合法权益的确认，需要由被告承担举证责任，因为这涉及行政行为合法性问题；但赔偿问题是以损害为前提的，而损害存在的事实应由要求赔偿者即原告来承担举证责任。

（3）证明起诉符合法定条件，但被告认为原告起诉超过起诉期限的除外。

起诉条件是法律所规定的当事人起诉所应具备的法定要件，其目的是避免滥诉。起诉是否符合《行政诉讼法》规定的条件当然应由原告来证明，而不应由被告来承担。同时，在法院审查是否符合起诉条件的时间内，作为被告的行政机关并未参加到诉讼中来，因此也不存在由被告承担举证责任的问题。但关于是否超过起诉期限的举证责任，则应由被告来承担。因为主张原告起诉超期是由被告提出的，被告要对自己提出的主张负责，同时被告负有告知原告起诉期限的义务，是否履行该义务也应由被告来证明。

（二）原告的举证规则

《行政诉讼法》明确规定了原告对特定事项的举证责任，2018 年《行诉法解释》第 35 条对原告、第三人的举证期限加以限定，基本遵循了《行政诉讼证据规定》第 7 条的规定，同时补充了逾期提供证据时，法院责令其说明理由的义务及逾期举证的后果。

原告或者第三人应当在开庭审理前或者人民法院指定的交换证据清单之日提供证据。因正当事由申请延期提供证据的，经人民法院准许，可以在法庭调查中提供。逾期提供证据的，人民法院应当责令其说明理由；拒不说明理由或者理由不成立的，视为放弃举证权利。原告或者第三人在第一审程序中无正当事由未提供而在第二审程序中提供的证据，人民法院不予接纳。

第三节 行政诉讼证据调取、出示、保全、补充规则

调取、出示、保全与补充行政诉讼证据是人民法院的法定职权与职责，也是人民法院对案件进行审理的活动。人民法院履行这些职权时，不是在作证明，也不承担举证责任，而是人民法院依其职权和职责，为保证行政案件的正确、及时处理而进行的司法活动。

一、行政诉讼证据的调取

（一）人民法院调取证据的性质

调取证据是《行政诉讼法》赋予人民法院的重要程序性权力，它既体现了行政诉讼的职权性，又是解决当事人举证困难的司法救济方式。学界对于人民法院调取证据的性质看法不尽相同。有学者认为，中国《民事诉讼法》在规定了人民法院对当事人提供的证据，应按照法定程序，全面地、客观地审查核实的同时，还规定了人民法院对当事人及其诉讼代理人因客观原因不能自行收集的证据或者人民法院认为审查案件需要的证据，应当调查、收集。从这个意义上讲，人民法院承担了一定的证明义务。而《行政诉讼法》没有规定人民法院应当调查、收集证据的义务，而是规定人民法院有权向有关行政机关及其他组织、公民调取证据。这种调查取证权是人民法院行使对行政行为合法性的审查权的一种形式，是完全不同于民事诉讼中调查取证的一种义务。既然《行政诉讼法》规定调取证据是法院的一种“权力”，那么法院则有主动权，即何时行使、行使到何种程度均由法院决定。① 但有的学者认为，法院调取证据既是一种职权，那么应将其与法院依法享有的管辖权、审判指挥权、裁判权、强制执行权等在性质上同等对待；同时，法院调取证据也是一种职责，法院不得随意拒绝行使其取证权，不得将收集调查证据的职责推给当事人。可见，法院调取证据是两者的统一体。②

我们认为人民法院调取证据具有两个方面的功能：一方面，人民法院依职权采取司法行为，亦应当承担相应的提供证据的责任，如人民法院认为诉讼参与人或其他人实施了妨碍诉讼的行为，可以根据《行政诉讼法》第 59 条的规定采取强制措施，在这种情况下，人民法院要承担证明诉讼参与人或其他人具有该法第 59 条规定的情形的责任。另一方面，在某些特殊情况下，人民法院必须以自己调取的证据来核实当事人提出的有关证据。但是，这种调取证据也应当是有条件的，只有在某些特殊情况下才能这样做。因此，在前一种情况下，应当是一种责任；而在后一种情况下，只有具备特定情形，才构成一种职责。

---

① 姜明安主编．行政法与行政诉讼法．北京：法律出版社，2003：434.

② 蔡虹．行政诉讼证据问题研究．武汉：武汉水利电力大学出版社，1998：151－152.

（二）人民法院调取证据的条件与范围

《行政诉讼法》第 39 条规定：人民法院有权要求当事人提供或者补充证据。人民法院有权向有关行政机关以及其他组织、公民调取证据。《行政诉讼证据规定》第 22 条规定了人民法院依职权调取证据的两种情形，实际上对《行政诉讼法》的规定作出了限制性解释。2018 年《行诉法解释》第 37 条规定了人民法院要求当事人提供或者补充证据的权力。

1. 人民法院有权调取证据的情形

人民法院在行政诉讼中调取证据分为两种情形：一种是依职权调取，另一种是根据原告或者第三人的申请调取。

（1）依职权调取。有下列情形之一的，人民法院有权向有关行政机关以及其他组织、公民调取证据：涉及国家利益、公共利益或者他人合法权益的事实认定的；涉及依职权追加当事人、中止诉讼、终结诉讼、回避等程序性事项的。

但是，人民法院不得为证明行政行为的合法性调取被告作出行政行为时未收集的证据。

（2）根据原告或者第三人的申请调取。原告或者第三人不能自行收集，但能够提供确切线索的，可以申请人民法院调取下列证据材料：由国家有关部门保存而须由人民法院调取的证据材料；涉及国家秘密、商业秘密、个人隐私的证据材料；确因客观原因不能自行收集的其他证据材料。也就是说，人民法院仅限为解决当事人举证困难而调取材料，不能代替当事人举证，不得为证明被诉行政行为的合法性，调取被告在作出行政行为时未收集的证据。此外，2018 年《行诉法解释》第 39 条对因不具有关联性而不予调查收集证据的情形作了列举：一是该证据与待证事实无关联，二是该证据对证明待证事实无意义，三是其他无调查收集必要的。

2. 原告或者第三人申请人民法院调取证据的程序

（1）提出申请的期限及方式。

根据《行政诉讼证据规定》的相关规定，当事人申请人民法院调取证据的，应当在举证期限内提交调取证据申请书。申请书应载明以下内容：证据持有人的姓名或者名称、住址等基本情况；拟调取证据的内容；申请调取证据的原因及其要证明的案件事实。在一般案件中，当事人应当在第一审举证期限届满前向人民法院提交调取证据申请，即第一审开庭前或者人民法院指定的交换证据之日前；当事人有正当事由的，可以在第一审庭审中或者第二审程序中提出调取证据申请。当然在特殊情况下，当事人在第一审庭审后才发现有关证据线索的，其就可以在第二审程序中提出调取证据的申请。

（2）人民法院对申请的处理。

人民法院收到申请之后，经审查认为符合调取条件的，应当及时决定调取。《行政诉讼证据规定》第 25 条规定：人民法院对当事人调取证据的申请，经审查符合调取证据条件的，应当及时决定调取；不符合调取证据条件的，应当向当事人或者其诉讼代理人送达通知书，说明不准许调取的理由。当事人及其诉讼代理人可以在收到通知书之日起 3 日内向受理申请的人民法院书面申请复议一次。人民法院应当在收到复议申请之日起 5 日内作出答复。人民法院根据当事人申请，经调取未能取得相应证据的，应当告知申请人并说明原因。

3. 委托异地法院调取

需要调取的证据在外地的，人民法院可以采用委托调取的方式，即审理案件的人民法院可以书面委托证据所在地人民法院调取，受托人民法院应当在收到委托书后按照委托要求及时完成调取证据的工作，送交委托人民法院。受托人民法院不能完成委托事项的，应当告知委托人民法院并说明理由。

二、行政诉讼证据的出示

根据《行政诉讼法》第 43 条第 1 款的规定，证据应当在法庭上出示，并由当事人互相质证。对涉及国家秘密、商业秘密和个人隐私的证据，不得在公开开庭时出示。

三、行政诉讼证据的保全

证据保全是指人民法院在调查证据之前，对于可能灭失或者以后难以取得的证据，根据诉讼参加人的申请或者依职权，采取制作笔录等的方式，预先加以调查和固定的制度。《行政诉讼法》第 42 条规定：在证据可能灭失或者以后难以取得的情况下，诉讼参加人可以向人民法院申请保全证据，人民法院也可以主动采取保全措施。

（一）行政诉讼证据保全的条件

按照法律规定和法学理论分析，采取证据保全必须具备以下条件。

（1）必须存在可能灭失或以后难以取得证据的情况。所谓可能灭失，是指证据以后有可能不存在或者提供证据的人有可能不存在。例如，作为证据的物品将要腐烂、变质、变形，或者作为证人的自然人有可能死亡，等等。所谓以后难以取得，是指失去某种机会或者超过一定的时间，以后就难以取得证据的情况，如证人将要出国定居等情况。

（2）采取保全措施的证据必须与案件有一定的关联性。也即该项证据能够证明该行政案件的事实，案件事实与证据之间存在着内在的联系。

（3）提请证据保全的期限。根据《行政诉讼证据规定》第 27 条第 1 款的规定，当事人向人民法院申请保全证据的，应当在举证期限届满前以书面形式提出。这表明在行政诉讼中，当事人申请保全证据的期限同举证的期限是一致的，即行政诉讼当事人申请保全证据的，应当在各自的举证期限内提出。

只有以上三个条件同时具备，才能提起行政诉讼证据保全的申请。

（二）行政诉讼证据保全的启动方式

根据《行政诉讼法》第 42 条的规定，行政诉讼的证据保全的启动方式有以下两种。

（1）由行政诉讼参加人向人民法院申请而提起的保全。人民法院是否采取行政诉讼的证据保全措施，应根据具体的案情来分别确定。如果人民法院同意证据保全的申请，应作出准许裁定并及时采取证据保全措施；如果人民法院不接受当事人的申请，则应作出不予保全的裁定并说明理由。当事人根据《行政诉讼法》第 42 条的规定向人民法院申请行政诉讼证据保全措施的，应当在举证期限届满前以书面形式提出，并说明证据的名称和地点、保全的内容和范围、申请保全的理由等事项。当事人申请保全证据的，人民法院可以要求其提供相应的担保。

（2）人民法院依职权主动采取的保全。在行政诉讼过程中，如果人民法院发现有关的证据可能灭失或以后难以取得，可以依职权主动采取证据保全措施。

（三）行政诉讼证据保全的方法

根据具体情况，可以采取查封、扣押、拍照、录音、录像、复制、鉴定、勘验、制作询问笔录等保全措施。人民法院保全证据时，可以要求当事人或者其诉讼代理人到场。对不同种类的证据应采取不同的证据保全方法。

（1）对证人证言的保全，一般采取制作证人证言笔录或者进行录音、录像等方法来实现。

（2）对物证的保全，一般由人民法院进行勘验，制作勘验笔录或者绘图、拍照、录像，也可以采取保存原物的方式。人民法院可以依当事人申请或者依职权勘验现场。勘验现场时，勘验人必须出示人民法院的证件，并邀请当地基层组织或者有关单位派人参加。当事人或其成年家属应当到场，拒不到场的，不影响勘验的进行，但应当在勘验笔录中说明情况。审判人员应当制作勘验笔录，记载勘验的时间、地点、勘验人、在场人、勘验的经过和结果，由勘验人、当事人、在场人签名。勘验现场时绘制的现场图，应当注明绘制的时间、方位、绘制人姓名和身份等内容。当事人对勘验结论有异议的，可以在举证期限内申请重新勘验，是否准许由人民法院决定。

（3）对书证的保全，一般可以采用拍照、复制等方法。

法院进行证据保全，应制作保全证据的笔录。被保全的证据与法院调查的其他证据具有同等的效力，经查证属实，可以作为定案的根据。

（四）诉前证据保全

行政诉讼的诉前证据保全是指在行政程序中，当事人在了解到相关行政证据的权利受到行政主体的限制或剥夺的情况下，可以在提起行政诉讼之前，申请人民法院对该证据进行保全的活动。诉前证据保全不同于证据保全，证据保全只在诉讼开始之后启动，而不存在诉前保全，二者在申请的阶段、申请人的法律地位方面均存在着较大的区别。《行政诉讼法》和 2018 年《行诉法解释》中均未对诉前证据保全制度进行规定，《行政诉讼证据规定》第 27 条第 3 款规定：法律、司法解释规定诉前保全证据的，依照其规定办理。这是中国首次对行政诉讼诉前证据保全制度作出的明确规定。

诉前证据保全不仅仅是一种证据保全措施，而且对有效地保护行政相对人的行政诉权具有重要的作用，因为在行政管理实践中，部分行政执法人员行政程序观念淡薄，对于一些重要的行政证据不能及时、全面地告知行政相对人，行政相对人的知情权得不到应有的保护，在此情况下，即使行政相对人提起行政诉讼，也无法有效地保护自身的合法权益。因此，建立行政诉讼诉前证据保全制度对于完善中国行政诉讼制度具有重要的理论意义与现实需要。

（五）行政诉讼证据保全措施的种类

《行政诉讼证据规定》第 28 条列举了以下九种证据保全措施：

（1）查封。查封是指人民法院对需要保全的证据贴上封条或张贴公告，予以封存，禁止转移或处分。查封一般针对不能移动或难以移动的物品，被查封的物品一般由其所有人保管。

（2）扣押。扣押是指人民法院对需要保全的证据予以提取、扣留，防止其持有人或保管人在特定的时间内占有、使用或处分。扣押一般针对容易移动的物品。被扣押的物品由人民法院或其委托的单位或个人保管。

（3）拍照。拍照是指人民法院对需要保全的证据通过技术设备，将其图像固定到底片上，经冲洗成为照片。拍照一般适用于书证、物证。

（4）录音。录音是指人民法院通过磁带、录音机等技术设备将事件发生过程中的声响记录下来。

（5）录像。录像是指人民法院通过录像机等技术设备将事件发生过程中的活动、影像记录下来。录像一般可适用于当事人的陈述、证人证言、视听资料和物证等。

（6）复制。复制是指人民法院通过技术设备按照原物特征制作仿制品。复制包括复印、翻拍、转录等。

（7）鉴定。鉴定是指鉴定人运用自己的专业知识和技能，以及必要的技术手段和科学仪器、设备等，对案件中发生争议并具有专门性的问题进行检测、鉴别、评定的活动。如医学鉴定、文书鉴定、交通事故鉴定、产品质量鉴定等。

（8）勘验。勘验是指人民法院对与案件事实有关的场所、物品进行现场勘验，以发现、提取、收集和保全证据，勘验的情况和结果应当制作笔录。

（9）制作询问笔录。制作询问笔录是指人民法院对需要保全的证据以笔录的方式固定保存。制作询问笔录一般作为一种辅助性方法，与其他保全措施合并使用。

四、行政诉讼证据的补充

《行政诉讼法》第39条规定："人民法院有权要求当事人提供或者补充证据。"补充证据又称补证行为，是指案件中已有的证据不足、尚不能据之查清案件事实，需要补充证据进一步证明案件事实的诉讼行为。①

（一）人民法院有权要求当事人提供或者补充证据

人民法院要求当事人补充证据的具体范围包括：（1）被告作出行政行为时已经收集、因不可抗力等正当事由不能提供的。（2）原告或者第三人在诉讼过程中，提出了其在被告实施行政行为时没有提出的反驳理由或者证据的。（3）当事人提出了新的诉讼请求。（4）其他要求提供证据或补充证据的情况。如责令当事人提供或者补充证据。根据2018年《行诉法解释》第37条的规定，对当事人无争议，但涉及国家利益、公共利益或者他人合法权益的事实，人民法院可以责令当事人提供或者补充有关证据。这里的当事人包括原告、被告、第三人。"当事人无争议"说明该事实在当事人之间没有异议，但这并非人民法院查明后认定的事实。一般情况下，对于当事人均认可的无争议的事实，法院无须再予以审查，也无须再罗列证据并对证据的真实性、合法性和关联性作出认定。但当这种被当事人认可的事实涉及国家利益、公共利益或者他人合法权益时，法院需要依职权启动审查。"当事人无争议"的事实分为两种情况：一是客观真实的事实，

① 马原主编．中国行政诉讼法讲义．北京：人民法院出版社，1990：100.

即真实地反映了事情发展的本来面目，因而当事人均无异议；二是当事人出于种种原因有意无意地对事实的歪曲、误读或者不全面、准确的陈述。第二种情况下的“无争议”的事实，并不能全面、客观、真实地反映事情本来的面目，仅是当事人之间对对方所陈述事实的自认，甚至是“串通”，这种认可可能会损害国家利益、公共利益，甚至是未参加到诉讼中的案外人的合法权益。而由于人民法院的生效裁判具有既判力，且具有对世的效力，建立在当事人错误认知或者是恶意串通基础上形成的“无争议”事实，就会对国家利益、公共利益或案外人的合法权益造成损害。因此，为了维护国家利益、公共利益或者他人合法权益，人民法院有必要依职权要求当事人提供或者补充证据。①

（二）行政诉讼当事人有向人民法院主动、及时提供证据的权利和义务

当事人应当主动、及时地向人民法院提供证据；当事人如果拒不履行其法定的义务，应当承担相应的法律后果。根据最高人民法院相关司法解释的规定，被告在第一审庭审结束前，不提供或者不能提供作出行政行为的主要证据和所依据的规范性文件的，人民法院可以依据《行政诉讼法》第 34 条和第 70 条的规定，判决撤销被诉行政行为或者确认被诉具体行政行为违法。被告在第二审过程中向法庭提交的在第一审过程中应当且能够提交但没有提交的证据，不能作为第二审法院撤销第一审裁判的事实根据。复议机关在复议过程中收集和补充的证据，不能作为维持原行政行为的事实根据，但复议改变原行政行为的，可以作为审理复议决定的事实根据。

第四节 行政诉讼证据的质证和核实

证据的质证与核实，是指在法官的主持下，当事人及其代理人就有关证据进行辨认和对质，围绕证据的真实性、关联性和合法性及证据的证明力有无和证明力大小进行辩论的活动，是对证据进行审查的重要环节。

一、行政诉讼证据的质证

（一）概述

行政诉讼中的质证是指在人民法院的主持下，当事人及其代理人在庭审中围绕证据的真实性、关联性、合法性，针对证据有无证明效力以及证明效力大小进行对质辩论的活动。当事人将证据提交法院后，要在法院的主持下，在庭审中公开展开对质辩论，以确定证据是否具有真实性、关联性和合法性，以及证据对案件事实的证明力大小。《行政诉讼证据规定》遵循直接言词原则的要求，对行政诉讼质证的主体、对象、方式、时间及不同种类证据的质证规则作出了全面规定，进一步强化了当事人在行政诉讼中的作用，淡化了法庭的职权主义色彩。

根据《行政诉讼证据规定》，行政诉讼中的质证具有以下特点：

第一，质证是证据得以作为定案依据的必要条件。作为判决依据的证据必须已在法庭上出示并经过当事人质证，未经庭审质证的证据，不能作为定案的依据。程序正义要

① 最高人民法院行政审判庭．最高人民法院行政诉讼司法解释理解与适用：上．北京：人民法院出版社，2018：200-206.

求审判活动中不仅认定的案件事实实体要真实，发现案件事实的手段和方式也要公正、合理。当事人应该有权对作为影响其权利的决定的基础的证据发表意见，揭露对方当事人证据的不足、矛盾，说服法官认可自己的主张。与之相适应，《行政诉讼证据规定》第 36 条规定，经合法传唤，因被告无正当理由拒不到庭而需要依法缺席判决的，被告提供的证据不能作为定案的依据，但当事人在庭前交换证据中没有争议的证据除外。

第二，质证的对象是当事人提交和申请人民法院调取的证据。对于当事人向法庭提交的证据，自然应该对质。对于人民法院调取的证据，根据《行政诉讼证据规定》第 38 条的规定，当事人申请人民法院调取的证据，由申请调取证据的当事人在庭审中出示，并由当事人质证。人民法院依职权调取的证据，由法庭出示，并可就该证据的调取情况进行说明，听取当事人的意见。

第三，质证的主体是当事人及其代理人，不包括人民法院。根据《行政诉讼证据规定》第 39 条第 1、2 款的规定，当事人及其代理人是质证的主体。当事人在行政诉讼中应该围绕证据的关联性、合法性和真实性，针对证据有无证明效力以及证明效力大小，进行质证。经法庭准许，当事人及其代理人可以就证据问题相互发问，也可以向证人、鉴定人或者勘验人发问。

第四，质证在庭审阶段一般应公开进行。直接言词原则要求一切证据都必须在法庭上以直接口头的方式出示、陈述、询问和辩论。当事人、证人、鉴定人、勘验人都应该出庭，陈述其意见，法官也必须亲自在法庭上听取当事人、鉴定人、勘验人的陈述，检验物证，观看、听取视听资料。因此，质证必须在庭审阶段公开进行。对于涉及国家秘密、商业秘密和个人隐私或者法律规定的其他应当保密的证据，不在开庭时公开质证

第五，质证的内容围绕证据的关联性、合法性和真实性展开，确定证据有无证明效力及证明效力大小。根据《行政诉讼证据规定》第 39 条的规定，行政诉讼中质证的内容包括两个方面：其一，证据是否具有证明能力即证据资格的判断；其二，具有证据资格的证据的证明力的判断。证据能力与证明力是一对联系非常密切的概念。证据能力解决的是证据的资格问题，不具有证据能力的证据材料，根本不能作为证据提出，更不能作为定案的依据；证明力解决的是具有证据能力的证据对待证事实的证明程度、强弱问题。因此可以说，所谓证据能力，是从形式方面观察其资格；证明力，是从实质方面考察其价值。当事人在行政诉讼中的质证要针对这两个方面进行，既要对证据是否具有证据资格进行质证，也要就证据的证明力大小进行质证。

（二）不同种类证据的质证规则

《行政诉讼证据规定》根据不同种类的证据规定了不同的质证规则。

1. 书证、物证、视听资料、电子数据的质证规则

对书证、物证、视听资料、电子数据进行质证时，由当事人出示证据，而且应当出示证据的原件或者原物，但有下列情形之一的除外：出示原件或者原物确有困难并经法庭准许可以出示复制件或者复制品；原件或者原物已经不存在，可以出示证明复制件、复制品与原件、原物一致的其他证据。

视听资料应当当庭播放或者显示，并由当事人进行质证。

2. 证人出庭作证的质证规则

直接言词原则要求证人必须出庭陈述，当事人及其代理人有权对之展开交叉询问。由于各方面的原因，中国审判活动中证人出庭作证率并不高，对此学者一直呼吁完善证人出庭作证规则，使证人出庭作证制度规范化。《行政诉讼证据规定》对行政诉讼中证人出庭作证制度作出了较为详细的规定，具体包括以下几个方面。

(1) 证人资格。

《行政诉讼证据规定》关于证人资格的规定，仍然只是限定在“不能正确表达意志的人不能作证”。对证人能否正确表达意志存有疑问时，人民法院可以根据当事人的申请对之进行审查或者交由有关部门鉴定。必要时，人民法院也可以依职权交由有关部门鉴定。

(2) 证人负有出庭作证的义务。

证人有出庭作证的义务，只有在具备法定条件时，适用提交书面证言的例外规定。《行政诉讼证据规定》第 41 条规定了经人民法院准许，当事人可以提交书面证言的情形：其一，当事人在行政程序或者庭前证据交换中对证人证言无异议的；其二，当事人因年迈体弱或者行动不便无法出庭的；其三，证人因路途遥远、交通不便无法出庭的；其四，证人因自然灾害等不可抗力或者其他意外事件无法出庭的；其五，证人因其他特殊原因确实无法出庭的。不过，可惜的是，《行政诉讼证据规定》并没有规定证人没有正当理由拒不出庭作证或者作证不力时应负的法律责任。此外，2018 年《行诉法解释》第 40 条规定：人民法院在证人出庭作证前应当告知其如实作证的义务以及作伪证的法律后果。证人因履行出庭作证义务而支出的交通、住宿、就餐等必要费用以及误工损失，由败诉一方当事人承担。

(3) 当事人申请证人出庭作证。

当事人申请证人出庭作证的，应当在举证期限届满前提出，并经人民法院许可。人民法院准许证人出庭作证的，应当在开庭审理前通知证人出庭作证。当事人在庭审过程中要求证人出庭作证的，法庭可以根据审理案件的具体情况，决定是否准许以及是否延期审理。值得注意的是，此前“相关行政执法人员出庭说明”是否属于证人出庭作证，存在争议。根据 2018 年《行诉法解释》第 41 条所持的态度，“相关行政机关执法人员出庭说明”应当属于当事人陈述，但被告之外的其他行政机关执法人员可以作为证人出庭作证。这些情形包括：1) 对现场笔录的合法性或者真实性有异议的；2) 对扣押财产的品种或者数量有异议的；3) 对检验的物品取样或者保管有异议的；4) 对行政执法人员身份的合法性有异议的；5) 需要出庭说明的其他情形。尽管 2018 年《行诉法解释》只规定了原告或者第三人可以要求，但考虑到被告申请说明的情形并非补充新证据以及《行政诉讼法》第 36 条第 2 款的规定，也不应一概否认被告的此项申请权。①

(4) 证人出庭规则。

证人出庭作证时，应当出示证明其身份的证件。法庭应告知其诚实作证的法律义务

① 最高人民法院行政审判庭．最高人民法院行政诉讼司法解释理解与适用：上．北京：人民法院出版社，2018：228－229.

与作伪证的法律责任。出庭作证的证人不得旁听案件的审理。法庭询问证人时，其他证人不得在场，但组织证人对质时除外。这些规定都是为了避免证人作证时受到其他人的意见的影响。

《行政诉讼证据规定》第 46 条规定："证人应当陈述其亲历的具体事实。证人根据其经历所作的判断、推测或者评论，不能作为定案的依据。"证人在质证中的作用就是提供事实，如果允许证人提供意见，将使其陈述的客观事实部分加入主观判断，影响证据的真实性。当事人及其代理人可以向证人发问，但发问的内容应该与案件事实有关联，不得采用引诱、威胁、侮辱等语言方式。

3. 鉴定意见的质证规则

鉴定意见是专家就案件中的专门性问题作出的意见。鉴定意见在中国是一种独立的证据种类，不同于证人证言；而在英美法系国家，鉴定意见被称为专家证人意见，属于证人证言的一种。根据《行政诉讼证据规定》的规定，鉴定意见的质证须遵循以下规则：

（1）当事人要求鉴定人出庭的，鉴定人应当出庭。与证人必须出庭作证不同，鉴定人只有在当事人要求其出庭时，才负有出庭接受询问的义务。但鉴定人具备《行政诉讼证据规定》第 41 条规定的情形之一的，经法庭准许，可以不出庭，由当事人对其书面鉴定意见进行质证。

（2）鉴定人出庭接受询问的规则。对于出庭接受询问的鉴定人，法庭应该核实其身份、与当事人及案件的关系，并告知鉴定人如实说明鉴定情况的法律义务和故意作虚假说明的法律责任。

（3）当事人申请专业人员出庭进行说明。在对鉴定意见质证之外，《行政诉讼证据规定》规定：对被诉行政行为涉及的专门性问题，当事人可以向法庭申请由专业人员出庭进行说明，法庭也可以通知专业人员出庭说明。必要时，法庭可以组织专业人员进行对质。

当事人对出庭的专业人员是否具备相应专业知识、学历、资历等专业资格等有异议时，可以进行询问。由法庭决定其是否可以作为专业人员出庭。专业人员可以对鉴定人进行询问。

4. 二审与审判监督程序中的质证规则

在第二审程序中，对当事人依法提供的新的证据，法庭应该进行质证；当事人对第一审认定的证据仍有争议时，法庭也应该进行质证。当事人在审判监督程序中提供的新的证据，法庭应该进行质证；因原判决、裁定认定时证据不足而提起审判监督程序所涉及的主要证据，法庭也应该进行质证。

上述新的证据是指：在一审程序中应该准予延期提供而未获准许的证据；当事人在一审程序中依法申请调取而未获准许或者未取得，人民法院在二审程序中调取的证据；原告或者第三人提供的在举证期限届满后发现的证据。

二、行政诉讼证据的核实

（一）行政诉讼证据核实的概念

人民法院对行政诉讼证据的核实是指在法官的主持下，在诉讼参与人的参加下，运用证据规则，对行政诉讼双方当事人提供的证据或者法庭调取的各种证据进行审查判断，找出其与案件事实之间的客观联系，确认其证据能力和证明力，从而就案件事实作出正确认定的司法活动。《行政诉讼法》第 43 条第 2 款规定："人民法院应当按照法定程序，全面、客观地审查核实证据。对未采纳的证据应当在裁判文书中说明理由。"

（1）核实证据的主体是人民法院审理案件的法官，即合议庭成员，而不是人民法院，更不是其他诉讼参加人。因为只有法官才审理具体案件，其对作出的裁判具体负责。

（2）核实证据的对象是经过质证的证据和无须质证的证据，而不是案件事实。除法律有特殊规定外，未在法庭上出示、质证的证据材料，不能作为定案的根据，也就无须核实。证明和确定案件事实是核实证据的目的。

（3）核实证据的基本要求是通过审核认定证据证明案件事实，进一步说，就是通过核实，确认证据证明的案件事实。证据证明的案件事实与客观真实的案件事实有根本的区别，但又并不矛盾，二者是辩证统一的关系。证据证明的案件事实是指法官运用证据认定的案件事实达到了程序法与实体法所要求的真实的程度，它不可能等于客观真实的案件事实，而只能接近，毕竟诉讼证明属于事后证明，司法证明活动所应努力追求的是二者的一致。为了明确这一点，也为了改变人们的诉讼观念，《行政诉讼证据规定》第 53 条规定："人民法院裁判行政案件，应当以证据证明的案件事实为依据。"在三大诉讼法中率先确立了行政诉讼证据核实的基本要求。

（二）对证据的核实之一——认定证据能力

人民法院对证据的核实，首先应当核实的是证据是否具有可采性，即证据能力，或者说证据资格问题。

1. 核实证据的基本方式

法官核实证据大致应当经过这样三个环节：确认证据已经过庭审质证；对证据进行逐一审查和综合审查；排除无关联的证据，确定证据与待证事实之间的证明关系。面对复杂的司法实践，法官如何核实证据，很大程度上属于法官的裁量权范畴。为了更好地规范这一权力，《行政诉讼证据规定》第 54 条确立了法官核实证据的基本方式：遵循法官的职业道德，运用逻辑推理和生活经验，进行全面、客观、公正地分析判断。

2. 证据的关联性认定

关联性是指证据材料与待证案件事实具有某种联系。因为行政诉讼案件审查的是被诉行政行为的合法性问题，而不仅仅是审查双方当事人所争议的事实，所以行政诉讼的案件事实是指与被诉行政行为合法性有关的事实。与此有某种联系的证据材料，就具有关联性；反之，则不具有关联性。认定案件事实的证据，必须与案件事实具有关联性。因此，审查判断关联性，就成为认定证据是否具有证据能力的一项重要内容。但是，由于证据材料的复杂性，我们无法作出一个认定证据关联性的标准。绝大多数直接证据的关联性较易判断，而对具有间接关联性的间接证据的认定，则较困难，所以，在进行关联性审查时，必须采取综合分析的方式。

3. 证据的合法性认定

（1）证据合法性审查的范围。

根据《行政诉讼证据规定》第 55 条的规定，审查证据的合法性包括三个方面：其一，证据是否符合法定形式；其二，证据的取得是否符合法律、法规、司法解释和规章的要求；其三，是否有影响证据效力的其他违法情形。

（2）非法证据的排除规则。

《行政诉讼法》第 43 条第 3 款规定："以非法手段取得的证据，不得作为认定案件事实的根据。"2018 年《行诉法解释》第 43 条对"以非法手段取得的证据"作了解释性规定：1）严重违反法定程序收集的证据材料；2）以违反法律强制性规定的手段获取且侵害他人合法权益的证据材料；3）以利诱、欺诈、胁迫、暴力等手段获取的证据材料。该条内容基本沿用了《行政诉讼证据规定》第 57 条第 1、3 项及第 58 条的规定。但将第 58 条"违反法律禁止性规定"修改为"违反法律强制性规定"，将"或者侵犯他人合法权益的方法取得的证据"修改为"且侵害他人合法权益的证据材料"，限制了非法证据排除规则的适用范围，让更多的证据能够成为定案证据，更有利于及时查清案件事实实现实质正义，反映了非法证据排除规则的平衡点的改变，需要对目的合法与手段违法、维护法律秩序与保护合法权益的关系有新的认识。①

（3）案卷外证据的排除规则。

案卷外证据的排除规则是指行政机关在行政程序中形成的证据之外的证据，不能作为定案的依据。

对于被告而言，《行政诉讼证据规定》第 60 条规定了三种不能作为认定被诉行政行为合法的依据的证据：其一，被告在诉讼中向法院提供的作出行政行为时没有收集或者没有记录的证据，即作出行政行为后或者诉讼程序中自行收集的证据；其二，被告在行政程序中非法剥夺相对人特定法定程序性权利所采用的证据；其三，原告或者第三人在诉讼程序中提供的、被告在行政程序中未作为行政行为依据的证据。该规定第 61 条还规定了一种排除情形，即在复议程序中复议机关收集和补充的证据，及在复议程序中作出原行政行为的行政机关未向复议机关提交的证据，都不能作为人民法院认定原行政行为合法的根据。

对于原告来说，《行政诉讼证据规定》第 59 条也规定了应予排除的情形，即原告在行政程序中未向行政机关提供的证据，而此类证据必须是被告在行政程序中曾依照法定程序要求原告提供，原告依法应当提供却拒不提供的，人民法院对此类证据一般不予采纳。

4. 证据的真实性认定

证据材料所反映的事实与客观真实的案件事实具有一致性，就说明了该证据具有真实性。该证据具有真实性，能再现客观真实的案件事实，是因为其和真实的案件事实都具有客观性，而且这种客观性不以人的意志为转移，并能被人所认知。

（1）对单一证据进行真实性核实。

根据《行政诉讼证据规定》第 56 条的规定，一般情况下，以下是影响证据真实性的几个主要方面：其一，证据形成的原因。证据的形成原因与其真实性往往具有重要的

---

① 最高人民法院行政审判庭．最高人民法院行政诉讼司法解释理解与适用：上．北京：人民法院出版社，2018：235-236.

关系，它是通过分析证据形成的基本条件和不同特点，来判断证据的可信程度的。其二，发现证据时的客观环境。发现证据时的客观环境是可能影响证据可靠性的客观因素。其三，证据是否为原件、原物，复制件、复制品与原件、原物是否相符。书证的原件、物证的原物属于原始证据，书证的复制件、物证的复制品属于传来证据。原始证据直接源于案件事实，可靠性强；传来证据由原始证据派生而来，证明价值低于原始证据。核实证据应先审查证据是否为原件、原物，目的是区分证据的证明力大小，接着是核对复制品、复制件与原件、原物是否相符，目的是辨别证据真伪。其四，提供证据的人或者证人与当事人是否具有利害关系。查明提供证据的人或者证人与当事人是何种关系；证据对当事人有利还是不利；证据有无明显的倾向性等，也能帮助判断证据的真实性。其五，影响证据真实性的其他因素。

（2）不真实证据的排除规则。

根据《行政诉讼证据规定》第 57 条第 6 项至第 9 项的规定，下列证据材料应当排除在真实证据之外，不得作为定案依据：当事人无正当理由拒不提供原件、原物，又无其他证据印证，且对方当事人不予认可的证据的复制件或者复制品；经过技术处理又无法辨明真伪的证据材料；不能正确表达意志的证人提供的证言；不具有真实性的其他证据材料。此处包括了其他法律和该司法解释其他条款明确规定应当排除在真实证据之外的证据材料。如《行政诉讼证据规定》第 46 条规定，证人根据其经历所作的判断、推测或者评论，不能作为定案的依据。

（三）对证据的核实之二——认定证据证明力

在确认了证据具有证据能力之后，就应当核实证据对案件事实的证明程度，即证据的证明力大小的问题。《行政诉讼证据规定》对证据的证明力大小问题确定了两项基本规则。

1. 优势证据规则

优势证据规则源于英美法系。优势证据规则是指在法庭就数个证据证明同一事实并都具有证明力，不同证据证明了相反的事实主张的情况下，法官选择占优势的证据和最具有说服力的证据作为认定案件事实的依据时所遵循的规则。

《行政诉讼证据规定》第 63 条规定的证明同一事实的数个证据，其证明力的优势证据规则是：（1）国家机关以及其他职能部门依职权制作的公文文书优于其他书证。（2）鉴定意见、现场笔录、勘验笔录、档案材料以及经过公证或者登记的书证优于其他书证、视听资料和证人证言。这是以证据出具、制作、保管、登记的主体的特殊性来确定证据证明力的优势的，经过公证和登记的书证和物证都是经过合法性和真实性审查的。（3）原件、原物优于复制件、复制品。这里应当注意《行政诉讼证据规定》第 64 条的规定：以有形载体固定或者显示的电子数据交换、电子邮件以及其他数据资料，其制作情况和真实性经对方当事人确认，或者以公证等其他有效方式予以证明的，与原件具有同等的证明效力。（4）法定鉴定部门的鉴定意见优于其他鉴定部门的鉴定意见。（5）法庭主持勘验所制作的勘验笔录优于其他部门主持勘验所制作的勘验笔录。这是基于法院享有司法最终判断权的原则。（6）原始证据优于传来证据。（7）其他证人证言优于与当事人有亲属关系或者其他密切关系的证人提供的对该当事人有利的证言。这是从生活常理作出的推论。(8) 出庭作证的证人证言优于未出庭作证的证人证言。这是因为证人出庭作证可以接受询问和质证，便于法庭查清事实，其证言可信程度高于书面证言。该项规定有利于防止证人随意出具证人证言。(9) 数个种类不同、内容一致的证据优于一个孤立的证据。这是因为数个种类不同但内容一致的证据可以从多方面对案件待证事实起印证作用。

2. 补强证据规则

补强证据规则最初出现在刑事诉讼中，是为了保护被告人的权利，防止案件事实的错误认定，要求公诉机关提供足以排除合理怀疑的证据，对某些证明力显然薄弱的证据，要求有其他证据予以证实才可以作为定案根据的规则。行政诉讼借鉴刑事诉讼补强证据规则，规定了行政诉讼补强证据规则，即在某些证据不能单独作为认定案件事实的依据的情况下，结合其他证据补强其证明力，以作为定案证据的规则。

《行政诉讼证据规定》第 71 条中限定了七种不能单独作为定案依据的证据：(1) 未成年人所作的与其年龄和智力状况不相适应的证言；(2) 与一方当事人有亲属关系或者其他密切关系的证人所作的对该当事人有利的证言，或者与一方当事人有不利关系的证人所作的对该当事人不利的证言；(3) 应当出庭而无正当理由不出庭作证的证人证言；(4) 难以识别是否经过修改的视听资料；(5) 无法与原件、原物核对的复制件或者复制品；(6) 经一方当事人或者他人改动，对方当事人不予认可的证据材料；(7) 其他不能单独作为定案依据的证据材料。

（四）无须证据认定的案件事实的规则

在诉讼过程中，认定案件事实有两种方式：一是通过证据进行认定，二是无须证据即可认定。在后一种情况下，免除了运用证据证明案件事实的义务。可见，诉讼中运用证据是原则，无须证据认定是例外。无须证据的认定是为了提高诉讼效率，节约诉讼成本，保证诉讼顺利进行。在中国行政诉讼中，无须证据即认定案件事实也包括了通常的三种情况：当事人对事实的正式承认即自认；法院对公认的或者无可争议的事实的司法认知；推定规则。

1. 自认规则

自认一般是指一方当事人对其他当事人所主张的对其不利的事实予以承认。自认规则是指自认的提出、审查、采信所应遵循的准则。诉讼上的自认是一种法律行为，因此，它能够作为一种证据或者证据方法来使用。其产生的法律后果是免除对方当事人的举证责任，或者无须其他证据对自认事实加以证明。

自认制度在许多国家都具有重要意义，而中国却一直把自认与当事人的陈述同等对待，即都必须经过查证属实，才能作为判决的依据，表现出明显的立法滞后。2001 年最高人民法院发布的《关于民事诉讼证据的若干规定》首次在民事诉讼中确立了自认制度。但是，民事诉讼证据中的自认规则与其后的行政诉讼证据中的自认规则是有一定区别的。

《行政诉讼证据规定》第 65、66、67 条对行政诉讼证据的自认规则作了规定。

(1) 当事人的自认必须是庭审中所作出的，不是庭审外，更不是诉讼外，如行政程序中作出的。

（2）自认的表示必须是明示的认可，当事人的默示认可不属于自认。这与民事诉讼中当事人默示认可即具有法律效力是不同的。

（3）自认的客体是事实，而不是事实的推断或者权利的主张。作为自认客体的事实可以是当事人陈述的事实，也可以是其他证据所表明的事实。

（4）自认一般是一种对自己不利事实的承认，但依《行政诉讼证据规定》第 65 条的规定，当事人对利己的、不利己的事实的陈述，都可以构成行政诉讼中的自认。

（5）自认的效力是有条件的。法院对当事人自认的事实可以认定，而不是应当认定，法院是否认定，还需要进行审查。对于有相反证据足以推翻当事人自认的、法律另有规定不可自认的、法院依职权确认的、受胁迫或重大误解自认的、自认与事实不符的、自认有恶意等情形，法院就不能认定，自认不能发生证据效力。

（6）除对委托代理人的代理权限有特别限制外，一般情况下，委托代理人的承认与当事人的承认具有同等的法律效力，因为代为承认案件事实是委托代理人最基本的代理权利。

（7）行政赔偿诉讼调解程序中，当事人的自认不具有证据效力，因为行政赔偿诉讼是在已经确认被诉具体行政行为违法的前提下进行的，赔偿调解中不可避免地有妥协让步的情况，只有明确规定调解中的妥协让步不构成自认，才有利于达成调解协议。

2. 司法认知

司法认知是指法官在审判过程中对某些事实，可以无须证明就认定存在，以作为判决的依据。任何一个国家，不论法律有无明文规定，都有司法认知的事项及存在的相应问题。

司法认知是证明特定案件事实的诉讼行为，经法官司法认知的事实，其法律上的真实性得到确认，当事人无须举证证明，法院也无须进一步调查和审查，除非一方当事人提出合理的反证，或者法院发现了新的事实。司法认知的目的是提高诉讼效率。《行政诉讼证据规定》以与推定同时规定的方式，规定了两种以司法认知来确认案件事实的情形：一是众所周知的事实，二是自然规律及定律。中国行政诉讼上的司法认知特点在于：司法认知的事项具有客观性与公认性；中国司法认知的对象是事实，而不包括法律；对于自然规律及定律的直接认定，不允许当事人以相反的证据加以推翻。

3. 推定规则

推定是根据法律规定，依据事实或者经验法则，从一个已知事实推论未知事实以得出结果的一种证据法则。推定作为一种技术性手段最重要的意义在于，可以避免对于需要推定的事实因为无法获得合法的、适当的证据而使诉讼程序陷入窘境，以节约诉讼成本，提高审判效率。《行政诉讼证据规定》第 68 条第 3 至 5 项规定了推定规则。按照性质与依据来划分，可以将推定分为法律推定与事实推定两种。

（1）法律推定。

法律推定是指根据法律明文规定，从某一事实推定另一事实存在的一种证明法则。适用法律推定需要具备两个条件：其一，法律推定的任务在于解决前提事实与推定事实之间的逻辑关系，因而适用法律推定的首要条件是必须确保前提事实的存在与真实。作为推定根据的前提事实，除法院直接确认之外，都应由主张该事实的当事人予以证明，如果负举证责任的当事人没有提供证据，或者提供的证据不足以证明前提事实，推定就无法进行。可见，法律推定仅免除了推定有利方对推定事实的举证责任，而没有免除其对前提事实的举证责任。法院无法确定前提事实时，也不能确定推定事实。其二，由于推定事实是以无相反证据证明为条件而假定存在的，故适用推定还必须以无相反的证据推翻该假定为条件。

对法律推定可以是否需要前提事实为标准，划分为直接推定和推论推定。直接推定是指不需要任何前提事实就假定某一事实存在的推定。如《行政诉讼证据规定》第 1 条规定，被告在收到起诉状副本之日起 10 日内，不提供或者无正当理由逾期提供证据的，法院应当认定该行政行为没有证据。法院在适用直接推定时，不要求因推定事实而处于有利地位的当事人一方证明任何事实。直接推定的功能在于确定举证责任首先由谁负担，因此直接推定并非真正的推定。而推论推定是指建立在前提事实获得证明的基础上进行的推定。如《行政诉讼证据规定》第 69 条规定："原告确有证据证明被告持有的证据对原告有利，被告无正当事由拒不提供的，可以推定原告的主张成立。"推论推定符合推定的本质特征，因而又被称为真正的法律上的推定。

（2）事实推定。

事实推定是相对于法律推定而言的，是指法律没有规定，但在司法实践中法庭可以根据日常生活经验法则证明另一事实是否存在的一种证明规则。事实推定区别于法律推定的明显标志，就在于其不是法律的明文规定，而是以人类的日常生活经验法则为基础。而人类的日常生活经验法则范围极为广泛，而且这种经验法则会随着时代的发展而变化，因此事实推定不宜由法律作出规定。而且法律只能对重要的事实作出规定，故法律推定较少，而事实推定较多。事实推定是对法律推定的必要补充。对于法律推定，司法者必须适用，而对于事实推定则可以裁量决定是否适用。

适用事实推定应当具备的条件有：1）待证事实必须无直接证据加以证明，只能借助间接事实来证明；2）前提事实必须已经得到法律上的确认，如《行政诉讼证据规定》第 68 条规定的已经依法证明的事实和根据日常生活经验法则推定的事实，该规定第 70 条规定的生效的法院裁判文书和仲裁裁决文书认定的案件事实；3）前提事实与推定事实之间须有必然的联系；4）事实推定均属可反驳推定，对方当事人的相反证据是否成立直接影响着推定的成立与否。

第七章　行政诉讼的审理规则

法院对行政案件的审理是行政诉讼的核心环节，如何确定行政诉讼的审理对象，并以何种标准进行审查，不同的法律规范在行政诉讼中的地位如何，这些问题直接关系行政诉讼的运作和行政审判的展开，是行政诉讼中的重要问题。

第一节　行政诉讼的审理对象

每类诉讼都有需要解决的问题，都有特定的审理对象。人民法院在行政诉讼中审什么，行政诉讼的审理对象是什么，是人民法院在审理行政案件时首先要解决的问题。《行政诉讼法》颁布之初，国内理论界和实践部门对此探讨不多，认识也不尽统一，导致行政诉讼运作出现偏差，影响了行政审判效果。随着行政诉讼的发展，学术界对此认识取得了相对统一的观点。

一、行政诉讼审理对象的界定和功能

对于行政诉讼的审理对象问题，国内学术界探讨不多，甚至“审理对象”这一用语，也带有较强的行政诉讼法特色。在民事诉讼法学界，虽然“审理对象”与“诉讼标的”二者含义等同，但后者似乎更为盛行。民事诉讼法学界通常认为，诉讼标的指当事人“请求法院通过审判加以确认和保护的民事法律关系或权利”①。有行政法学者认为，行政诉讼审理对象应是“人民法院审理行政案件或进行行政诉讼所指向或所针对的行为或事项”②。就本质而言，在行政诉讼中，审理对象要解决的是，当事人争议什么，法院审理和裁判的对象是什么。

行政诉讼审理对象是行政诉讼的核心，在行政诉讼中意义重大。行政诉讼是围绕着审理对象而开始、发展乃至终了的③，当事人的诉求与答辩和法院的审理与裁判，都是围绕这一核心进行的。不确定或不明确行政诉讼审理对象，行政诉讼就无法进行。④ 审理对象影响和决定着诉讼秩序，“只有当标的确定时，有秩序的程序才可想象”⑤。具体而言，行政诉讼审理对象具有以下几种功能。

---

① 江伟．中国民事诉讼法专论．北京：中国政法大学出版社，1998：63.

② 李轩．试论行政案件的审理对象．行政法学研究，1997（4）.

③ ［日］中村英郎．新民事诉讼法讲义．陈刚，等译．北京：法律出版社，2001：1108.

④ 江伟．中国民事诉讼法专论．北京：中国政法大学出版社，1998：65；［德］奥特马·尧厄尼希．民事诉讼法．周翠，译．北京：法律出版社，2003：308.

⑤ ［德］奥特马·尧厄尼希．民事诉讼法．周翠，译．北京：法律出版社，2003：308.

（1）审理对象决定着法院的裁判对象。与其他诉讼相同，行政诉讼实行不告不理原则，法院的审理和裁判是依原告的请求进行的，法院的裁判不能脱离开案件的审理对象进行①，脱离开审理对象进行裁判，即违背行政诉讼不告不理原则。由于行政活动往往涉及多个行政机关或组织，经由多个行政机关的处理、认定或批准，而且不少行政争议的解决常常经历了行政复议，在此情况下，法院究竟以何种行为作为审理或裁判对象，直接影响行政诉讼的结果。

（2）审理对象是法院用以判定原告是否存在重复起诉的根据。一事不再理，是行政诉讼应遵循的基本要求。原告起诉后，在行政诉讼系属中，如就同一诉讼标的或审理对象再行起诉，即会产生一事不再理问题。② 在此，诉讼标的或审理对象的确定或认定，是判断是否构成重复起诉的关键要素。

（3）审理对象是法院判定诉的合并与分离和诉的变更与追加的根据。在行政诉讼中，诉讼标的或审理对象既非单一的，也非一成不变的，经常会出现诉的合并、分离、变更与追加的情况。例如，2018 年《行诉法解释》第 73 条规定，"根据行政诉讼法第二十七条的规定，有下列情形之一的，人民法院可以决定合并审理：（一）两个以上行政机关分别对同一事实作出行政行为，公民、法人或者其他组织不服向同一人民法院起诉的；（二）行政机关就同一事实对若干公民、法人或者其他组织分别作出行政行为，公民、法人或者其他组织不服分别向同一人民法院起诉的；（三）在诉讼过程中，被告对原告作出新的行政行为，原告不服向同一人民法院起诉的；（四）人民法院认为可以合并审理的其他情形。"但要判断是否构成诉的合并、分离、变更与追加，基点都在于对诉讼标的或审理对象的判定。

（4）审理对象决定着法院裁判既判力的范围。法院判决的既判力，限于法院已经裁判的诉讼标的范围内，对未经法院裁判的事实和证据，不应受既判力的拘束。因此，要判断既判力的范围，首先要对诉讼标的或审理对象作出认定。

我国现行《行政诉讼法》并未对行政诉讼类型作出规定，但从《行政诉讼法》对于判决的规定来看，仍然有行政诉讼类型的区分，且大体可以分为形成之诉、给付之诉和确认之诉，撤销之诉既是形成之诉也是整个行政诉讼的核心。兹分述如下：

二、撤销之诉的审理对象

（一）撤销之诉的审理对象是行政行为

在我国，撤销之诉是指公民、法人或其他组织认为行政机关作出的行政行为违法，请求法院予以撤销的诉讼。撤销之诉以行政机关作出行政行为为前提，而该行为是行政机关通过严格的行政程序，在查明事实的基础上，适用法律作出的。因此，在撤销之诉中，法院并非解决原初的争议，撤销之诉的审理对象是行政行为的合法性。《行政诉讼法》第 6 条关于"人民法院审理行政案件，对行政行为是否合法进行审查"的规定，实质上是对撤销之诉审理对象的明确规定。

---

① 江伟．中国民事诉讼法专论．北京：中国政法大学出版社，1998：65.

② 陈清秀．行政诉讼法．台北：翰芦图书出版有限公司，2000：328.

这就意味着，在撤销之诉中，行政行为是贯穿诉讼始终的主线，原告对特定的行政行为提出撤销请求，被告须对该行为的合法性提供证据和法律依据，法院应当围绕着该行为是否合法进行审查并以此为基点进行裁判。

（二）原告的行为不是撤销之诉的审理对象

如前所述，行政行为是撤销之诉的审理对象，这既是我国《行政诉讼法》的明确规定，也是撤销之诉的应有之义。然而，由于对行政诉讼本质认识存在的偏差甚至误解，加之行政行为的内容毫无疑问会涉及原告的行为，在实践中出现了把原告的行为作为撤销之诉的审理对象的现象。行政诉讼中“最容易引起审理对象上的混乱的原因是，它可能涉及两个实体违法问题，一是原告在行政程序中的实体违法问题，另一个是被告在行政程序中对原告‘违法行为’进行处理的职权违法行为。这两个总是很难截然分开，只要稍不留意，诉讼中的审理目标就会发生不适当的转移”①。由此，就不得不深入分析原告的行为在行政诉讼中究竟处于何种地位。

撤销之诉必须以被告作出的行政行为为审理对象，而不能以原告的行为作为审理对象。其中主要有以下几个原因。

（1）撤销之诉本质是司法对行政的审查，解决的核心问题是被诉行政行为合法与否，而非原告、被告之间的是非之争。撤销之诉是典型的司法审查，是法院基于原告的请求对被告已作出的行政行为的审查，旨在解决该行为合法与否，因此在撤销之诉中法院不能视被告已作出的行政行为完全不存在，而从原告与被告之间的是是非非开始审查；相反，法院必须以行政机关已作出的行政行为作为审查起点，要求被告提供证据和法律依据证明其作出该行为的合法性，而不是原告的行为合法与否。

（2）被诉行政行为的合法性，不取决于原告的行为性质与违法与否。② 撤销之诉的核心是被诉行政行为的合法性，但恰恰这一问题与原告的行为性质无必然关联。从逻辑关系角度分析，原告行为与行政行为合法性之间至少存在两种情形：原告行为违法，被告行为合法；原告行为违法，被告行为亦违法。换言之，原告的行为违法，被诉行政行为不一定合法，在某些情况下尽管原告的行为构成严重的违法行为，依法应予处理，但被告的处理行为完全可能存在收集的证据不充分、处理程序违法或者适用法律错误等问题，其结果是不仅原告的行为违法，而且被告的行为也是违法的。尽管由原告证明自己的行为是合法的，可以证明被诉行政行为必然违法，但通过这一方式来查明被诉行政行为合法与否，不仅具有间接性，而且不利于保护公民、法人或者其他组织的合法权益。

（3）把原告的行为作为撤销之诉的审理对象，有违行政诉讼的目的，不利于保护公民、法人或者其他组织的合法权益。我国行政诉讼主要是为保护公民、法人或者其他组织的合法权益而设计的，目的在于为公民、法人或者其他组织提供司法救济途径。因此，把被告的行为作为审理对象，由被告负担举证责任证明其所作出的行政行为是合法的，既符合行政诉讼的目的，也契合行政机关依法行政的要求和精神。相反，由原告证明自己的行为合法，继而推演出被诉行政行为是违法的，不仅加重了原告的负担，不利

① 宋炉安，李树忠．行政诉讼的审理对象．行政法学研究，1997（2）．
② 江必新．论行政诉讼的审理对象．中国法学，1993（4）．

于保护原告的权益，而且大大减轻了被告应当负担的责任。

（三）经复议后的审理对象

虽然行政行为是行政诉讼的审理对象，但由于涉及同一事项的行政行为可能不止一个，那么法院究竟应选择哪一个行政行为作为审理对象，同样是一个重要问题。经过复议的案件，即是这一问题的典型代表。

经过复议的案件，复议机关大体有三种处理结果：一是复议机关维持原行政行为；二是复议机关改变原行政行为；三是复议机关未履行法定复议职责，未作复议决定。对于上述三种情形，是视为有质的区别，采用不同的审理对象，还是认定具有同质性，一视同仁？究竟把审理对象定位于原行政行为，还是复议行为，抑或二者皆为审理对象？

我国现行行政诉讼制度规定这三种情形有重大区别，因而对审理对象的确定采用了不同的处理方式。

根据《行政诉讼法》第 26 条第 2 款的规定，在第一种情形下，即复议机关决定维持原行政行为的，作出原行政行为的行政机关和复议机关是共同被告。此时，根据《行政诉讼法》第 79 条的规定，人民法院应当对复议决定和原行政行为一并作出裁判，审理对象是原行政行为和复议行为。

在第二种情形下，即复议机关改变原行政行为的，复议机关是被告，审理对象应是复议行为。此处的“改变原行政行为”中的“改变”有特定的内涵，根据 2018 年《行诉法解释》第 22 条的规定，是指复议机关改变原行政行为的处理结果。复议机关改变原行政行为所认定的主要事实和证据、改变原行政行为所适用的规范依据，但未改变原行政行为处理结果的，视为复议机关维持原行政行为。复议机关确认原行政行为无效，属于改变原行政行为。复议机关确认原行政行为违法，属于改变原行政行为，但复议机关以违反法定程序为由确认原行政行为违法的除外。

在第三种情形下，被告和审理对象的确定则取决于原告诉什么。根据《行政诉讼法》第 26 条第 3 款的规定，复议机关在法定期间内未作出复议决定，公民、法人或者其他组织起诉原行政行为的，应当以作出原行政行为的行政机关为被告，审理对象应是原行政行为；公民、法人或者其他组织对复议机关不作为不服提起诉讼的，应当以复议机关为被告，审理对象应是复议机关的不作为行为。同时，根据 2018 年《行诉法解释》第 89 条的规定，复议决定改变原行政行为错误，人民法院判决撤销复议决定时，可以一并责令复议机关重新作出复议决定或者判决恢复原行政行为的法律效力。

（四）抽象行政行为作为审理对象

根据我国《行政诉讼法》第 53 条第 1 款的规定，公民、法人或者其他组织认为行政行为所依据的国务院部门和地方人民政府及其部门制定的规范性文件不合法，在对行政行为提起诉讼时，可以一并请求对该规范性文件进行审查。《行政诉讼法》第 64 条规定，人民法院在审理行政案件中，经审查认为《行政诉讼法》第 53 条规定的规范性文件不合法的，不作为认定行政行为合法的依据，并向制定机关提出处理建议。对于规范性文件，人民法院应当对其合法性进行审查。根据 2018 年《行诉法解释》第 148 条第 2 款的规定，规范性文件不合法的情形主要有：（1）超越制定机关的法定职权或者超越法律、法规、规章的授权范围的；（2）与法律、法规、规章等上位法的规定相抵触的；

(3) 没有法律、法规、规章依据，违法增加公民、法人和其他组织义务或者减损公民、法人和其他组织合法权益的；(4) 未履行法定批准程序、公开发布程序，严重违反制定程序的；(5) 其他违反法律、法规以及规章规定的情形。

（五）变更之诉的审理对象

变更之诉与撤销之诉都属于形成之诉，目前我国变更之诉范围有限，原告只能针对明显不当的行政处罚或者其他涉及对款额的确定、认定确有错误的行政行为提出变更主张。

三、给付之诉和确认之诉的审理对象

给付之诉是原告要求被告履行一定义务的诉讼，因此与撤销之诉不同，给付之诉的审理对象是原告所享有的对于一个特定行为、金钱或财物之权利遭受损害之主张。行政诉讼的给付之诉与民事诉讼的给付之诉一样，其审理对象须经由证明给付请求权成立的特定事实关系，并加以具体化。①

在我国，确认之诉是原告请求法院确认被诉行政行为是否合法或无效的诉讼。依照《行政诉讼法》第 75 条的规定，行政行为有实施主体不具有行政主体资格或者没有依据等重大且明显违法情形，原告申请确认行政行为无效的，人民法院判决确认无效。

第二节　行政诉讼的审查标准

行政诉讼的审理对象解决的只是法院审什么，但更为关键的问题是法院如何审理，尤其是依何标准审理。对这一问题的回答，不仅关系行政诉讼技术问题，而且关系行政与司法关系的定位。

一、行政诉讼审查标准的意义

行政诉讼审查标准，是指法院在审理行政案件时，尤其是审查被诉行政行为时应遵循的标准。行政诉讼审查标准具有以下意义。

1. 审查标准是法院解决行政案件，尤其是判断行政行为是否合法的标准

行政诉讼是解决行政案件的制度，审查标准是法院用以审理行政案件的基准，法院根据这些审查标准对行政案件的事实问题、法律问题等各个事项进行判别，并最终作出裁判。如前所述，撤销之诉是行政诉讼的核心，在此类案件中，法院围绕行政机关已作出的行政行为是否合法展开审查，因此，在某种意义上，在行政案件中审查标准主要是法院用以判断被诉行政行为是否合法的标准。

2. 审查标准是司法权与行政权之关系在行政诉讼中的具体体现

行政诉讼的特殊之处，在于诉讼程序的设计和诉讼过程的运作无不关涉行政权与司法权之间的关系。行政诉讼中行政权与司法权的关系大体可以分为两个方面——横向关系和纵向关系。横向关系集中体现在行政诉讼受案范围上，受案范围的宽窄直接反映了

① 陈清秀．行政诉讼法．台北：翰芦图书出版有限公司，2000：350.

司法权对行政行为的监督力度；而纵向关系则体现为法院以何种态度和立场对待被诉具体行政行为，审查标准即是纵向关系的具体体现。

3. 审查标准决定着法院保护公民、法人或者其他组织的合法权益的程度

从根本上说，行政诉讼是保护公民、法人或者其他组织的合法权益的制度，法院以何种立场和态度对待被告行政机关，按照何种标准审查被诉行政行为，决定着行政诉讼保护公民、法人或者其他组织的合法权益的程度。如果法院以宽松标准审查被诉行政行为，法院首先考虑的是行政机关的意志，公民、法人或者其他组织的合法权益恐难以得到有效的保障；相反，如果法院以严格标准审查被诉行政行为，公民、法人或者其他组织的合法权益才有可能获得保障。

二、行政诉讼审查标准的整体厘定

理论上，行政诉讼审查标准可以分为两个层面：整体层面和具体层面。前者涉及行政诉讼审查标准的宏观界定，解决的是行政诉讼整体性审查标准应当是什么；后者涉及法院在行政诉讼中对某一特定问题或具体事项进行审查时的标准。整体标准与具体标准既有区别也有关联，整体标准是一个原则性标准，是对行政诉讼审查范围总体方向的厘定，它需要以具体标准为支撑；具体标准是法院审理行政案件时的操作性标准，它应当是对整体标准的具体化和细化。二者共同构成了法院审理行政案件的标准体系。

（一）厘定行政诉讼审查整体标准应考虑的因素

行政诉讼审查整体标准划定的是法院审查行政案件的总体标准，因此确定了行政诉讼的审查方向，从法院角度看，这一标准为法院提供了审理行政案件的大体尺度和框架。法院审理行政案件，尤其是审查被诉行政行为，或宽松，或严厉，或居于中间程度，不一而足，整体标准可以说就是对这一宽严尺度的划定。在划定这一总体方向时，至少须考虑以下几个因素。

1. 权力分工

行政诉讼是作为国家机关的法院对另一国家机关——行政机关的监督机制，无可避免地涉及国家权力的配置和安排，尤其是司法权与行政权的关系。权力分工的一个基点，是不同的部门具有行使某种职能的优势和特长，因而该部门在其职权范围内行使其权力时，就拥有得到尊重和不受随意干预的权力，在确定行政诉讼审查整体标准时必须妥善处理和协调司法权与行政权之间的关系。具体而言，这包括三个关键性方面。

第一，司法最终。行政诉讼的确立与存在意味着，行政机关作出的行政行为没有最终的效力，无论该行为对与错、合法与违法，只要它并不是法律规定的由行政机关终局决断的行为，一旦进入行政诉讼后，行政机关的认定和判断须受法院的检视。

第二，行政与司法功能的差异和运作价值的区别。行政机关与法院的工作是建立在不同的假定之上。行政机关关注的是行政效率、政策和公共利益。行政与司法的分立以及它们分别具有的不同功能和代表的不同价值，决定了即使司法机关有权审查行政机关所作出的决定和判断，其也不可能再重复行政过程的运作，完全替代行政。

第三，机构能力。机构能力是指某一机构作出相关决定的能力。具体到法院，所要

分析的问题是，法院的结构、程序及专业知识、获取信息的途径等使它在对某一或某些问题上所作出的决定优于其他机关的决定。①

2. 行政诉讼目的

有关行政诉讼的目的，存在权利救济、行政法治维持和纠纷解决的不同理论争论和制度设计，不同的选择会影响行政诉讼的整体厘定。例如，在注重权利救济的框架下，可能会要求法院不过分尊重行政机关的认定，在判决时选择对公民、法人或者其他组织更有利的判决形式。

3. 行政诉讼模式

在行政诉讼制度的设计上形成了不同的结构和样式，从总体上可分为当事人主义和职权主义两种基本模式。前者突出当事人在诉讼中的主体地位，注重当事人双方的地位和权利平等，法官只起消极公断人的作用；后者虽也注意当事人的地位平等，但较为强调法院在诉讼中的主导作用。在这两种模式之下，法院解决问题的能力存在差异。

（二）我国行政诉讼基本的审查标准：合法性审查

我国《行政诉讼法》第 6 条规定："人民法院审理行政案件，对行政行为是否合法进行审查。"国内通常把这一规定置于行政诉讼基本原则中来分析，但这一规定不仅确立了人民法院在行政诉讼中的审查地位，明确规定人民法院有权对被诉行政行为进行立案、审理和裁判，而且确立了人民法院审理行政案件的基本标准，即合法性审查，原则上人民法院介入行政管理的范围限于审查行政行为的合法性，既不能对行政机关进行全面干预，也不能代替行政机关进行行政管理、作出行政行为。行政行为的合法性是法院审查行政案件的基本尺度。

合法性审查原则在我国的确立，除基于对行政诉讼基本规律的把握外，主要建立在以下认识基础之上。

（1）立法机关，尤其是全国人大及其常委会的地位，居于行政机关和司法机关之上。在我国，与行政机关法律地位平等的人民法院，正是基于由全国人民代表大会通过《行政诉讼法》及其他相关法律的授权，才取得了对行政权的审查资格和权力；而司法权对行政权的审查范围也必须遵循这些法律的规定，受法律的限制。②

（2）法院与行政机关的职能分工不同和法院的实际承受能力有限。根据我国宪法确立的国家机关分工合作的原则，行政权和司法权分别属于行政机关和法院，二者各自拥有自己的职责范围。如果司法权在行政诉讼中介入的程度过深，标准过分严厉，最终的决定权大量属于法院，将会冲击行政与司法职能合理的分工。③ 法院与行政机关性质有别，职能相异，不能相互替代，这是影响司法审查界限的重要因素。而我国法院的审判水平和实际承受能力，也是确定法院审查范围的重要因素。即便随着行政审判实践的不

---

① Jeffrey Jowell, "Judicial Deference and Human Rights: A Question of Competence", *Law and Administration in Europe: Essays in Honour of Carol Harlow*, edited by Paul Craig and Richard Rawlings, Oxford Univeristy Press, 2003, p. 73.

② 肖峋．试论人民法院审查具体行政行为合法性的原则．中国法学，1989（4）．

③ 刘恒．行政救济制度研究．北京：法律出版社，1998：191－192．

断发展，行政审判能力已有很大提升，既有的审判水平与承载能力尚待进一步观察，如法院适用变更判决时仍存在不统一和非理性的问题。①

（三）发展

虽然合法性审查构成了我国行政诉讼基本的审查标准，但这一原则的内涵和范围有进一步发展的空间。从目前来看，至少有两个方面值得关注。

一是对合法性的理解应扩展到实质意义上的合法性。目前我国法律在执行时存在着相当程度的形式主义的偏向，导致法院在审查行政行为时更多重视就法律要求进行合规则式的审理，而往往容易忽视法律的目的性和内在要求，从而无法保证行政行为实质意义上的公正和合理。我国台湾地区的一位行政法学者指出，在现代"行政行为应当不仅在形式上要具合法性，实质上亦应合法……仅以外在的、形式上的合法与否，来区分一个行政行为之违法与不当，已经落伍"②。改变合法性审查的本质性内涵，增加法律原则性和目的性的要求，迈向实质意义上的合法性审查，是我国合法性审查的发展方向。

二是把明显不当纳入合法性审查的范畴。自《行政诉讼法》颁布以来，对明显不当的审查究竟属合法性审查还是合理性审查，学者间一直存有争议。尽管明显不当的确与行政机关的裁量有关，但与裁量权有关并不意味着即是合理性问题；相反，因明显不当属于明显的不适当，它与一般不适当相比不仅有量上的差异，而且已有质的不同，其意味着行政职权的滥用，就本质而言应属违法行为。由此，明显不当就不应仅限于行政处罚，而应扩展到所有行政行为。

三、不同事项的审查标准

（一）行政行为所涉及的事项

在大多数情况下，我国行政诉讼的审理对象是行政机关作出的行政行为，是行政机关在查明事实的基础上适用法律作出的。抛开具体案件的差异，概括而言，行政机关的法律适用程序可分为三个阶段：认定案件事实，解释和确定法定事实要件的内容，把法律适用于案件事实并确定法律后果。③ 通常而言，法院在审查法律问题、事实问题、混合问题（具体适用）时，需要采取不同的审查方法和审查标准。

从内在性质分析，法律问题、事实问题与具体适用三个方面所需要的知识、专业技能和花费的精力各不相同。法律问题涉及对法律规定及法律精神的理解和分析；事实问题涉及对客观事实的发现、分析和评价，往往通过调查、收集证据才能完成；而具体适用则是将法律规定适用于特定的事实，需要把握法律与事实的结合。

（二）英美法系国家与大陆法系国家的不同做法

对法律问题、事实问题、具体适用三个不同事项加以严格区分，进而采取不同的审查标准，构成了英美法系的重要特色。在英美法系国家，法院通常对法律问题行使独

---

① 王锴．行政诉讼中变更判决的适用条件：基于理论和案例的考察．政治与法律，2018（9）．

② 陈新民．中国行政法学原理．北京：中国政法大学出版社，2002：285－286．

③ ［德］哈特穆特·毛雷尔．行政法学总论．高家伟，译．北京：法律出版社，2000：123．

立、最终的判断权，而对事实问题和具体适用问题则总体上采取有限审查。英美法系国家通常认为，事实的认定和评价基本被赋予了行政机关，行政机关的日常工作是处理同类案件，已形成了在此领域内的认识和专长，而法院则不具备这样的条件和能力。因此，法院审查行政机关事实认定的一般规则是，法院既不能成为主要的事实认定者，也不能替代行政机关作出相关的事实认定。法院要对事实问题进行重新审查时，应当有充足的理由，例如：认为行政机关的事实认定程序不足以保证事实认定的正确性；在相关事实认定上，法院比行政机关更有优势；等等。[①] 在大陆法系国家，对这三类不同事项加以区分，确立不同的规则和要求，是审查必然的要求。不过，总体而言，大陆法系国家的法院对事实问题和具体适用采取相对严格的审查。

（三）中国的做法

我国《行政诉讼法》第 69 条规定，人民法院审理行政案件，如果认定行政行为证据确凿，适用法律、法规正确，符合法定程序的，或者原告申请被告履行法定职责或者给付义务理由不成立的，应判决驳回原告的诉讼请求。该法第 70 条第 2 项规定，人民法院若认定行政行为适用法律、法规错误，应判决撤销或部分撤销，并可判决被告重新作出行政行为。从这些规定看，人民法院有权对行政行为所认定的法律问题和事实问题进行审查，但究竟应遵循何种审查标准，似乎并不清晰。

一般认为，《行政诉讼法》第 69 条、第 70 条、第 72～78 条的规定，赋予了法院在行政诉讼中对行政行为所涉及法律问题的审查权。法院此项审查权的权能主要表现在以下几个方面：第一，审查行政行为是否存在应适用此法而适用了他法；第二，审查行政行为是否适用了无效的法律、法规；第三，审查行政行为是否援引了错误条文；第四，审查行政行为是否违反了法律冲突适用规则；第五，行政机关在适用法律时是否存在仅考虑一般情况而忽视特殊情况的情形；等等。[②] 从表面看，这些规定似乎赋予法院对行政行为充分的审查权，但事实上由于一般法院对法律并无解释权，法院在法律问题上的审查权有限。

《行政诉讼法》要求被诉行政行为证据确凿，一旦证据不充分即可判令撤销被诉行政行为，这些要求说明在事实问题上法院无须尊重行政机关的判断和认定，法院在事实问题上有独立的判断权，这一点似乎与大陆法系国家的做法相同。

在具体适用上，《行政诉讼法》并未涉及，国内学者通常不把它视为一个独立问题，而把它归入法律问题。若果真如此，则意味着在我国具体适用要受到相对严格的审查。

根据上述初步分析，可以看出我国现行《行政诉讼法》对行政诉讼审查标准的规定较为粗疏，甚至有许多方面是不明确的，这不仅给法院审理行政案件带来了许多问题，而且导致行政与司法之间关系的模糊，不利于行政法制度建设。从长远发展来看，我们应当对行政行为所涉及的不同事项作严格区分，并根据在这些事项上法院与行政机关具有的不同优势，行政行为作出所涉及的权利类别、所适用的程序等因素，综合确定行政诉讼审查标准。

---

① Paul Craig, "Judicial Review, Appeal and Factual Error", *Public Law*, 2004, pp. 801 - 802.

② 应松年主编．行政诉讼法学．北京：中国政法大学出版社，1994：256.

第三节 行政诉讼的法律适用

与刑事诉讼和民事诉讼相比，行政诉讼中的法律适用较为复杂，这不仅源于行政诉讼法律适用所涉及的规范范围和层次的多元性，而且与涉及的行政机关所制定的各项规范有关。本节首先介绍行政诉讼法律适用的特点，后具体分析不同规范在行政审判中的地位。

一、行政诉讼法律适用的含义和特点

行政诉讼的法律适用，是指人民法院在行政诉讼中，具体运用法律规则审查具体行政行为合法性并作出裁判的活动。广义的行政诉讼法律适用包括两类规范的适用：一类是保证人民法院审查被诉行政行为活动能够顺利进行的法律规范的适用；另一类是解决案件实体问题，即被诉行政行为是否合法的法律规范的适用。前者主要包括《行政诉讼法》，最高人民法院对《行政诉讼法》的司法解释以及单行行政法律、法规中有关的诉讼程序条款；后者包括行政实体法规范和行政程序法规范，范围广泛。行政诉讼法律适用的重点是后者的适用问题。

与其他诉讼相比，行政诉讼法律适用具有以下几个特点。

（1）行政诉讼法律适用系第二次法律适用。行政诉讼所审理的对象是行政行为，该行为是行政机关在行政程序中适用法律所作出的，是行政机关适用法律的结果。在行政诉讼中，人民法院要依法对被诉行政行为的合法性进行审查，这一审查过程既是人民法院认识事实的过程，也是人民法院适用法律的过程。因此，行政诉讼法律适用为第二次法律适用，其目的在于对行政机关第一次法律适用的合法性和正确性进行监督。

（2）行政诉讼法律适用具有复杂性。我国行政法规范制定主体多元化，行政法规范的等级、效力不一，行政法规范的数量繁多。在行政程序中，这些规范都可能构成行政机关的适用依据，但这些行政法规范在行政诉讼中不完全属于人民法院的行政诉讼法律适用对象，它们对人民法院的约束力和效力需要视具体情况而定。

（3）行政诉讼法律适用的效力具有最终性。行政诉讼法律适用是对行政机关法律适用的审查和监督，其效力高于行政机关的法律适用，具有最终效力，行政机关必须服从。

二、人民法院的审判依据

行政审判的依据是指人民法院审理行政案件，对行政行为合法性进行审查和裁判必须遵循的根据。《行政诉讼法》第 63 条规定：人民法院审理行政案件，以法律和行政法规、地方性法规为依据。地方性法规适用于本行政区域内发生的行政案件。人民法院审理民族自治地方的行政案件，并以该民族自治地方的自治条例和单行条例为依据。根据此规定，人民法院审理行政案件以法律、行政法规和地方性法规为依据，即人民法院审理行政案件，在法律、行政法规、地方性法规有具体规定的情况下，法律、行政法规、地方性法规是人民法院直接适用的根据，法院无权拒绝适用。

(1) 法律。

法律是国家最高权力机关制定的、在全国范围内具有普遍约束力的规范性文件。在我国的法律规范层级体系中，法律仅低于宪法，对一切国家机关都有约束力。法院在审查具体行政行为的合法性时，必须以法律为依据。

(2) 行政法规。

行政法规是最高国家行政机关国务院依据宪法、法律按照一定的程序制定的、在全国范围内具有普遍约束力的规范性文件，效力仅次于宪法和法律，只要行政法规不与宪法、法律相抵触，均应为人民法院进行行政审判的依据。

(3) 地方性法规。

地方性法规是指由省、直辖市、自治区人民代表大会及其常务委员会，以及设区的市的人民代表大会及其常务委员会根据本行政区域的具体情况和实际需要制定的规范性文件。它是特定区域内的全体人民意志的体现，效力低于宪法、法律和行政法规，地方人民法院在审理本地区发生的行政案件时，必须依据地方性法规的规定。自治条例和单行条例是民族自治地方的人民代表大会，依照宪法、民族区域自治法和其他法律规定的权限，结合当地的政治、经济和文化特点所制定的规范性文件，它是民族自治地方权力机关代表民族自治地方各族人民行使民族自治权的体现。自治条例和单行条例与地方性法规是处于同一级别的法律规范，人民法院在审理民族自治地方的行政案件时，应以其为依据。

不过，需要指出的是，《行政诉讼法》规定人民法院审理行政案件以法律、法规为依据，这是从总体和一般意义上对法律、法规在行政审判中的地位所作出的规定，由于法律、行政法规、地方性法规以及自治条例和单行条例在我国整个法律规范体系中的等级、效力和地位并不相同，它们在行政审判中的作用也有差异；同时，低层级的法规规范必须符合高层级的法规规范才具有法律约束力。因而人民法院在审理行政案件并具体适用法律时，必须从法律规范整体结构上的规定来审查和裁判行政行为的合法性，而不能单从某一法律规范的规定来简单判定行政行为是否合法。

三、规章的参照适用

《行政诉讼法》第 63 条第 3 款规定：人民法院审理行政案件，参照规章。因此，在行政诉讼中，与法律、行政法规和地方性法规的地位不同的是，规章在行政诉讼中只居于参照地位。

“参照”是与“依据”相对的、具有特定含义的概念。“依据”与“参照”的区别在于：“依据”是指人民法院审理行政案件时，必须适用该规范，不能拒绝适用；而“参照”则是指人民法院审理行政案件时，对规章进行参酌和鉴定后，对符合法律、行政法规规定的规章予以适用，参照规章进行审理，并将规章作为审查行政行为合法性的依据；对不符合或不完全符合法律、法规原则和精神的规章，人民法院有灵活处理的余地，可以不予以适用。可见，人民法院对规章的作用和效力不是一概否定或一概肯定，而是在对规章进行一定评价后，决定规章是否适用。“参照”与“依据”的区别关键在于：“依据”是人民法院对法律、法规无条件的适用；而“参照”则是有条件的适用，即在某些情况下可以适用，在某些情况下也可以不予适用。换言之，学者认为，对法院而言，“参照”的存在“实质是赋予了人民法院对规章的‘选择适用权’”①。

规章在人民法院审理行政案件时起到参照作用，是由规章目前在我国法律规范体系中的特殊地位所决定的。规章不宜作为行政审判依据的原因在于：（1）有权制定规章的行政机关也有权作出行政行为，因而规章的各制定机关本身也可能是行政诉讼的被告，若将它们自己制定的规章不加审查地一律作为审理依据，等于由被告自己确立行政行为合法性标准，可能造成被告规避法律，不利于保护公民、法人或者其他组织的合法权益。（2）规章制定机关超越职权制定规章的现象时有存在，如果规章规定了不应由法律、法规规定的内容，则会影响规章的效力。（3）规章之间可能会互相冲突。地方政府和中央部门之间的权限划分并不十分清楚，各部、委相互之间的职权也有交叉，加之某些地方和部门存在地方保护主义和部门保护主义倾向，使某些规章之间存在冲突，给人民法院依规章审理行政行为带来了困难。

鉴于规章存在的问题，简单规定人民法院依据规章审理行政案件并不适宜。但是，简单地将规章排除在人民法院的适用范围之外，也同样不合适。因为宪法和有关法律对规章制定机关作了严格规定，确认了规章的法律地位和法律效力，而且目前规章在我国行政管理中起着相当重要的作用，规章是对法律、法规的延伸和具体化，不少行政管理行为实际上是依据规章的规定作出的。事实上，在我国，规章是行政管理的重要根据，其数量众多，适用频率很高，尤其在法律和法规对某一行政管理事项没有明确、具体的规定而规章作了具体规定时，更是如此。因而人民法院离开适用规章，是很难对行政行为的合法性进行审查的。

正是基于以上的考虑，《行政诉讼法》规定人民法院审理行政案件，对规章既非不适用，也非像法律、法规那样将其作为审理的依据，而是赋予了人民法院对规章一定的审查判断权，对合法的规章予以适用，对不合法的规章不予适用。

四、行政诉讼法律冲突

（一）行政诉讼法律冲突的概念

行政诉讼法律规范冲突，是指人民法院在行政诉讼过程中，发现对同一法律事实或者法律关系，存在两个或者两个以上的法律规范，且对其作出了不同的规定，适用不同的法律规定将导致不同的裁判结果的情形。

由于国家法律的多层级性、多样性且数量众多，从某种意义上说，在现代社会中法律规范的冲突具有不可避免性。当然，法律规范冲突的形式是多种多样的，有些冲突是合法的，如特别法与普通法的冲突；有些冲突是不合法的，如行政法规与法律的冲突。研究法律规范冲突的目的主要是探究如何减少或消除不合法的冲突和选择适用合适的法律规范。

（二）行政诉讼法律冲突的适用规则

行政诉讼法律冲突选择适用规则，是在行政诉讼中存在同一法律事项的相互冲突

---

① 姜明安主编．行政法与行政诉讼法．北京：北京大学出版社，高等教育出版社，1999：371.

时，指导人民法院解决法律适用冲突，选择应当适用的法律规范，以此审查行政行为合法性的具体原则和方法。在行政诉讼中，人民法院解决相应法律适用冲突的规则包括以下几种。

1. 层级冲突适用规则

不同层级法律规范产生冲突一般属违法冲突，按照法律优先原则，高层级法律规范优于低层级法律规范，但高层级法律规范授权低层级法律规范作出与高层级法律规范不同的规定的除外。根据这一规则，在一个案件中，低层级的法律规范与某一高层级的法律规范发生冲突时，人民法院一般应依高层级法律规范来解决该案中的实体争议。

2. 平级冲突适用规则

它是解决制定机关不同但效力层级相同的行政法律规范相冲突时，应适用何种规范的规则。目前，我国尚没有制定这类冲突规则，采用的办法是送请有权机关作出裁决。如部门规章之间、部门规章与地方政府规章效力等级相同，人民法院认为它们之间不一致的，应由最高人民法院送请国务院作出解释或者裁决。

3. 特别冲突适用规则

一般法是关于某类事项的普遍的、一般的规定，特别法是这种普遍规定的例外。在同一效力层级上，特别法优于一般法。需要注意的是，这一冲突适用规则的适用前提必须是特别法与一般法处于同一层级，若一般法是高层级法，而特别法是低层级法，特别法作出的特别规定又未经高层级法的授权，那么这种特别规定应属无效，人民法院仍应适用一般法。

4. 新旧法冲突适用规则

新旧法冲突适用规则应体现为新法优于旧法和法律不溯及既往原则，当新的行政法律规范与旧的行政法律规范相冲突时，除旧法具有溯及力外，人民法院应当适用新法，即对新法生效后发生的事件适用新法，对新法生效前发生的事件适用旧法，但新法明确规定有溯及力时除外。

5. 人际冲突适用规则

人际冲突适用规则一般规定，不同民族、种族或者具有特殊身份的个人，适用就该民族、种族或者具有特殊身份的个人作出特别规定的法律规范。

6. 区际冲突适用规则

区际冲突所涉及的法律规范冲突需要采取不同的适用规则。目前，我国大陆（内地）法律规范与港、澳、台地区相关规范的冲突，适用属地管辖原则：发生于港、澳、台地区的行政案件，适用在港、澳、台地区施行的相关规范；发生于大陆（内地）的行政案件，则适用在当地施行的法律规范。同时，此类冲突还可以通过双方协议来解决。

第八章　行政诉讼裁判

根据《行政诉讼法》及相关法律规定，人民法院在行政诉讼中行使审判权。法院行使行政审判权，有诸多表现方式，行政诉讼裁判是其中十分重要的表现形态，它是指人民法院在审理行政案件的过程中，就案件审判中发生的各类问题作出的处理，是人民法院行使行政审判权的集中体现。与刑事、民事诉讼裁判相同，行政诉讼裁判根据解决的问题性质的不同，可分为判决、裁定、决定和命令四种形式，本章对其逐一进行分析。

第一节　行政诉讼的判决概述

行政诉讼判决是最重要的行政诉讼裁判形式，它既与刑事、民事诉讼裁判有相同之处，体现了我国诉讼制度的共同特点，也有独特之处，反映了我国行政诉讼本身的特点。

一、行政诉讼判决的概念和特征

行政诉讼判决，是指人民法院在行政案件审理终结时，根据所查清的事实，依据法律规定对行政案件实体问题作出的结论性处理决定。它是人民法院行使国家行政审判权而对行政机关的行政行为进行监督的集中体现，是人民法院处理和解决争议的基本手段，也是人民法院审理行政案件和当事人参加诉讼结果的表现形式。

行政诉讼判决的特征有：

第一，行政诉讼判决是人民法院对案件实体问题所作出的处理。判决所处理的问题是案件的实体问题，这既决定了判决的本质性特点，也彰显了判决在诉讼裁判中的地位。法院在审理包括行政诉讼在内的诉讼案件中，会发生各种问题，有实体问题也有程序问题，还有其他事项。针对不同事项，法院须用不同的裁判形式加以处理，判决所涉及的恰恰是对案件最重要的问题，是对原、被告双方争议的是非曲直作出的结论性认定，因此判决在整个裁判形式中居于最高地位。这是所有诉讼判决的共同特点，行政诉讼判决亦不例外。

由于不同诉讼所解决的争议性质的差异，案件的实体问题会存在明显的不同。行政诉讼所解决的实体问题的特殊性，决定了行政诉讼判决的独特性。根据我国现有行政诉讼制度设计，行政诉讼主要围绕被诉行政行为展开，在大多数案件中法院所要解决的问题是被诉行政行为是否合法，因此行政诉讼判决总体上是对被诉行政行为合法与否的判定。

第二，行政诉讼判决是人民法院以国家的名义作出的，是法院行使国家审判权的集中体现。诉讼是国家设置的正式争议解决机制，法院代表国家行使审判权，判决集中体现了国家意志。值得指出的是，行政诉讼解决的争议发生在公民、法人和其他组织与行政机关之间，行政诉讼实质上又是法院对行政机关的一种监督制约机制，因此行政诉讼不可避免地涉及司法权与行政权的关系及二者关系的协调，这是行政诉讼判决的特别之处。

第三，行政诉讼判决是人民法院在查明案件事实情况之后，依照法律规定对案件作出的结论性判定。判决是法院对案件处理结果的展现，因此须在查明案件事实并准确适用法律的基础上作出。

二、行政诉讼判决的分类

按照不同的标准，可以对行政诉讼判决作出不同的分类。不同的判决具有自己的特点，适用的情形、作出的条件和程序各不相同，分析这些分类有助于深化对行政诉讼判决的理解和认识。

1. 一审判决、二审判决和再审判决

按照判决作出的程序的不同，可以将判决分为一审判决、二审判决和再审判决。一审判决，又称初审判决，是第一审人民法院适用第一审程序所作出的判决。除最高人民法院的判决外，第一审判决并非终审判决，当事人不服可以提出上诉。二审判决，是第二审法院适用第二审程序作出的判决。我国行政诉讼实行两审终审制，故第二审判决亦称为终审判决。再审判决是指人民法院按照审判监督程序，对案件重新审理后所作出的判决。

2. 生效判决和未生效判决

按照判决是否发生法律效力，可将判决分为生效判决和未生效判决。生效判决是已经发生法律效力，非通过审判监督程序无权加以改变的判决。已过上诉期限的一审判决、最高人民法院作出的判决和二审判决，都是生效判决。未生效判决是指尚未发生法律效力的判决。未过上诉期限的一审判决为未生效的判决，当事人不服的，可以提出上诉。

3. 缺席判决和对席判决

按照双方当事人是否出庭为标准，可将判决分为缺席判决和对席判决。对席判决是指人民法院在当事人双方或其代理人到庭的情况下作出的判决。缺席判决是指人民法院在当事人一方或者双方未参加诉讼活动的情况下所作出的判决。

4. 给付判决、形成判决和确认判决

按照判决所保护的权利形态的不同，可以将行政诉讼判决分为给付判决、形成判决和确认判决。显然，这一分类在民事诉讼中十分盛行①，在我国行政诉讼中却少有提及，只有一些论著关注此分类。②

---

① ［日］中村英郎．新民事诉讼法讲义．陈刚，等译．北京：法律出版社，2001：218；［德］奥特马·尧厄尼希．民事诉讼法．周翠，译．北京：法律出版社，2003：308.

② 如马怀德主编．行政诉讼原理．北京：法律出版社，2003：415－416。不过，其分类标准是行政诉讼判决的目的，且形成判决与撤销判决并列，故将行政诉讼判决分为给付判决、确认判决、形成判决和撤销判决。

具体而言，在行政诉讼中，给付判决指责令被告履行一定义务，即交付一定金钱、财物，从事一定的行为或履行其他义务的判决。因此，给付判决的特点在于使被告产生实体义务，一旦被告不履行该义务，原告可以申请法院强制执行。根据我国现行《行政诉讼法》的规定，行政赔偿判决、履行判决、撤销被诉行政行为责令重作判决，可归入给付判决范畴。

形成判决指法院改变当事人之间原有法律关系的判决，其前提是当事人对现存法律关系并无歧见，争执在于是否有必要继续保留或发展现存法律关系。民事诉讼中的离婚判决、变更抚养关系判决，都属于典型的形成判决。① 在行政诉讼中，属于形成判决的判决形式有撤销判决和变更判决两类。② 撤销判决要求否决被诉行政行为建立的行政法律关系，而变更判决则改变了行政处罚决定所确定的内容。

确认判决指确认双方当事人之间是否存在某种法律关系的判决。在行政诉讼中，具体指被诉行政行为是否合法或无效的判决。

5. 全部判决和部分判决

根据判决解决的是案件的全部争议还是部分争议，可将行政诉讼判决分为全部判决和部分判决。前者指人民法院在案件全部审理终结后，针对当事人之间的所有争议所作出的判决；后者指人民法院根据已查清的案件事实，就案件的部分争议所作出的判决。一般情况下，法院是在全部查明案件事实的情况下判决的，但在案件的部分事实已查清，且该事实及相关的权利义务关系与案件全部事实和权利义务关系有相对独立性时，法院也可以先行作出判决，由此形成部分判决。我国现行《行政诉讼法》并未明确规定部分判决，但为加速争议的解决，符合作出部分判决的条件时，可以参照《民事诉讼法》的规定作出部分判决。

6. 驳回原告诉讼请求判决、撤销判决、履行判决、给付判决、确认判决、变更判决、行政协议的履行及补偿判决

根据行政诉讼判决的内容，可以将行政诉讼判决分为驳回原告诉讼请求判决、撤销判决、履行判决、给付判决、确认判决、变更判决、行政协议的履行及补偿判决七种形式。这是我国《行政诉讼法》所规定的一审判决形式，在行政诉讼中有十分重要的作用。下文将详细分析，在此不赘述。

第二节 一审判决

行政诉讼一审判决体现了行政诉讼的典型特点，反映了在行政诉讼中司法权与行政权之间的关系。行政诉讼一审判决分为驳回原告诉讼请求判决、撤销判决、履行判决、给付判决、确认判决、变更判决、行政协议的履行及补偿判决七种形式。

一、驳回原告诉讼请求判决

驳回原告诉讼请求判决指人民法院通过审理，认定行政行为合法、有效，从而作出

① 汤维建主编．民事诉讼法学原理与案例教程．北京：中国人民大学出版社，2006：344.

② 在我国台湾地区，撤销判决是形成判决的典型形式。陈清秀．行政诉讼法．台北：翰芦图书出版有限公司，2000：446.

否定原告对被诉行政行为的指控的判决。

根据《行政诉讼法》第 69 条的规定，人民法院作出驳回原告诉讼请求的判决适用于下列情形。

第一种情形：行政行为证据确凿，适用法律、法规正确，符合法定程序。

人民法院要作出驳回原告诉讼请求的判决必须同时满足三个条件。

1）证据确凿。也即行政行为所依据的证据确实可靠，并足以证明行政行为认定事实的存在。详言之，证据确凿须同时达到以下四项要求：案件事实应有相应的证据证明；各项证据均真实、可靠；各项证据对所证事实有证明力；各项证据相互一致。①

2）适用法律、法规正确。也即被诉行政行为所适用的法律、法规及相应条款正确、合理。这大体包括两个层面的要求：一是所适用的法律、法规本身须合法有效，所适用的条款内容不存在与上位法相冲突的情形等；二是被告行政机关正确地把这些法律、法规运用于案件，包括对法律、法规规定和立法目的解释正确，对案件事实定性无误，选择相关条款或规定适用于案件事实时准确等。

3）符合法定程序。也即被告作出行政行为必须符合法律规定的行政程序。凡法律、法规、规章及规范性规定的程序要求，包括作出被诉行政行为的环节、步骤、方式、期限等要求，行政机关皆予以了严格遵循。

第二种情形：原告申请被告履行法定职责或者给付义务理由不成立。

这一情形是对原告起诉被告行政不作为理由不成立时的处理。《行政诉讼法》第 12 条关于行政诉讼受案范围的规定，对行政不作为的行为进行了明确的列举，包括："申请行政许可，行政机关拒绝或者在法定期限内不予答复，或者对行政机关作出的有关行政许可的其他决定不服的"；"申请行政机关履行保护人身权、财产权等合法权益的法定职责，行政机关拒绝履行或者不予答复的"；"认为行政机关没有依法支付抚恤金、最低生活保障待遇或者社会保险待遇的" 等情形，前述这些行政不作为的情形均可以被提起行政诉讼，经过人民法院审查，如果存在以下的情形则认为理由不成立：1）被告并没有履行法定职责或给付义务的责任；2）被告已经履行法定的职责或给付义务；3）被告履行法定职责或给付义务的期限尚未届满；4）被告履行法定职责或给付义务的条件尚未成熟。

驳回原告诉讼请求这一判决类型是 2014 年《行政诉讼法》新增的判决类型，取消了旧法中的维持判决这一判决类型。维持判决是在世界行政诉讼制度中略显异类的判决形式，带有我国行政诉讼发展初期的深深历史印记。在 20 世纪 80 年代末期我国行政诉讼制度初建之时，行政诉讼制度被理解为具有维护行政机关的作用，维持判决的存在被认为是人民法院通过行政诉讼维护行政机关具体行政行为的主要表现。此种判决形式是我国行政诉讼以行政行为为中心确定判决形式的产物，其在司法实践运用中遇到了一定障碍。最高人民法院在 2000 年的司法解释中将当事人的诉讼请求引入判决所考虑的因素，从而使法院将维持判决置换为驳回诉讼请求判决，增加了法院调用维持判决的自由度。不过，维持判决既然是人民法院对被告所作出的行政行为的肯定和认可，即意味着

---

① 姜明安．行政诉讼法．2 版．北京：法律出版社，2007：285－286．

对原告诉讼请求的否认和驳回，实际上是驳回诉讼请求判决，因此维持判决可以废弃不用。[①] 所以，站在历史舞台上观察，维持判决的历史意义大于现实意义，它所确立的合法行政行为所必须具备的三个条件，尤其是要求行政行为必须程序合法，曾对我国行政法制建设发挥了积极的引导作用。

二、撤销判决

（一）撤销判决的概述与类型

撤销判决指人民法院经过对案件的审查，认定被诉行政行为部分或者全部违法，从而部分或全部撤销被诉行政行为，并可以责令被告重新作出行政行为的判决。撤销判决是人民法院对被诉行政行为效力的部分或全部的否定，是对原告合法权益的保护，因而撤销判决在行政诉讼中占有重要地位。

根据《行政诉讼法》的规定，撤销判决可分为三种具体类型：第一，全部撤销，适用于行政行为全部违法或行政行为部分违法但行政行为不可分的情形；第二，部分撤销，适用于行政行为部分违法，部分合法，且行政行为可分的情形，人民法院只作出撤销违法部分的判决；第三，判决撤销并责令被告重新作出行政行为，适用于违法行政行为撤销后尚需被告对行政行为所涉及事项作出处理的情形。

（二）撤销判决适用条件

根据《行政诉讼法》第70条的规定，行政行为具备下列情形之一的，人民法院可以作出撤销判决。

1. 主要证据不足

主要证据不足指被诉行政行为缺乏必要的证据，不足以证明被诉行政行为所认定的事实情况。在此，对主要证据的界定至关重要。一般认为，主要证据是对查明案件事实不可或缺的证据[②]，主要证据不足意味着行政机关在未查清案件基本情况或在没有充分证据证明的情况下就作出了行政行为，行政行为缺乏事实基础，人民法院有权予以撤销。

撤销判决针对的对象是行政机关适用行政程序作出的行政行为，此行为通过证据认定事实。其中一些事实关系案件处理的基本事实，这些事实须有证据加以证实。因此主要证据不足即是被告行政机关向法院提供的证据不能证明被诉行政行为所认定的基本事实。具体表现有：行政行为认定的事实不清；行政行为认定的事实没有相应的证据证明；行政行为认定的责任主体错误或证明不足；等等。[③]

值得指出的是，撤销判决所使用的是“主要证据不足”，而驳回原告诉讼请求判决所使用的是“证据确凿”，二者相比之下驳回原告诉讼请求判决对被诉行政行为的证据要求标准更高。换言之，如果被诉行政行为仅达到主要证据充分而尚未证据确凿的程度

---

① 我国台湾地区学者陈新民教授直截了当地指出，维持判决即等于驳回诉讼请求判决，没有理由因为最高人民法院的司法解释规定而削足适履。陈新民．中国行政法学原理．北京：中国政法大学出版社，2002：324.

② 有学者认为，“主要证据就是决定事物本质属性的必不可少的证据”。罗豪才，应松年主编．行政诉讼法学．北京：中国政法大学出版社，1990：245.

③ 蔡小雪．如何确认具体行政行为的主要证据不足．法律适用，1997（1）.

时，法院不应当作出驳回原告诉讼请求的判决，自然也不适合作出撤销判决。

2. 适用法律、法规错误

适用法律、法规错误指行政机关作出行政行为时错误地适用了法律、法规或者法律、法规的条款。行政机关作为执法机关，依法作出决定，是对其的基本要求。适用法律、法规错误，表明行政机关所作出行政行为没有达到“以法律为准绳”的要求。

适用法律、法规错误有多种表现，主要有以下情形：被诉行政行为未适用应适用的法律、法规、规章或条文；适用了已失效或尚未生效的法律、法规、规章或条文；错误适用了不应当适用的法律、法规、规章；错误适用了法律、法规、规章中不应当适用的条款；等等。

3. 违反法定程序

违反法定程序指行政机关在实施行政行为时违反了法律规定的作出该行为应当遵循的步骤、顺序、方式和时限等要求，它是作出撤销行政行为判决的一个独立存在的理由，不依附于其他任何条件，只要行政行为违反程序，不管实体决定正确与否，都构成撤销该行政行为的理由。

行政程序法和单行法律、法规、规章确立的行政机关应遵循的程序规则，应归入程序违法中“法”的范围，在我国学术界并无异议。但一般规范性文件和正当程序的一般原则是否也应纳入“法”的范围问题，值得探讨。对于行政机关违反规章以下的行政规范性文件乃至自己制定的内部规范中的程序规则是否构成程序违法，目前，学术界主要有正、反两种意见。持反对意见者认为：行政规范性文件因制定主体混乱、形式不规范而应被排除在法定程序范围之外；行政机关根据行使行政职权的需要自行制定的行为程序规则，仅具有自律作用，为自主行政程序，不属法定程序范畴，违反此类程序不构成程序违法。① 持赞同观点者则认为，在我国这类规范众多，对人们的行为有直接的规范作用和约束力，这些规范中若有为行政机关设定程序义务的，即应纳入法定程序的范畴。②

这一问题的解决需要从确定行政规范性文件和内部规定的地位入手。一般而言，这类规范的制定通常无须法律的明确授权，其制定、修改和废除多由行政机关自行决定。但按照现代法治理念，这些规范应向公众公开，并对制定机关及其下级机关产生一定的约束力。而在我国，这些规范对公众无疑具有一定的或潜在的拘束力。有鉴于此，同时考虑到为行政机关的管理保留一定的灵活余地，一些国家对违反这些规范的效果没有规定绝对态度，而是给予了区别对待。我国在制定行政程序法时应予借鉴和采纳。大体而言，标准可概括为：凡对于公民、法人或者其他组织有利的程序规则，行政机关必须遵守，违反该规则的行为将可能因构成专横或不符合正当法律程序而被撤销；而在其他情况下，原则上这些规则没有法律拘束力，行政机关违反这些规则不构成违法，对此法院不进行审查。③

---

① 章剑生．论行政程序违法及其司法审查．行政法学研究，1996（1）.

② 王万华．行政程序法研究．北京：中国法制出版社，2000：250.

③ 美国是此种做法的典型代表。参见王名扬．美国行政法．北京：中国法制出版社，1995：356－357。法国、德国和日本等也倾向采取类似做法。由于近些年来行政机关内部规则有外部化的趋势，诱发了法国、德国和日本等国家的学者对内部规则的外部效果和约束力问题的热烈探讨。

比较而言，对于行政机关违反正当程序等法律的一般原则是否构成程序违法，分歧可能更大。长期以来，在我国关于行政法的渊源问题，无论是从法律规定层面看，还是从学者认识角度看，基本上只认可成文法渊源。不成文法渊源特别是法律的一般原则，虽然很可能会构成学者和实务部门认识和理解某一问题的基础，但它们本身很难具有作为课以行政机关义务和追究法律责任的根据的地位。这一状况与国外的行政法渊源形成了较为明显的对比。在英美法系国家，法律的一般原则构成了行政法的渊源，并不奇怪。而在大陆法系国家，法律的一般原则同样亦被作为行政法的渊源，构成了一道独特的风景线。法律的一般原则对行政机关有约束力，不仅在法国是如此，在德国和日本同样如此。法律的一般原则在行政法中被特别强调，一个重要原因是“行政事项复杂，变化迅速，不可能全部包括在成文法中”①。在成文法缺位时，需要以法律的一般原则作为补充。自20世纪后半叶以来，伴随着行政法成文化的推进和法律一般原则的法典化，虽然在绝大多数情况下行政机关的行为规范都可以从法律规定中去寻找，但法律的一般原则并未丧失拾遗补阙的地位和功能。

鉴于我国行政法实践中存在僵化地理解和执行法律规定的现象，以及不少行政法规范缺位，近些年来，我国学者已开始对行政法的渊源进行反思。已有学者主张，将法律的一般原则写入行政程序法之中，要求行政机关在没有法律规定时遵守公平、合理、公开和效率的正当程序原则。如果这一点成立，行政机关违背正当程序原则，同样亦应构成程序违法。

4. 超越职权

超越职权指行政机关实施行政行为时超越了法律、法规授予其的权力界限，实施了无权实施的行政行为。

行政机关的创设、存在依据和活动范围等皆源于法律规定，法律是行政机关的生命线。职权有限，职权法定，是现代行政法治的基本要求。根据我国法律制度设计，职权法定中的“法”是在广义上使用的，包括法律、行政法规、地方性法规和规章。不过，这是从一般意义上分析的。针对特定事项，上述规范授予行政机关的权力还需要受到其他制约，如法律位阶。甚至在一些事项上，上述规范授予行政权力是无效的。如根据相关法律规定，行政法规、地方性法规和规章，授予行政机关限制公民人身自由的处罚权，即是无效的。行政机关一般通过两种方式获得权力：一是行政机关组织法的规定。在法律创设某一行政机关时，组织法往往会对行政机关的职能、职权、活动方式等作出规定。这些职权通常被称为行政机关的一般权力。二是单行法律的授予。在行政机关成立后，某一单行法律可能授予该行政机关与其职能相关的权力。这些权力往往具体而明确。

行政机关在行使职权时，必须在法定职权范围内进行，逾越法定界限即构成超越职权。超越职权，是显而易见的违法行为。实践中，主要表现有：行政机关行使了宪法、法律没有授予任何国家机关的权力，或者行使了法律授予其他国家机关的权力；超越了行政机关行使权力的地域范围；超过法定时间行使权力；超越了法律、法规规定的数

① 王名扬．法国行政法．北京：中国政法大学出版社，1989：17.

额等。

5. 滥用职权

滥用职权指行政机关具备实施行政行为的权力，并且其行为形式上也合法，然而行政机关行使权力违反法律、法规赋予其该项权力的目的。法律授权行政机关权力是为了实现某一目的，但它却使用这一权力达到其他目的。① 这实际上属于权力的不正当行使。

法院在判断行政机关的行政行为是否构成滥用职权时，需要进行三个步骤的工作：一是确定立法目的，二是确定行政机关作出被诉行政行为的目的和动机，三是将二者进行比较。此方法可简称为“目的三步骤分析法”。

在我国理论与实践中，通常认为，具有以下情形之一的，构成滥用职权：第一，不正当的考虑。行政机关或其工作人员为了小集团利益或者个人利益，故意考虑法外因素或者故意不考虑一些应考虑的因素。第二，故意迟延和不作为。指行政机关在处理公民、法人或者其他组织的请求或者申请时，明知自己负有作为义务，却以各种理由故意推脱，拖延履行自己的职责。第三，不一致的解释和反复无常。不一致的解释指行政机关在处理同类案件时，对某些规范不经法定程序故意随意解释，导致这些解释往往相互矛盾和冲突；反复无常指行政机关实施行政行为时，没有明确的标准，经常改变自己的主张和决定。

虽然法院对滥用职权的步骤分析明确，但在实践中滥用职权的判断带有不小的难度。难题不仅在于分析确定立法目的的不易，更在于确定行政机关作出行政行为目的和动机的困难。行政机关是一个庞大的组织，人员众多，要确定它作出行政行为的动机，有相当大的难度。意图是一种心理活动，除非决定者公开诉说衷肠，否则他人难以捉摸。正因行政机关的意图一般是不会被公然承认的，要证明的难度可想而知。② 鉴于此，在实践中滥用职权的运用概率就会降低。从我国行政审判实践观察，法院很少以滥用职权为由撤销行政行为。③ 此种现象非我国特例，法国亦面临此问题。“权力滥用在确定法律的目的和行政机关的目的方面，存在很多困难，而且依靠书面审理程序，很难查明行政机关的主观意图。行政法院越来越少利用权力滥用，作为越权之诉的理由，权力滥用的适用处于衰退过程之中”④，因而滥用职权在法国行政诉讼中只起辅助作用，因此理由被撤销的行政行为很少。虽然在法国最近的判例中，滥用职权的作用略有回升，但却不能就此问题向法国最高行政法院提出上诉。⑤

曾有一段时间，在英国滥用职权或不正当目的作为司法审查的理由也面临这一窘境，但英国法院通过将“目的三步骤分析法”转换为“因素分析法”，促使滥用职权或不正当目的的司法审查理由得以复兴。1963 年，英国一位法官在一起司法审查案件中分析指出，不正当目的问题带来的“混乱可能源于在本案中使用的用于评价行使法定权力合

① ［英］彼得·莱兰，戈登·安东尼．英国行政法教科书．杨伟东，译．北京：北京大学出版社，2007：293.

② ［法］让·里韦罗，让·瓦利纳．法国行政法．鲁仁，译．北京：商务印书馆，2006：811.

③ 吴猛，程刚．行政诉讼中“滥用职权”审查标准适用问题研究．法律适用，2021（8）.

④ 王名扬．法国行政法．北京：中国政法大学出版社，1989：695.

⑤ ［法］让·里韦罗，让·瓦利纳．法国行政法．鲁仁，译．北京：商务印书馆，2006：811.

法性的建议标准的许许多多的用语，包括‘目标’、‘目的’、‘动机’、‘动因’、‘理由’、‘根据’、‘因素’等。而本席最终似乎认为，能够说明这一问题的最简单、最明晰的方式是使用‘因素’一词”①。随着英国法院在一系列判决中认定政治因素、种族和其他因素发挥着重要作用，不正当目的作为司法审查理由开始复兴。②

6. 明显不当

明显不当指行政行为严重违反行政合理性原则而不合适、不妥当或者不具有合理性。对于明显不当的理解，我们不能将其归于合理性的范畴，因为根据《行政诉讼法》第 6 条的规定，“人民法院审理行政案件，对行政行为是否合法进行审查”，人民法院只对行政行为的合法性进行审查。将“明显不当”理解为合理性的审查范围将会有违立法初衷与现有的制度框架。行政行为的不当达到“明显”的程度后，即从合理性的问题转化成了合法性的问题，从而也就成为人民法院进行司法审查的内容。有学者指出，行政诉讼法总体维持了合法性审查的表述，体现了“实质合法”的观念，在此意义上，行政行为明显不当也属于违法。为维护司法审查根据之间的和谐，明显不当根据的适用范围最好限于针对行政行为处理方式问题的裁量。③

明显不当与滥用职权都是针对行政裁量的司法审查标准，但两者的视角不一。滥用职权是基于对被诉行政主体作出行政行为时的主观状态的考察，主要表现为行政主体行使权力时出于私人利益或其他组织的利益而非公共利益、行政主体行使权力不符合法律授权行使的特定目的以及未考虑相关因素或考虑了不相关的因素等。明显不当则从客观的结果角度进行考量，对于违法行为的处理显失公正、同案不同判、处理畸轻畸重等行政行为能够直接从客观的结果角度予以考察。根据全国人大法工委的解释，考虑到合法性审查原则的统帅地位，对于明显不当不宜作过宽的理解，应将其界定为被诉行政行为导致的结果的畸轻畸重。④

（三）适用撤销判决判断法律和事实状态的基准

撤销判决所针对的对象是行政行为，法院须审查判断此行政行为是否构成违法，进而判决是否予以撤销。然而，由于诉讼的提起和诉讼的进行都需要假以时日，所以被诉行政行为所涉及的法律和事实，在起诉时和法院判决时有可能发生变化。⑤ 由此，面临的问题是：法院应以何时的法律和事实状态作为判断基准。对此，在我国，大陆学者较少论及这一问题，甚至很少从这一角度提出问题。台湾地区学者在借鉴德国法的基础上，提出以下分析框架：在民事诉讼中，虽也面临这一问题，但解决方法较为简单，法院应以言词辩论终结时的事实和法律状态为基准。行政诉讼却较为特殊，无法适用此规则。由于行政诉讼所针对的是行政机关依事实和法律作出的决定，此决定已固定了相关事实和法律适用时间点，此后若发生变化，非被告所能提前预见。因此，被诉行政行为

① Hanks v. Minister of Housing and Local Government [1963] 1 QB 999, McGaw, at 1020.

② [英] 彼得·莱兰，戈登·安东尼．英国行政法教科书．杨伟东，译．北京：北京大学出版社，2007：302-306.

③ 何海波．论行政行为“明显不当”．法学研究，2016（3）.

④ 袁杰主编．中华人民共和国行政诉讼法解读．北京：中国法制出版社，2014：197.

⑤ 蔡志方．行政救济法新论．台北：元照出版公司，2000：292.

决定时合法，事后不可能变为违法；反之，决定时违法，亦不能事后变为合法。故适用撤销判决判断法律和事实状态的基准，为被诉行政行为决定时的法律或事实状态。①

现行《行政诉讼法》、证据规则与举证责任规定事实上暗合台湾地区学者阐明的上述规则或原则。不过，这一规则的以下几点例外，值得我们注意：

（1）行政行为作出后，因法律改变且规定对原告有溯及既往的效力，所以该行为应被法院撤销。

（2）行政行为有持续效力，但尚未执行或因申请救济而停止执行，事实已发生改变致使该行为失去存在的根据。

（3）对有双重效果的行政行为，当负有义务的一方提起撤销诉讼时，为维护另一方的利益，以行政诉讼言词辩论终结时的法律和事实状态为判断基准。②

（四）情况判决

情况判决指法院经对被诉行政行为审查，确认已构成违法，按理应予撤销，但基于国家利益或公共利益而无法作出撤销判决，只是确认该行政行为违法，并要求被告赔偿因该行政行为违法给原告造成的损失。

我国现行《行政诉讼法》第 74 条将“情况判决”纳入了确认判决的范畴，即“行政行为依法应当撤销，但撤销会给国家利益、社会公共利益造成重大损害的”应当判决确认违法，但不能撤销行政行为。同时根据《行政诉讼法》第 76 条的规定，人民法院判决确认违法或者无效的，可以同时判决责令被告采取补救措施；给原告造成损失的，依法判决被告承担赔偿责任。

自情况判决引入行政诉讼以来，一直遭到一些非议，其被认为有违背法治原则精神和公益压制私益的嫌疑，因此其适用有限，在判决制度中处于边缘地位。③ 国内学者也主张应当对情况判决的适用条件作更为具体、周密的规定，如明确公共利益、重大损失的内涵，给予原告充分的救济等。④

（五）撤销判决中其他问题

对于撤销判决方式的使用，还有两个相关问题需要注意：

（1）复议决定维持原行政行为，人民法院判决撤销原行政行为的，复议决定自然无效。

（2）如果判决撤销违法的被诉行政行为，将会给国家利益、公共利益或他人合法利益造成损失，人民法院在判决撤销的同时，可以分别采取以下方式处理：1）判决被告重新作出行政行为；2）责令被告采取相应的补救措施；3）向被告及有关机关提出司法建议；4）发现违法犯罪行为的，建议有权机关进行处理。

三、履行判决

（一）履行判决的条件

履行判决指人民法院经过审理认定，被告负有法律职责而无正当理由不履行，责令

---

① 吴庚．行政争讼法论．台北：三民书局，2000：194－195.

② 吴庚．行政争讼法论．台北：三民书局，2000：195.

③ 尹权，金松华．情况判决的理论与现实反思及其完善．政治与法律，2008（3）.

④ 黄学贤．行政诉讼中的情况判决探讨．行政法学研究，2005（3）.

被告限期履行法定职责的判决。在法律意义上，履行判决更类似于课予义务判决，课予义务的判决是给付诉讼中的一类。我国《行政诉讼法》第72条规定，人民法院经过审理，查明被告不履行法定职责的，判决被告在一定期限内履行。据此，人民法院作出履行判决必须同时满足三个条件。

（1）被告负有履行某项义务的法定职责。这是人民法院作出履行判决的前提。对法定职责的理解有两点值得关注和研究：第一，此处的“法”应当包括法律、行政法规、地方性法规和规章，并无疑义。除此之外，对于行政机关的行为、作出的承诺等，是否亦可构成法定职责，继而成为履行判决的前提条件，缺乏明确规定。从目前实践理解观察，似乎多持否定立场。不过，从发展来看，对此种狭隘解释应当予以摒弃。第二，法定职责的存在，并不必然以当事人提出申请为前提。在一些情况下，行政机关的作为义务或法定职责的存在，确需以当事人提出申请为前提，如颁布许可证；但在另外一些情况下，行政机关的法定职责却无须以当事人申请为条件，行政机关有主动从事一定的行为的法定职责，如保护公民人身权的职责。

（2）被告没有履行该法定职责。没有履行包括不履行和拖延履行两种。不履行指行政机关明示拒绝履行法定职责；拖延履行指行政机关不及时履行自己的法定职责，或者是否履行态度不明确。

（3）被告没有履行法定职责无正当理由。毫无疑问，不可抗力可以构成行政机关不能履行法定职责的正当理由。除此之外，对于何种情形可以构成正当理由，目前相关立法和司法解释缺乏规定。

2018年《行诉法解释》第91条规定：原告请求被告履行法定职责的理由成立，被告违法拒绝履行或者无正当理由逾期不予答复的，人民法院可以根据《行政诉讼法》第72条的规定，判决被告在一定期限内依法履行原告请求的法定职责；尚需被告调查或者裁量的，应当判决被告针对原告的请求重新作出处理。

（二）有关没有履行该法定职责的不同理解

有关适用履行判决的条件，仍有许多值得深入发掘和研究的内容。目前，国内学术界对第二个条件存有不同看法。由于这些观点关系履行判决的适用范围，有必要对其加以分析。《行政诉讼法》第72条规定的“不履行”指拒绝履行与拖延履行两种情形。有观点认为，拒绝履行，是行政机关明确拒绝相对人申请的行为，行政机关的拒绝实际上就是行政机关在履行法定职责，而不是不履行法定职责，因而不属于不作为的行政行为，属作为的行政行为。对此行为法院不应适用履行判决而应适用撤销判决，并可以责令行政机关重新作出行政行为。①

显然，这是从形式意义或程序意义上理解不履行职责的。这一理解或做法存在以下问题：

（1）导致对当事人救济的不充分。依此主张，如果行政机关明确拒绝当事人的申请行为违法，法院在撤销该行为后可责令行政机关重作行政行为。在此情况下，当事人的

① 林莉红．行政诉讼法学．武汉：武汉大学出版社，1999：86，246；罗豪才主编．中国司法审查制度．北京：北京大学出版社，1993：169，179；章剑生．判决重作具体行政行为．法学研究，1996（6）.

请求并不当然得到满足，而仅限于复归提出原始申请的状态，当事人能否得到实质救济仍取决于行政机关的反应。① 行政机关是否重作首先是一个问题，即使行政机关重作，由于我国司法实践中鲜有指明重作条件的判决意见强制行政机关遵守，而且我国《行政诉讼法》对行政机关重作行政行为的限制条件，只是要求行政机关不得以同一事实和理由作出与原行政行为基本相同的行政行为，行政机关完全可以其他理由再次拒绝当事人的申请，此时当事人只有再行起诉；因为同样是拒绝行为，根据该主张，法院仍只能适用撤销判决，案件又回到初始状态。目前日本学界和司法界也热烈倡导改革日本对不作为的救济途径，代之以课以义务诉讼形式。我们不能重蹈此旧辙！

(2) 对法定职责的错误理解和隐含的内在矛盾。该主张所提出的拒绝申请行为属作为行政行为，是从形式意义上理解行政不作为的，即其很大程度上是将法定职责理解为作出不管答复内容的答复义务。该主张所倡导的判断作为和不作为的这一形式标准，在解释履行判决中法院确定行政机关的作为义务时却遇到了障碍，其只能将法院判决被告履行法定职责确定为作出答复的职责，才能获得标准的一致性，然而如果仅此而已，根本谈不上对当事人的实质救济，履行判决也徒具形式。如果持此主张者认为履行判决中的法定职责应解释为满足当事人申请的义务（笔者以为他们似更倾向这一解释），那么这事实上形成了判断法定职责的双重标准，难以自圆其对行政不作为的解释。

(3) 造成对行政不作为救济的分化和不统一，不利于法院的审理。该主张的根本错误在于，对行政不作为作了过于形式和僵化的理解，忽视了行政不作为的实质和对当事人在违背行政权与司法权权力分立情况下的充分救济。在当事人符合法定条件的情况下，行政机关予以拒绝和根本未予答复二者虽有区别，但其本质是一致的，即都是行政机关没有满足其应当满足当事人请求的违法行为，从根本上说是行政机关没有履行它应当履行的法定职责。以行政机关是否满足符合法定条件的申请人的申请为判断行政不作为的标准，行政机关未予答复自然"罪责难逃"，而行政机关的拒绝行为虽从形式上看不是没有作出行为，但此行为亦同样应归入行政不作为的行列。否则，对于本质应属同一类型的行为和当事人的同一类型的请求，却归入不同的诉讼形式之中，法院也必须采用不同的审理方法，必然影响对当事人的充分救济。而且，从法院审理的角度来看，对行政作为和行政不作为案件的审理方法确应加以区别，对作为行为法院应以行政行为为起点并始终以此为中心进行审理和裁判，而对行政不作为尤其是未予答复的行为，虽也要以行政机关是否作出行为为起点，但从根本上应查明当事人的请求是否符合法定条件，并以此判断行政机关是否应满足当事人的请求。对行政不作为彻底查明案情是必要的，在原则上对行政行为事实只进行有限审查的美国也是如此。在美国，对行政不作为案件通常要求法院进行重新审理，允许当事人提交足够的证据阐明行政机关不作为的理由，以使法院能作出合理的判决。②

因而，从实质意义界定行政不作为更为妥当，由此即使行政机关已作出拒绝，若该

---

① ［日］盐野宏．行政法．杨建顺，译．北京：法律出版社，1999：416.

② Steven Stark & Sarah Wald, "Setting No Records: The Failed Attempts to Limit the Record in Review o Administrative Action", *Administrative Law Review*, Fall 1984, Vol. 36, No. 4, p. 351.

拒绝本质上属没有满足当事人的请求且履行仍有意义，也应适用履行判决。我国 1989 年《行政诉讼法》第 54 条第 3 项中的“不履行”应解释为行政机关明示或默示拒绝当事人的合法申请。① 不过，鉴于行政机关在明示拒绝的情况下，已存在一个行政行为，为增加判决的确定性和法律关系的明确性，法院在确定履行判决主文时可先行宣告撤销行政机关的拒绝行为，再作出履行义务的内容。在此情况下，履行判决具有了撤销判决的功能。②

（三）法院在履行判决中确定行政机关应履行职责的限度

法院在要求被告行政机关履行法定职责时，应当完全列出履行此职责的所有条件，后由行政机关依此作出行为，还是简单指出应当履行职责，完全交由行政机关决断，关系对行政权的尊重与当事人合法权益保障的平衡问题。基本的指导方向是，在不侵犯行政机关的自主空间的前提下，出于保护当事人的合法权益和避免再生争议的目的，法院应尽力明了该职责的内容。具体而言，若条件成熟，法院应尽可能详细确定被告所应履行义务的具体内容；在条件尚不成熟或者事件含有较强专业因素或裁量因素时，法院也应明确阐明自己对该义务的法律意见，作为行政机关履行义务的指导。人民法院在判决被告履行法定职责时，应当确定履行的期限。

不过，需要注意的是，在被告有法定职责而无正当理由没有履行该法定职责的案件中，人民法院并非必须作出履行判决，判决被告履行该法定职责。针对履行职责，若尚需被告调查或者裁量，法院应当判决被告针对原告的请求重新作出处理。若判决被告履行该法定职责为时已晚，在责令其履行已无实际意义的情况下，人民法院应当作出确认被诉行政行为违法或者无效的确认判决，公民、法人或者其他组织对因被告不履行法定职责所造成的损失可请求行政机关赔偿。

四、一般给付判决

（一）一般给付判决的理解

一般给付诉讼是伴随着公共行政的转型与发展、给付行政的涌现而出现的一种新型的诉讼类型。其与课予义务的诉讼均属于给付诉讼的范畴。给付判决一般分为一般给付判决、停止作为判决与课予义务的判决，如我国《行政诉讼法》第 72 条所规定的履行判决。停止作为的判决针对的是行政机关即将作出的行为，课予义务的判决则是针对应当作出而未作出的行政行为。一般给付判决则为前述两类以外的给付判决。

（二）一般给付判决的适用条件

一般给付判决指具有公法上请求权的公民、法人或者其他组织对行政机关不履行给付义务的行为不服，要求人民法院判令行政机关依法履行给付义务的判决。根据我国

---

① 我国有不少学者持此观点。罗豪才，应松年主编．行政诉讼法学．北京：中国政法大学出版社，1990：252；姜明安主编．行政法与行政诉讼法．2 版．北京：北京大学出版社，高等教育出版社，2005：383；皮纯协，胡锦光主编．行政诉讼法教程．北京：中国人民大学出版社，1993：236.

② 此种做法也是德国的主流主张和司法惯例，但也有德国学者认为法院判决时无须宣布撤销拒绝行为，而行政机关在法院作出判决后负有撤销该拒绝行为的义务。陈清秀．行政诉讼法．台北：翰芦图书出版有限公司，2000：118－119.

《行政诉讼法》第 73 条，并结合 2018 年《行诉法解释》第 92 条对一般给付判决的规定，人民法院作出给付判决必须同时满足以下五个条件：(1) 被告依法负有给付义务。“依法”既可以是依照法律、法规、规章及其他规范性文件的明确规定，也可以是依照法律所认可的名义，如行政承诺及先行行为等。这里的给付义务是除法定职责以外的内容，在我国主要针对支付抚恤金、最低生活保障待遇、社会保险待遇等事项。(2) 被告未履行给付义务，主要包括被告拒绝给付或者拖延给付的行为。(3) 原告有给付之请求权。(4) 被告未履行给付义务没有法律所规定认可的理由。(5) 判决被告履行给付义务对原告仍有意义。

五、确认判决

确认判决是指人民法院通过对被诉行政行为的审查，确认被诉行政行为合法或违法、无效或有效的一种判决形式。确认判决可以分为确认行政行为合法性的判决与确认行政行为效力的判决。按照被诉行政行为合法与否的结果，确认行政行为合法性的判决可分为确认行政行为合法判决和确认行政行为违法判决。根据被诉行政行为的效力，确认行政行为效力的判决可分为确认行政行为无效与有效判决。

根据我国《行政诉讼法》第 74 条的规定，针对一些被诉行政行为违法但不宜或者不能适用撤销或履行职责判决的情形，人民法院应当作出确认行政行为违法的判决。

第一类是被诉行政行为违法但不宜撤销，原行政行为继续有效，只能作出确认该行政行为违法的判决的情形。

(1) 被诉行政行为违法，应当撤销，但撤销将给国家利益和公共利益带来重大损失的。通常情况下，被诉行政行为违法，人民法院应当作出撤销判决，通过撤销被诉行政行为保护当事人的合法权益。但如果撤销该行政行为将会给国家利益和公共利益带来重大损失，从维护国家利益和公共利益大局的角度出发，人民法院不应作出撤销判决，而应作出确认违法判决。

(2) 被诉行政行为程序轻微违法，但对原告权利不产生实际影响的。被诉行政行为的程序违法本应当作出撤销判决，但轻微的程序瑕疵，即可以通过补正的程序瑕疵，如告知送达不规范、超过法定的期限作出行政决定等，并不会影响实体结论的正确作出。哪些事项属于“程序轻微违法”，关系此种情形的适用，2018 年《行诉法解释》第 96 条作出了规定，凡有下列情形之一，且对原告依法享有的听证、陈述、申辩等重要程序性权利不产生实质损害的，属于《行政诉讼法》第 74 条第 1 款第 2 项规定的“程序轻微违法”：一是处理期限轻微违法，二是通知、送达等程序轻微违法，三是其他程序轻微违法的情形。

以上两种情形下，为保护当事人的合法权益，人民法院应同时判令被诉行政机关采取相应的补救措施；同时，对遭受损害的当事人，人民法院还应依法判决被诉行政机关承担赔偿责任，以补救当事人的损失。该被诉的行政行为继续存在，效力不受该判决的影响。

第二类是被诉行政行为违法，但不能适用撤销判决或履行法定职责的判决，只能作出确认违法的情形。

（1）被诉行政行为违法，但不具有可撤销内容的。被诉行政行为违法，人民法院可以作出撤销判决，但在被诉行政行为不具有可撤销内容时，人民法院就只能作出确认违法判决。如行政机关作出行政行为时，不制作、不送达决定书，而该行政行为又属违法行为，即可适用此判决形式。

（2）被告改变原违法行政行为，原告仍要求确认原行政行为违法的。被告改变原违法的行政行为，则该违法行政行为从此不存在。基于保护当事人合法权益的目的，我国允许当事人对其提起诉讼，但因本需通过判决撤销的原违法行政行为已经不存在，故只能通过确认违法的判决，对原行政行为作出评价。

（3）被告不履行或者拖延履行法定职责，但判决责令履行法定职责已无实际意义的。被告不履行或者拖延履行法定职责的，通常应作出责令履行判决，判令被告履行法定职责，但在被告履行法定职责已为时过晚，起不到对原告的救济目的时，人民法院判决责令被告履行法定职责已无实际意义，在此情况下人民法院应当作出认定被诉行政行为违法的确认判决。根据我国《行政诉讼法》第 75 条的规定，行政行为有实施主体不具有行政主体资格或者没有依据等重大且明显违法情形，原告申请确认行政行为无效的，人民法院判决确认无效。确认无效的判决中，“重大且明显违法”是指一般人通过正常的判断即可作出，如作出行政行为的主体不具有行政主体的资格，行政行为没有法律、法规的依据等。由于被诉行政行为依法不能成立或其本身自始无效，自始无效行政行为是没有效力的，所以本来就不可能通过某一诉讼予以撤销，因为根本就不存在有待形成的东西，故人民法院无从撤销，而应作出确认其无效的判决。行政行为的无效是自始无效，并非法院作出了无效判决后该行为才丧失效力。当事人不受该行政行为的拘束，从理论上说，确认无效的诉讼不应当受到起诉期限的限制。人民法院在作出确认无效判决的同时，也可以根据实际情况判决责令被告采取补救措施；给原告造成损失的，依法判决被告承担赔偿责任。

根据《行政诉讼法》第 75 条的规定，行政行为有实施主体不具有行政主体资格或者没有依据等重大且明显违法情形，原告申请确认行政行为无效的，人民法院判决确认无效。根据 2018 年《行诉法解释》第 99 条的规定，“重大且明显违法”指下列情形：一是行政行为实施主体不具有行政主体资格，二是减损权利或者增加义务的行政行为没有法律规范依据，三是行政行为的内容客观上不可能实施，四是其他重大且明显违法的情形。

六、变更判决

（一）变更判决的性质

变更判决指法院经审理查明案件情况后，直接改变被诉行政行为的内容确定双方权利义务的判决。与行政诉讼其他判决形式基本只是肯定或否定被诉行政行为或原告的诉讼请求相比，变更判决并非只是对被诉行政行为效力的简单肯定或否定，而是改变了被诉行政行为的内容，因此在某种意义上是在替代行政机关作判断，故又被称为自为判决。

按照行政与司法分立的理论，法院与行政机关分属两个不同系统，拥有不同的优势，相互之间不能侵越对方的职权，因此行政诉讼的制度设计虽确立了司法审查行政的机制，但法院对行政机关的审查并非没有限制，前述合法性审查原则就是法院对行政机关行政行为审查的基本范围的厘定，而在判决形态上要求法院原则上不能替代行政机关的判断权，尤其是首次判断权。在此分析框架下，变更判决或自为判决在行政诉讼中的容许性，颇值怀疑，至少范围不能太宽，此被称为有限司法变更权原则。

然而，行政诉讼并非只能限定在行政与司法分立这一维度来理解，给予当事人充分的司法保护，是行政诉讼至关重要的目的。因此，如何使行政诉讼制度设计，包括判决形式，更有利于保护当事人的权益，是行政诉讼值得特别关注的问题。变更判决或自为判决的存在，就是为了消除僵化理解行政与司法分立，造成法院把一些案件简单发回被告重新处理，"致当事人反复缠讼多年，永无宁日，浪费人力物力"① 的弊病，在力求不干预行政权的情况下，迅速有效地处理问题。

我国《行政诉讼法》第 77 条第 1 款规定：行政处罚明显不当，或者其他行政行为涉及对款额的确定、认定确有错误的，人民法院可以判决变更。该规定确立了我国行政诉讼的变更判决制度。通说认为，我国的变更判决，是法院认定行政处罚行为明显不当或其他行政行为涉及对款额的确认、认定确有错误，运用国家审判权直接改变行政处罚行为的判决。变更判决是人民法院行使司法变更权，对行政行为的合理性进行审查的具体体现。变更判决与撤销判决最大的区别是，变更判决直接确定了当事人的权利和义务。

我国现行《行政诉讼法》确定变更判决及其范围，是基于两点特殊考虑：一是与其他行政行为相比，行政处罚对当事人的权益影响十分严重，需要给予更多的司法救济②；二是对于行政行为中涉及对款额的确定与认定的错误问题，在一些仅计算错误的情况下，判决撤销行政机关行政行为并重作，加大了行政与司法的成本。变更判决能够有效地节约行政成本与司法成本。

（二）我国变更判决的适用条件

由于在行政诉讼中人民法院对行政行为进行监督和审查的核心是行政行为的合法性，所以行政诉讼法对人民法院行使司法变更权作出变更判决规定了一定的限制条件。

（1）变更判决的对象仅限于明显不当的行政处罚行为与涉及对款额确认、认定错误的其他行政行为。

所谓行政处罚明显不当，是指行政处罚虽然在形式上不违法，但处罚结果明显不当，损害了公民、法人或者其他组织的合法权益。在实践中，明显不当的典型表现形式就是畸轻畸重，即行政机关实际作出的行政处罚与被处罚人的违法行为应受到的行政处罚，相差过于悬殊。行政机关在作出行政处罚时同样情况不同对待或者不同情况同等对待，也可构成显失公正。其他行政行为涉及对款额的确定、认定确有错误的，是指在涉及款额的行政行为中，双方对是否支付一定款项等事实问题不存在争议，但行政机关在确定数额时作了错误的认定。

（2）禁止不利变更。《行政诉讼法》第 77 条第 2 款规定："人民法院判决变更，不得

---

① 蔡志方．行政救济法新论．台北：元照出版公司，2000：447.
② 姜明安．行政诉讼法．2 版．北京：法律出版社，2007：302.

加重原告的义务或者减损原告的权益。但利害关系人同为原告，且诉讼请求相反的除外。”人民法院对行政处罚行为作出变更判决，原则上只能减轻不能加重，其目的是保护公民、法人或者其他组织的诉权，消除公民、法人或者其他组织在起诉时可能面临的被加重处罚的种种顾虑。不过，人民法院不得加重对原告的处罚只是原则，在利害关系人同为原告的情况下，人民法院如果认为行政机关对起诉的被处罚人的处罚过轻，可以作出加重对其处罚的变更判决。

（三）变更判决范围的拓宽

2014 年《行政诉讼法》的修改扩大了变更判决的适用范围，我国行政诉讼的变更判决的对象不再局限于明显不当的行政处罚，而是将涉及对涉及款额的确定、认定确有错误的其他行政行为也纳入了变更判决的适用范围。从我国行政诉讼运作真正实现快速有效解决行政争议的角度出发，在遵循原则上司法不得替代行政的基本要求之下，将一些事项交由法院直接作出截断，效果更佳。

目前，值得考虑的是将行政裁决纳入变更范畴，如此考虑主要是基于目前我国行政裁决尤其是确权裁决的特殊性。这类行政争议由民事争议发展而来，涉及至少三方当事人，而且民事争议可能持续几年，案件往往经过多部门数个来回的处理解决。对这类案件，如果是一发现行政行为存在问题就发回行政机关重新处理，只会增加案件的不确定性，赋予法院变更权将有利于案件的顺利及时解决。当然，法院对行政裁决的变更不能设定在案件事实清楚的前提下，因为多数的行政裁决案件除涉及法律问题外，还涉及大量事实问题，对此类案件的审理宜采用特别的审理方法，由于民事权利的确定是争议的核心，法院可以从民事纠纷的解决开始审理，在确定了民事权利的归属之后，再对行政裁决作出合法性的判断，合法的予以维持，实体性违法的则可直接对行政裁决进行变更。

七、行政协议的履行及补偿判决

随着现代行政的转型与发展，行政协议作为一种替代性行政治理模式被越来越多地运用于行政管理的实践活动中，“在一个混合式行政的时代，在一个对公权力和私权力的创造性相互作用极其依赖的时代，合同乃行政法之核心”①，行政协议更多地体现了现代行政中合意与协商等的民主精神。随着行政协议作为行政管理的新方式被引入我国的行政管理实践，因行政协议的履行、解除、变更等引发的行政争议也不断增多，将其纳入行政诉讼是适时和必要的。2014 年修改后的《行政诉讼法》第 12 条第 1 款第 11 项规定，“认为行政机关不依法履行、未按照约定履行或者违法变更、解除政府特许经营协议、土地房屋征收补偿协议等协议的”，属于行政诉讼的受案范围。针对行政协议案件的受理、审理等问题，最高人民法院于 2019 年 11 月 12 日通过了《关于审理行政协议案件若干问题的规定》，该规定自 2020 年 1 月 1 日起施行。

《关于审理行政协议案件若干问题的规定》对行政协议进行了界定，即：“行政机关为了实现行政管理或者公共服务目标，与公民、法人或者其他组织协商订立的具有行政

① ［英］哈洛，等．法律与行政：下卷．北京：商务印书馆，2004：554.

法上权利义务内容的协议，属于行政诉讼法第十二条第一款第十一项规定的行政协议”。同时，该规定明确规定公民、法人或者其他组织就下列行政协议提起行政诉讼的，人民法院应当依法受理：一是政府特许经营协议，二是土地、房屋等征收征用补偿协议，三是矿业权等国有自然资源使用权出让协议，四是政府投资的保障性住房的租赁、买卖等协议，五是符合前述第一项界定的政府与社会资本合作协议，六是其他行政协议。不过，行政机关之间因公务协助等事由而订立的协议、行政机关与其工作人员订立的劳动人事协议，不属于人民法院行政诉讼的受案范围。

有关行政协议的争议案件是一种新型的案件，撤销判决、确认判决、变更判决等传统的判决方式并不适用于这一类案件的判决。《行政诉讼法》第 78 条第 1 款规定：“被告不依法履行、未按照约定履行或者违法变更、解除本法第十二条第一款第十一项规定的协议的，人民法院判决被告承担继续履行、采取补救措施或者赔偿损失等责任。”该条第 2 款则规定：“被告变更、解除本法第十二条第一款第十一项规定的协议合法，但未依法给予补偿的，人民法院判决给予补偿。”

被告不履行行政协议主要包括以下四种情形：(1) 不依法履行行政协议。这主要是指行政机关拒绝履行行政协议。(2) 未按照约定履行行政协议。这指的是行政机关履行了行政协议，但未能完全按照行政协议的约定履行。(3) 违法变更行政协议。行政机关违法单方变更行政协议的数量、质量、规格、价格、款额的计算方式、履行时间、履行地点、履行方式等行政协议中某一事项或多个事项。(4) 违法解除行政协议。这是指在有效的行政协议履行完毕之前，行政机关一方违法、单方地提前终止协议。

行政协议诉讼案件中，存在着行政主体一方不依法履行，未按照约定履行或者违法变更、解除的行政协议等多种情形，较为复杂，人民法院需要根据案件情况作出相应的判决形式。结合最高人民法院《关于审理行政协议案件若干问题的规定》的有关规定，主要有以下情形：(1) 被告未依法履行、未按照约定履行行政协议，人民法院可以依据《行政诉讼法》第 78 条的规定，结合原告诉讼请求，判决被告继续履行，并明确继续履行的具体内容。不过，被告未依法履行、未按照约定履行行政协议，原告请求继续履行但被告无法履行或者继续履行无实际意义的，人民法院可以判决被告采取相应的补救措施；给原告造成损失的，判决被告予以赔偿。原告要求按照约定的违约金条款或者定金条款予以赔偿的，人民法院应予支持。(2) 对于被告不依法履行、不依照约定履行、违法变更或解除行政协议给对方造成损失的，则应当判决被告承担损害赔偿责任。(3) 原告请求解除协议或者确认协议无效，理由成立的，则判决解除协议或者确认协议无效，并根据《民法典》合同编等相关规定作出处理。原告请求解除行政协议，人民法院认为符合约定或者法定解除情形且不损害国家利益、社会公共利益和他人合法权益的，可以判决解除该协议。行政协议存在《行政诉讼法》第 75 条规定的“重大且明显违法”情形的，人民法院应当确认行政协议无效。人民法院可以适用民事法律规范确认行政协议无效。不过，行政协议无效的原因在一审法庭辩论终结前消除的，人民法院可以确认行政协议有效。(4) 原告认为行政协议存在胁迫、欺诈、重大误解、显失公平等情形而请求撤销，人民法院经审理认为符合法律规定可撤销情形的，可以依法判决撤销该协议。(5) 在履行行政协议过程中，可能出现严重损害国家利益、社会公共利益的情形，被告作出变更、解除协议的行政行为后，原告请求撤销该行为，人民法院经审理认为该行为合法的，判决驳回原告诉讼请求；给原告造成损失的，判决被告予以补偿。被告变更、解除行政协议的行政行为存在《行政诉讼法》第70条规定情形的，人民法院判决撤销或者部分撤销，并可以责令被告重新作出行政行为。被告变更、解除行政协议的行政行为违法，人民法院可以依据《行政诉讼法》第78条的规定判决被告继续履行协议、采取补救措施；给原告造成损失的，判决被告予以赔偿。(6) 行政协议无效、被撤销或者确定不发生效力后，当事人因行政协议取得的财产，人民法院应当判决予以返还；不能返还的，判决折价补偿。因被告的原因导致行政协议被确认无效或者被撤销的，可以同时判决责令被告采取补救措施；给原告造成损失的，人民法院应当判决被告予以赔偿。(7) 原告以被告违约为由请求人民法院判令其承担违约责任，人民法院经审理认为行政协议无效的，应当向原告释明，并根据原告变更后的诉讼请求判决确认行政协议无效；因被告的行为造成行政协议无效的，人民法院可以依法判决被告承担赔偿责任。原告经释明后拒绝变更诉讼请求的，人民法院可以判决驳回其诉讼请求。(8) 被告或者其他行政机关因国家利益、社会公共利益的需要依法行使行政职权，导致原告履行不能、履行费用明显增加或者遭受损失，原告请求判令被告给予补偿的，人民法院应予支持。

第三节　二审判决与再审裁判

人民法院审理上诉案件，一般应当在收到上诉状之日起3个月内作出二审判决。经过再审的案件，人民法院应当依法作出再审裁判。下面对二审判决和再裁判决分别加以分析。

一、二审判决

二审判决是人民法院在第二审程序中就上诉案件作出的判决，由于我国实行两审终审制，因而二审判决是生效判决，亦称终审判决，当事人不能提起上诉。第二审人民法院运用第二审程序对上诉案件进行审理后，可以作出两种类型的判决，即驳回上诉，维持原判和依法改判。

（一）驳回上诉，维持原判

该判决指第二审人民法院通过对上诉案件的审理，确认一审判决认定事实清楚，适用法律、法规正确，从而作出驳回上诉人上诉，维持一审判决的判决。驳回上诉不同于驳回起诉，后者涉及的是程序问题，应使用裁定而非判决，而驳回上诉是第二审法院对第一审法院所作出的判决的承认和肯定，涉及的是案件的实体性问题。

适用驳回上诉，维持原判必须同时具备两个条件：

一是原判决认定事实清楚。也即一审判决对行政行为的合法性认定，有充分的事实基础，相关事实同时有可靠证据作证明。驳回上诉，维持原判的对象是一审判决，因此认定事实清楚是对第一审法院判决的要求，而非对被诉行政行为的要求。换言之，被诉行政行为认定事实不清楚或主要证据不足，不能成为二审法院不作出驳回上诉，维持原判的理由。但在一审判决所针对的正是对被诉行政行为合法性作出认定的情况下，被诉行政行为认定事实是否清楚，的确与第一审法院判决认定事实是否清楚有关。因此，一审判决要做到认定事实清楚，须做到对被诉行政行为认定事实是否清楚的判断正确无误，并有充分的证据证明。

二是适用法律、法规正确。也即第一审法院判决适用法律、法规恰如其分。人民法院审理行政案件，须"以法律为准绳"。因此，第一审法院在审理行政案件时，须做到正确选择法律，正确理解法律，并准确地适用到案件中，对被诉行政行为是否合法作出判断。和上述认定事实清楚一样，此处所指适用法律、法规正确是针对第一审法院的判决而言的，而非被诉行政行为。

（二）依法改判

改判指第二审法院直接改正第一审判决的错误内容的判决形式。改判不仅意味着第二审法院对第一审判决错误的修正，是第二审法院行使监督权的重要表现；而且意味着第二审法院直接替代第一审法院作出判决，由于一、二审侧重点的不同，对改判的适用有一定的条件限制。

根据我国《行政诉讼法》的规定，改判适用于下列两种情形：一是原判决认定事实错误或者适用法律、法规错误。这包括三种情况，即仅为认定事实错误，法律法规适用正确；一审判决认定事实正确，只是适用法律、法规错误；事实认定错误且适用法律、法规错误。二是原判决认定基本事实不清，证据不足，第二审人民法院可以在查清事实后改判。在一审判决认定基本事实不清，证据不足的情况下，第二审人民法院一般应裁定撤销原判，发回原审人民法院重审。其原因在于第一审法院通常有更多的便利查清案件事实，易于获得相关证据。不过，如果第一审法院由于主客观原因，难以或不可能查清事实，第二审法院则可以在查清事实后，依法对一审判决作出改判。

第二审人民法院在对第一审人民法院的判决进行改判时，必然会涉及一审判决对被诉行政行为的认定。从一审判决的内容看，它可能是驳回原告诉讼请求的判决，也可能是撤销或者变更被诉行政行为，当第二审人民法院需要改变一审判决内容时，就必然要对行政行为的合法性重新予以确认，因而第二审人民法院在改变一审判决时，应当一并对被诉行政行为的合法性作出判决，依法驳回原告诉讼请求、撤销或者变更被诉行政行为，并作出相应的判决。

二、再审裁判

再审裁判是人民法院按照审判监督程序所作出的裁判。再审裁判既可以采用判决形式，也可以采用裁定形式。由于再审裁判涉及问题相对复杂，我们一并对人民法院所作出的再审判决和再审裁定进行分析。

(1) 人民法院经过再审审理认为原审判决认定事实和适用法律均无不当时，应当裁定撤销原中止执行的裁定，继续执行原判决。

(2) 人民法院经过再审审理认为原审判决、裁定确有错误的，分以下几种不同情况进行处理：

1) 原审人民法院审理案件时违反法定程序可能影响案件正确裁决的，再审人民法院应当作出裁定，将案件发回作出生效裁判的人民法院重新审理。这些情形主要有：第一，审理本案的审判人员、书记员应当回避而未回避的；第二，依法应当开庭审理而未经开庭即作出判决的；第三，未经合法传唤当事人而缺席判决的；第四，遗漏必须参加诉讼的当事人的；第五，对与本案有关的诉讼请求未予裁判的。

2）人民法院经过再审审理，如果认为第二审人民法院维持第一审人民法院不予受理或者驳回起诉裁定错误，再审人民法院应当撤销第一审、第二审人民法院裁定，指令第一审人民法院受理。

3）除上述第一、二两种情况外，再审人民法院认为原审判决、裁定确有错误的，在撤销原生效裁决或者裁定的同时，可以对生效判决、裁定的内容作出相应裁判，也可以裁定撤销生效判决、裁定，发回作出生效判决、裁定的人民法院重新审判。

再审判决、裁定的效力取决于再审人民法院按照哪一种程序审理，如果按照第一审程序审理，对再审人民法院所作的判决、裁定，当事人可以上诉；如果按照第二审程序审理，所作的判决、裁定是发生法律效力的判决、裁定，当事人不得上诉。

第四节　行政诉讼的裁定与决定

人民法院审理行政案件，除运用判决形式对案件的实体性问题作出结论性判定，还要处理行政诉讼程序问题，以及应对案件中出现的一些特殊事项，前者采用裁定，后者使用决定形式。虽然从表面上看二者不及判决重要，但就行政诉讼运作而言，二者同样不可或缺。

一、行政诉讼裁定

（一）行政诉讼裁定的概念与特征

行政诉讼裁定，是指人民法院在审理行政案件过程中或者执行案件的过程中，就程序问题所作出的判定。

行政诉讼裁定和行政诉讼判决都是人民法院行使国家行政审判权的体现，具有权威性和法律效力，但二者有许多区别，正是这些区别体现了行政诉讼裁定的特点。

第一，行政诉讼的判决解决的是行政案件的实体问题；而行政诉讼的裁定解决的是行政案件审理过程或者是案件执行过程中的程序问题。

第二，行政诉讼的判决一般是在行政案件审理的最后阶段作出的；而行政诉讼的裁定在行政诉讼的任何阶段都可能作出。通常一个法院在一个审理程序中只能作出一个判决，而人民法院在一个审理程序可能作出多个裁定。

第三，行政诉讼判决依据的是行政实体法和行政程序法；而行政诉讼裁定依据的是行政诉讼法。

第四，行政诉讼判决是要式行为，必须采用书面形式；而行政诉讼裁定则既可以采用书面形式，也可以采用口头形式。

第五，当事人对地方各级人民法院作出的一审判决不服，均可以上诉；而当事人对第一审程序中的行政裁定并非都可以上诉，只对部分裁定有权上诉。

（二）行政诉讼裁定的适用范围

行政诉讼裁定适用于行政诉讼中的程序性问题，但程序性问题很多，哪些属于程序性问题，就关系行政诉讼裁定的适用。对此，《行政诉讼法》及2018年《行诉法解释》作出了规定。

根据规定，行政诉讼中的裁定主要适用于下列事项：（1）不予立案；（2）驳回起诉；（3）管辖权异议；（4）终结诉讼；（5）中止诉讼；（6）移送或者指定管辖；（7）诉讼期间停止行政行为的执行或者驳回停止执行的申请；（8）财产保全；（9）先予执行；（10）准许或者不准许撤诉；（11）补正裁判文书中的笔误；（12）中止或者终结执行；（13）提审、指令再审或者发回重审；（14）准许或者不准许执行行政机关的行政行为；（15）其他需要裁定的事项。

下面我们对上述裁定作适当归类后，加以具体分析。

1. 不予立案与驳回起诉裁定

这两类裁定都涉及对不符合起诉条件的处理，只是作出的时间点不同。不予立案适用于诉讼启动阶段，而驳回起诉则适用于法院受理案件之后。人民法院接受当事人起诉后，应当对起诉是否符合法定条件进行审查，对符合起诉条件的，法院应当登记立案，诉讼正式启动；对不符合起诉条件的，法院应作出不予立案的裁定，对此裁定当事人可以上诉。

在人民法院正式立案后，发现不符合起诉条件的，人民法院应裁定驳回起诉。2018年《行诉法解释》第26条第1款规定："原告所起诉的被告不适格，人民法院应当告知原告变更被告；原告不同意变更的，裁定驳回起诉。"对驳回起诉裁定不服的，当事人也可以上诉。

2. 涉及管辖问题的裁定

这包括管辖权异议、移送管辖和指定管辖三类。管辖权异议，指法院受理案件后，当事人有权对管辖权提出异议，对当事人提出的异议，法院应进行认真审查，审查后认为异议成立的，应将案件移送给有管辖权的人民法院；认为异议不成立的，应当裁定驳回。对驳回管辖权异议的裁定，当事人可以上诉。

《行政诉讼法》第22条规定：人民法院发现受理的案件不属于本院管辖的，应当移送有管辖权的人民法院。受移送的人民法院应当受理。受移送的人民法院认为受移送的案件按照规定不属于本院管辖的，应当报请上级人民法院指定管辖，不得再自行移送。该法第23条规定：有管辖权的人民法院由于特殊原因不能行使管辖权的，由上级人民法院指定管辖。人民法院对管辖权发生争议，由争议双方协商解决。协商不成的，报它们的共同上级人民法院指定管辖。移送管辖和指定管辖，均应以裁定形式作出。

3. 中止或终结诉讼裁定

在行政诉讼过程中出现中止或终结行政诉讼的法定情形①，需要中止或终结行政诉讼时，人民法院应当以裁定方式中止或终结诉讼。

4. 诉讼期间停止行政行为的执行或者驳回停止执行的申请裁定

《行政诉讼法》第56条规定诉讼期间，不停止行政行为的执行。但有下列情形之一的，裁定停止执行：（1）被告认为需要停止执行的；（2）原告或者利害关系人申请停止

① 参见2018年《行诉法解释》第87、88条。

执行，人民法院认为该行政行为的执行会造成难以弥补的损失，并且停止执行不损害国家利益、社会公共利益的；（3）人民法院认为该行政行为的执行会给国家利益、社会公共利益造成重大损害的；（4）法律、法规规定停止执行的。人民法院在处理此停止或不停止执行时，应以裁定方式进行。

5. 财产保全和先予执行裁定

人民法院对于因一方当事人的行为或者其他原因，可能使行政行为或者人民法院生效裁判不能或者难以执行的案件，可以根据对方当事人的申请作出财产保全的裁定；当事人没有提出申请的，人民法院在必要时也可以依法采取财产保全措施。人民法院对起诉行政机关没有依法支付抚恤金、最低生活保障金和工伤、医疗社会保险金的案件，权利义务关系明确、不先予执行将严重影响原告生活的，可以根据原告的申请，裁定先予执行。当事人对先予执行裁定不服的，可以申请复议一次。复议期间不停止裁定的执行。

6. 准许或者不准许撤诉裁定

撤诉是当事人的一项权利，但当事人行使撤诉权的，人民法院应进行审查，不管准许撤诉与否，都应以裁定方式作出。

7. 补正裁判文书中的笔误裁定

在行政诉讼中，法院如果发现判决书内容有错写、错算、用词不当等情况，法院应以裁定方式加以补正。

8. 中止或者终结执行裁定

在行政诉讼执行程序中，如果出现需要中止或终结执行的法定情形，人民法院应用裁定方式进行。

9. 提审、指令再审或者发回重审裁定

《行政诉讼法》第 92 条规定："各级人民法院院长对本院已经发生法律效力的判决、裁定，发现有本法第九十一条规定的情形之一，或者发现调解违反自愿原则或者调解书内容违法，认为需要再审的，应当提交审判委员会讨论决定。最高人民法院对地方各级人民法院已经发生法律效力的判决、裁定，上级人民法院对下级人民法院已经发生法律效力的判决、裁定，发现有本法第九十一条规定情形之一，或者发现调解违反自愿原则或者调解书内容违法的，有权提审或者指令下级人民法院再审。"提审或指令再审应以裁定方式进行。

《行政诉讼法》第 89 条第 1 款第 3、4 项规定：原判决认定基本事实不清、证据不足的，发回原审人民法院重审，或者查清事实后改判；原判决遗漏当事人或者违法缺席判决等严重违反法定程序的，裁定撤销原判决，发回原审人民法院重审。

10. 准许或者不准许执行行政机关的行政行为的裁定

《行政诉讼法》第 97 条规定，公民、法人或者其他组织对行政行为在法定期限内不提起诉讼又不履行的，行政机关可以申请人民法院强制执行，或者依法强制执行。对行政机关的执行申请的处理，法院应采用裁定方式。

11. 其他需要裁定解决的事项

凡不属于上述事项，人民法院可以根据具体情形和法律规定适用裁定。裁定书应当写明裁定结果和作出该裁定的理由。裁定书由审判人员、书记员署名，加盖人民法院印章。口头裁定的，记入笔录。

（三）行政诉讼裁定的法律效力

行政诉讼裁定的法律效力有两种情况。

（1）对一审法院作出的不予立案裁定、驳回起诉裁定和管辖权异议裁定，当事人可以在一审法院作出裁定之日起 10 日内向上一级人民法院提起上诉，逾期不提起上诉的，一审人民法院的裁定即发生法律效力。第二审人民法院经审理认为原审人民法院不予立案或者驳回起诉的裁定确有错误且当事人的起诉符合起诉条件的，应当裁定撤销原审人民法院的裁定，指令原审人民法院依法立案或者继续审理。①

（2）对于以上三类裁定之外的其他所有裁定，当事人无权提起上诉，一经宣布或者送达，即发生法律效力。

二、行政诉讼决定

（一）行政诉讼决定的概念

行政诉讼决定，是指人民法院为了保证行政诉讼的顺利进行，依法对行政诉讼中的某些特殊事项所作的处理。行政诉讼决定的特点有：第一，决定所解决的问题是发生在行政诉讼中的某些特殊事项，这些事项往往具有紧迫性，它既不同于行政诉讼判决解决的是实体问题，也不同于行政诉讼裁定解决的是程序问题。第二，行政诉讼决定的作用在于保证诉讼程序的正常和顺利进行，或者为案件的正常审理提供必要的条件。

（二）行政诉讼决定的适用范围及效力

（1）有关回避事项的决定。人民法院作出是否回避决定以口头或者书面方式作出，申请人对决定不服，可以申请人民法院复议一次，但不停止执行。

（2）对妨害行政诉讼的行为采取强制措施的决定。人民法院作出训诫、责令具结悔过强制措施的，通常由审判长当庭作出口头决定，并记入笔录；对采取罚款、拘留强制措施的，应由合议庭作出书面决定，并报院长批准，当事人不服的，可以申请复议。

（3）审判委员会对已生效的行政案件的裁判作出再审的决定。人民法院对已发生法律效力的裁判，发现违反法律需要再审的，由院长提交审判委员会讨论决定是否再审。审判委员会决定再审的，该行政案件应进行再审。

（4）有关诉讼期限事项的决定。公民、法人或者其他组织因不可抗力或者其他特殊情况耽误法定期限的，在障碍消除后的 10 日内，可以申请延长期限，由人民法院决定。对于下级人民法院需要延长审理期限的申请，高级人民法院和最高人民法院作出是否延长的决定。此外，如诉讼费用的减免、强制执行措施的采取等事项，都可适用决定。

在行政诉讼中，无论何种性质的决定，一经宣布或送达，即发生法律效力，义务人必须履行相关义务。对决定不服，不得提起上诉。法律规定当事人可以对决定申请复议的，当事人有权申请复议，但复议期间不停止决定的执行。

---

① 参见 2018 年《行诉法解释》第 109 条第 1 款。

第九章　行政诉讼执行

作为行政诉讼制度组成部分的执行制度，是人民法院审理、裁判行政争议过程的延续。根据执行依据的不同，行政执行可以分为行政诉讼裁判的执行和非诉行政案件的执行。行政诉讼裁判执行的依据是人民法院制作的已生效的法律文书，而非诉行政案件执行的依据是行政法律文书。

第一节　行政诉讼裁判的执行

行政诉讼裁判执行对于保障当事人合法权益的实现、维护法律的权威与尊严具有重要意义。行政诉讼裁判的执行应当符合一定的条件。人民法院执行行政诉讼裁判的，应当采取法定措施并依照法定程序进行。

一、行政诉讼裁判执行概述

（一）行政诉讼裁判执行的含义和特征

行政诉讼裁判执行，是指对人民法院发生法律效力的判决和裁定、调解书，负有义务的一方拒绝履行时，由执行机构依法采取强制措施，以确保生效法律文书的内容得以实现的活动。行政诉讼裁判执行是诉讼程序的最后一个阶段，是审理程序的后续和保障。行政诉讼裁判执行的主要特征有以下几个方面。

（1）执行的主体既包括法院，也包括具有行政强制执行权的行政机关。这是行政裁判执行与民事裁判执行的重要区别之一。我国《行政诉讼法》第95条规定：公民、法人或者其他组织拒绝履行判决、裁定、调解书的，行政机关或者第三人可以向第一审人民法院申请强制执行，或者由行政机关依法强制执行。根据该条规定，行政诉讼裁判既可以由人民法院执行，也可以在特定条件下由行政机关自己执行。行政机关自己执行的前提是行政机关享有行政强制执行权。

（2）行政机关为执行申请人或者被申请执行人。行政机关是行政诉讼中不可或缺的一方当事人，恒定为行政诉讼的被告。与之相对应，行政机关必然是行政诉讼裁判的执行申请人或者被申请执行人。当公民、法人或者其他组织申请执行行政诉讼裁判时，行政机关为被申请执行人；当公民、法人或者其他组织不履行行政诉讼裁判时，行政机关可以成为执行申请人。

（3）执行的依据是已经生效的行政诉讼裁判法律文书。只有已经生效的行政诉讼裁判法律文书，才可以作为执行的依据。2018年《行诉法解释》第152条第1款规定：

"对发生法律效力的行政判决书、行政裁定书、行政赔偿判决书和行政调解书，负有义务的一方当事人拒绝履行的，对方当事人可以依法申请人民法院强制执行。"作为行政诉讼裁判执行的依据只能是四类司法文书，即行政判决书、行政裁定书、行政赔偿判决书和行政调解书。

（4）执行的目的是实现已经生效的行政裁判法律文书所确定的义务。只有司法文书生效后，其所确定的义务才能得到实现，其才能作为执行的依据。执行的目的是达到司法文书所确定的权利义务状态，保障权利方的利益，稳定行政法律关系。

（二）行政诉讼裁判执行的意义

作为行政诉讼制度组成部分的执行制度，具有十分重要的意义，当前实践中普遍存在的"执行难"问题以及由此引发的矛盾，更加凸显了完善执行制度的重要性。行政诉讼裁判执行的意义主要体现在以下两个方面。

（1）行政诉讼裁判执行对于保障当事人合法权益的实现具有重要意义。行政诉讼的根本宗旨是保护公民、法人或者其他组织的合法权益，维护和监督行政机关依法行使职权。而要实现这一宗旨，不仅需要审理与裁判合法、正确，而且必须有强有力的执行制度来保障。如果没有有力的执行，法院的判决将成为"镜中花、水中月"，保护当事人权益、维护行政机关依法行使职权就成为空话。因而，行政诉讼裁判的执行对于保障当事人合法权益的实现具有重要意义。从某种意义上讲，行政裁判执行制度是行政诉讼制度最终的"落脚地"。

（2）行政诉讼裁判执行对于维护法律的权威与尊严具有重要意义。强制执行制度在维护法律的权威与尊严方面是其他制度与手段不可替代的。要维护法律的尊严，就必须使法律的规定得到真正的贯彻实施。作为司法审判机关的法院是法律的守护者，理应具有权威。如果法院的判决不能得到完全、有效的执行，司法的权威将荡然无存。而当法律守护者没有权威时，法律也就必然没有权威，法律的统一遵守功能就必然受到质疑。

（三）行政诉讼裁判执行与相关概念的区别

在我国现行的法律制度中，与行政诉讼裁判执行相关的概念较多，容易造成混乱，应当加以区别。

（1）行政诉讼裁判执行与行政行为的强制执行。

关于行政行为的强制执行，我国行政法学界的主流观点认为其是行政强制的下位概念，认为行政强制包括即时强制和行政强制执行。行政行为的强制执行，是指在行政相对人不履行行政行为所确定的法定义务时，由行政机关或者行政机关申请人民法院依法采取强制手段，迫使其履行义务或者达到与履行义务同等的状态。对行政行为的强制执行权性质的不同认识影响行政行为的强制执行权在法院和行政机关之间的分配。关于行政行为的强制执行的主体是行政机关还是司法机关，两大法系有重大区别，这源于对行政行为的强制执行权的性质认识的差异。英美法系国家历来把行政行为的强制执行权看成是司法权的一部分，行政机关当然无权实施行政行为的强制执行；很多大陆法系国家则将行政行为的强制执行权看成是行政权的一部分，行政机关可以自行强制执行。而德、奥等国虽然在早期曾将行政行为的强制执行权看成是行政权的组成部分，行政机关自行强制执行无须法律特别规定，但随后亦发生重大变化，认为行政机关是否有强制执行权，尚须法律特别规定，体现了顺应民主潮流和保护公民合法权益观念日益发展的必然趋势。①

我国行政行为的强制执行的实施以申请人民法院执行为原则，以行政机关自力执行为例外。只有法律、法规明确规定可由行政机关强制执行的，行政机关才能自力执行，除此之外的行政行为，都应申请法院执行。在行政行为的强制执行中，无论执行主体是谁，其依据都是行政机关作出的已经生效的行政行为。行政机关强制执行的方式一般分为间接强制执行和直接强制执行，其中间接强制执行的方式包括执行罚和代执行。由此可见，行政行为的强制执行与行政诉讼裁判执行具有比较明显的区别：1）执行依据不同。行政诉讼裁判执行的依据是人民法院作出的已经生效的行政判决书、裁定书以及行政赔偿判决书、行政调解书。而行政行为的强制执行的依据是行政机关作出的已经生效的行政行为。2）地位不同。行政诉讼裁判执行是行政诉讼制度的重要组成部分，是关于司法判决裁定的实施问题。而行政行为的强制执行是关于行政行为所设定的权利义务的实现问题，是行政实体法的重要组成部分。3）被执行人不同。行政诉讼裁判执行中，被执行人既可能是公民、法人或其他组织，也可以是行政诉讼的被告，即行政机关或者法律、法规授权的组织。而行政行为的强制执行中，被执行人只能是行政相对人，一般是公民、法人或者其他组织，但在特定的案件中，某个行政机关也可能成为行政行为相对人，在此情况下，行政机关也可能成为被执行人。4）执行机关有所不同。行政诉讼裁判执行的机关是人民法院。在特殊情况下行政机关也可以成为执行机关，执行人民法院生效的法律文书，但应当满足以下两个条件：一是该行政机关依法具有强制执行权，二是人民法院作出的是驳回原告诉讼请求的判决。

（2）行政诉讼裁判执行与非诉行政案件的执行。

非诉行政案件的执行，是行政机关申请人民法院执行行政行为的简称，是指在行政机关作出行政行为后，行政相对人在法定期限内既不向人民法院提起行政诉讼，也不履行行政机关作出的行政行为，行政机关向人民法院提出执行申请，由人民法院采取强制措施，使行政行为的内容得到实现的制度。非诉行政案件的执行是行政行为的强制执行的一种方式，即行政行为的强制执行包括行政机关的强制执行和非诉行政案件的执行两种。非诉行政案件的执行与行政诉讼裁判执行既有联系，又有区别。二者的联系主要体现在：1）执行机构和执行措施一致。二者都是由法院采取相应的执行措施实施强制执行，从而达到法律文书确定内容的实现。2）都存在一定意义上的司法审查。行政诉讼裁判执行的依据是法院的判决、裁定其本身是法院审查的结果；而非诉行政案件的执行中，作为执行依据的行政行为也需要经过法院的审查。二者的区别主要体现在：1）执行的依据不同。如前所述，行政诉讼裁判执行的依据是人民法院的判决、裁定与调解书，而非诉行政案件执行的依据是行政机关作出的行政行为。2）审查强度不同。二者都存在一定的司法审查，但两者的强度存在不同。行政诉讼裁判执行的依据在审理阶段已经过了法院对其合法性的全面审查，在执行阶段不审查实质内容；而非诉行政案件执行需要法院的行政审判庭对行政行为的合法性进行审查，并作出是否准予执行的裁定。

① 应松年．论行政强制执行．中国法学，1998（3）．

人民法院在作出裁定前发现行政行为明显违法并损害被执行人合法权益的，应当听取被执行人和行政机关的意见，并自受理之日起 30 日内作出是否准予执行的裁定。可见，在审查强度方面，行政诉讼裁判执行的依据经过了法院较大强度的审查，而非诉行政案件执行的依据虽然也需要经过审查，但审查程度较轻。

二、行政诉讼裁判执行的原则

行政诉讼裁判执行的原则，是在执行过程中，执行机关和当事人都应当共同遵守的基本准则，它是指导行政诉讼裁判执行的基本精神和理念。在行政诉讼裁判的执行中，应当遵循的原则包括以下几个。

（一）诉讼地位平等原则

诉讼地位平等是诉讼法的基本原则之一，体现在执行中，就是执行申请人和被申请人的诉讼地位平等。诉讼地位平等在执行中主要包括以下几个方面的内容：

（1）当事人双方均受法院裁判的约束，均须履行裁判确定的权利和义务。

（2）对于拒绝履行义务的当事人，无论是行政诉讼的原告还是被告，人民法院在接受申请后，都应依法采取强制措施促使义务人履行义务或达到与履行义务同等的状态。

（3）对于拒不履行义务的当事人，另一方当事人均有权申请法院强制执行。

（4）对于拒不履行义务构成犯罪的，都应承担相应的法律后果。

（二）依法执行原则

行政诉讼裁判的执行是以强制执行措施为后盾的，具有较强的强制性，会对被执行人的权利、义务产生直接的、重大的不利影响。因此，强制执行必须依照法律的规定进行，不能侵害被执行人的合法权益。依法执行原则的要求主要包括以下几点：

（1）执行组织法定。也即执行组织只能是人民法院和部分有执行权的行政机关，其他任何机关都不能成为行政诉讼裁判执行的组织。

（2）执行期限法定。对行政诉讼裁判的执行期限，法律作了明确的限定，申请执行的期限为 2 年。申请执行时效的中止、中断，适用法律有关规定。逾期申请的，除有正当理由外，人民法院不予受理。这是 2018 年《行诉法解释》作出的最新规定，对比原规定有两处修改：第一，将申请执行的期限（原公民申请期限为 1 年和行政机关、法人或其他组织申请期限为 180 日）均延长为 2 年。这是因为实践中因申请执行期限太短，当事人常常过早申请强制执行，既无法实现良好的执行效果还造成司法资源的浪费。第二，不再区分申请主体，统一申请执行期限。这一调整体现了平等保护的理念。

（3）执行措施法定。对于人民法院可以采取的强制执行措施，法律也已作出严格的规定。对行政机关只能采取划拨、对行政机关负责人罚款、将拒不履行情况公告、提出司法建议及对于拒不履行判决、裁定和调解书，社会影响恶劣的情形，对行政机关的直接负责的主管人员和其他直接责任人员予以拘留、追究刑事责任等多种措施；对公民、法人或其他组织则适用《民事诉讼法》或单行的实体法律中规定的措施，如冻结、查封、拍卖等。没有法律依据的措施，在执行中不得采取。

（4）执行不得超出被执行人应当履行义务的范围。强制执行的依据是法律文书，执行时不能超出法律文书中所确定的被执行人应当履行义务的范围。超出范围执行的，构成执行错误，对公民、法人或其他组织的合法权益造成损害的，应当依法予以纠正并按照《国家赔偿法》的规定予以赔偿。

（三）执行适当原则

执行适当原则，是指执行中应当用最轻微的方法达到强制执行的目的，也就是要求执行措施的适用和要达到的执行目的间存在适当性、必要性并符合最低成本原则。执行适当原则的目的在于对当事人的权益予以特别保护，主要是对公民、法人或其他组织的合法权益给予保护。执行适当原则的要求如下：

（1）有多种执行措施均可实现执行目的时，应选择对公民、法人或其他组织的合法权益损害最小的方式。在多种执行措施均可实现执行目的的情况下，不能选择对公民、法人或其他组织的合法权益损害较大的执行措施。如在可以通过划拨的方式实现执行目的时，就不应去拍卖公民、法人或其他组织的财产。

（2）在执行中应保障公民的基本生存权益。要根据被执行人的实际情况，为被执行人保留必要的生产资料以及本人及其所供养家属的生活必需品，以保证被执行人维持基本的生产和生活，而不能完全剥夺被执行人的财产。对此，《民事诉讼法》第254条第1款和第255条第1款规定：被执行人未按执行通知履行法律文书确定的义务，人民法院有权扣留、提取被执行人应当履行义务部分的收入。但应当保留被执行人及其所扶养家属的生活必需品。被执行人未按执行通知履行法律文书确定的义务，人民法院有权查封、扣押、冻结、拍卖、变卖被执行人应当履行义务部分的财产。但应当保留被执行人及其所扶养家属的生活必需品。

（四）先行告诫原则

先行告诫原则是当被执行人逾期不履行义务时，执行机关将执行决定及其内容告知义务人，督促其履行义务的一项准则。由于强制执行容易给相对人造成较大的损失，所以在采取强制措施前，应再次告诫被执行人，督促其自动履行，只有在告诫无效的情况下，才能采取具体的强制执行措施。

将先行告诫原则作为一项执行的基本原则，是由行政诉讼执行所要达到的目的所决定的。如果执行机关通过先行告诫，使义务人知悉强制执行的可能性与危险性，进而自动地实现义务，就无须实行强制执行。通过这种较为缓和、柔性的方式实现执行目的，不仅可以减少被执行人不必要的损失，而且可以有效地降低执行成本。这一原则在我国《民事诉讼法》第250条得到具体体现："执行员接到申请执行书或者移交执行书，应当向被执行人发出执行通知，并可以立即采取强制执行措施。"这一规定同样适用于行政诉讼裁判的执行。

三、行政诉讼裁判执行的条件和主体

（一）行政诉讼裁判执行的条件

行政诉讼裁判执行是对被执行人的强制，因此必须为执行设定一定的条件，否则很容易侵害被执行人的权利。行政诉讼裁判执行必须符合以下三个条件。

（1）据以执行的法律文书已经生效。这是执行的前提条件，只有已经生效的法律文书，包括判决书、裁定书、调解书才能作为执行的依据。未生效的法律文书不能作为执行的依据。

（2）法律文书中具有可执行的内容。法律文书中具有可供执行的内容时，才能执行。并非所有的法律文书都有可供执行的内容，只有法律文书确定了作为的义务，才具有可供执行的内容，如果是不作为义务则不具有可供执行的内容。法律文书如果没有可供执行的内容，就无须执行，如驳回诉讼请求的判决等。一般而言，作为可供执行内容的义务有：给付义务，如赔偿；实施特定行为的义务，如拆除违章建筑，恢复原状，重新作出行政行为，履行法定职责等。

（3）当事人要在法定的时效内申请执行。当事人有依法申请执行的权利，但这种权利的行使受到一定期限的限制。超过申请时效的，法院不得受理。现行《行政诉讼法》对申请行政诉讼执行的期限没有明确规定，2018 年《行诉法解释》第 153 条对此予以明确："申请执行的期限为二年。申请执行时效的中止、中断，适用法律有关规定。申请执行的期限从法律文书规定的履行期间最后一日起计算；法律文书规定分期履行的，从规定的每次履行期间的最后一日起计算；法律文书中没有规定履行期限的，从该法律文书送达当事人之日起计算。逾期申请的，除有正当理由外，人民法院不予受理。"

（二）行政诉讼裁判执行的主体

行政诉讼裁判执行的主体，是指在行政诉讼裁判执行中涉及的享有诉讼法上的权利、承担义务的主体，包括执行机关、执行当事人、执行参与人和执行异议人。

（1）执行机关。执行机关也称执行组织，是指拥有执行权、主持执行程序、采取强制执行措施的主体。行政诉讼裁判执行的机关除人民法院外，还包括行政机关。

（2）执行当事人。执行当事人即行政诉讼裁判执行中的执行申请人与被申请人，或者称被执行人。执行当事人的身份由一审程序中的原告和被告转化而来，是执行案件中权利与义务的争议主体。无论在一审中是原告还是被告，均有可能成为执行申请人以及被申请人，关键是看谁是行政诉讼裁判所确定的权利人。在行政机关依法自行执行的情况下，没有申请人与被申请人，作为原争议一方的行政机关同时成为执行机关。

（3）执行参与人。执行参与人是指除当事人以外的参与执行过程的单位或者个人。执行参与人因情况不同，各自承担的义务内容也不一致。在执行中，主要有以下几种参与人：1）执行涉及被执行人的存款、劳动收入时，那么该存款或劳动收入所在的机构就有义务协助执行这部分财产，这些机构就是执行参与人，如银行或被执行人所在的单位等。2）执行涉及物件或票证等时，掌握或持有这些物件、票证的单位和个人有义务按照执行通知交出这些物件、票证等。这些单位或个人就是执行参与人。3）执行涉及财产的手续登记或变更时，主管的行政机关或单位也有义务协助完成登记或变更，从而成为执行参与人，如土地使用权拍卖执行中负有协助变更登记义务的国土资源部门等。除上述执行参与人外，未成年人的家属、被执行人所在的村民委员会、居民委员会等也可能成为行政诉讼裁判执行的参与人。

（4）执行异议人。执行异议人也称案外异议人，是指没有参与执行程序，但对执行标的主张权利，提出不同意见的个人或单位。执行异议人提出异议时一般应采用书面形式，说明提出异议的理由并提供有关证据。执行人员应当及时审查异议理由，并作必要的调查和核实。异议确有理由和事实根据的，应报请院长批准后中止执行；异议理由不成立的，驳回异议申请并继续执行。

四、行政诉讼裁判执行的措施

行政诉讼裁判执行的措施是在执行行政诉讼裁判时需要采取的手段和方式。执行措施涉及被执行人的人身、财产等重大的利益，因此需要法律的明确规定，而不能由执行机关任意为之。

（一）对行政机关的执行措施

法治国家之行政机关，亦如一般人民，应遵守法院之判决。由于各先进法治国家对法院判决之绝对尊重，行政机关不履行法院判决确定的义务之问题似在立法者想象之外。① 虽然如此，但仍然有一些国家规定了行政诉讼执行措施。法国 1980 年的《行政机关迟延罚款和判决执行法》和 1976 年的《调解专员法》都是专门规定行政诉讼执行措施、督促行政机关积极履行行政判决的法律。德国 1960 年的《行政法院法》第 172 条也规定了行政机关不履行行政法院的判决或临时保全命令所规定的义务时，行政法院可采取强制罚款措施。我国《行政诉讼法》第 96 条规定了行政机关不履行行政诉讼裁判的五种强制措施，具体包括以下内容。

（1）划拨。划拨是人民法院通知银行从该行政机关的账户上划拨应给付的金额。该种强制措施适用于被告行政机关应当返还相对人罚款或者应当给付款额而拒绝给付的情形。人民法院采用划拨的执行措施时，需要银行等金融机构的配合和支持，一般是向行政机关的开户行发出协助执行通知书，由银行按照法院确定的款项转入权利人的账户中。

（2）罚款。罚款是一种间接强制措施。在行政诉讼裁判的执行中，罚款并不是最终目的，罚款的目的是督促行政机关及时履行义务。这类似于行政强制执行中的执行罚。在规定期限内拒不执行法院生效的判决、裁定的，从期满之日起，人民法院对行政机关负责人按日处以 50 元至 100 元的罚款。对个人罚款的目的是对行政机关的主要负责人或直接责任人给予经济方面的压力，促使其自动履行。

（3）公告。将行政机关拒绝履行的情况予以公告，目的在于通过社会公开给予压力的方式促使行政机关自觉履行生效的判决、裁定或调解书。如最高人民法院《关于公布失信被执行人名单信息的若干规定》（法释〔2017〕7 号）规定，将被执行人拒不履行生效裁判文书确定义务的情况向社会公布，督促其履行义务，取得了较好的效果。

（4）向有关机关提出司法建议。行政机关拒不履行相应义务时，作为执行机关的人民法院可以向监察机关或者该行政机关的上一级行政机关提出司法建议。接受司法建议的机关，根据有关规定进行处理，并将处理情况告知人民法院，从而通过行政内部监督的方式促使行政机关履行行政诉讼裁判所确定的义务。严格来说，司法建议不属于强制措施，其本身并没有明确的约束力和强制力，其是否能起到作用取决于接受司法建议的行政机关的法治意识。

（5）追究主管人员和直接责任人员的刑事责任。对于拒不履行人民法院生效判决、

---

① 翁岳生．行政法与现代法治国家．台北：三民书局，1982：404.

裁定、调解书，社会影响恶劣的，可以对该行政机关直接负责的主管人员和其他直接责任人予以拘留；此处的拘留是指司法拘留，属于妨碍诉讼的强制措施，其主要的目的在于惩戒藐视法庭的人员，对蔑视法律尊严、藐视生效裁判文书的人员予以威慑，督促其自觉履行生效裁判文书。对于情节严重，构成犯罪的，依法追究主管人员和直接责任人员的刑事责任。严格来说，这并不能算是执行措施，因为并不能通过追究刑事责任而实现行政诉讼裁判所确定的义务。但该规定有利于发挥刑事处罚的威慑作用，给被执行人的主管人员和直接责任人员造成心理压力，促使行政机关履行相关义务。

从以上的措施可以看出，行政机关的执行措施大多是间接对行政机关发生作用，因而其效力具有一定局限性，这也是行政诉讼裁判“执行难”的因素之一。

（二）对公民、法人或其他组织的执行措施

对公民、法人或其他组织的执行措施，《行政诉讼法》没有作出具体规定，一般参照《民事诉讼法》规定的执行措施予以执行。对公民、法人或其他组织的执行措施，主要包括以下几种类型。

（1）查询、扣押、冻结、划拨、变价被执行人的存款。被执行人未履行法律文书确定的义务的，人民法院有权向有关单位查询被执行人的存款、债券、股票、基金份额等财产情况。人民法院有权根据不同情形扣押、冻结、划拨、变价被执行人的财产。人民法院查询、扣押、冻结、划拨、变价的财产不得超出被执行人应当履行义务的范围。人民法院决定扣押、冻结、划拨、变价财产，应当作出裁定，并发出协助执行通知书，有关单位必须办理。

（2）扣留、提取被执行人的收入。这是对劳动收入直接从发放处或存放处扣留和提取的执行措施。被执行人未按执行通知履行法律文书确定的义务的，人民法院有权扣留、提取被执行人应当履行义务部分的收入。人民法院扣留、提取收入时，应当作出裁定，并发出协助执行通知书，被执行人所在单位、银行、信用合作社和其他有储蓄业务的单位必须办理。

（3）查封、扣押、冻结、拍卖、变卖被执行人的财产。被执行人未按执行通知履行法律文书所确定的义务的，人民法院有权查封、扣押、冻结、拍卖、变卖被执行人应当履行义务部分的财产。采取这些措施时，人民法院应当作出裁定。财产被查封后，人民法院的执行员应当责令被执行人在指定期间履行法律文书确定的义务。被执行人逾期不履行的，人民法院应当拍卖被查封、扣押的财产；不适于拍卖或者当事人双方同意不进行拍卖的，人民法院可以委托有关单位变卖或者自行变卖。国家禁止自由买卖的物品，交有关单位按照国家规定的价格收购。

（4）现场搜查措施。被执行人如果不履行法律文书所确定的义务，并隐匿财产的，人民法院有权发出搜查令，对被执行人及其住所或者财产的隐匿地进行搜查。采取搜查措施的，必须由院长签发搜查令。

（5）强制被执行人迁出房屋或者退出土地。被执行的对象是相关行为时，人民法院可以采取此类措施强制被执行人迁出房屋或者退出土地，但必须由院长签发公告，责令被执行人在指定期间履行。被执行人逾期不履行的，强制执行。

（6）委托完成执行行为。这种情况是指被执行人未按执行通知履行义务的，人民法院可以委托有关单位或者其他人完成，委托执行所需要的费用由被执行人承担。

除上述措施外，人民法院可以采取的措施还包括强制被执行人交付法律文书确定的财物或者票证等。

五、行政诉讼裁判执行的程序

行政诉讼裁判执行的程序是由一系列环节组成的，主要包括执行的提起、审查、实施、阻却、完毕、补救等环节。这些环节和民事诉讼裁判的执行程序基本相同。主要的区别在于申请执行的期限有所不同。行政诉讼裁判的执行程序主要包括以下阶段。

（一）执行提起

执行提起是引起执行程序发生的阶段。执行的提起有以下两种途径。

（1）当事人申请执行。当事人申请执行是执行提起的主要形式。申请执行是指享有权利一方的当事人根据生效的法律文书，在对方拒不履行义务的情况下，向有管辖权的人民法院申请强制执行。2018年《行诉法解释》第152条对此加以了规定："对发生法律效力的行政判决书、行政裁定书、行政赔偿判决书和行政调解书，负有义务的一方当事人拒绝履行的，对方当事人可以依法申请人民法院强制执行。人民法院判决行政机关履行行政赔偿、行政补偿或者其他行政给付义务，行政机关拒不履行的，对方当事人可以依法向法院申请强制执行。"当事人申请执行的，应当向一审人民法院提出执行申请而不能向其他人民法院提出执行申请。一审人民法院如果认为应由上一级人民法院执行，也可以报经上一级人民法院同意决定。这样规定是为了方便就近执行。

（2）法院移送执行。法院移送执行，也称移交执行，是指由案件审判机构（行政审判庭）直接将案件移交给执行机构的执行。这是依职权执行的形式，因而无须申请人提出执行申请。依职权执行是申请执行的补充形式，是为了更好、更及时地实现裁判确认的权利，维护公共利益和司法审判的权威。《行政诉讼法》及相关法律、司法解释并未规定哪些案件需要移送执行。但一般认为，涉及国家利益、集体利益或者公民重大利益，以及权利人无力维护自己权益的情况下，人民法院可以移送执行。

负责执行的人民法院在需要异地执行而本院又不便异地执行时，可以委托当地的法院并由受委托法院代为执行，这就是委托执行。但委托执行并不是执行的提起方式，而是人民法院之间相互协助的一种具体表现形式。在委托法院委托其他的法院执行之前还是必须由当事人提出执行申请或者法院移送执行。换言之，没有当事人提出执行申请或者法院移送执行，也就不可能有委托执行。

（二）执行审查

执行审查是指执行机构在接到执行申请或移交执行书后，在法定期限内对有关文书、材料等进行审查并决定是否立案执行的过程。只有通过审查并立案的，执行程序才能继续进行。执行作为一个独立的过程，执行审查由执行机构负责且是一个必不可少的环节。执行机构经过审查认为符合条件应当立案的，应通知申请人、被申请人和移交机构；如果经审查认为不符合条件的，则不予立案执行，并将有关文书、材料退回；如果经审查发现材料不足的，则应通知执行申请人和移交机构补充材料；如果属于执行事项不清、不准确或者文书制作有错误的，则应通知有关机构予以补正后立案执行。

根据最高人民法院《关于人民法院执行工作若干问题的规定（试行）》第16条的规定，人民法院受理执行案件应当符合下列条件：（1）申请或移送执行的法律文书已经生效；（2）申请执行人是生效法律文书确定的权利人或其继承人、权利承受人；（3）申请执行的法律文书有给付内容，且执行标的和被执行人明确；（4）义务人在生效法律文书确定的期限内未履行义务；（5）属于受申请执行的人民法院管辖。对符合上述条件的当事人的执行申请，人民法院应当在7日内予以立案；不符合上述条件之一的，应当在7日内裁定不予受理。

（三）执行实施

执行实施具体又可分为执行实施前的准备和进行执行两个阶段。

（1）执行实施前的准备。经决定立案执行的，执行机构在实施执行前，还需要进行一些相应的准备，主要包括：一是了解被执行人拒不履行义务的原因以及是否有能力执行、财产状况等；二是发出执行通知书，人民法院应当在收到申请执行书或者移交执行书后10日内发出执行通知，责令其在指定的期间内履行生效法律文书确定的义务；三是制定执行方案，包括决定所要采取的执行措施，确定执行的时间、地点，确定执行范围，明确执行对象等。

（2）采取强制措施进行执行。经过执行实施前的准备阶段后，如果法院确定的履行期限届满后被执行人依然不履行，人民法院应依法采取强制措施进行执行，以实现生效法律文书所确定的义务内容，保护当事人的合法权益。

（四）执行阻却

执行阻却是指在执行过程中，因发生法定事由，使执行不能继续，执行程序需要暂时中止或永久终结的现象。执行阻却包括以下三种类型，即执行中止、执行终结和执行和解。

（1）执行中止。在执行过程中，因法定事由出现而暂时中断执行，待事由消除后再继续执行，这就是执行中止。执行中止的法定事由包括：1）申请人表示可以延期执行的；2）案外人对执行标的提出确有理由的执行异议的；3）作为一方当事人的公民死亡，需要等待继承人继承权利或承担义务的；4）作为一方当事人的法人或其他组织终止，尚未确定权利义务承受人的；5）人民法院认为应当中止执行的其他情形，如被执行人因下落不明而无法执行等。

（2）执行终结。执行终结是指在执行过程中，因法定事由出现而使执行义务无必要或者执行无法继续进行，因而结束执行程序。执行终结不同于执行中止，中止是暂时性中断执行，以后还要继续执行；而终结是结束执行程序，以后也不再恢复或继续执行程序。执行终结的法定事由包括：1）申请人撤销执行申请的；2）据以执行的法律文书被撤销的；3）作为被申请执行人的公民死亡，无遗产可供执行且无义务承担人的；4）追索赡养费、扶养费、抚养费等案件的权利人死亡的；5）作为被执行人的公民因生活困难无力偿还借款，无收入来源，又丧失劳动能力的；6）人民法院认为应当终结执行的其他情形。终结执行的，人民法院应当作出书面裁定，裁定送达当事人后立即生效。

（3）执行和解。执行和解是指在执行过程中，申请执行人与被申请执行人自愿协商达成协议，并经人民法院审查批准后结束执行程序的行为。执行和解是双方当事人的自愿行为，对双方都产生拘束力，产生终结诉讼执行的效果。执行和解不得违反法律的禁止性规定，不得损害公共利益以及其他人的合法权益。此外，和解应在双方自愿的基础上进行，和解协议应当交执行机构或记录在案。

（五）执行完毕

执行完毕是指法院通过采取强制执行措施，使得法律文书所确立权利义务得到实现，从而结束执行的一个环节。在此环节，执行机构需要完成的工作包括结算执行费用、整理执行文书并进行归档等。

（六）执行补救

执行补救是指在执行程序结束后，因法定事由的出现而需要对已经执行的事项采取补救措施，予以弥补。执行补救包括以下两种情形。

（1）执行回转。执行回转是指在执行程序结束后，因法定事由而将已经执行的对象恢复到执行前的状态。这是执行机构纠正错误的一种制度。执行回转的事由包括：1）已经执行完毕的法律文书被有权法院依照审判监督程序予以撤销的；2）一审法院先行给付的裁定执行完毕后，该一审判决被上诉法院撤销，从而导致一审的先行给付裁定失去合法的基础与效力的；3）执行人员违法执行的。出现上述三种情形的，执行机构应当依职权完成执行回转，以恢复合法状态。当事人自动履行的情形，如果出现上述事由的，也同样适用执行回转。

（2）再执行。再执行是指在执行程序结束后，对未执行的内容再次执行。再执行发生的原因是原执行的内容尚未完成，但在程序被终结后，由于新事物的出现而需要对已经终结的执行再次予以执行。再执行的目的是保障当事人的权利义务最终实现，主要发生于执行结束后发现新情况、新事项等使得再执行成为必要的情况下。导致再执行的原因包括：1）发现新的情况。如原执行中认定被执行人死亡并无遗产可供执行，从而终结执行程序，后来发现有遗产存在，原执行中的认定错误的。2）发现被执行人以违法手段威胁，迫使申请执行人撤回申请而终结执行，事后经申请人提出，确属正当理由而应予执行的。3）其他应当再执行的情形。

第二节 非诉行政案件的执行

非诉行政案件的执行不同于行政诉讼裁判的执行。行政机关向人民法院提出执行非诉行政案件的，应当具备一定的条件，并向具有管辖权的人民法院提出。人民法院在审查后认为符合执行条件的，依法予以执行。

一、非诉行政案件执行概述

非诉行政案件执行是指公民、法人或其他组织既不向人民法院提起行政诉讼，又拒不履行已生效的行政行为所确定的义务，行政机关向人民法院提出执行申请，由人民法院依法采取执行措施使行政机关的行政行为的内容得到实现的制度。《行政诉讼法》第97条规定："公民、法人或者其他组织对行政行为在法定期限内不提起诉讼又不履行的，行政机关可以申请人民法院强制执行，或者依法强制执行。"非诉行政案件的执行具有以下特点：

（1）非诉行政案件的执行机关是人民法院。对行政行为的执行，行政机关在享有强制执行权的情况下也可以自己执行。非诉行政案件的执行专指由行政机关申请人民法院执行行政行为。因而，非诉行政案件的执行机关只能是人民法院，而非行政机关。

（2）非诉行政案件执行的根据是行政机关作出的已经生效的行政行为。非诉行政案件执行的特点之一就是其执行的依据是未进入行政诉讼、没有经过法院裁判的行政行为，而且是已经生效的行政行为。对于没有生效的行政行为，行政机关不能申请人民法院执行。

（3）非诉行政案件的执行申请人是行政机关，被执行人只能是公民、法人或其他组织，在特定情况下，非诉行政案件的执行申请人也可以是生效行政行为确定的权利人或者其继承人。其依据是 2018 年《行诉法解释》第 158 条第 1 款的规定：“行政机关根据法律的授权对平等主体之间民事争议作出裁决后，当事人在法定期限内不起诉又不履行，作出裁决的行政机关在申请执行的期限内未申请人民法院强制执行的，生效行政裁决确定的权利人或者其继承人、权利承受人在六个月内可以申请人民法院强制执行。”生效的行政裁决确定的权利人或者其继承人、权利承受人申请执行非诉行政案件的前提是，作出裁决的行政机关在申请执行的期限内未申请人民法院强制执行。

（4）非诉行政案件的执行前提是公民、法人或者其他组织对行政行为在法定期限内不提起诉讼又不履行行政行为所确定的义务。如果公民、法人或其他组织已经向人民法院提起了行政诉讼且法院已经受理，即使其没有履行该行政行为所确定的义务，行政机关也不能向人民法院申请强制执行该行政行为。

二、非诉行政案件执行的条件

非诉行政案件的执行将直接影响公民、法人或其他组织的权益，因而应对非诉行政案件的执行予以限定。根据 2018 年《行诉法解释》第 155 条的规定，行政机关申请人民法院执行其行政行为的，应当具备下列条件：

（1）行政行为依法可以由人民法院执行。也即行政行为属于非诉行政案件执行的适用范围。

（2）行政行为已经生效并具有可执行内容。也即行政行为必须已经发生法律效力并且具有给付或者作为内容。对于没有发生法律效力的行政行为或者虽然已经生效但没有给付或作为内容的行政行为，都不能申请执行。事实上，已经生效并具有可执行内容也是对其他执行依据的要求。

（3）申请人是作出该行政行为的行政机关或者法律、法规、规章授权的组织。这是对申请人资格的要求。换言之，申请人必须是行政法律关系中的行政主体一方，在特定条件下，行政裁决所确定的权利人也可以成为申请人。

（4）被申请人是该行政行为所确定的义务人。这是对被申请人资格的要求，即被申请人应当是行政法律关系中的相对人一方或者是行政裁决中所确定的义务人。

（5）被申请人在行政行为确定的期限内或者行政机关催告期限内未履行义务。义务人没有在规定期限内履行义务是强制执行的前提，如果义务人已经履行了行政行为所确定的义务或者尚在履行义务的期限内，行政机关就不能向人民申请执行具体行政行为。

（6）申请人在法定期限内提出申请。这是对行政机关申请非诉行政案件执行的期限要求。根据 2018 年《行诉法解释》的规定，没有强制执行权的行政机关申请人民法院强制执行其行政行为，应当自被执行人的法定起诉期限届满之日起 3 个月内提出。逾期申请的，除非有正当理由，否则人民法院将不予受理。2018 年《行诉法解释》将 180 日改为 3 个月，是出于与《行政强制法》第 53 条规定保持统一的考虑。

（7）被申请执行的行政案件属于受理执行申请的人民法院管辖。即行政机关必须向具有执行管辖权的人民法院提出申请。

人民法院对符合条件的申请，应当立案受理，并通知申请人；对不符合条件的申请，应当裁定不予受理。

三、非诉行政案件执行的管辖

非诉行政案件执行的管辖，是指人民法院内部对非诉行政案件执行的权限分工。2018 年《行诉法解释》第 157 条规定：行政机关申请人民法院强制执行其行政行为的，由申请人所在地的基层人民法院受理；执行对象为不动产的，由不动产所在地的基层人民法院受理。基层人民法院认为执行确有困难的，可以报请上级人民法院执行；上级人民法院可以决定由其执行，也可以决定由下级人民法院执行。根据该规定，非诉行政案件执行的管辖包括以下几点内容。

（1）非诉行政案件的执行原则上由申请人所在地的基层人民法院管辖。也即原则上由作为申请人的行政机关所在地的基层人民法院管辖。之所以如此规定，主要是因为执行案件一般相对简单，基层人民法院能够胜任，同时基层人民法院距离行政机关以及公民、法人或其他组织最近，由其负责执行，既便于执行申请人和被执行人，也便于人民法院实施执行。但在特殊情况下，即基层人民法院认为执行确有困难的，可以报请上级人民法院执行。上级人民法院可以决定由其执行，也可以决定由下级人民法院执行。行政裁决确定的权利人申请执行的，也应该由行政机关所在地的基层人民法院管辖，从而避免出现同一案件两个以上的人民法院都有执行管辖权的状况。

（2）执行对象为不动产的，由不动产所在地的基层人民法院专属管辖。这是对前述原则的例外规定。涉及不动产的案件，由不动产所在地的人民法院管辖，这也是案件管辖的惯例，有利于人民法院实施执行。

四、非诉行政案件执行的程序

非诉行政案件执行主要包括如下四个环节，即申请与受理、审查、通知履行、强制执行。

（一）申请与受理

非诉行政案件的执行程序始于行政机关或者行政裁决所确定的权利人的申请，行政机关或者权利人向人民法院提出强制执行的申请是非诉行政案件执行启动的唯一方式，人民法院无权自行开始非诉行政案件的执行。这是非诉行政案件执行与行政诉讼裁判执行的明显区别之一。行政诉讼裁判执行的启动方式包括两种，即当事人的申请执行和人民法院的移交执行。

行政机关申请人民法院执行行政行为的，必须符合前述非诉行政行为执行的条件，否则人民法院将不予受理。此外，行政机关还应向人民法院递交有关材料。2018 年《行诉法解释》第 155 条第 2 款规定：“行政机关申请人民法院执行，应当提交行政强制法第五十五条规定的相关材料。”《行政强制法》第 55 条规定：“行政机关向人民法院申请强制执行，应当提供下列材料：（一）强制执行申请书；（二）行政决定书及作出决定的事实、理由和依据；（三）当事人的意见及行政机关催告情况；（四）申请强制执行标的情况；（五）法律、行政法规规定的其他材料。强制执行申请书应当由行政机关负责人签名，加盖行政机关的印章，并注明日期。”根据该规定，行政机关申请执行时应向人民法院提交下列材料。

（1）强制执行申请书。行政机关申请人民强制执行的，应当以书面形式提出，即提交强制执行申请书。强制执行申请书除应表达申请人民法院强制执行的意向外，还应载明与执行有关的事项，主要包括：1）申请执行机关的基本情况，包括名称、法定代表人、地址等；2）被执行人的基本情况，包括姓名、住址等；3）行政行为的主要内容、理由和根据。即介绍执行依据的情况；4）被执行人拒不履行义务的事实；等等。

（2）行政决定书及作出决定的事实、理由和依据。行政决定书即行政行为的外在表现形式。它是行政机关申请人民法院强制执行的依据，也是必须向人民法院提交的材料之一。没有行政决定书，行政机关就不能向人民法院申请强制执行。此外，还需要提交作出决定的事实、理由和依据。

（3）当事人的意见及行政机关催告情况。依据《行政强制法》第 54 条的规定，行政机关申请人民法院强制执行前，应当催告当事人履行义务，催告书送达 10 日后当事人仍未履行义务的，行政机关可以向所在地有管辖权的人民法院申请强制执行。因此，《行政强制法》第 55 条第 1 款第 3 项规定了“当事人的意见及行政机关催告情况”。这里的“催告”是 2018 年《行诉法解释》按照《行政强制法》的规定新增的内容，有利于保障行政程序的正当性。

（4）申请强制执行标的情况。行政机关申请人民法院执行公民、法人或其他组织的财产等标的的，需要提供申请强制执行标的情况。

（5）法律、行政法规规定的其他材料。例如《国有土地上房屋征收与补偿条例》第 28 条第 2 款规定，强制执行申请书应当附具补偿金额和专户存储账号、产权调换房屋和周转用房的地点和面积等材料。

在接到行政机关提出的非诉行政案件执行的申请后，人民法院应对行政机关的申请进行形式审查，以确定行政机关的申请是否符合非诉行政案件的执行条件，对于符合执行条件的，立案执行；对于不符合非诉行政案件执行条件的，应当裁定不予受理。这里的审查是形式审查，类似于行政诉讼中的立案审查。

（二）审查

人民法院在决定立案执行后，还需要对行政行为的合法性进行审查，就审查的性质而言，类似于行政诉讼审理阶段对行政行为的审查。2018 年《行诉法解释》第 160 条规定：“人民法院受理行政机关申请执行其行政行为的案件后，应当在七日内由行政审判庭对行政行为的合法性进行审查，并作出是否准予执行的裁定。人民法院在作出裁定前发现行政行为明显违法并损害被执行人合法权益的，应当听取被执行人和行政机关的意见，并自受理之日起三十日内作出是否准予执行的裁定。需要采取强制执行措施的，由本院负责强制执行非诉行政行为的机构执行。”根据该条规定，法院对被申请执行的行政行为负有审查义务。此处的审查虽然也是“合法性审查”，即类似于行政诉讼审理阶段对行政行为合法性的审查，但在审查标准上，则不同于行政诉讼审理阶段对行政行为合法性的审查标准。其区别在于这里的审查标准相对于行政诉讼审理阶段的审查标准较低。

从 2018 年《行诉法解释》第 161 条规定来看，人民法院对行政行为不予执行的原因，必须是被申请执行的行政行为存在较为明显的错误。

2018 年《行诉法解释》第 161 条第 1 款规定：“被申请执行的行政行为有下列情形之一的，人民法院应当裁定不准予执行：（一）实施主体不具有行政主体资格的；（二）明显缺乏事实根据的；（三）明显缺乏法律、法规依据的；（四）其他明显违法并损害被执行人合法权益的情形。”具体言之，只有被申请执行的行政行为具有下列情形之一的，人民法院才可以裁定不准予执行。

（1）实施主体不具有行政主体资格。如果申请执行人不属于行政主体，即国家行政机关和法律、法规、规章授权的组织，那么它就不具备行政主体资格。例如，行政机关的内设机构、派出机构、临时机构等，均非适格的行政主体。

（2）行政行为明显缺乏事实根据。行政行为明显缺乏事实根据，是指行政机关作出的行政行为缺乏有效的证据证明其所认定的事实，或者认定事实明显错误等。具有事实根据是行政行为合法的重要标准之一，缺乏这一基本条件的行政行为，显然不应成为人民法院强制执行的依据。

（3）行政行为明显缺乏法律、法规依据。行政行为明显缺乏法律、法规依据是指行政机关作出的行政行为没有引用法律、法规依据或者引用的法律、法规依据明显错误等。行政行为明显缺乏法律、法规依据，表明该行政行为肯定是违法的行政行为，因而不能成为人民法院强制执行的依据。需要注意的是，这里的认定标准是“明显缺乏法律、法规依据”，即只有达到“明显”的标准时，人民法院才不予执行。而之所以采取这种较为宽松的审查标准，主要是因为被申请人并未依法行使自己的诉权，换言之，被申请人在一定程度上接受了行政机关的行政行为。

（4）行政行为具有其他明显违法并损害被执行人合法权益的情形。这是一条具有一定弹性的条款，由人民法院根据具体情况作出具体判断。这条标准应符合两个条件：一是明显违法，二是损害被执行人合法权益。只有同时符合这两个条件的，人民法院方应裁定不准予执行。

对于人民法院作出的准予执行或者不准予执行裁定，均不属于当事人可以上诉的裁定。根据 2018 年《行诉法解释》第 161 条第 2 款的规定，行政机关对不准予执行的裁定有异议，可以在 15 日内向上一级人民法院申请复议，上一级人民法院应当在收到复议申请之日起 30 日内作出裁定。这是 2018 年《行诉法解释》通过司法救济的制度安排对行政机关申请执行权进行保障的体现，但由于其是非诉程序，所以向上一级法院提起的是复议而非上诉。

（三）通知履行

非诉行政案件由人民法院负责强制执行，在强制执行前，应当再次书面通知被执行人，要求其在一定期限内履行义务，从而促使被执行人自觉履行义务。如果被执行人逾期依然不履行义务，则由执行机构实施强制执行。

（四）强制执行

非诉行政案件的强制执行程序，与行政诉讼裁判的强制执行程序相同，具体也包括强制执行前的准备、采取强制措施进行执行等。在此不再赘述。

第十章　涉外行政诉讼

随着我国加入世界贸易组织和对外开放步伐的加快，国家行政管理中的涉外因素增多，涉外行政纠纷也随之增加，涉外行政诉讼变得日益重要。《行政诉讼法》设专章对“涉外行政诉讼”进行了规定。为满足现实需要，最高人民法院及时颁布了《关于审理国际贸易行政案件若干问题的规定》《关于审理反倾销行政案件应用法律若干问题的规定》《关于审理反补贴行政案件应用法律若干问题的规定》，作为人民法院审理上述各类行政案件的主要依据。

第一节　涉外行政诉讼概述

涉外行政诉讼具有许多区别于普通行政诉讼和涉外民事诉讼、刑事诉讼的特征。司法实践中常见的涉外行政诉讼有涉外国际贸易行政案件、反倾销反补贴行政案件、涉外知识产权行政案件、外国人入境出境行政案件等几大类型。

一、涉外行政诉讼的概念

涉外行政诉讼，是指具有涉外因素的行政诉讼，在我国是指外国人、无国籍人、外国组织认为我国国家行政机关及其工作人员所作的行政行为侵犯其合法权益，依法向人民法院提起行政诉讼，由人民法院对行政行为进行审查并作出裁判的活动。

为了更好地理解涉外行政诉讼，需要明确以下几个概念。

一是外国人。外国人是指在一国境内不具有居留国的国籍而具有其他国籍的人。按照国际法，所有在一国境内的外国人处于所在国的管辖之下，必须遵守居留国的法律和法令，外国人同时处于国籍国的属人管辖权之下。在我国，外国人是指不具有中国国籍但具有其他国国籍的人，我国并不承认双重国籍人。外国人在中国境内活动应当遵守我国法律，服从我国行政机关的管理。在行政管理中，外国人和我国行政机关如果发生纠纷，可以依法提起行政诉讼。

二是无国籍人。无国籍人是指不具有任何国籍的人。与双重国籍人一样，无国籍人也是由于各国对国籍规定的不同而造成的。通常情况下，无国籍人不享有任何国家的外交保护。和外国人一样，无国籍人若要在我国境内从事某工作或申请某事项，也要遵守我国法律，服从行政机关的管理。在管理中无国籍人和我国行政机关如果发生争议，也可以依法提起行政诉讼。

三是外国组织。外国组织是指外国政府或地区批准成立的法人和非法人组织，包括这些组织的派出机构。需要注意的是，凡外国人申请而由我国政府批准成立的法人或非法人组织，如外商独资企业等，属于国内组织而非外国组织。

另外，需要指出的是，我国香港特别行政区、澳门特别行政区、台湾地区居民或组织作为原告或第三人提起或参与的行政诉讼并不属于涉外行政诉讼的范畴。

二、涉外行政诉讼的特征

我们对涉外行政诉讼特征的把握，建立在将涉外行政诉讼与普通行政诉讼相比较，以及将其与涉外民事诉讼、刑事诉讼相比较的基础之上。

涉外行政诉讼属于一种特殊的行政诉讼，和普通行政诉讼相比，涉外行政诉讼有以下几个明显的特点。

（1）主体的涉外性。诉讼具有涉外因素是涉外诉讼区别于一般诉讼的关键之处。涉外行政诉讼自然也不例外，但涉外行政诉讼所表现出的涉外性仅为主体的涉外性。行政诉讼的被告只能是我国国家行政机关或者法律、法规、规章授权的组织，只有行政诉讼原告和第三人中至少有一方是外国人或者外国组织，才能形成涉外行政诉讼。所以主体的涉外性专指行政诉讼的原告或者第三人为外国人或者外国组织。这里的外国人或者外国组织包括外国人、无国籍人、国籍不明人以及外国企业、外国组织等。

（2）原则的特殊性。因为涉外行政诉讼的当事人中有外国人、无国籍人以及外国组织，所以，涉外行政诉讼的原则较为特殊。除普通行政诉讼要适用的原则外，还要强调国家主权原则、同等原则和对等原则等。

（3）具体制度的特殊性。涉外行政诉讼主体的特殊性决定了具体制度的特殊性。如国家主权性要求涉外行政诉讼案件只能由我国律师代理。再如考虑到住在境外的外国人路途遥远，采用特殊的诉讼期限和送达制度。

涉外行政诉讼与涉外民事诉讼及涉外刑事诉讼相比，既有相同的地方，又有自己的特点。相同点表现在都涉及国家主权，都涉及诉讼程序的特殊规定。其差异具体表现在以下两个方面。

（1）在涉外行政诉讼中，涉外因素局限于当事人。诉讼的客体即行政行为只能是我国行政机关所为，并发生在我国境内，因而不具有涉外性。而在民事诉讼中，除诉讼主体具有涉外性外，诉讼客体、诉讼内容都可能具有涉外性。如中国两公民因在美国的房屋产权发生争执而起诉至法院，或一中国公司和一外国公司在国外签订合同，后因合同履行产生纠纷起诉到法院。在涉外刑事诉讼中，既可能是诉讼主体，如犯罪嫌疑人具有涉外性，还可能是犯罪行为发生在域外。

（2）涉外民事、刑事诉讼的司法协助制度比较发达，相比之下，涉外行政诉讼的司法协助尚没有全面规定。这一方面是因为我国的行政诉讼制度起步较晚；另一方面是因为行政诉讼的性质比较特殊，直接影响国家主权，因而在司法协助上有相当难度。

三、涉外行政诉讼的案件类型

随着我国加入世界贸易组织和对外开放程度的加大，涉外行政诉讼案件日益增多。司法实践中常见的涉外行政案件包括以下几类：

1. 涉外国际贸易行政案件

对与国际贸易有关的行政行为进行司法审查，是确保世贸组织规则在各成员方有效实施的一项重要制度。根据我国加入世贸组织法律文件的承诺，对与世贸组织规则有关的货物贸易、服务贸易和知识产权的行政行为，应当为受到影响的个人或企业提供司法审查的机会。根据最高人民法院于 2002 年 8 月 27 日公布的《关于审理国际贸易行政案件若干问题的规定》，自然人、法人或者其他组织认为中华人民共和国具有国家行政职权的机关和组织及其工作人员有关国际贸易的具体行政行为侵犯其合法权益的，可以依照《行政诉讼法》以及其他有关法律、法规的规定，向人民法院提起行政诉讼。下列案件属于国际贸易行政案件：（1）有关国际货物贸易的行政案件；（2）有关国际服务贸易的行政案件；（3）与国际贸易有关的知识产权行政案件；（4）其他国际贸易行政案件。

2. 反倾销、反补贴行政案件

随着我国加入世贸组织，反倾销、反补贴等与世贸组织规则相关的国际贸易行政案件进入司法审查范围。最高人民法院于 2002 年 9 月 11 日公布了《关于审理反倾销行政案件应用法律若干问题的规定》和《关于审理反补贴行政案件应用法律若干问题的规定》，并于 2003 年 1 月 1 日起实施。根据上述两个规定，人民法院受理以下几种反倾销、反补贴行政案件：（1）不服国务院主管部门作出的反倾销、反补贴有关终裁决定的行政案件。就是说，无论是对倾销及倾销幅度、补贴及补贴金额作出的终裁决定，还是对损害及损害程度的终裁决定，其性质均属于行政最终决定。根据《行政诉讼法》的有关规定，这些决定属于人民法院司法审查的范围。（2）不服国务院主管部门作出的是否征收反倾销税的决定以及追溯征收、退税、对新出口经营者征税的决定的行政案件；不服国务院主管部门作出的是否征收反补贴税以及追溯征收的决定的行政案件。依照《反倾销条例》的规定，这些反倾销决定主要有：是否征收反倾销税的决定；是否追溯征收的决定；是否退税的决定；对新出口经营者征税的决定。（3）不服国务院主管部门对继续征收反倾销税或者履行价格承诺的必要性作出的复审决定的行政案件；不服国务院主管部门有关保留、修改、取消反补贴税或者承诺的复审决定的行政案件。

3. 涉外知识产权行政案件

自我国加入世贸组织以来，涉外知识产权案件数量连年攀升。据统计，2002 年至 2006 年，北京一中院受理的知识产权行政案件中有涉外行政案件 671 件，占收案总数的 31.8%；审结专利商标涉外行政案件 653 件，占结案总数的 31.6%。[①] 涉外知识产权行政案件主要包括专利权涉外行政案件和商标涉外行政案件两大类。同时，为更好统一和规范裁判尺度、加大知识产权的保护力度、激励和保护科技创新、营造优质的营商环境，第十三届全国人大常委会第六次会议通过了《关于专利等知识产权案件诉讼程序若干问题的决定》，规定专利等技术类知识产权民事、行政案件从 2019 年 1 月 1 日起向最高人民法院上诉。最高人民法院知识产权法庭的设立，是以习近平同志为核心的党中央

① 加固创造之基，捍卫求新之利．人民法院报，2007－03－12.

从建设知识产权强国和世界科技强国的战略高度作出的重要决策，也是全面深化改革的重大举措，是中国知识产权诉讼法律制度的历史性突破。截至2024年6月26日，法庭共受理案件20 338件，审结17 638件。五年间，法庭涉外国当事人案件约占新收案件总数的10%，年均增长28.6%，发明专利授权确权案件中的涉外案件占比更高达1/3，且当事人均为外国主体的案件不断增多。目前我国已是世界上审理专利案件最多的国家，并日益成为国际知识产权诉讼优选地。①

4. 外国人入境出境行政案件

随着我国对外开放程度的加大，外国人、无国籍人出入我国的机会增多，引发争议的可能性也在增加。按照《出境入境管理法》的规定，外国人入境出境行政案件主要有三类：第一类是入境出境许可等管理中出现的争议案件。按照惯例，外国人申请入境没有得到许可的，不得提起行政诉讼。第二类是外国人在中国境内居住引发的行政案件。第三类是入境出境处罚或强制措施引发的行政案件。例如，根据《出境入境管理法》第76条第1款的规定，外国人拒不接受公安机关查验其出境入境证件，拒不交验居留证件，未按照规定办理外国人出生登记、死亡申报，未按照规定办理外国人居留证变更登记的，在中国境内冒用他人出入境证件等行为的由公安机关给予警告，可以并处2 000元以下罚款。被处罚的外国人对处罚决定不服可以提起行政诉讼。

5. 其他涉外行政案件

除上述四类涉外行政案件外，还有其他涉外行政案件，如外国人缴纳所得税的案件，外国人违反治安管理的处罚案件、违反卫生法律法规的强制措施案件等。

第二节 涉外行政诉讼的原则

涉外行政诉讼的原则，是指反映涉外行政诉讼的基本特点和规律，对涉外行政诉讼具有普遍指导意义的基本规则。涉外行政诉讼的原则有两类：一类是既适用于一般行政诉讼又适用于涉外行政诉讼的一般原则，另一类是仅适用于涉外行政诉讼的特别原则。本节主要分析涉外行政诉讼的特别原则。

一、国家主权原则

国家主权原则，是指人民法院审理涉外行政案件，必须维护国家主权。在我国，只有人民法院享有行政审判权，对外代表国家。外国人、无国籍人、外国组织在我国提起行政诉讼，只能由人民法院进行审判。国家主权原则具体有以下要求：

第一，涉外行政诉讼的审判权统一由人民法院行使。人民法院统一行使行政审判权，可以确保法律适用的统一和审判的严肃公正。当然，在我国境内发生的涉外行政纠纷不得由外国法院审判，否则，就是对我国主权的严重侵害。

第二，涉外行政诉讼必须适用《行政诉讼法》的规定。我国缔结和参加的国际条约与《行政诉讼法》有不同规定的，适用该国际条约的规定，但我国申明保留的条款除

---

① 曹音．最高法知识产权法庭：涉外案件年均增长近30%，我国日益成为国际知识产权诉讼优选地．中国日报网．[2024-10-08]. https://cn.chinadaily.com.cn/a/202406/27/WS667d65f7a3107cd55d268e82.html.

外。具体要注意如下几点：一是我国《行政诉讼法》没有规定但国际条约有规定的，依国际条约规定办理；二是国际条约和我国《行政诉讼法》均有规定，但前者的规定更具体的，按前者办理；三是国际条约和《行政诉讼法》的相关规定发生冲突时，依国际条约规定办理。需要说明的是，这里对国际条约的适用主要涉及程序方面，实体法律的适用要将国际条约先转化为国内法，才可以适用。

第三，在涉外行政诉讼中，必须使用我国通用的语言文字。语言文字和国家主权密切相关。按照国家主权原则，外国当事人提交诉状时须附具中文译本。法院在开庭审理时，必须使用中国通用的语言文字。当事人要求提供翻译的，应当提供，但翻译费用由当事人自己承担。

第四，涉外行政诉讼必须委托我国律师出庭应诉。对此问题，详见下一节关于代理制度的说明。

二、平等原则

平等原则，又称同等原则，是指在涉外行政诉讼中，外国人、无国籍人、外国组织在我国进行行政诉讼时，可以享有与我国公民、组织在行政诉讼中所享有的同样的诉讼权利，同时也应承担与我国公民、组织在行政诉讼中所应承担的同样的诉讼义务。《行政诉讼法》第 98 条规定：外国人、无国籍人、外国组织在中华人民共和国进行行政诉讼，适用《行政诉讼法》。法律另有规定的除外。该法第 99 条第 1 款规定：外国人、无国籍人、外国组织在中华人民共和国进行行政诉讼，同中华人民共和国公民、组织有同等的诉讼权利和义务。最高人民法院《关于审理国际贸易行政案件若干问题的规定》第 10 条规定，外国人、无国籍人、外国组织在中华人民共和国进行国际贸易行政诉讼，同中华人民共和国公民、组织有同等的诉讼权利和义务。

平等原则是国际法上“国民待遇原则”在涉外行政诉讼中的具体体现。“国民待遇原则”是国际交往的一项重要原则，更为世界贸易组织（WTO）所要求。该原则是指本国国民享有的权利，要同等地赋予其境内的外国人。行政诉讼中确立平等原则，为外国人、无国籍人、外国组织在他国进行行政诉讼提供了可靠保障。具体在行政诉讼中，中国公民、组织所享有的诉讼权利，如起诉权、上诉权、举证权、辩论权等，外国人、无国籍人、外国组织都同等地享有；中国公民、组织所承担的诉讼义务，如合法行使诉讼权利的义务、遵循法庭秩序的义务等，外国人、无国籍人、外国组织也要同等地履行。平等原则强调的是，无论是我国公民、组织还是外国人、无国籍人、外国组织都平等地受到法律的保护，这体现了法律面前人人平等的精神。

需要指出两点：其一，平等原则并不是无条件的，平等原则要受对等原则的限制。其二，涉外行政诉讼的同等原则，只适用于行政诉讼法上的权利和义务，而不适用于实体法上的权利和义务，我国公民、组织与外国人、无国籍人、外国组织在我国法律上实体权利和义务是否同等取决于实体法的具体规定。

三、对等原则

对等原则，是指在涉外行政诉讼中，如果外国法院对我国公民、组织的诉讼权利加以限制，我国法院对该国公民、组织的诉讼权利也加以限制。《行政诉讼法》第 99 条第 2 款规定：外国法院对中华人民共和国公民、组织的行政诉讼权利加以限制的，人民法院对该国公民、组织的行政诉讼权利，实行对等原则。主权国家在处理相互之间的有关事务时，应当以平等互惠为基础，这在司法上的具体体现就是对等原则。最高人民法院《关于审理国际贸易行政案件若干问题的规定》第 10 条规定：外国人、无国籍人、外国组织在中华人民共和国进行国际贸易行政诉讼，同中华人民共和国公民、组织有同等的诉讼权利和义务，但有《行政诉讼法》第 99 条第 2 款（1989 年《行政诉讼法》第 71 条第 2 款）规定的情形的，适用对等原则。

对等原则是国家主权原则的延伸，也是平等原则的补充。国与国之间的交往以平等互惠为基础，诉讼活动也是如此。在行政诉讼中，各国应本着互惠的精神，互相给予对方国家的当事人以充分的诉讼权利，不应限制，更不能歧视外国公民和组织。但国际关系比较复杂，难以保证平等互利原则的全面实施。一旦发生外国法院限制我国公民、组织诉讼权利的情况，我国将采取对等行为，限制该国公民、组织的诉讼权利。在实践中，对等原则具体包含以下内容：

第一，对等原则在涉外行政诉讼中主要适用于对诉讼权利的限制。外国法院限制我国公民、组织诉讼权利的，我国也对该国公民、组织对等地予以限制。如果外国法院在诉讼权利方面赋予我国公民、组织更多的诉讼权利，不适用对等原则。

第二，外国对我国公民、组织行政诉讼权利的限制，无论采取何种形式，我国都应对等地予以限制。限制我国公民、组织诉讼权利的形式多样，可以是立法限制，也可以是实务中的限制。诉讼权利的限制可能是仅适用于我国公民、组织，也可能对所有外国公民、组织都适用。无论采取上述限制形式中的哪一种，都适用对等原则。

第三，对等原则如何适用，应根据具体情况决定。法律有明文规定的，适用法律的规定；法律没有明文规定的，则要视具体情况决定。

第三节 涉外行政诉讼的特殊制度

作为一种特殊的行政诉讼，涉外行政诉讼原则上应遵循《行政诉讼法》的规定，但考虑到其特殊性，在具体的诉讼制度上又有一些特殊设计。

一、管辖制度

涉外行政诉讼由于涉及国家司法主权，且对外影响重大，所以，对其管辖的规定要考虑涉外行政案件的特点，以确保对案件的公正审判。《行政诉讼法》没有对涉外行政诉讼的管辖作专门规定，2018 年《行诉法解释》第 5 条规定，涉外案件由中级人民法院管辖。根据最高人民法院《关于审理国际贸易行政案件若干问题的规定》第 5 条的规定，第一审国际贸易行政案件由具有管辖权的中级以上人民法院管辖。最高人民法院《关于审理反倾销行政案件应用法律若干问题的规定》及《关于审理反补贴行政案件应用法律若干问题的规定》均规定第一审反倾销行政案件、反补贴行政案件由被告所在地高级人民法院指定的中级人民法院或被告所在地高级人民法院管辖。

二、代理制度

在涉外行政诉讼中，由于当事人一方为外国人、无国籍人或外国组织，他/它们对我国的法律及司法程序不熟悉，所以，建立诉讼代理制度十分必要。诉讼代理包括两部分：一部分是律师代理；另一部分是律师以外的代理，如个人代理、社会团体代理等。

关于律师代理，我国《行政诉讼法》第100条规定："外国人、无国籍人、外国组织在中华人民共和国进行行政诉讼，委托律师代理诉讼的，应当委托中华人民共和国律师机构的律师。"这是因为律师制度是一个国家司法制度的组成部分，任何主权国家都不准许外国律师在本国以律师的身份代理诉讼。理解这一规定需要注意：第一，外国人、无国籍人、外国组织在我国进行行政诉讼，有权自主决定是否委托律师。可以委托律师，也可以不委托律师，还可以委托其他人作为诉讼代理人参加诉讼。第二，外国人、无国籍人、外国组织如果决定委托律师以律师身份或名义代理诉讼，则只能委托我国律师机构的律师。我国法律规定：外国律师不得在我国开设律师事务所或与我国律师合伙开业；外国律师不得在我国开业；不得以律师名义在我国代理诉讼和出庭等。

关于律师以外的代理，《行政诉讼法》没有特别规定，这意味着可以适用一般行政诉讼关于代理的规定。按照《行政诉讼法》第31条的规定，外国人、无国籍人、外国组织在我国进行行政诉讼，可以委托律师或基层法律工作者、外国人的近亲属或者工作人员、外国人所在我国社区或单位以及有关社会团体推荐的公民。外国人、无国籍人、外国组织委托我国律师、社会团体、个人代理诉讼，但在我国境内没有住所，需要通过域外寄交或托交的，应经所在国公证机关证明，经我国驻外使领馆认证，或者履行我国与外国约定的有关证明手续后，该委托书才能生效。

三、证据制度

在证据制度方面，涉外行政诉讼与一般行政诉讼没有根本差异。但由于涉外行政诉讼的当事人一方是外国人、无国籍人、外国组织，有些证据可能在我国域外形成，法院审查证据有一定困难，所以，《行政诉讼证据规定》对我国域外证据的效力作了明确规定。该规定第16条第1款规定：当事人向人民法院提供的在中华人民共和国领域外形成的证据，应当说明来源，经所在国公证机关证明，并经中华人民共和国驻该国使领馆认证，或者履行中华人民共和国与证据所在国订立的有关条约中规定的证明手续。该规定第57条第5项规定，在中华人民共和国领域以外形成的未办理法定证明手续的证据材料不能作为定案依据。可见，域外形成的证据材料的可采与否，在很大程度上依赖于其是否办理了法定证明手续。

需要指出的是，域外证据材料的效力规定不限于涉外行政诉讼，在一般行政诉讼中，如果当事人提供的证据材料在域外形成，同样需要办理法定证明手续。但相比之下，涉外行政诉讼对域外证据的运用会多一些。

四、期间制度

在涉外行政诉讼中，期间制度十分重要，这主要是因为期间直接涉及当事人的诉讼权利义务，而外籍当事人大多在国内没有住所。对涉外行政诉讼的期间，《行政诉讼法》没有涉及，可参照《民事诉讼法》以及最高人民法院《关于适用〈中华人民共和国民事诉讼法〉的解释》的有关规定。

从已有规定看，涉外行政诉讼期间的特点是对不居住在我国境内的外籍当事人，在有关期间方面适当予以延长。具体内容包括以下几个方面。

第一，在中华人民共和国没有住所的当事人，不服第一审人民法院行政判决、裁定的，有权在行政判决书、裁定书送达之日起30日内提起上诉。在中华人民共和国没有住所的被上诉人在收到上诉状副本后，应当在30日内提出答辩状。当事人不能在法定期间提起上诉或提出答辩状，申请延期的，是否准许，由人民法院决定。

第二，人民法院审理涉外行政案件的期限，不受一般审理期限的限制。按照行政诉讼法的规定，审理一审行政案件的期限是6个月，二审审理期限是3个月。考虑到人民法院在审理涉外行政案件过程中，调查取证、传唤当事人、送达诉讼文书等有相当大的难度和复杂性，法院审理这类案件需要更多的时间和精力，审限可适当延长。

第三，对在中华人民共和国领域内没有住所的当事人，有关诉讼法律文书的送达期限有特殊规定。受送达人所在国的法律允许邮寄送达的，可以邮寄送达。自邮寄之日起满3个月，送达回证没有退回，但根据各种情况足以认定已经送达的，期间届满之日视为送达。如果采用公告送达，自公告之日起经过60日，即视为送达。

五、送达制度

涉外送达包括两部分：一部分为涉外行政诉讼的送达，指人民法院按照法定程序和方式，将涉外诉讼文书和法律文书交付或呈示给境外外籍当事人（包括外国人、无国籍人和外国组织）的诉讼行为。另一部分为一般行政诉讼的涉外送达，指行政诉讼的当事人不在我国境内居住的，人民法院的送达行为。《行政诉讼法》对涉外送达问题没有规定，可参照《民事诉讼法》的有关规定执行。按照《民事诉讼法》第283条的规定，行政诉讼的涉外送达方式有以下几种。

（1）条约方式送达。

该方式适用于受送达人所在国与我国签有双边或多边国际条约，其中涉及诉讼文书送达的情况。目前，我国已先后与法国、波兰等国签订了司法协助协议。根据协议，各有关国家要指定一个机关作为中央机关和有权接受外国通过领事途径转递的文书的机关。当向缔约国当事人送达诉讼文书时，先将请求书和送达的诉讼文书送交所在国的中央机关，再由该机关安排送达。2004年7月20日最高人民法院办公厅公布《关于向外国送达涉外行政案件司法文书的通知》。通知指出，我国加入世界贸易组织以后，我国法院审理的涉外行政案件将不断增加，为保护中外当事人的合法权益，确保我国法院审判工作顺利进行，现可参照我国加入的海牙民商事送达公约，请求外国协助送达我国涉外行政案件司法文书。我国向外国送达涉外行政案件司法文书的做法是，对于需要向海牙民商事送达公约成员国送达涉外行政案件司法文书的，可参照1965年订立于海牙的《关于向国外送达民事或商事司法文书和司法外文书公约》和我国国内相关程序向有关外国提出司法协助请求，通过公约规定的途径送达。

（2）外交送达。

不具备按条约方式送达的条件的，可按互惠原则通过外交途径送达。按照最高人民法院、外交部、司法部《关于我国法院和外国法院通过外交途径相互委托送达法律文书若干问题的通知》的规定，外交途径送达按下列程序办理：1）送达的法律文书须经有关省、自治区、直辖市高级人民法院审查，由外交部领事司负责转递；2）须注明受送达人姓名、性别、年龄、国籍及其在国外的详细外文地址，并将该案的基本情况函告外交部领事司；3）附具送达委托书。此外，按对等原则收取送达诉讼文书的费用。

（3）委托送达。

第一，对具有中华人民共和国国籍的受送达人，可以委托中华人民共和国驻受送达人所在国的使领馆代为送达。

第二，向受送达人在本案中委托的诉讼代理人送达。诉讼代理人收文的日期也就是送达日期。通过受送达人的诉讼代理人送达，是国际上比较通行的做法。

第三，向受送达人在中华人民共和国领域内设立的独资企业、代表机构、分支机构或者有权接受送达的业务代办人送达。这里主要是针对外国组织而言的。

（4）受送达人为外国法人或者其他组织，其法定代表人或者主要负责人在中华人民共和国领域内的，向其法定代表人或者主要负责人送达。

（5）邮寄送达。

该方式适用于受送达人所在国法律允许邮寄送达的情况。邮寄送达的期间已如上述

（6）电子送达。

该方式适用于受送达人能够通过传真、电子邮件等确认知悉的情况。

（7）其他方式送达。

以受送达人同意的其他方式送达，但是受送达人所在国法律禁止的除外。

（8）公告送达。

该方式适用于不能采用其他送达方式的情况。公告送达是将送达事项公布在全国性报纸上，如《人民法院报》，并将应送达的诉讼文书张贴在法院公告栏内。自公告之日起经过 60 日即视为送达。

六、法律适用

我国在国际交往中一贯尊重国际条约，凡我国缔结或参加的国际条约，我国法律确认其效力。1989 年《行政诉讼法》第 72 条对涉外行政诉讼中国际条约的适用作了规定：对我国缔结或者参加的国际条约与《行政诉讼法》有不同规定的，适用国际条约的规定，但我国声明保留的条款除外。2014 年《行政诉讼法》将这一条删除，因为根据《涉外民事关系法律适用法》的要求，法律中不宜对国际条约的适用进行规定。因为国际条约涉及面广，情况复杂，实践中做法也各不相同，故《涉外民事关系法律适用法》中并未对国际条约的适用问题进行规定，但原《民法通则》（已废止，可参考《民法典》）、《民事诉讼法》等法律中的有关规定仍然适用。①《民事诉讼法》第 271 条规定："中华人

① 全国人民代表大会法律委员会关于《中华人民共和国涉外民事关系法律适用法（草案）》审议结果的报告．全国人大网．http://m.npc.gov.cn/huiyi/cwh/1117/2010-12/09/content_1871212.htm.

民共和国缔结或者参加的国际条约同本法有不同规定的，适用该国际条约的规定，但中华人民共和国声明保留的条款除外。”这就要求我国人民法院在处理涉外行政诉讼案件时，应当遵从国际条约优先于国内立法的原则。但人民法院在适用此原则时有一个限制：凡是我国明确声明保留的国际条约部分，也就是我国未予承认和参加的部分条款，则不得适用于涉外行政诉讼，不论其规定与我国国内立法有无冲突，人民法院一律只能适用我国《行政诉讼法》的有关规定审理涉外行政诉讼案件。

最高人民法院《关于审理国际贸易行政案件若干问题的规定》对国际贸易行政案件的法律适用作出了明确的规定。在行政诉讼中，我国不直接适用世贸组织规则，而是通过修改和制定国内法律的方式来转化实施世贸组织规则。这一原则主要有两层含义：其一，个人和企业不能直接援用世贸组织规则向法院起诉和抗辩；其二，法院在判决文书中不能直接援用世贸组织规则作为裁判依据。最高人民法院《关于审理国际贸易行政案件若干问题的规定》通过正面规定的方式体现了依据本国法、转化世贸组织规则的原则，即人民法院审理国际贸易行政案件，应当依据我国法律、行政法规和地方立法机关在法定立法权限范围内制定的地方性法规，参照国务院部门根据法律和国务院的行政法规、决定、命令制定的规章，以及省、自治区、直辖市和设区的市、自治州的人民政府根据法律、行政法规和地方性法规制定的规章。此外，人民法院审理国际贸易行政案件所适用的法律、行政法规的具体条文存在两种以上的合理解释，其中有一种解释与中华人民共和国缔结或者参加的国际条约的有关规定相一致的，应当选择与国际条约的有关规定相一致的解释，但中华人民共和国声明保留的条款除外。这也就是说，法院对法律的解释和适用应当尽量避免与世贸组织规则相冲突。

第十一章 行政赔偿与行政赔偿诉讼

国家行政机关及其工作人员在行使职权过程中违法侵犯公民、法人或其他组织的合法权益并造成损害的，国家应当对此承担行政赔偿责任。根据《行政诉讼法》和《国家赔偿法》的规定，受害的公民、法人或者其他组织可以通过提起行政赔偿诉讼的方式要求国家赔偿。行政赔偿诉讼即指人民法院受理和处理行政赔偿请求的程序，是一种特殊的行政诉讼。

第一节 行政赔偿

国家行政机关和行政机关工作人员违法行使职权侵犯公民、法人和其他组织的合法权益造成损害的，受害人有取得行政赔偿的权利。行政赔偿责任是国家赔偿责任的一种。

一、行政赔偿概述

（一）国家赔偿概述

国家机关及其工作人员行使职权时侵犯公民、法人或者其他组织的合法权益造成损害的，国家应当承担赔偿责任。这是国家赔偿制度的核心内容。国家赔偿责任是一种不同于民事赔偿的特殊赔偿责任。在绝大多数国家，虽然国家侵权行为是由国家机关或者工作人员实施，但承担国家赔偿责任的主体是国家。关于国家赔偿责任的性质，理论上经历了从“代位责任说”到“自己责任说”的过程。主张“代位责任说”的学者认为，国家承担的责任并非自己的责任，而是代替公务人员承担的责任，从纯理论上说，公务人员就其不法侵权行为承担的赔偿责任应当由公务人员自己承担，由于公务人员财力不足，为确保受害人能够获得实际赔偿，改由国家代替公务人员对被害人负赔偿责任。随着理论与实践的发展，“代位责任说”逐渐被“自己责任说”所代替。20 世纪以来，国家职能扩大，政府的任务与活动日益增加，对经济与社会生活经常进行主动积极的规整、调节与服务。在日益增多的公务活动中，人民的自由与权利难免会因少数公务人员不法执行职务，或公共设施的设置或管理有欠缺而受损害。这种损害，无疑是国家在从事其增进公益活动的同时所带来的一种危险。因此，国家必须对其自身的行为所带来的危险负责，而与公务人员个人是否对该加害行为有无故意或过失以及应否负责无关。我国《国家赔偿法》基本采取了“自己责任说”，其关于“赔偿费用列入各级财政预算”的规定即为其体现。

国家赔偿制度在各国的发展是不平衡的。学界的通说认为，国家赔偿责任理念的发展经历了三个主要的历史阶段：第一个阶段是国家无责任阶段。在奴隶社会和封建社会几千年的发展史中，社会处于专制统治之下。作为主宰者的国王掌握着国家和社会的一切，对于臣民而言，王权是没有限制的。在这样的背景下，根本不可能产生国家赔偿的思想。第二个阶段是国家承担部分责任阶段。从 19 世纪末到 20 世纪初，国家赔偿开始在各国逐渐得到承认，主要是由于国家行政任务、行政权力的膨胀，国家侵权行为的激增，呼唤着通过制度化的解决途径来化解国家给公民造成的损害。法国、德国等开始承认国家的赔偿责任。第三个阶段是国家全面承担责任阶段。第二次世界大战以后，随着人权观念的兴起，国家赔偿广泛地发展起来，许多国家纷纷确立了国家赔偿法律制度。例如，英国于 1948 年颁布《王权诉讼法》，美国于 1946 年颁布《联邦侵权赔偿法》，日本于 1947 年颁布《国家赔偿法》等。

国家赔偿法是有关国家承担侵权赔偿责任的法律规范总和。由于国家赔偿制度借鉴了部分民法、诉讼法等原则而逐步发展起来，所以，在许多国家，广义上的国家赔偿法是指宪法、民法、行政法、诉讼法或者其他明确规定国家赔偿责任的单行法律的总和。狭义的国家赔偿法则指专门规定国家赔偿责任的国家赔偿法、国家责任法、公职责任法等。

全国人大常委会于 1994 年 5 月 12 日通过的《国家赔偿法》确立了我国的国家赔偿制度。2010 年 4 月 29 日第十一届全国人民代表大会常务委员会第十四次会议通过了《关于修改〈中华人民共和国国家赔偿法〉的决定》第一次对《国家赔偿法》进行了修正，后 2012 年 10 月 26 日第十一届全国人民代表大会常务委员会第二十九次会议对该法进行了第二次修正。国家机关和国家机关工作人员行使职权有《国家赔偿法》规定的侵犯公民、法人和其他组织合法权益的情形，造成损害的，受害人有依照本法取得国家赔偿的权利。同时，党的二十届三中全会提出要完善执法司法救济保护制度，完善国家赔偿制度。[①] 未来我国的国家赔偿制度将建设得更加完备。

（二）行政赔偿的概念与特征

行政赔偿是指国家行政机关及其工作人员在行使行政职权过程中违法侵犯公民、法人或其他组织的合法权益并造成损害，国家对此承担的赔偿责任。行政赔偿责任是国家赔偿责任的一种。

行政赔偿具有以下特征。

（1）行政赔偿是国家的赔偿责任。行政赔偿的责任主体是国家，主要表现在赔偿费用由国家财政支出。行政机关及其工作人员与国家之间存在委托代理关系，在法律上代表国家实施行为，无论是合法还是违法，其法律后果都归属于国家。

（2）行政赔偿是国家对行政侵权行为所承担的赔偿责任。作为一种法律主体，国家可能承担的赔偿责任多种多样，包括民事赔偿责任、司法赔偿责任、立法赔偿责任、军事赔偿责任、公共设施设置赔偿责任和国际法上的赔偿责任等。特定的赔偿责任与特定

① 参见《中共中央关于进一步全面深化改革、推进中国式现代化的决定》（2024 年 7 月 18 日中国共产党第二十届中央委员会第三次全体会议通过）。

的侵权行为相对应，而行政赔偿仅仅是国家对行政管理过程中的侵权行为承担的赔偿责任。

（3）行政赔偿是国家对行政机关及其工作人员的侵权行为承担的赔偿责任。这里对行政机关及其工作人员应当作广义的理解，行政机关不仅包括中央及地方各级人民政府及其下设的工作部门，而且包括法律法规授权的组织、委托的行政机关、共同实施侵权行为的行政机关；工作人员不仅包括具有公务员身份的工作人员，而且包括受行政机关委托执行公务的一般公民，包括接受行政机关指使实施违法行为的公民。

（4）行政赔偿是国家对合法权益受到行政侵权行为损害的公民、法人或者其他组织承担的赔偿责任。一方面，凡是合法权益受到行政机关及工作人员的行为侵害的人都可能成为行政赔偿的请求权人，并不限于行政行为所直接指向的对象。另一方面，行政赔偿针对的损害是对公民、法人或者其他组织合法权益的侵害。

（三）行政赔偿的归责原则

国家赔偿法上的归责原则是指国家承担赔偿责任的依据和标准。《国家赔偿法》第2条第1款规定：国家机关和国家机关工作人员行使职权，有本法规定的侵犯公民、法人和其他组织合法权益的情形，造成损害的，受害人有依照本法取得国家赔偿的权利。其对过去国家赔偿的归责原则进行了重大调整，将过去“违法行使职权侵犯公民、法人和其他组织的合法权益”改为“有本法规定的侵犯公民、法人和其他组织合法权益的情形”，针对具体的情形适用具体的赔偿范围与归责原则。《国家赔偿法》第3条与第4条、第17条与第18条及第38条分别列举了行政赔偿、刑事赔偿与司法赔偿的情形，我们可以看到我国国家赔偿确立的归责原则以违法归责为主，同时兼具有结果归责与过错归责的原则。我国行政赔偿适用的是违法归责原则。理解该原则需要注意以下几点。

（1）违法归责原则中的“法”是广义的法①，既包括实体法，也包括程序法，既包括法律、法规和其他具有普遍约束力的规范性文件，也包括法的基本原则和精神。之所以对该“法”作广义理解，是因为国家机关及其工作人员的职权十分广泛，受到多层次法律规范的约束，违反任何层次的规范，都应当被视为违法。

（2）违法的行为既包括法律行为，也包括事实行为；既包括积极的作为违法，也包括消极的不作为违法。事实行为是指国家机关及其工作人员违法实施的不直接产生法律效果的行为，如政府机关提供咨询、实施指导、发布信息等。作为违法是指侵权主体以积极的作为方式表现出来的违法情形，例如，行政机关的违法处罚、违法采取强制措施等行为。不作为违法是指侵权主体拒绝履行或拖延履行其承担的职责和义务的违法情形。

（3）违法表现为侵权主体的行为没有履行对特定人的职责义务或违反了对特定人的职责义务，或者在行使自由裁量权时滥用职权或没有尽到合理注意义务。

（四）行政赔偿责任的构成要件

行政赔偿责任的构成要件是指国家承担行政赔偿责任的必要条件，换言之，国家应

---

① 学术界对于如何理解“违法”有不同的观点：一种观点认为“违法”应当是指国家机关和国家机关工作人员行使职权时作出的行为违反严格意义上的法律、法规。肖峋．中华人民共和国国家赔偿法理论与实用指南．北京：中国民主法制出版社，1994：90. 另一种观点认为应当从广义上理解“违法”，目前大多数学者持此观点。姜明安主编．行政法与行政诉讼法．2版．北京：北京大学出版社，高等教育出版社，2005：655.

当在什么情况下给予受害人赔偿，申请人符合哪些条件才能取得行政赔偿，国家裁判机关根据哪些条件要求国家对受害人负责赔偿。行政赔偿责任的构成要件是行政赔偿制度的核心内容，它通常包括主体要件、行为要件、损害结果要件和法律要件。只有在完全具备上述四个要件的情况下，国家才承担赔偿责任，缺少任何一个条件，国家都不承担赔偿责任，受害人也得不到赔偿。

1. 主体要件

行政赔偿责任的主体要件是指国家对哪些组织和个人的侵权行为承担赔偿责任。需要注意的是，这里的主体要件是指侵权行为主体，而不是责任主体。根据《国家赔偿法》的规定，原则上行政侵权行为主体包括两类：国家行政机关和国家行政机关工作人员。在特殊情况下，还包括法律、法规授权的组织和行政机关委托的组织和个人。

2. 行为要件

所谓行政赔偿责任中的行为要件，是指国家对侵权主体实施的何种行为承担赔偿责任。在我国，这一构成要件是指：国家只对侵权主体实施的执行职务的行为承担赔偿责任，即致害行为必须是与执行职务有关的行为。所谓执行职务，是指国家机关或国家机关工作人员履行或不履行其职责和义务的行为。“执行职务”是一个内涵丰富的概念，它既包括行使权力的行为和非权力行为，也包括法律行为和事实行为，还包括作为和不作为行为。为了准确地判断某一行为是否属于执行职务行为，还必须结合一些具体标准进行。这些具体标准包括职权标准、时空标准、名义标准、目的标准等。

3. 损害结果要件

国家是否承担侵权责任，要看该行为是否造成特定人的损害。没有损害结果或遭受损害的是普遍对象，国家就不必负责赔偿。因此，损害是构成行政赔偿责任的必要条件之一。

所谓损害，就是行政机关及其工作人员违背对公民、法人或其他组织所承担的义务而使其受到的不利益的结果。损害应当具备现实性、特殊性和直接性等特征。损害的现实性是指必须导致现有权益的实际损害。损害的特殊性是公共负担平等原则的体现，侵权行为的受害人遭受的损害必须是特殊的损害。如果某受害人与社会上其他人遭受到同样的损害，就不能因此获得国家赔偿。损害的直接性即指损害为直接损害，而非间接损害。

我国《国家赔偿法》在第二章第一节中把侵权损害的范围概括为两种：一是人身权，二是财产权。人身权、财产权主要包括人身自由权、人格尊严权、婚姻自主权、名誉权、荣誉权、名称权、生命健康权、肖像权、亲属关系中的权利，以及种种财产权，如继承权、物权、债权、知识产权等。

损害行为与损害结果之间应当有因果关系：一是因果之间具有逻辑联系，符合逻辑联系的条件；二是因果之间有直接相关性，即依正常人的经验和理解，行为和结果之间有牵连。行政赔偿中的因果关系，实质上是国家机关与受害人之间的权利义务关系。只要国家机关违背了对权利人所承担的特定义务并因此导致其损害，且权利人无法通过其他途径受偿的，我们就认为存在行政赔偿责任中的因果关系。

4. 法律要件

如果法律没有规定行政赔偿责任，即使公民受到国家机关违法行为的侵害，国家也可能不承担赔偿责任。这是行政赔偿责任的一个重要特点。所谓“有法律规定”，是指现实存在的所有规定行政赔偿责任的法律法规，既包括《国家赔偿法》也包括其他单行法律的规定。例如，《行政许可法》第 76 条规定：行政机关违法实施行政许可，给当事人的合法权益造成损害的，应当依照《国家赔偿法》的规定给予赔偿。《治安管理处罚法》第 117 条规定：公安机关及其人民警察违法行使职权，侵犯公民、法人和其他组织合法权益的，应当赔礼道歉；造成损害的，应当依法承担赔偿责任。

二、行政赔偿范围

行政赔偿范围，是指国家对行政机关及其工作人员在行使行政职权时侵犯公民、法人和其他组织合法权益造成损害的哪些行为承担赔偿责任。

（一）国家承担赔偿责任的范围

根据《国家赔偿法》第 3 条和第 4 条的规定，国家对于下列行为给公民、法人或其他组织造成损害的行为给予赔偿。

1. 侵犯人身权的行为

民法学理论一般认为，所谓人身权，是指与权利主体自身密不可分的、没有财产内容的权利，包括人格权和身份权。人格权又分为生命健康权、自由权、名誉权、姓名权、肖像权等，身份权分为亲权、监护权等。需要注意的是，《国家赔偿法》规定的人身权范围比较狭窄，限于生命健康权、人身自由权、名誉权和荣誉权。侵犯人身权的行为具体包括：违法采取行政拘留；违法采取限制人身自由的行政强制措施；非法拘禁或者以其他方法非法剥夺公民人身自由；以殴打、虐待等行为或唆使、放纵他人以殴打、虐待等行为造成公民身体伤害或死亡；违法使用武器、警械造成公民身体伤害或者死亡；造成公民身体伤害或者死亡的其他违法行为，例如，行政机关工作人员在执行公务过程中违反交通规则撞伤行人。

2. 侵犯财产权的行为

根据《国家赔偿法》第 4 条的规定，侵犯财产权的行为具体包括：行政机关违法实施罚款、吊销许可证和执照、责令停产停业、没收财物等行政处罚行为；违法对财产采取的查封、扣押、冻结等行政强制措施；违法征收、征用财产的行为；以及造成财产损害的其他违法行为，即《国家赔偿法》第 4 条没有作列举性规定的侵害公民、法人或者其他组织财产权的行为。例如，某公安局将某甲错误列为监控对象长达 20 年，导致甲报名参军，参加招工、招干都因政审不合格而被拒绝。公安局将某甲列为监控对象的行为，虽然是一种非强制行为，但严重影响张某的权利利益，应当赔偿。

除了上文列举的侵犯人身权和财产权的行为，行政实践中日益增多的是违法的行政不作为行为。根据执行职务是否采用积极主动的方式，我们可以将行政行为分为作为行为和不作为行为。行政不作为指行政机关负有法定职责而不履行的行为。行政机关负有法定职责而拒不履行，给公民、法人或者其他组织造成损害的，国家应当承担行政赔偿责任。最高人民法院于 2001 年在一个案件中承认了公安机关不履行法定行政职责应当承担国家赔偿责任。① 自此以后，对于在公安行政以外的其他行政领域内发生的违法行政不作为造成损害的情形，均承认国家赔偿责任。2022 年《最高人民法院关于审理行政赔偿案件若干问题的规定》（法释〔2022〕10 号，以下简称 2022 年《行政赔偿规定》）第 1 条也明确规定，“其他违法情形”包括不履行法定职责行为和行政机关及其工作人员在履行行政职责过程中作出的不产生法律效果，但事实上损害公民、法人或者其他组织人身权、财产权等合法权益的行为。换言之，《国家赔偿法》第 3 条和第 4 条规定的“其他违法行为”，既包括行政法律行为也包括行政事实行为，既包括行政作为也包括行政不作为。此外，2022 年《行政赔偿规定》第 2 条规定的“依据行政诉讼法第一条、第十二条第一款第十二项和国家赔偿法第二条规定，公民、法人或者其他组织认为行政机关及其工作人员违法行使行政职权对其劳动权、相邻权等合法权益造成人身、财产损害”的情形，也属于行政赔偿范围。总之，行政机关及其工作人员违法行使行政职权（包括作为和不作为、事实行为和法律行为），造成人身、财产损害的，均属于行政赔偿受案范围。

（二）国家不承担赔偿责任的范围

根据《国家赔偿法》第 5 条的规定，国家对下列行为不承担赔偿责任：

1. 行政机关工作人员实施的与行使职权无关的个人行为

行政机关工作人员具有双重身份，一方面是公务员，另一方面又是公民。行政机关工作人员以公务员身份实施的行为，总是与行政职权具有密切联系，应当视为职务行为、所属行政机关的行为，最终属于国家的行为，一切法律后果应归属于国家。当行政机关工作人员以公民的身份从事活动时，其行使的是其民事权利或者其他公民权利，并不是行政职权；其是为了个人的权益，而不是国家利益；其意思表示是自由的，不受行政法规则的约束；而且，其不具备法律规定的表现形式。因此，公务员以公民的身份实施行为应当视为其个人的行为，由此造成损害引起的赔偿责任应当由个人负责。例如，某市公安局刑事警察赵某下班期间发现有人斗殴，即予以制止。正巧打架的马某与赵某有隙，便对赵某出言不逊。赵某大怒，拔枪将马某击伤。此案应由赵某赔偿，虽然其是刑事警察，但此时并未行使治安管理职权，且是在下班期间。

2. 因公民、法人和其他组织自己的行为致使损害发生的

在此情况下，受害人虽受到某种损害，但损害和行政机关的违法行为没有关系，而是由受害人自己的行为造成的，过错在于其本人，后果应当由其个人承担，国家不承担赔偿责任。例如，公民在行政拘留期间故意实施自伤、自残等行为，造成损害的，国家不承担赔偿责任。

3. 法律规定的其他情形

对于这一规定，法律没有明确的解释，学者观点不一。从目前的法律规定来看，除

---

① 2001 年，最高人民法院在给四川省高级人民法院的一个批复中明确指出：公安机关不履行法定行政职责，致使公民、法人和其他组织的合法权益遭受损害的，应当承担行政赔偿责任。可以看出，行政机关怠于履行行政职责的不作为行为，已经被纳入行政赔偿的范围。参见最高人民法院《关于公安机关不履行法定行政职责是否承担行政赔偿责任问题的批复》（2001 年 6 月 26 日由最高人民法院审判委员会第 1182 次会议通过，法释〔2001〕23 号，已失效）。

《民法典》第180条规定因不可抗力不能履行民事义务的，不承担民事责任外，其他法律还没有规定。有学者认为，除不可抗力外，还包括第三人过错等情况。[①] 因第三人过错致使损害发生的，法律上的侵权行为主体是第三人，而不是行政机关及其工作人员。

由于《国家赔偿法》中规定的行政赔偿范围较窄，许多权益受到行政机关损害的相对人无法获得赔偿。行政法学者普遍认为：应当拓宽行政赔偿的范围，将行政机关制定、发布的具有普遍约束力的违法的决定、命令等侵犯合法权益造成损害纳入赔偿范围；公共设施因设置或者管理缺陷致人损害的，也应当由国家承担赔偿责任。[②] 但2022年《行政赔偿规定》对于将公民、法人或者其他组织认为国防、外交等国家行为或行政机关制定、发布行政法规、规章或者具有普遍约束力的决定、命令等侵犯其合法权益造成损害的情形纳入赔偿范围，尚持否定态度。

三、行政赔偿主体

行政赔偿主体，即行政赔偿法律关系主体，包括行政赔偿请求人和行政赔偿义务机关。

（一）行政赔偿请求人

行政赔偿请求人是指依法享有取得国家赔偿的权利，请求赔偿义务机关确认和履行国家赔偿责任的公民、法人或者其他组织。行政赔偿请求人必须是合法权益遭受损害的公民、法人或者其他组织。行政赔偿请求人应当是直接受到行政侵权行为损害的人，受行政侵权行为的间接损害或不利影响的人不具有请求人资格。行政赔偿请求人具有如下特征：

（1）行政赔偿请求人是公民、法人和其他组织。在行政管理过程中，公民、法人或者其他组织是行政相对人；在行政赔偿程序中，公民、法人或者其他组织则是赔偿请求人；行政赔偿请求人是从行政相对人转化而来的，在不出现公民死亡或者法人、其他组织终止的情况下，行政管理的相对人就是行政赔偿的请求人。

（2）行政赔偿请求人是依法享有和取得国家赔偿权利的公民、法人或者其他组织。这是行政赔偿请求人在实体法方面的特征。从国家赔偿法的规定来看，合法权益遭受行政机关及其工作人员的违法行为侵害的公民、法人或者其他组织均可成为行政赔偿请求人。

（3）行政赔偿请求人是依法以自己的名义请求赔偿义务机关履行国家赔偿责任的公民、法人或者其他组织。这是行政赔偿请求人程序法上的特征。行政赔偿请求人不但是行政赔偿请求权的主体，而且是行政赔偿程序的主体。

行政赔偿请求人包括：1）公民。公民包括中国公民和外国公民。受行政侵权行为损害的任何公民在实体上都具有行政赔偿请求人的资格。受害公民死亡的，其继承人和其他有扶养关系的亲属，可以成为行政赔偿请求人；受害公民为限制行为能力或者无行为能力人的，其法定代理人可以代为行使行政赔偿请求权。2）法人。法人作为行政赔偿请求人，有两种情况：第一，受害的法人。也即其合法权益遭受行政侵权行为直接侵害的法人。根据《民法典》的规定，我国的法人分为营利法人、非营利法人和特别法

---

① 马怀德主编．国家赔偿法学．北京：中国政法大学出版社，2001：120.

② 应松年．国家赔偿法修改中的几个问题．国家行政学院学报，2006（4）.

人。第二，受害的法人终止的，承受其权利的法人或者其他组织是赔偿请求人。3）其他组织。其他组织是指没有取得法人资格的社会组织。

（二）行政赔偿义务机关

行政赔偿义务机关是指代表国家处理赔偿请求、支付赔偿费用、参加赔偿诉讼的行政机关。一方面，行政赔偿的责任主体是国家，但国家是一个庞大的、结构复杂的政治实体，下设众多的机构和机关，受害人自己无法也没有权利确认承担赔偿义务的机关。另一方面，承担赔偿责任具有谴责的含义，行政机关不一定愿意主动承担赔偿责任，可能相互推诿。为便于受害人提出赔偿请求，避免行政机关之间相互推诿，《国家赔偿法》专门设立了赔偿义务机关。

在办理赔偿事务、履行赔偿责任过程中，赔偿义务机关具有以下义务：（1）及时受理和处理赔偿请求。对行政赔偿请求人的申请，赔偿义务机关应在法定期间内作出处理，首先确认加害行为的违法性，之后与赔偿请求人就赔偿事宜进行协商，达成一致的，制作协议书；达不成一致的，作出行政赔偿处理决定。（2）参加行政复议和行政赔偿诉讼。受害人在行政复议过程中一并提出赔偿请求的，赔偿义务机关以被申请人的名义参加；受害人在行政诉讼中一并提出赔偿请求的，赔偿义务机关以行政诉讼被告的身份出现，行使相应的权利和履行相应的义务。（3）及时、充分地履行赔偿义务。赔偿义务依法经行政复议机关或者人民法院决定或判决确认之后，赔偿义务机关应当及时履行、办理赔偿费用交付事宜、返还财产和恢复原状等。（4）依法办理追偿事务。在赔偿受害人损失后，赔偿义务机关有权也有义务向有故意和重大过失公务人员及受委托的组织或个人行使追偿权。

根据《国家赔偿法》的规定，确认行政赔偿义务机关的具体情形包括以下几点。

1. 单独的赔偿义务机关

行政机关及其工作人员行使行政职权时侵犯公民、法人和其他组织的合法权益造成损害的，该行政机关为赔偿义务机关，这是确认行政赔偿义务机关的一般规则。行政机关以自己的名义发布命令，工作人员负责执行的，是行政机关实施的行为；行政机关没有明确的命令，工作人员在执法过程中根据具体情况自行决定实施侵权行为的，视为该工作人员所在的行政机关实施的行为。关于工作人员实施侵权行为的赔偿义务机关的认定，工作人员实施的公务侵权行为应当一律视为所在的行政机关的行为。所谓“所在的”，关键不在于工作人员隶属的行政机关，而是与工作人员具有职务委托关系的行政机关。

2. 共同赔偿义务机关

两个以上行政机关共同行使行政职权时侵犯公民、法人和其他组织的合法权益造成损害的，为共同赔偿义务机关。共同赔偿义务机关之间负连带责任，受害人可以向共同赔偿义务机关中的任何一个赔偿义务机关要求赔偿，该赔偿义务机关应当先予赔偿，然后要求其他行政机关负担部分赔偿费用。共同赔偿义务机关各自按其在侵权损害中所起的作用承担责任。

3. 法律、法规授权的组织

法律、法规授权的组织在行使行政职权时侵犯公民、法人和其他组织的合法权益造成损害的，该组织为赔偿义务机关。值得注意的是，这里所说的法律、法规授权，必须是法律、法规和规章明文规定的授权，规章以下的规范性文件授权的视为委托，发生赔偿问题的，由委托的行政机关作为赔偿义务机关。

4. 委托的行政机关

受行政机关委托的组织或者个人在行使受委托职权时侵犯公民、法人和其他组织的合法权益造成损害的，委托的行政机关为赔偿义务机关。但在赔偿损失后，赔偿义务机关有权责令有故意或者重大过失的受委托的组织或者个人承担部分或者全部赔偿费用。

5. 行政机关撤销时的赔偿义务机关

赔偿义务机关被撤销的，继续行使其职权的行政机关为赔偿义务机关；没有继续行使其职权的行政机关的，撤销该赔偿义务机关的行政机关为赔偿义务机关。

6. 经过行政复议的赔偿义务机关

经复议机关复议，最初实施侵权行为的行政机关为赔偿义务机关，但复议机关的复议决定加重损害的，复议机关对加重的部分履行赔偿义务。需要注意，复议机关与原侵权机关不是共同赔偿义务机关，不负连带责任，而是各自对自己造成的损害承担责任。

四、行政赔偿的方式与标准

（一）行政赔偿的方式

国家赔偿（行政赔偿）方式，是指国家对自己的侵权行为承担赔偿责任的各种形式。赔偿是对侵权行为造成的损害的补救，由于损害的性质、情节、程度不同，赔偿的方式也有所不同。国家赔偿采用何种方式，直接影响国家与被侵害主体的合法权益。《国家赔偿法》第 32 条规定：国家赔偿以支付赔偿金为主要方式。能够返还财产或者恢复原状的，予以返还财产或者恢复原状。根据这一规定，我国的国家赔偿以金钱赔偿为主要方式，以返还财产、恢复原状为补充，即除特别情形以外，绝大部分赔偿应通过支付货币的方式进行，只有在返还财产、恢复原状更为适当时，才可以选择返还财产、恢复原状的方式。除金钱赔偿、返还财产、恢复原状几种方式外，《国家赔偿法》还规定了恢复名誉、赔礼道歉、消除影响等方式。

值得注意的是，2010 年修正后的《国家赔偿法》明确了精神损害抚慰金的规定。许多国家和地区的国家赔偿法中对精神损害赔偿已有明确的规定。可以说，在我国建立国家侵权精神损害赔偿制度已经成为学界的共识。① 建立这一制度意义重大。于国家而言，对公民人格权因遭受国家侵权行为的侵害所引起的精神损害进行赔偿，乃法治国家的应有之义；于公民而言，对精神痛苦进行金钱抚慰，是对公民权利予以更高层次的救济，也是人权理论与实践取得重大发展的必然结果。

（二）行政赔偿的标准

1994 年《国家赔偿法》出于对我国经济发展水平和国家财政负担能力的考虑，采取

① 应松年．国家赔偿法修改中的几个问题．国家行政学院学报，2006（4）；马怀德，张红．论国家侵权精神损害赔偿．天津行政学院学报，2005（1）．

了抚慰性的、直接的物质性损失赔偿原则①，这个标准旨在保障公民最基本的生活和生存所需，而不是充分补偿受害人的损失。② 现行《国家赔偿法》针对人身权损害和财产权损害规定了不同的计算标准。

1. 人身权损害的计算标准

人身权的损害包括侵犯公民自由和侵犯公民生命健康权两类，具体包括限制和剥夺人身自由，损害人格权，造成公民身体伤害或者死亡。其损害赔偿计算标准有以下几种：

（1）侵犯公民人身自由的，每日的赔偿金按照国家上年度职工日平均工资计算。国家上年度职工日平均工资数额，应当以职工年平均工资除以全年法定工作日数的方法计算。年平均工资以国家统计局公布的数字为准。③

（2）侵犯公民生命健康权的，赔偿金按照下列规定计算：造成身体伤害的，应当支付医疗费、护理费以及因误工减少的收入。减少的收入每日的赔偿金按照国家上年度职工日平均工资计算，最高额为国家上年度职工年平均工资的 5 倍。造成部分或者全部丧失劳动能力的，应当支付医疗费、护理费、残疾生活辅助具费、康复费等因残疾而增加的必要支出和继续治疗所必需的费用，以及残疾赔偿金。残疾赔偿金根据丧失劳动能力的程度，按照国家规定的伤残等级确定，最高不超过国家上年度职工年平均工资的 20 倍。造成全部丧失劳动能力的，对其扶养的无劳动能力的人，还应当支付生活费。造成死亡的，应当支付死亡赔偿金、丧葬费，总额为国家上年度职工年平均工资的 20 倍。对死者生前扶养的无劳动能力的人，还应支付生活费。其中造成部分或者全部丧失劳动能力及造成死亡的赔偿中，生活费的发放标准参照当地最低生活保障标准执行。被扶养的人是未成年人的，生活费给付至 18 周岁为止；其他无劳动能力的人，生活费给付至死亡时为止。

2. 财产权损害的计算标准

根据《国家赔偿法》第 36 条的规定，财产损失赔偿的计算标准如下。

（1）处罚款、罚金、追缴、没收财产或者违法征收、征用财产的，返还财产。

（2）查封、扣押、冻结财产的，解除对财产的查封、扣押、冻结，造成财产损坏或者灭失的，依照《国家赔偿法》第 36 条第 3 项、第 4 项的规定赔偿。

（3）应当返还的财产损坏的，能够恢复原状的恢复原状，不能恢复原状的，按照损害程度给付相应的赔偿金；应当返还的财产灭失的，给付相应的赔偿金。

---

① 从现代世界范围来看，由于各国情况存在差异性，赔偿计算标准也有很大差别。但所确立的赔偿原则基本上可以归纳为三种：（1）惩罚性原则。这是按照惩罚性原则来确定赔偿计算标准，即赔偿的数额对责任方具有惩罚性。因此这种赔偿数额除使责任方付出足以弥补受害人所蒙受的损失费用外，还必须付出对侵害他人合法权益的行为负责任的惩罚性费用。从某种意义上来讲，这种原则一方面对受害人的损失予以补偿，另一方面又通过惩罚达到对受害人的慰藉的目的。美国就是如此。（2）补偿性原则。这是按照补偿性原则确定赔偿，即赔偿数额与受害人所受的损害损失基本等量。也就是说，责任方应支付足以弥补受害人所受的实际损失的数额。韩国即采用这种赔偿原则。（3）抚慰性原则。也即赔偿数额低于甚至远远低于实际损失的数额。国家赔偿只是向当事人承认错误，慰藉受害人受到伤害的心灵，至于造成的损失的赔偿，只是象征性的。

② 肖峋．中华人民共和国国家赔偿法的理论与实用指南．北京：中国民主法制出版社，1994：240.

③ 参见最高人民法院《关于人民法院执行〈中华人民共和国国家赔偿法〉几个问题的解释》第 6 条。

（4）财产已经拍卖或者变卖的，给付拍卖或者变卖所得的价款；变卖的价款明显低于财产价值的，应当支付相应的赔偿金。

（5）吊销许可证和执照、责令停产停业的，赔偿停产停业期间必要的经常性费用开支。经常性开支包括：1）必要留守职工的工资；2）必须缴纳的税款、社会保险费；3）应当缴纳的水电费、保管费、仓储费、承包费；4）合理的房屋场地租金、设备租金、设备折旧费；5）维系停产停业期间运营所需的其他基本开支。至于停产停业期间损失的可得利益，国家不予赔偿。

（6）返还执行的罚款或者罚金、追缴或者没收的金钱，解除冻结的存款或者汇款的，应当支付银行同期存款利息。

（7）对财产权造成其他损害的，按照直接损失给予赔偿。下列损失属于《国家赔偿法》第36条第8项规定的“直接损失”：1）存款利息、贷款利息、现金利息；2）机动车停运期间的营运损失；3）通过行政补偿程序依法应当获得的奖励、补贴等；4）对财产造成的其他实际损失。

第二节 行政赔偿诉讼

行政赔偿诉讼是人民法院受理和处理行政赔偿请求的程序，是一种特殊的行政诉讼。在受案范围、管辖、诉讼当事人、起诉与受理、审理和判决等各方面均具有特殊性。

一、行政赔偿程序

行政赔偿程序是指受害人依法行使和取得国家赔偿权利，行政机关或者人民法院依法办理行政赔偿事务应当遵守的方式、步骤、顺序、时限等手续的总称。根据《国家赔偿法》的规定，受害人可以选择单独提出行政赔偿请求或者在行政复议、行政诉讼过程中一并提出行政赔偿请求。

（一）单独提出行政赔偿请求的程序

根据《行政诉讼法》和《国家赔偿法》的规定，受害人单独提出行政赔偿请求的，应当首先向行政赔偿义务机关提出，赔偿义务机关拒绝受理赔偿请求、在法定期限内不作出决定或者不能达成协议的，受害人可以提起行政诉讼。与一并提出赔偿请求的程序相比，单独提出行政赔偿请求程序的特点是须以赔偿义务机关的先行处理为前提。先行处理程序是指赔偿请求人请求损害赔偿时，先向有关的赔偿义务机关提出赔偿请求，双方就有关赔偿的范围、方式、金额等事项进行自愿协商或由赔偿义务机关决定，从而解决赔偿争议的程序。

1. 确认加害行为的职权性和违法性

需要注意的是，受害人单独提出赔偿请求的，必须以加害行为的职权性和违法性得到确认为前提。加害行为的职权性针对的是民事行为和行政行为、公务员个人行为和职务行为的划分等问题；前者决定了赔偿争议是民事纠纷还是行政争议，后者决定了赔偿责任人是国家还是公务员个人。加害行为的违法性针对的是行政赔偿与行政补偿的区别问题。

确认加害行为的职权性和违法性的途径有：(1) 赔偿义务机关自己确认，即实施侵权行为的行政机关书面承认其行为的违法性和职权性。(2) 通过行政复议确认。行政复议机关的撤销决定、履行法定职责的决定是确认加害行为违法性的直接根据。(3) 通过行政诉讼确认。人民法院的撤销判决、履行判决和确认判决都是确认加害行为违法性和职权性的根据。

比较特殊的是对事实行为的职权性和违法性的确认，由于法律没有明确规定，所以不能通过行政复议和行政诉讼程序进行。根据 1997 年最高人民法院《关于审理行政赔偿案件若干问题的规定》(已失效) 第 3 条的规定，受害人可以首先请求赔偿义务机关确认事实行为的职权性和违法性；如果赔偿义务机关拒绝，受害人可以直接请求人民法院判决确认加害行为的违法性和赔偿义务机关的赔偿责任。这类行为实践中常见的有：看守所干警唆使被羁押人员殴打他人，商检局错发商检证明导致出口商品被退货，等等。

从 1994 年《国家赔偿法》实施十余年的情况看来，这一确认程序已经成为受害人获得国家赔偿的“拦路虎”，社会各界均要求取消确认程序。2010 年修正的《国家赔偿法》第 9 条取消了确认程序，即有《国家赔偿法》第 3 条、第 4 条规定情形之一的，应当给予赔偿。需要特别指出的是，2022 年《行政赔偿规定》第 1 条明确规定事实行为属于《国家赔偿法》第 3 条、第 4 条规定的“其他违法行为”。

2. 受害人提出赔偿请求

受害人提出赔偿请求应当递交申请书。申请书应载明下列事项：受害人的姓名、性别、年龄、工作单位和住所，法人或者其他组织的名称、住所和法定代表人或者主要负责人的姓名、职务；具体的要求、事实根据和理由；申请的年、月、日；有关的附件。

赔偿请求人书写申请书确有困难的，可以委托他人代书，也可以口头申请，由赔偿义务机关记入笔录。赔偿请求人不是受害人本人的，也应当说明与受害人的关系，并提供相应证明。赔偿请求人当面递交申请书的，赔偿义务机关应当当场出具加盖本行政机关专用印章并注明收讫日期的书面凭证。申请材料不齐全的，赔偿义务机关应当当场或者在 5 日内一次性告知赔偿请求权人需要补正的全部内容。赔偿申请书应由请求人和代理人签名或盖章后向赔偿义务机关递交。对于共同赔偿义务机关，受害人可以向任何一个赔偿义务机关提出，被请求的赔偿义务机关应当先予赔偿。某一赔偿义务机关先予赔偿之后，可要求其他赔偿义务机关承担赔偿责任。受害人可以同时提出一个或者数个赔偿请求。数个赔偿请求相互之间应当具有一定的联系，它们或者是因同一侵权行为而产生的多项损害，或者是多种侵权行为实施于一个人而产生的多项损害，同时提出，一并解决，可以综合考虑各种因素，合理解决赔偿争议。受害人也可以提出具体的赔偿数额。

3. 行政赔偿义务机关处理赔偿请求

赔偿义务机关接到赔偿请求申请后，应当对本案事实进行调查，调查的事项包括：(1) 公民、法人或者其他组织是否遭受实际损害；(2) 公民、法人或其他组织所受到的损害与违法行为有无因果关系；(3) 受害人自己是否具有过错；(4) 是否存在第三人的过错。赔偿义务机关应当全面审查、核实相关的证据材料，可以责令赔偿请求人补充有关证据材料。查明上述事实之后，赔偿义务机关应当决定对公民、法人或其他组织赔偿的具体方式及标准。

赔偿义务机关对赔偿案件处理的法定期间为 2 个月，即赔偿义务机关在收到赔偿请求人赔偿申请书之日起 2 个月内要作出是否赔偿的决定。赔偿义务机关逾期不予赔偿或者赔偿请求人对赔偿数额有异议的，赔偿请求人可以自期间届满之日起 3 个月内向人民法院提起行政赔偿诉讼。

《国家赔偿法》自实施以来，社会各界对行政赔偿义务机关处理行政赔偿请求的单方面决定程序意见较大，2010 年修正后《国家赔偿法》对行政赔偿义务机关处理赔偿请求的程序进行了完善，该法第 13 条规定：赔偿义务机关作出赔偿决定，应当充分听取赔偿请求人的意见，并可以与赔偿请求人就赔偿方式、赔偿项目和赔偿数额依照《国家赔偿法》第四章的规定进行协商。赔偿义务机关作出不予赔偿决定的，应当自作出决定之日起 10 日内书面通知赔偿请求人，并说明不予赔偿的理由。

（二）一并提出行政赔偿请求的程序

一并提出赔偿请求的程序分为行政复议程序和行政赔偿诉讼程序。对于行政赔偿诉讼程序，下文将详细介绍，因此这里主要介绍行政复议程序。

行政复议申请人往往是受害人，必须是合法权益受到行政行为违法侵害的公民、法人或其他组织。申请人申请复议应递交申请书，在申请复议的理由和要求中一并提出赔偿请求，并写明违法的行为与损害结果的因果关系、损害程度、具体赔偿要求等。行政复议的被申请人是赔偿义务机关。

在行政复议中一并提出赔偿请求的受理和审理适用行政复议程序。根据《行政复议法》规定的行政复议程序，行政复议机关对违法的行政行为进行审查并作出裁决。当事人之间的行政赔偿，行政复议机关可以按照自愿、合法的原则进行调解。当事人经调解达成协议的，行政复议机关应当制作行政复议调解书。调解书应当载明行政复议请求、事实、理由和调解结果，并加盖行政复议机关印章。行政复议调解书经双方当事人签字或签章，即具有法律效力。调解未达成协议或者调解书生效前一方反悔的，行政复议机关应当依法审查或者及时作出行政复议决定。

行政复议机关在撤销被诉行政行的同时，应当作出赔偿决定。复议机关应当在收到复议申请书之日起 60 日内作出复议决定，申请人对复议机关作出的包括赔偿裁决在内的复议决定不服的，可以在收到决定书之日起 15 日内，向人民法院提起行政诉讼。如果行政复议机关拒绝受理申请或者逾期不复议，申请人也可以直接向人民法院提起诉讼。

二、行政赔偿诉讼程序

关于行政赔偿诉讼适用何种程序，其他国家和地区的做法大致有两种：第一种做法是适用民事诉讼程序，主要有美国、日本、韩国。第二种做法是适用行政诉讼程序。例如，在法国，行政判例确定国家赔偿案件应由行政法院依行政诉讼程序审判，普通法院没有管辖权。

在我国，行政赔偿诉讼程序是指人民法院受理和处理行政赔偿请求的程序，是一种特殊的行政诉讼。受害人可以在提起行政诉讼时一并提出赔偿要求即提起行政赔偿诉讼，也可以在行政复议机关作出决定或者赔偿义务机关作出决定之后，向法院提起行政赔偿诉讼。根据《行政诉讼法》和《国家赔偿法》的规定，我国行政赔偿诉讼适用的行政诉讼程序，属于行政诉讼中的一个特殊类别。作为一般的诉讼，行政赔偿诉讼程序适用行政诉讼法的一般规定；但是，作为一种特殊的诉讼，行政赔偿诉讼程序又具有一些特殊之处。由于《行政诉讼法》和《国家赔偿法》均没有对行政赔偿诉讼的具体程序作出规定，最高人民法院于 1997 年 4 月 29 日发布的《关于审理行政赔偿案件若干问题的规定》成为行政赔偿诉讼程序最重要的依据，该司法解释于 2022 年进行了修订。

（一）受案范围

1. 单独提起行政赔偿诉讼的受案范围

（1）行政机关及其工作人员违法行使行政职权的行为侵犯受害人合法权益造成人身、财产损害的。

（2）赔偿请求人认为行政机关及其工作人员实施的事实行为造成其人身、财产损害，但尚未被确认违法的。

（3）法律规定由行政机关最终裁决的行政行为被确认违法后，赔偿请求人可以单独提起行政赔偿诉讼。

上述三种情形下，赔偿请求人不服赔偿义务机关下列行为的，可以依法提起行政赔偿诉讼：1）确定赔偿方式、项目、数额的行政赔偿决定；2）不予赔偿决定；3）逾期不作出赔偿决定；4）其他有关行政赔偿的行为。

但 2022 年《行政赔偿规定》第 13 条第 1 款作出规定：“行政行为未被确认违法，公民法人或者其他组织提起行政赔偿诉讼的，人民法院应当视为提起行政诉讼时一并提起行政赔偿诉讼。”据此，对尚未被确认违法的事实行为提起行政赔偿诉讼的，被纳入一并提起行政赔偿诉讼的范围。

另外，2022 年《行政赔偿规定》第 18 条对行政行为被确认违法的情形作出规定：“行政行为被有权机关依照法定程序撤销、变更、确认违法或无效，或者实施行政行为的行政机关工作人员因该行为被生效法律文书或监察机关政务处分确认为渎职、滥用职权的，属于本规定所称的行政行为被确认为违法的情形。”

2. 一并提起行政赔偿诉讼的受案范围

一并提出赔偿请求时的受案范围取决于行政行为的可诉性。根据 2022 年《行政赔偿规定》第 5 条，公民、法人或者其他组织认为国防、外交等国家行为或者行政机关制定发布行政法规、规章或者具有普遍约束力的决定、命令侵犯其合法权益造成损害，向人民法院提起行政赔偿诉讼的，不属于人民法院行政赔偿诉讼的受案范围。

（二）管辖

《行政诉讼法》和 2018 年《行诉法解释》的相关规定适用于行政赔偿诉讼案件的管辖。在此不再赘述。

（三）行政赔偿诉讼的当事人

公民、法人或者其他组织一并提起行政赔偿诉讼中的当事人地位，按照其在行政诉讼中的地位确定，行政诉讼与行政赔偿诉讼的当事人不一致的除外。

此外，2022 年《行政赔偿规定》规定了行政赔偿诉讼当事人的一些特殊情形。

（1）受害的公民死亡，其继承人和其他有扶养关系的人可以提起行政赔偿诉讼，并提供该公民死亡证明、赔偿请求人与死亡公民之间的关系证明。受害的公民死亡，支付受害公民医疗费、丧葬费等合理费用的人可以依法提起行政赔偿诉讼。有权提起行政赔偿诉讼的法人或者其他组织分立、合并、终止，承受其权利的法人或者其他组织可以依法提起行政赔偿诉讼。

（2）两个以上行政机关共同实施侵权行政行为造成损害的，共同侵权行政机关为共同被告。赔偿请求人坚持对其中一个或者几个侵权机关提起行政赔偿诉讼，以被起诉的机关为被告，未被起诉的机关追加为第三人。

（3）原行政行为造成赔偿请求人损害，复议决定加重损害的，复议机关与原行政行为机关为共同被告。赔偿请求人坚持对作出原行政行为机关或者复议机关提起行政赔偿诉讼，以被起诉的机关为被告，未被起诉的机关追加为第三人。

（4）行政机关依据《行政诉讼法》第 97 条的规定申请人民法院强制执行其行政行为，因据以强制执行的行政行为违法而发生行政赔偿诉讼的，申请强制执行的行政机关为被告。

（5）与行政赔偿案件处理结果由与行政行为有利害关系的公民、法人和其他组织有权作为第三人参加诉讼，且第三人对于确定行政诉讼和行政赔偿诉讼的当事人是否一致并无影响。

（四）证据

1. 行政赔偿诉讼举证责任规则

2022 年《行政赔偿规定》第 11 条第 1 款规定："行政赔偿诉讼中，原告应当对行政行为造成的损害提供证据；因被告的原因导致原告无法举证的，由被告承担举证责任。"这是对行政赔偿诉讼中以原告承担举证责任为原则、以被告承担举证责任为例外的规则的确认和重申。之所以把举证责任分配给原告，是因为原告对自身的财产状况及损害情况更为清楚了解，对此进行举证也相对便捷、有效，与此同时还有利于保护原告合法权益。但如果因为被告的原因导致原告无法举证，比如实践中一些行政机关未履行正当程序的突拆、强拆行为会直接损害相关证据，导致原告无法举证，这种情况下基于公平原则，应将举证责任倒置于被告。

2. 行政赔偿诉讼中人民法院的证据认定规则

2022 年《行政赔偿规定》第 11 条第 2 款规定："人民法院对于原告主张的生产和生活所必需物品的合理损失，应当予以支持；对于原告提出的超出生产和生活所必需的其他贵重物品、现金损失，可以结合案件相关证据予以认定。"此条规定把行政赔偿诉讼中可能涉及的财物以是否超出生产和生活所必需为标准分为普通财物和特殊财物，并分别对两类财物采取不同的证明标准和认定规则。对于第一类普通财物，法院根据当事人的陈述和常识判断，一般就可以进行认定并予以支持。而对于第二类特殊财物，必须要求原告提供充分的证据进行证明以达成明显证据优势，法院才可酌情综合判断，进行认定。

3. 行政赔偿诉讼中原告被限制人身自由期间身体伤害举证责任倒置的特殊规定

2022 年《行政赔偿规定》第 12 条规定："原告主张其被限制人身自由期间受到身体伤害，被告否认相关损害事实或者损害与违法行政行为存在因果关系的，被告应当提供相应的证据证明。"原告在其被限制人身自由期间，处于弱势境地，举证能力明显弱于被告，此条规定正是为了平衡特殊情况下举证处境的变化和差距所作出的制度安排。此外，本条规定以"原告限制人身自由期间受到身体伤害"代替了《国家赔偿法》第 15 条第 2 款规定的"被限制人身自由的人死亡或者丧失行为能力"，使被告的举证责任范围拓宽到所有"身体伤害"的情形，不再局限于"死亡或者丧失行为能力"的极端情形，目的在于更公平地保障原告的合法权益。

（五）起诉与受理

1. 起诉条件与期限

（1）单独提起行政赔偿诉讼。

行政行为已被确认为违法，并符合下列条件的，公民、法人或者其他组织可以单独提起行政赔偿诉讼：1）原告具有行政赔偿请求资格；2）有明确的被告；3）有具体的赔偿请求和受损害的事实根据；4）赔偿义务机关已先行处理或者超过法定期限不予处理；5）属于人民法院行政赔偿诉讼的受案范围和受诉人民法院管辖；6）在法律规定的起诉期限内提起诉讼。公民、法人或者其他组织应当自知道或者应当知道行政行为侵犯其合法权益之日起 2 年内，向赔偿义务机关申请行政赔偿。赔偿义务机关在收到赔偿申请之日起 2 个月内未作出赔偿决定的，公民、法人或者其他组织可以依照《行政诉讼法》有关规定提起行政赔偿诉讼。

（2）一并提起行政赔偿诉讼。

公民、法人或者其他组织在提起行政诉讼的同时一并提出行政赔偿请求的，其起诉期限按照行政诉讼起诉期限的规定执行。原告提起行政诉讼时未一并提起行政赔偿诉讼，人民法院审查认为可能存在行政赔偿的，应当告知原告可以一并提起行政赔偿诉讼。原告在第一审庭审终结前提起行政赔偿诉讼，符合起诉条件的，人民法院应当依法受理；原告在第一审庭审终结后、宣判前提起行政赔偿诉讼的，是否准许由人民法院决定。原告在第二审程序或者再审程序中提出行政赔偿请求的，人民法院可以组织各方调解；调解不成的，告知其另行起诉。

（3）公民、法人或者其他组织仅对行政复议决定中的行政赔偿部分有异议，自复议决定书送达之日起 15 日内提起行政赔偿诉讼的，人民法院应当依法受理。行政机关作出有赔偿内容的行政复议决定时，未告知公民、法人或者其他组织起诉期限的，起诉期限从公民、法人或者其他组织知道或者应当知道起诉期限之日起计算，但从知道或者应当知道行政复议决定内容之日起最长不得超过 1 年。

2. 受理

公民、法人或者其他组织一并提起行政赔偿诉讼，人民法院经审查认为行政诉讼不符合起诉条件的，对一并提起的行政赔偿诉讼，裁定不予立案；已经立案的，裁定驳回起诉。

（六）审理和判决

（1）行政赔偿诉讼的审判组织适用《行政诉讼法》的规定，一律实行合议制。由于行政赔偿案件涉及行政机关行使国家职权的行为，涉及公共利益和个人利益的权衡，而且，多数行政赔偿案件都经过不同层次的行政机关处理，如经过赔偿义务机关先行处理或行政复议等程序，比较复杂，所以，一律实行合议制是慎重的表现。

（2）法院审理行政案件，可以就赔偿范围、方式和数额进行调解。这是行政赔偿诉讼与行政诉讼在审理方式上的区别。调解成立的，制作行政赔偿调解书。行政赔偿调解书应当写明赔偿请求、案件事实和调解结果，由审判人员、书记员署名，加盖人民法院印章，送达双方当事人，调解书在双方当事人签收后，即具有法律效力。被告在一审判决前同原告达成赔偿协议，原告申请撤诉的，法院依法审查并裁定是否准许。

（3）行政机关共同侵权的构成要件和责任承担方式。

2022 年《行政赔偿规定》第 21 条规定："两个以上行政机关共同实施违法行政行为，或者行政机关及其工作人员与第三人恶意串通作出的违法行政行为，造成公民、法人或者其他组织人身权、财产权等合法权益实际损害的，应当承担连带赔偿责任。一方承担连带赔偿责任后，对于超出其应当承担部分，可以向其他连带责任人追偿。"共同侵权强调的共同性应分情况来看：若侵权主体只限于行政机关，应以是否"共同实施"为标准，便于识别；若侵权主体除行政机关外还包含第三人，则应以其主观上是否具有故意的意思联络为标准。构成共同侵权后，责任的承担方式为对外连带责任、对内按份责任。

（4）行政机关分别侵权的构成要件和责任承担方式。

2022 年《行政赔偿规定》第 22 条规定："两个以上行政机关分别实施违法行政行为造成同一损害，每个行政机关的违法行为都足以造成全部损害的，各个行政机关承担连带赔偿责任。两个以上行政机关分别实施违法行政行为造成同一损害的，人民法院应当根据其违法行政行为在损害发生和结果中的作用大小，确定各自承担相应的行政赔偿责任；难以确定责任大小的，平均承担责任。"此条是关于行政机关分别侵权承担连带责任或按份责任的规定。数个行政机关间无意思联络是该条适用的对应情形。两个以上行政机关分别实施行政行为，若各个行政机关的违法行为都可能单独且直接造成全部损害，则各个行政机关承担连带责任；若至少有一个行政机关的违法行为不会单独且直接造成全部损害，则应按照各自的作用大小确定相应的责任，难以确定的，则均摊。

（5）涉及第三人的行政机关及第三人侵权责任承担方式。

2022 年《行政赔偿规定》第 23 条规定："由于第三人提供虚假材料，导致行政机关作出的行政行为违法，造成公民、法人或者其他组织损害的，人民法院应当根据违法行政行为在损害发生和结果中的作用大小，确定行政机关承担相应的行政赔偿责任；行政机关已经尽到审慎审查义务的，不承担行政赔偿责任。"

2022 年《行政赔偿规定》第 24 条规定："由于第三人行为造成公民、法人或者其他组织损害的，应当由第三人依法承担侵权赔偿责任；第三人赔偿不足、无力承担赔偿责任或者下落不明，行政机关又未尽保护、监管、救助等法定义务的，人民法院应当根据行政机关未尽法定义务在损害发生和结果中的作用大小，确定其承担相应的行政赔偿责任。”

以上两条规定是关于涉及第三人的行政机关及第三人侵权责任承担方式的安排。上述第 23 条关注第三人提供虚假材料，导致行政机关作出的行政行为违法，造成公民、法人或者其他组织损害的情况，行政机关除非尽到审慎审查义务，否则应承担相应的责任。此处的审慎审查义务仅限于形式审查。而第 24 条关注第三人直接造成损害的情况，这种情况下当然理应由第三人承担赔偿责任。在此基础上，此条进一步考虑到第三人承担不能且行政机关不作为的特殊情形，为保护受害人的合法权益，作出了行政机关侵权责任承担方式的规定。

（6）不可抗力等客观原因下行政机关的责任承担方式。

2022 年《行政赔偿规定》第 25 条规定：“由于不可抗力等客观原因造成公民、法人或者其他组织损害，行政机关不依法履行、拖延履行法定义务导致未能及时止损或者损害扩大的，人民法院应当根据行政机关不依法履行、拖延履行法定义务行为在损害发生和结果中的作用大小，确定其承担相应的行政赔偿责任。”因不可抗力等导致损害发生时，行政机关承担相应赔偿责任的条件在于其未尽到法定的救助义务。

（7）财产权赔偿的方式和计算标准。

2022 年《行政赔偿规定》第 27 条规定：“违法行政行为造成公民、法人或者其他组织财产损害，不能返还财产或者恢复原状的，按照损害发生时该财产的市场价格计算损失。市场价格无法确定，或者该价格不足以弥补公民、法人或者其他组织损失的，可以采用其他合理方式计算。违法征收征用土地、房屋，人民法院判决给予被征收人的行政赔偿，不得少于被征收人依法应当获得的安置补偿权益。”目前对于受害人的财产损害赔偿采取填平原则。第一步，返还财产或恢复原状；第二步，无法实现第一步的，按照损害发生时的市场价格计算损失进行赔偿，而非其他任何时点；第三步，市场价格无法确定或价格不足以弥补实际损失的，以更为合理的方式计算，这也是基于填平原则的考量。而对于土地、房屋等不动产的赔偿，除违法拆除造成的直接损失外，还应额外考虑到受害人本可依法获得的全部安置补偿权益，如搬迁费等。

（8）精神损害赔偿。

2022 年《行政赔偿规定》第 30 条规定：“被告有国家赔偿法第三条规定情形之一，致人精神损害的，人民法院应当判决其在违法行政行为影响的范围内，为受害人消除影响、恢复名誉、赔礼道歉；消除影响、恢复名誉和赔礼道歉的履行方式，可以双方协商，协商不成的，人民法院应当责令被告以适当的方式履行。造成严重后果的，应当判决支付相应的精神损害抚慰金。”适用精神损害赔偿仅限于《国家赔偿法》第 3 条规定的侵犯人身权的情形。赔偿义务主体履行精神损害赔偿责任的具体方式是消除影响、恢复名誉和赔礼道歉。消除影响、恢复名誉与赔礼道歉，可以单独适用，也可以合并适用，并应当与侵权行为的具体方式和造成的影响范围相当。而如何执行才能不仅在法律上还在现实生活中实质达到赔偿效果？赔偿义务机关和受害人的理解和看法常常不甚一致，此时就需双方协商，协商不成的，法院一般会倾向于支持受害人的主张。但若以上的责任赔偿方式不足以弥补受害人的精神损害时，还应考虑采取金钱赔偿的方式，即支付精神损害抚慰金。2022 年《行政赔偿规定》26 条规定的“造成严重后果”和“后果特别严重”，是通过具化精神损害情形来判定精神损害程度，以作为支付精神损害抚慰金的前提条件。

（9）原告的赔偿请求依法成立的，应当判决被告承担赔偿责任。人民法院经过审理认为被告对公民、法人或者其他组织造成财产损害的，判决被告限期返还财产、恢复原状；无法返还财产、恢复原状的，判决被告限期支付赔偿金和相应的利息损失。人民法院审理行政赔偿案件，可以对行政机关赔偿的方式、项目、标准等予以明确，赔偿内容确定的，应当作出具有赔偿金额等给付内容的判决；行政赔偿决定对赔偿数额的确定确有错误的，人民法院判决予以变更。有下列情形之一的，人民法院判决驳回原告的行政赔偿请求：1）原告主张的损害没有事实根据的；2）原告主张的损害与违法行政行为没有因果关系的；3）原告的损失已经通过行政补偿等其他途径获得充分救济的；4）原告请求行政赔偿的理由不能成立的其他情形。

（七）行政赔偿诉讼中的先予执行

先予执行是指在特定的给付案件中，人民法院在作出判决之前，因原告生活困难，裁定义务人先行给付一定款项或特定物，并立即交付执行的措施。在行政赔偿诉讼中，有可能出现因行政机关违法侵权造成损害，致使受害人无法维持生活的情况，适用先予执行，能够及时地保障当事人的合法权益。

（八）行政赔偿诉讼裁判的执行

行政赔偿诉讼的执行对象是国家行政机关，应当考虑它的特殊地位，不宜采取查封、扣押、冻结等对待一般当事人的执行措施。我国行政赔偿诉讼的执行适用《行政诉讼法》第96条的规定，对赔偿义务机关采取特殊的执行措施，包括划拨、对行政负责人罚款、公告、提出司法建议和司法拘留及追究刑事责任。

三、行政追偿

（一）行政追偿的概念和条件

行政追偿是指国家在向行政赔偿请求人支付赔偿费用之后，依法责令具有故意或重大过失的工作人员、受委托的组织或者个人承担部分或全部赔偿费用的法律制度。赔偿义务机关代表国家对行政机关工作人员行使行政追偿权必须具备一定的条件。对此，《国家赔偿法》第16条第1款规定：赔偿义务机关赔偿损失后，应当责令有故意或者重大过失的工作人员或者受委托的组织或者个人承担部分或者全部赔偿费用。根据上述规定，赔偿义务机关行使行政追偿权，应具备下列条件：

第一，行政赔偿义务机关已经履行了赔偿责任。行政追偿以国家承担了赔偿责任为前提，这是国家行使行政追偿权的必要条件。虽然国家是否履行其赔偿责任并不是向公务员进行追偿的直接原因，但是，在赔偿义务机关向受害人赔偿之前，国家自己的赔偿责任尚未最终实现，向具有故意或重大过失的工作人员、受委托的组织或个人追偿缺乏法律上的正当性。这正是法律将国家履行赔偿责任作为必要条件规定下来的原因所在。

第二，行政机关工作人员、受委托的组织或者个人具有故意或者重大过失。行政机关工作人员、受委托的组织或者个人对侵权行为的发生具有故意或者重大过失，是国家行使行政追偿权的主观要件。所谓故意，是指行政机关工作人员、受委托的组织或者个人在实施侵权行为时，主观上能认识到自己的行为违法并可能造成公民合法权益的损害，希望或放任侵害结果发生的一种心理状态。所谓重大过失，是指行政机关工作人员、受委托的组织或者个人没有达到其职务上的一般要求，未能预见和避免一般情况下能够预见或避免的侵害后果，也就是说没有达到对公务员的一般业务要求。

行政机关工作人员、受委托的组织或者个人执行上级命令时违法侵害公民合法权益的，如何认定其过错？一般情况下，执行上级命令产生国家赔偿责任的，应当认为上级和下级存在共同过错，采取同样的认定标准，一并予以追偿。无论是上级还是下级，明知命令违法仍然发布或者执行的，认定为存在故意；应当知道命令违法而发布或者执行的，应当认定为具有重大过失。上下级均存在故意或者过失是一般的情况，但这并不排除上级发布命令时具有重大过失，而下级执行命令时具有故意，或者相反的情况。只有一并追偿，才能杜绝各种可能的借口，督促上下级相互监督，共同依法行政。

（二）行政追偿程序

行政追偿程序是指赔偿义务机关处理追偿事务、作出追偿决定的程序。关于行政追偿程序，《国家赔偿法》没有规定。

1. 行政追偿的主体

行政追偿的主体是指行政追偿法律关系的当事人，包括代表国家作为追偿人行使追偿权的赔偿义务机关和作为被追偿人的工作人员。

（1）追偿人。赔偿义务机关代表国家具体行使追偿权，是追偿人。一方面，在办理追偿事务过程中，赔偿义务机关有权向被追偿人、有关的单位和个人调查收集证据，有权裁量追偿金额的大小，并且单方面作出追偿决定。另一方面，赔偿义务机关在办理追偿事务过程中，应当充分考虑追偿的目的，准确认定工作人员的过错，合理确定追偿金额。

（2）被追偿人。被追偿人是指在实施侵权行为过程中具有故意或重大过失的行政机关工作人员或者受行政机关委托的组织和个人。具体来说，包括：在执行职务中有故意或重大过失的行政人员；行使职权时有故意或重大过失的受委托的组织或个人；同一个行政机关两个以上的工作人员共同实施侵权行为的，为共同被追偿人，应当相互承担连带责任，但赔偿义务机关在作出追偿决定时，应当根据各自过错的大小，确定具体的追偿金额；不同的行政机关的两个以上的工作人员共同实施侵权行为的，不能作为共同的追偿对象，赔偿义务机关应当根据自己分担的赔偿金额，分别向自己所属的工作人员追偿；经过合议的行为发生赔偿责任的，所有投赞成票的工作人员都是被追偿人，投反对票的工作人员，不是被追偿人。

2. 行政追偿的步骤

从办理行政追偿、作出追偿决定的客观需要来看，赔偿义务机关办理追偿事务应当按照如下步骤：查明被追偿人的过错；听取被追偿人的意见和申辩；决定追偿的金额；执行追偿决定。被追偿人不服追偿决定的，可以依法向上级行政机关或者监察、人事行政机关申诉，也可以根据《行政复议法》和《行政诉讼法》的规定，申请复议或者提起行政诉讼。

《　　　　　　　　》※任课教师调查问卷

为了能更好地为您提供优秀的教材及良好的服务，也为了进一步提高我社法学教材出版的质量，希望您能协助我们完成本次小问卷，完成后您可以在我社网站中选择与您教学相关的1本教材作为今后的备选教材，我们会及时为您邮寄送达！如果您不方便邮寄，也可以申请加入我社的**法学教师QQ群：436438859（申请时请注明法学教师）**，然后下载本问卷填写，并发往我们指定的邮箱（cruplaw@163.com）。

邮寄地址：北京市海淀区中关村大街甲59号文化大厦中国人民大学出版社1202室收

邮　　编：100080

再次感谢您在百忙中抽出时间为我们填写这份调查问卷，您的举手之劳，将使我们获益匪浅！

基本信息及联系方式：※

姓名：______________ 性别：_____________ 课程：______________________

任教学校：______________________________ 院系（所）：_________________

邮寄地址：______________________________ 邮编：______________________

电话（办公）：______________ 手机：______________ 电子邮件：__________

调查问卷：※

1. 您认为图书的哪类特性对您使用教材最有影响力？（　　）（可多选，按重要性排序）

   A. 各级规划教材、获奖教材　　　　B. 知名作者教材

   C. 完善的配套资源　　　　　　　　D. 自编教材

   E. 行政命令

2. 在教材配套资源中，您最需要哪些？（　　）（可多选，按重要性排序）

   A. 电子教案　　　　　　　　　　　B. 教学案例

   C. 教学视频　　　　　　　　　　　D. 配套习题、模拟试卷

3. 您对于本书的评价如何？（　　）

   A. 该书目前仍符合教学要求，表现不错将继续采用。

   B. 该书的配套资源需要改进，才会继续使用。

   C. 该书需要在内容或实例更新再版后才能满足我的教学，才会继续使用。

   D. 该书与同类教材差距很大，不准备继续采用了。

4. 从您的教学出发，谈谈对本书的改进建议：____________________________

____

____

选题征集：如果您有好的选题或出版需求，欢迎您联系我们：

联系人：黄　强　联系电话：010-62515955

索取样书：书名：____

书号：____

备注：※ 为必填项。